U0541085

公众史学译丛

CONSUMING HISTORY: Historians and Heritage in Contemporary Popular Culture

Jerome de Groot

公众史学译丛 —— 李娜 主编

消费历史：历史学家与当代大众文化中的遗产

［英］杰罗姆·德·格鲁特 著
于留振 译

商务印书馆
创于1897　The Commercial Press

Jerome de Groot

CONSUMING HISTORY:

Historians and Heritage in Contemporary Popular Culture

© 2016 Jerome de Groot

All Rights Reserved.

Authorised translation from the English language edition published by Routledge, a member of the Taylor & Francis Group.

本书原版由泰勒·弗朗西斯出版集团旗下劳特利奇出版公司出版，并经其授权翻译出版。

Copies of this book sold without a Taylor & Francis sticker on the cover are unauthorised and illegal.

如果本书的封面没有粘贴泰勒·弗朗西斯公司的标签，则为未经授权的非法版本。

《公众史学译丛》编委会

主编：
李娜（奥地利维也纳大学）

副主编
Marla Miller（美国马萨诸塞大学）

编委会（按姓氏拼音顺序）
陈新（上海师范大学）
梅雪芹（清华大学）
孟钟捷（华东师范大学）
唐建光（新历史合作社）
王希（美国宾夕法尼亚州印第安纳大学）
James Brooks（美国佐治亚大学）
Michael Frisch（美国纽约州立大学布法罗分校）
Jerome de Groot（英国曼彻斯特大学）
Marsha Sandwiss（美国普林斯顿大学）

《公众史学译丛》总序

1978年，美国历史学家罗伯特·凯利（Robert Kelly）使用public history为历史学研究生教育改革命名，公众史学作为历史学的一个领域诞生。在过去四十余年里，公众史学发展迅速，影响力与日俱增，不仅给美国史学的发展带来前所未有的活力，而且与不同国家的史学传统相结合，成为全球化时代历史学家创造共享话语权的一种跨国学术媒介。

21世纪的中国，随着媒体的更新，历史解读、传播与书写方式发生着变化。历史受众的多元态势导致历史的生产与消费开始失衡，开始整合，而历史学家在公众领域的作用、角色与影响也随之改变。公众史学——一个新兴学科，一种新型史观，一场知识自组织运动，一种大众文化——应时代而生。公众史学是突出受众的问题、关注点和需求的史学实践，目的是促进历史以多种或多元方式满足现实世界的需求，促成史家与公众共同将"过去"建构为历史。其基本旨趣，亦是其新颖之处，在于多样性与包容性。

公众史学在中国迅速发展，呈显学之势，成为新的学术增长点。但总体而言，学术界仍处于摸索阶段，尚未形成基本的学理框架与教育体系，因此译介西方公众史学的经典之作、促进跨文化的交流与对话十分关键。我们推出的这套《公众史学译丛》主要针对公众史学的研究者、教育者、实践者和历史爱好者，既包括公众史学的经典学术成果，也包括畅销书，旨在将国外公众史学领域的经典之作陆续引入中国。

本译丛得到美国公众史学委员会前任主席玛拉·米勒（Marla Miller）的大力支持，也是与全球公众史学同人数年来交流切磋的成果。编委会为译丛的选题设计、书目推荐、版权落实、译者推荐等提供了宝贵的建议。

李娜

谨以此书献给我的挚爱莎伦·拉斯顿

插图列表

图 1　露西·沃斯利，伦敦肯辛顿宫，2010 年 4 月 14 日。　　　　31

图 2　史蒂文·斯皮尔伯格导演的《夺宝奇兵》(1981) 中的哈里森·福特。　　　　97

图 3　Ancestry.com 网站上的德·格鲁特家谱。　　　　122

图 4　小亨利·路易斯·盖茨。　　　　131

图 5　YouTube 网站上的英国电影新闻频道。　　　　145

图 6　迈克尔·温特伯顿执导的《一个荒诞的故事》(2005) 中的史蒂夫·库根和罗伯·布莱顿。　　　　187

图 7　带有纪念徽章的牛仔夹克，杰里米·戴勒的展览《奥格里夫战役档案（一人受伤就是所有人受伤）》(2001) 的一部分。　　　　232

图 8　贝塔妮·休斯现身海伊音乐节，2015 年。　　　　289

图 9　档案馆里的乡村歌手特丽莎·耶尔伍德，《你以为你是谁?》，第四季，第 7 集（TLC 频道，2013）。　　　　316

致谢

在我撰写和修订这本书的过程中，许多人与我一起讨论了这本书，我很高兴向他们表示感谢：Michelle Arrow, Simon Bainbridge, Erin Bell, Stefan Berger, Michael Bibler, Fred Botting, Robert Burns, Thomas Cauvin, Ian Christie, John Corner, Matthew Creasy, Oliver Daddow, Martin L. Davies, Alex Drace-Francis, Laura Doan, Mark Donnelly, Susannah Dunn, Vera Dubina, Robert Eaglestone, Tobias Ebbrecht, Andreas Fickers, Patrick Finney, Juliet Gardiner, Alex Graham, Ann Gray, Jon Gregory, Crawford Gribben, Emma Hanna, Ben Harker, Amy Holdsworth, Andrew Hoskins, Emily Hoskins, Matt Houlbrook, Tristram Hunt, Ian Jack, Tony Jackson, Paul Knevel, Barbara Korte, Hari Kunzru, Alison Landsberg, John McAuliffe, Scott McCracken, Robert McFarlane, David Matthews, Kaye Mitchell, Gotelind Müller-Saini, Alun Munslow, Serge Noiret, James Opp, Daragh O'Reilly, Derek Paget, Manon Parry, Pedro Ramos Pinto, Guy Redden, Robert Rosenstone, Simon Schama, Jackie Stacey, Bertrand Taithe, Simon Titley-Bayes, William Turkel, Diane Wallace, Sarah Waters, Mark Whitmore, Chris Vardy, Andrei Zorin。一如既往，我还要感谢 Jeremy Maule。

我要特别感谢 Anke Bernau、Sue Chaplin、Tim Derby、Chris Dixon、Olivia de Groot 和 Chris Taylor，感谢他们阅读本书和对本书所做的评论。我要感谢 Fran、Andy、Sharon 和 James 在其他长篇著作中对《梅森和迪克逊》(*Mason & Dixon*) 一书的讨论。

我非常感谢以下人士提供的信息和帮助：Jan Dixon, Rupert Gaze, Bernadette Lynch, Ben Hulme, Don Henson。

在劳特利奇（Routledge）出版社，Philippa Grand 和 Victoria Peters，Lizzie Clifford 和 Liz Gooster，都为本书的第一版付出了心血，她们都很了不起。Amy Welmers 慷慨大方又乐于助人，她再次付出了大量时间，而 Eve Setch 一如既往，始终是一位出色的编辑。能在这里出书，真是我的荣幸。

我曾在基尔、赫尔、科克、林肯、利物浦、曼彻斯特、谢菲尔德、利兹、兰开斯特、都柏林和斯温西等地召开的研讨会和会议上提交过本书的部分内容。我感谢所有邀请我并向我提出问题的人，这些问题让我重新思考了我的想法。我要感谢英国科学院对本书的部分研究提供的资助。曼彻斯特大学也极为慷慨地支持我的工作。我要感谢以下图书馆的工作人员，感谢他们提供的帮助和专业知识：曼彻斯特大学的约翰·莱兰兹图书馆（John Rylands）；班戈大学图书馆；英国电影协会和国家影视档案馆（National Film and Television Archive）；大英图书馆；曼彻斯特中央图书馆。

本书第三部分的部分内容来自 "Affect and empathy: re-enactment and performance as/in history", *Rethinking History*, 15:4 (2011), 587–599。第三部分和第四部分的内容出现在 "Empathy and enfranchisement: popular histories", *Rethinking History*, 10:3 (2006), 391–413。第五部分

的内容出现在 "Invitation to historians", *Rethinking History*, 18:4 (2014), 599-612。所有这些内容都经过许可而加入了本书。

  我要感谢我的家人,我深爱着他们,尤其是新加入的家庭成员。感谢我所有的朋友,我知道他们今晚在何处。

第二版前言

这本书过时了。2008年,我就打算将这句话用作《消费历史》第一版的开篇语。需要承认的是,考虑到转瞬即逝的现象,即事情正在发生令人难以置信的快速变化,我所从事的研究是必要的。我意识到,试图对当代大众文化进行讨论,必然很快就会过时。譬如,2008年年初,当我完成并交付本书的书稿时,我刚刚加入了一个鲜为人知的社交网络脸书(Facebook,成立于2004年),而推特(Twitter,成立于2006年)还没有获得任何形式的公众关注或特别引人注目。数字历史的发展极其迅速;各种形式的大众历史变化很快,而在过去的几年里,这本书的一些内容,已经被《都铎王朝》(The Tudors,美国家庭影院频道,2007—2010)、《刺客信条》(Assassin's Creed,育碧娱乐公司,2007—)、《为奴十二载》(12 Years a Slave,史蒂夫·麦奎因,2013)、谷歌学术搜索(2005年开始,2006—2007年扩充)、《社交网络》(The Social Network,大卫·芬奇,2010,讲述的是正在吞噬自己的即时历史)与希拉里·曼特尔(Hilary Mantel)的《狼厅》(Wolf Hall,2009)的问世和在全球范围内的广泛流行所取代。本书的部分观点过去和现在都是这样的:大众文化在迅速变化和发展,因此,"历史"也在迅速变化和发展。

然而，我希望，本书的基本论点，它所做的方法论方面的介入，仍然或多或少是合理的，尽管我敏感地意识到了这个研究主题的演变。我还希望，《消费历史》的效用不在于它的新颖性，而在于它对这些看似短暂的现象的认真思考，这些现象并没有得到"主流"学术的考察。我想重新界定公众史学（public history）*并指出过去在大众文化中所表现出来的方式。因此，这个经过修订的版本，试图提供类似的论点与更为新颖的例子，并见证了我在2007年年底至2008年的想法与我在2015年年中的思考之间的连续性。我试图让它更具国际化（尽管正如"引言"所指出的，这是一件有问题的事情），而且我一直尽可能多地参与新的、爆炸式增长的数字历史研究。

这是一个尚未完成的、永无止境的过程。正如我在"引言"中所指出的那样，我们还没有建立一个模型来理解"历史丰富性"（historiocopia），即历史参与和消费的多媒体、多平台的方式。一个文本或想法，譬如，"安妮·博林"（Anne Boleyn），可能存在于多种迭代（iterations）之上：作为一个幽灵、一张茶巾、一个图像、一种修辞、一种速记法出现在电视上，在一个恶搞的推特账户上，在粉丝小说里，在小说、戏剧、电影中，在短篇小说中，在广告里，在博物馆的展览上，在肖像里，在纪念品中。我不清楚我们如何分解所有这些含义，也不知道是否有必要尝试，但问题是，消费过去是一件真正深刻而复杂的事情。"历史"不再是（虽然它曾经是）一种可以被控制的现象，因此，研究我们在大众文化中称为"历史"的东西时，也必须同样认识到它的无穷无尽的多样性。

---

* 目前学界一般译为"公众史学"或"公共史学"，在本书中，译者根据自己的理解，视情况交替使用两种译法。——译者注

目录

《公众史学译丛》编委会   i
《公众史学译丛》总序   iii
插图列表   vi
致谢   vii
第二版前言   x

引言   1

第一部分 大众历史学家

第一章 公共历史学家，公共场合中的历史学家   24
   "新园艺"和公共历史学家 24
   公共生活中的历史：戈夫与普京 34
   历史、历史学家、历史学与名人：《伟大的英国人》 37
   戴维·欧文诽谤罪的审判及后果 45

第二章 印刷品中的大众历史   56
   叙事史 58
   政治日记和目击者记述 60
   自传、个人回忆录和传记 63
   历史传记 67

为儿童写作的历史：学校和《恐怖的历史》 69

大众历史作者的身份 75

大众传播：杂志 79

接受和消费：读书会和读者评论 82

第三章 大众文化中的历史学家 92

"这就是你，就是你"：作为孩子、冒险家和英雄的历史学家 92

历史学家侦探 98

第二部分 数字历史

第四章 谱系学和家族史 113

"业余"历史，政治化的身份 113

家族史研究 117

DNA 谱系学：历史中的科学 126

第五章 网络上的历史 137

丰富、产消合一与赋权 137

推特和历史学家使用的社交媒体 153

众包、黑客和教育：转录、慕课、应用程序 155

第三部分 表演历史和把玩历史

第六章 重演历史活动 171

百闻不如一见：重演历史文化 171

战斗重演历史 175

历史纪录片中的重演历史活动、地域和计算机生成图像技术 185

舞台剧：博物馆、直播历史与亲历历史　194

回到中世纪风格：复古、集会和宴会　199

第七章　表演过去性，再回收文化和文化重演历史　213

历史舞台剧　213

音乐、表演和翻拍　220

重演历史与表演艺术　229

"极限历史学家"：重新栖居在过去　233

历史色情作品　237

第八章　历史游戏　244

第一人称视角的射击游戏历史　245

《文明》与光盘内容：战略游戏　251

战争游戏和比例模型　256

获奖作品中的过去　259

第四部分　电视上的历史

第九章　当代历史纪录片　271

纪录片的形式：自我意识和娱乐　271

"既不完全是虚构的，也不完全是纪实的"：
电视上的历史　273

"现代、生动而平等的历史节目"：沙玛、
斯塔基、麦卡洛克、休斯　279

第十章　真实、专业真实、名人和实物历史　295

移情、真实性和身份　295

真实历史　298

身临其境的历史身份与揭示名人真相：
《你以为你是谁？》 315

电视上的古董 328

销售历史 336

第十一章 世界各地的电视上的历史 350

第五部分 作为文化类型的"历史"

第十二章 历史电视：改编剧、原创剧、喜剧和时间旅行 364

改编剧和古装剧 365

开发改编剧：性和暴力 376

原创古装剧 384

喜剧历史 389

时间旅行与梦想过去 394

第十三章 历史电影 406

国家电影、国际观众与历史电影 406

2012—2013年度电影中的历史 414

遗产辩论和英国电影 418

第十四章 想象的历史：小说、戏剧和漫画 432

历史小说 432

"保持自由的无法改变的恐惧"：品钦和沃特斯作品中的线性和未来意象 437

历史中的自我 443

漫画小说和混合类型 446

第六部分　物质历史

第十五章　日常的历史：地方史、古董、金属探测　460

地方史　460

社区和地方史网站　466

金属探测、大众考古学、寻宝　468

作为爱好的历史：收藏和仿古　473

第十六章　博物馆、旅游、礼品店与历史体验　478

参观博物馆与历史体验　478

博物馆理论　480

博物馆与政府　485

博物馆经济学　490

数字化与在线博物馆　501

结语　510

索引　515

引言

基思·詹金斯（Keith Jenkins）在其充满争议的《重塑历史》[1]（*Refiguring History*）一书中，将职业历史学家描绘为在幻想中埋头苦干、执着于自我定义的人，而这些定义不但愚蠢，而且建基于谬误之上。他问道："为什么职业历史学家……似乎是唯一能够确定'历史是什么'这个问题的正确答案的人？"[1]詹金斯认为，大多数人对于"过去"是什么以及"过去"对他们意味着什么这样的问题都有一个相当好的看法。詹金斯主张，历史应该从过度确定性的模型中解放出来，他认为："如果我们明白'过去'和'历史'这样的术语，就像其他术语一样，是空洞的能指（empty signifiers），那么，我们就可以摆脱对常识性严格命名（designations）的束缚。"[2]他认为，历史学家通过运用一套特定的"论述技巧"来了解过去，然而：

> 记者、政治家、媒体评论员、电影制片人、艺术家能够而且确实成功地进入"过去"（the before now），而且往往是以一种巧妙的方式，而很少考虑历史学家的"技能和方法"。[3]

在詹金斯看来，历史学家利用技能研究了一系列他们自己认为很重要的问题。相比之下，其他类型的历史研究者（enquirer），也就是那些不属于被称为"历史学家"这个专业群体的人，即使不能更好地了解和利用"过去"，至少也一样擅长。他们与过去打交道并呈现过去的方式，是具有创造性的、深思熟虑的、聪明的和精心设计的（这些都是"具有独创性"这个词的含义的一部分）。他们也在一定程度上打破了传统，因为他们几乎完全忽视了真正的历史学家的研究路径。

詹金斯对职业历史学家的猛烈抨击，提出了一些重要问题。那么，谁来告诉公众什么是"历史"，以及历史意味着什么呢？如果"过去"终究只是一个空洞的能指，那么，与构建、延续和消费人们声称的意义有关的符号学过程是什么？詹金斯认为，职业历史学家和其他"进入"过去的人之间的界限正在变得模糊，而为了更好地理解"历史"的含义，本书探讨了这种模糊的界限：历史是如何被销售、呈现、传播和体验的。正如艾莉森·兰德斯伯格（Alison Landsberg）所言，这类作品是更为广泛地尝试"反思历史认识论基础"的一部分。[4]本书没有把历史理解为某种固定不变的、能被人们充分理解的和可以了解的东西，而是认为，"历史"是在多种场合构建的：博物馆里、电视上、前厅里、俱乐部里、地方上以及互联网上。职业历史学家保留了他们的一些传统合法性，但由于技术、理论和获取途径的转变，这种合法性已经受到侵蚀。[5]历史是一组故事，是一系列被大众文化广泛借鉴的话语实践，而《消费历史》则着眼于探讨由此产生的各种混合现象。本书考察了历史和"历史的故事与实践"之间的接口，并阐明了历史扩散到许多种"历史的故事与实践"的过程。

在过去的几十年里，作为文物、话语、产品和焦点，"历史"和"历史的故事与实践"体裁以指数级的规模增长。作为休闲爱好的

"历史"蓬勃发展。历史的故事与实践作为一种文化修辞，在很大程度上遭到了人们的忽视，没有得到充分研究。作为一种文化，在令人眼花缭乱的媒体上，过去看上去非常有趣。英国是一个让人着迷的社会，人们不断地阅读、重读、策划和打造不同的历史版本和不同的时间线。在过去二十年里，技术进步、资金变化、机构变革和政治干预都对过去的销售、包装和呈现产生了影响。路德米拉·乔丹诺娃（Ludmilla Jordanova）令人信服地指出："公众历史使用了各种各样的体裁，这些体裁与学院派学科使用的体裁不同——这一事实塑造了我们所指的'公众'历史类型的内容。"[6] 她继续说："如果我们能够厘清并反思这一普遍的范围，整个现象，包括公众发展他们对过去的认知的方式，都能得到更为充分的理解。"[7] 非学院派的或非专业性的历史，有时被定义为"公众"史学，这是一种复杂的、动态的现象。"公众史学"是一门经过多年的理论和实践发展而形成的学科，其研究方法非常多元。[8] 就方法论而言，它通常主要集中在美国、英国和澳大利亚，但越来越多地从更加全球化和全球本土化的角度进行理论分析。[9] 在主要的"公众史学"作品中，关注的是各种机构和体验，而不是大众文化表征的范围。本书对这个研究领域有所贡献，也试图扩大其研究范围。本书试图厘清公众的"历史感"是如何得到资源、支持的，如何形成和表达。本书认为，那些对"历史"作品感兴趣的人，要想理解"历史"，应该关注各种大众文化现象和媒体。

通过对各种文化形式和实践进行考察，本书分析了历史消费方面发生了什么变化，特别是新技术、不同的体验和史学辩论，对历史的消费、理解和销售方式产生了怎样的影响。本书分析了这些新的历史消费形式,以便理解当代文化,并使我们能够更加细致入微地理解公众与其历史之间的关系。特别值得注意的是,新技术是如何影响了历史获取方式的转变,包括从在线游戏到谱系学家所使用的互联网等方式。本书尤其关注媒体上所呈现的历史,而职业历史学家通常忽视这些内容。本书考察了公众形成其历史感的方式,特别是这种过去是如何快速获得商品的属性的。一个社会如何消费其历史,对于理解当代大众文化、表征自身所涉及的问题以及自身构建或社会构建的各种可用手段来说,都是至关重要的。消费实践影响着被包装成为历史的东西,并力图定义过去如何在社会中表现自己。

1994年,拉斐尔·塞缪尔(Raphael Samuel)将电视列为历史学家应该关注的"非正式历史知识来源"中的"最重要的场所"。[10]他提出,为了理解作为一种"社会形式的知识"的历史到底是什么,学者们必须研究历史知识是如何构建、传播和延续的,这种方式通常是平民主义的(populist)、不同寻常的。[11]自从塞缪尔写下这些话以来,繁荣的文化历史市场、名人历史学家、历史小说、历史电影、历史电视剧、历史纪录片和一系列文化事件——从历史频道的推出(美国是1994年,英国是1996年)到2014年(第一次世界大战)、2015年(滑铁卢、阿金库尔、大宪章)和2007年(废除奴隶制)等重大纪念时刻——以一系列新的面貌将历史推向了主流。有些评论家认为,"复古"(retro)的理念正在成为当代大众文化的主导模式。[12]大众历史体裁,以其不同寻常的广泛的轮廓和前所未有的范围和影响,变得大受欢迎。的确,"历史"现在是一个全球化了的娱乐品牌。至关重要的是,要对正在呈现和销售的"历史"类型进行分析,以便从一开始就试图理解塞缪尔所说的"社会形式的知识",并因此开始思考历史作为一组实体和话语在当代社会是如何运作的：它的含义是什么，它是如何表达这些含义的，它是如何被消费的，以及人们如何使用它。

塞缪尔的论点表明，使用历史的人对于历史在社会中是如何运作的这个问题具有一种自我意识。薇薇安·索布切克（Vivian Sobchack）从不同的角度探讨了同样的问题，她认为：

> 普通受众已经参与进来并理解历史表征的重要性，认识到"正在创造中的历史"，不仅把自己视为历史的旁观者，还把自己视为历史的参与者和评判者。当前关于历史的性质、形态和叙述的争论，已不再是学院派历史学家与电影和文学学者的研究领域。现在，"历史发生"在公共领域中，在这里，寻找失去的对象不仅带来了廉价的替代品，而且在这个过程中，还加快了一种新的历史意识（historical sense），或许是一种更加活跃和更具反思性的历史主题。[13]

这种具有自我意识的历史主题存在吗？如果存在，那么它的基础是什么？它是如何定义和构建的？历史可能性与历史体验的即时性和多样性的增加，如何影响了人们看待和呈现过去的方式？一个社会如何、为什么以及何时"消费"历史？将历史视为一种产品意味着什么？非专业媒体（电视、戏剧、电影、社交媒体、网络）如何影响和帮助构建文化记忆？虚构的历史，即作为文化产品的过去，是如何影响大众的想象的？随着数字化、流媒体、社交媒体和专门细分的电视节目的出现，塞缪尔关于电视的特权的论述正在迅速过时。这些技术如何改变大众对历史的认知和理解？我们能够通过思考历史传播方式的演变，来评估历史是如何被人们理解的吗？

　　本书的目的，就是为了解决这些各种各样的问题，从一定意义上来说，在过去的几十年里，英国民众对历史的参与已经发生了巨大的转变，而这种转变，在很大程度上还没有得到学院派历史学家的审视。获取历史的方式，如从真实历史电视节目到新的策展实践，再到大众历史书籍，再到互联网，发生了深刻的转变，个人似乎可以从概念上和物质上绕过历史专业人士，以一种更为直接的方式接触"过去"。与此同时，历史作为一种文化、社会和经济的修辞和体裁也越来越普遍。电视制片人、策展人、小说家、游戏设计师、剧作家和电影制片人所期待、处理和提供的历史想象是多样的、普遍的、复杂的和不稳定的。历史与国家共同体（nationhood）、怀旧、商品、揭示真相和知识有关，也与个人的见证、体验和发现有关；它既是一种延迟的、有距离感的话语，同时也是个人有时确实可以拿在手里、以他们自己的方式改变或在各种媒介中体验到的东西。我试图接受塞缪尔的挑战，来考察大众文化中的"非正式的"历史。在我的研究过程中，我发现大众文化和当代社会中的"历史"是多样的、成倍增加的和不稳定的。使用历史的各种话语，对这种历史的审视、使用和反应的复杂性，以及正式的、技术性的和通用的体制的破裂，都造成了一种动态的、极其重要的现象。因此，本书所要阐明的是，从文化上来说，"历史的故事与实践"是一套重要而复杂的具象性实践的一部分。

　　自从我在2008年撰写本书的第一版以来，就有许多优秀的论著考察了"大众"历史以及过去在文化中的表现方式。[14]关于"大众"

的定义变得更加微妙，人们对历史在电影、电视、戏剧、游戏和其他媒体中发挥作用的方式更加感兴趣。关于这个领域的作品被推回到了几个世纪以前，以给人一种迫切需要发展的感觉。[15]已有大量作品关注文本的再生、改编和传播，尤其是关于中世纪和新维多利亚时期的话语的作品。[16]从史学编撰的角度来看，一个关键性的转变，是思考历史的各个方面如何影响人们更为广泛地理解历史是什么以及它是如何运作的。像艾莉森·兰德斯伯格这样的思想家，已经开始把历史"产品"看作是某种"历史"作品。她引用罗伯特·罗森斯通（Robert Rosenstone）的开创性研究，认为大众电影"……作为历史知识生产的载体"可能具有巨大的"潜力"。[17]也就是说，电影文本实际上可能会增加历史想象，这可能是值得人们关注和研究的东西。兰德斯伯格属于这样一种理论家，他们已经超越了对"虚构"与历史事实的"二元"批判，试图厘清大众历史体裁究竟会如何影响和感染人们思考和理解过去的方式。罗森斯通的奠基性著作《历史电影／电影历史》（*History on Film / Film on History*）认为，

> 历史电影不仅挑战了传统史学，而且帮助我们回到了原点（ground zero），即一种我们永远无法真正了解过去的感觉，我们只能不断地把玩它，重构它，并试图从它留下来的痕迹中寻找意义。[18]

对罗森斯通来说，电影也许可以用来做历史研究。这是许多文化建构的方式之一（认为"历史"本身并不存在），是一种试图恢复对我们与过去之间的关系更为纯粹的理解的方式，也是一种试图基于对过去

缺席的理解来为未来创造某种意义的方式。如果我们接受这样一种观点，即认为电影、电视、纪录片、小说、游戏、爱好、博物馆等对历史想象都有所贡献（它们让我们思考和学习过去），但更进一步说，使史学想象成为可能（它们有助于理解"历史"本身是如何构建的），那么，我们在理解我们的当代文化历史性（historicity）方面就有很长的路要走。通过将其与"使用"、接受、商品化、消费等概念相结合，本书试图展示大众文化呈现过去的各种方式，以及由此产生的各种后果。

尽管已有上述提到的研究作品，但大众文化中与过去进行互动的新方式所蕴含的意义，仍有待深入考察。《消费历史》试图通过对当代历史的许多方面进行认真考察，来纠正已有研究上的不足。现在的情况是，在关于历史的作用和性质的理论讨论中，公共历史学家的分析和大众媒体对历史理解的影响仍然被边缘化。大众文化中关于历史的史学讨论常常哀叹它贬低了"历史"，尽管事实上历史学家越来越能坦然看待电视和电影。[19]毫无疑问，通过电影、电视（戏剧和纪录片）、广告甚至色情作品来销售历史的各个行业，都在从事创造人工关系产品的业务，这些产品对遵从和识别历史他者性（otherness）一样关注。相反，正如拉斐尔·塞缪尔所说，获取历史的途径的广泛度——无论是重演历史活动、互动展览还是真实的档案资料（不过是经过数字化的和虚拟的）——和各种历史体裁之间的互相渗透表明，历史是一种社会和文化建构及消费的实体，可以同时具有内部的区别和同一性，象征他者性和熟悉性（familiarity），提醒每个个体与过去之间的距离，同时让他们通过这种区别，以一种比以往更加复杂的方式了解自己。

帕特里克·乔伊斯（Patrick Joyce）断言，"历史不是商品"，历史学家必须坚定立场，"反对大众资本主义市场的市场力量"。[20] 他深思熟虑的分析认为，批判的历史包含了对当代流行范式的挑战，即"对当下权力的批判"。[21] 学院派史学有助于"塑造具有历史意识的公众"，并且应该有助于保护公众免受消费社会的威胁。[22] 本书从两个方面回应了乔伊斯的担忧。首先，不管历史学家的行动如何，历史已经被商品化了（或者说历史作品与商品化相关），而理解当代大众与过去的接触中所经历的交流和消费过程，将使我们对这一现象产生更加细致入微的认识。如果历史学家试图保护公众的历史意识，他们必须首先了解这个群体是如何获得信息和资源的。[23] 其次，在本书概述的大多数实践和形式中，都存在不同意见和可能性的空间，这是一种主观的品质，往往会削弱更为广泛的体系。大众文化处于一种不断争论和演变的状态，这种历史的故事与实践表征就是这种发展的一部分。遗产消费主义很可能是一种有问题的、潜在的破坏性力量，但与此同时，这些历史产品具有一种反主流阅读的潜力，或具有一种引入自我和社会知识概念化的新方法；在这一点上，他们的反抗和不同意见可能是有价值的。[24] 因此，这本书在某些方面叙述和阐明了平民主义史学（populist historiography），而不是传播这种平民主义史学，强调的是研究当代文化—历史实践的重要价值。它为进一步研究历史呈现和参与的方式制定了一个议程。

路德米拉·乔丹诺娃几乎没有时间理会那些"将公众历史贬为'纯粹的'普及、娱乐或宣传"的人，而她的论点，即"我们需要在学院派史学、媒体、诸如博物馆等机构和大众文化之间的关系上形成一致的立场"，则为下文提供了广阔的背景。[25] 罗伯特·罗森斯通认为，历史学家需要避免采用"单一的方式向我们的文化传达它们（过去的遗迹）的意义……这种呼吁要求我们睁开双眼，发挥我们的想象力，用其他方式讲述、展示、表现和赋予人类过去的故事以意义"。[26]我的研究方法的新颖之处，不仅在于揭示和考察了未被历史学家重视的材料；来自不同学科的学者已经呼吁，要综合考察历史与大众文化的互动方式。约翰·科纳（John Corner）在一篇评论文章中对戴维·康纳丁（David Cannadine）的论文集《历史与媒体》(History and the Media）进行了评论，他对那些"对大众媒介历史的完整性感到极度焦虑"的历史学家提出了批评，这些历史学家认为，任何此类作品都是"危险的"或者"简直是令人无法容忍的"。[27]科纳认为，不同学科的专业人士不应"例行公事般地哀叹媒体暴露出来的粗鄙"，而应着眼于"大众历史在大众文化中的定位，以及媒体现在利用这一点的方式"。[28]他特别建议学者们，要考虑新媒体形式对历史的大众呈现和传统纪录片风格的多重影响。虽然很明显，历史学家们正在慢慢适应其他历史形式的范围，但我们仍然缺乏科纳所说的对"日常历史的完整范围和复杂性"的探索。[29]

1998年，罗伊·罗森茨威格（Roy Rosenzweig）和戴维·特伦（David Thelen）进行了一项人类学测试，来考察历史如何影响美国公民的日常生活。[30]除了其他现象，他们的研究还发现，"正常"的美国人通常会对过于学术化的历史感到反感，尽管如此，这些人还是觉得，历史在他们的生活中普遍存在，他们更喜欢个人叙述或第一手的叙述，而不是别人告诉他们的故事。罗森茨威格和特伦在阐述他们的研究项目的理由时指出，为了"帮助创造一段超越精英内容和实践的历史，我们需要听取更为广泛的人群告诉我们过去对他们而言有多么

（甚至是否）重要"。[31] 虽然眼前这本书处理的是不同的接受模式，并且由于所分析的材料的范围和视野，它只是试图用模糊的术语来界定历史用户的体验，但其精神是一样的，即想要证明过去在社会和文化中起作用的方式是历史学家们很少理解的，非学院派受众理解和参与历史的方式比我们想象的要复杂得多。

于是，历史的大众文化表现，向职业历史学家提出了挑战，因为它们呈现出一种持不同意见的史学，而这种史学拥抱一种与生俱来的多样性。这里讨论的现象告诉我们很多关于历史知识的可能关系和价值。它们提供了一系列关于过去的版本，提出各种各样的体验，但也在阅读和回应历史话语方面具有深刻的复杂性。大众历史并不是历史标准化的统一产物，而是反映了当代文化和社会界面的复杂性。因此，阅读历史可以洞察文化作为一个整体是如何运作的。

在思考当下时刻的历史时，要记住的一个关键问题是它如何与一系列不断扩大的话语联系起来：地方性的、全国性的、国际性的、全球性的、世界性的。在写作这本书的过程中，我清楚地认识到，孤立地看待大众历史文本是困难的，而且毫无意义。必须考察电影、电视剧、游戏和博物馆所处的多重背景。虽然这本书关注的是英国的大众历史话语（英国本身就是一个目前正处于各种压力之下的概念），但它的关键是使用其他历史文化作为背景，并进行比较实践。大众历史还没有被理论化，但关于它的研究大多出现在美国、欧洲和澳大利亚等地学者的著作中。我们应该谨慎地假设，世界上所有的历史体验都是相似的，即诸如"大众的""公众的""历史"等概念是可以移植的，具有全球性。[32] 它们显然不是这样的。然而，我们还需要进一步了解，"历史"如何在我们称为当代文化的跨文化信息流中发挥作用。[33] 这里考察的许多文本，都是为了在海外市场销售而开发的。另一些文本则在传播和形式上天生就具有跨国性，譬如从电影（尤其是用主流语言，即英语制作的电影）和游戏到跨越国界的实践，如谱系学或数字研究。有些文本被认为是"国际性的"娱乐工具，它们要么无视历史（《都铎王朝》），要么试图创造某种代表战后时期的历史霸权（《广告狂人》）。在北京观看《唐顿庄园》具有什么意义？在布里斯班阅读《复仇女神》（The Kindly Ones），在圣地亚哥玩《刺客信条》，意义是什么？在孟买阅读爱尔兰人口普查数据的意义是什么？本书不能回答这些问题，但它力图确保人们能够提出这些问题。通过认真考察大众文化中的历史，我们可以开始理解它运作的奇怪方式，以及引导它发展的奇怪漩涡和潮流。我们可以开始思考过去被概念化、使用、审视、想象和理解的多种方式。

正如这个全球性的范围和文本范围所表明的那样，"历史的故事与实践"的范围是巨大的，并且具有多种意义。我承认，在写作这本书的时候，我经常被材料的范围和复杂性吓到。《模仿游戏》（The Imitation Game，莫滕·泰杜姆，2014）、《开膛街》（Ripper Street，英国广播公司第一台，2012— ）、莎拉·沃特斯（Sarah Waters）的《房客》（The Paying Guests，2014）和希拉里·曼特尔的奇幻短篇小说《刺杀玛格丽特·撒切尔》（The Assassination of Margaret Thatcher，2014）在意图、受众、营销和主题上如此迥异，如何解释这些历史文本呢？如何审视大众历史书籍的纷繁复杂？人们会怎么看待英国、澳大利亚和美国以英语为母语的受众呢？在这些国家里，形形色色的性别、种族和阶层都在与过去打交道。本书所涵盖的大部分主题，都将由于用一本书的篇幅甚至是整个职业生涯的长度进行考察而受益。

尽管规模如此之大，但也有一个警告，即这项研究并非详尽无遗，《消费历史》试图遵循科纳和乔丹诺娃的规定，即把对这些多样化体裁的分析结合起来考察是至关重要的。此外，在写作这本书的过程中，我认识到了这种广泛而多样的方法的重要性。符号的多重含义与体裁在各种实践中的嵌入方式给我留下了深刻的印象。我发现，大多数历史文本都可以被描述为"史学多语性"（historioglossia）的一部分，即围绕着一个单一实例而积累的多种混合话语。[34] 历史的故事与实践具有多重意义，所有这些都可能同时在文化中起作用，而这本书试图追溯这些意义。由于这种跨体裁的思考，我越来越意识到当代文化参与和消费的复杂性和范围；我获得了这样一种感觉，即一个人可能会把"历史"作为贯穿当代文化的线索，它可能会重新和更为深入地展示社会的消费实践。各种历史的故事与实践的范围是关键——职业历史学家仍然需要尽可能深入地研究过去的文化表征，因此，本书的视野试图展示手头任务的规模。因此，《消费历史》描述的可能是所谓的"历史丰富性"，即充满许多丰富的意义。这些消费模式极为多样，而且错综复杂。普通用户可能在一天的过程中通过电视、艺术、小说、游戏、杂志和广告与过去进行知识体系上的交互。所有这些实践，为每个人形成了历史意义和历史体验上的联系，我们可以称之为历史情感或历史想象。对这些不同的形式和话语进行比较研究是很重要的，以便对当代社会处理和消费过去的众多和各种各样的方式有一些小小的了解。我在这本书中关注的很多内容都是媒体，而这些媒体的形式和实践很少得到深入考察，尤其是那些关于谱系学、重演历史、电脑游戏和互联网的内容。此外，当与这些现象并列考察时，人们熟悉的叙述和形式呈现出了新颖的特质和细微差别。

我将《消费历史》分为六个相对独立的部分，这些部分考察了当代有关历史知识的重要内容：大众历史学家；数字历史；表演历史和把玩历史；电视上的历史；作为文化类型的"历史"；物质历史。综合起来，它们呈现了当代文化和知识形式的一个详细而强大的横截面。这些内容展示了当代历史参与和消费的多样性、复杂意义、重叠的符号学以及纯粹的频繁程度。

注释：

1 K. Jenkins, *Refiguring History*, London and New York: Routledge, 2003, p. 38. 也可参见 A. 芒斯洛（A. Munslow）的著作，包括 *The Future of History*, Basingstoke: Palgrave Macmillan, 2010。关于"历史"与"理论"的概述，参见 L. Jordanova, "What's in a name? Historians and theory", *English Historical Review*, 126:523 (2011), 1456-1477。

2 Jenkins, *Refiguring History*, p. 35.

3 同前注，pp. 39, 38。关于这个问题的详细阐释，参见 B. Southgate, *History Meets Fiction*, Harlow: Pearson, 2009。

4 A. Landsberg, *Engaging the Past*, New York, NY: Columbia University Press, 2015, p. 11.

5 就这一观点而言，参见 H. White, "Afterword: manifesto time", in K. Jenkins, S. Morgan and A. Munslow (eds), *Manifestos for History*, London and New York: Routledge, 2007, pp. 220-232。

6 L. Jordanova, *History in Practice*, London: Arnold, 2000, p. 153.

7 同前注。

8 关于"公众史学"的详细讨论，参见 H. Kean and P. Martin, *The Public History Reader*, London and New York: Routledge 2013; H. Kean, P. Martin and S. J. Morgan (eds), *Seeing History: Public History in Britain Now*, London: Francis Boutle, 2000; Jordanova, *History in Practice*, pp. 126-149。

关于该领域的定期讨论，参见《公众历史学家》（*The Public Historian*）杂志。

9 参见塞尔日·努瓦雷（Serge Noiret）和托马斯·考温（Thomas Cauvin）在 http://public-history-weekly.oldenbourg-verlag.de/2-2014-34/internationalizing-public-history/ 上的讨论。努瓦雷和考温是国际公众史学联合会（International Federation of Public History）的成员，该联合会是美国全国公众史学委员会（National Council for Public History）的一个分支，成立于 2010 年。

10 R. Samuel, *Theatres of Memory*, London: Verso, 1994, p. 13.

11 同前注，p. 8。

12 S. Reynolds, *Retromania*, London: Faber & Faber, 2011. 也可参见 M. Fisher, *Ghosts of My Life: Writings on Depression, Hauntology and Lost Futures*, Alresford, Hants: Zero Books, 2014。

13 V. Sobchack, "History happens", in V. Sobchack (ed.), *The Persistence of History*, New York and London: Routledge, 1996, pp. 1–16 (p. 7).

14 除了前文提到的，其他著作还包括：M. L. Davies, *Historics*, London and New York: Routledge, 2006 and *Imprisoned by History*, London and New York: Routledge, 2010; E. Bell and A. Gray (eds), *Televising History*, Basingstoke: Palgrave Macmillan, 2010; A. McFie (ed.), *The Fiction of History*, London and New York: Routledge, 2015; B. Körte and S. Paletschek (eds), *Popular History 1800–1900–2000*, Bielefeld: Transcript, 2012; R. Schneider, *Performing Remains*, London and New York: Routledge, 2011 and *Theatre and History*, London and New York: Routledge, 2014; J. Kalela, *Making History*, Basingstoke: Palgrave Macmillan, 2011; R. A. Rosenstone and C. Parvulescu (eds), *A Companion to the Historical Film*, Oxford: Wiley-Blackwell, 2013; M. Hughes-Warrington, *History Goes to the Movies*, London and New York: Routledge, 2006; M. W. Kapell and A. B. R. Elliott (eds), *Playing with the Past: Digital Games and the Simulation of History*, London: Bloomsbury, 2013; T. Cauvin, *Public History: A Handbook of Practice*, London and New York: Routledge, 2016; D. Dean 的 *The Companion to Public History* 即将在 2016 年由威利-布莱克韦尔（Wiley-Blackwell）出版。

15 S. Paletschek (ed.), *Popular Historiographies in the 19th and 20th Centuries*,

Oxford and New York: Berghahn Books, 2011; B. Melman, *The Culture of History: English Uses of the Past 1800—1953*, Oxford: Oxford University Press, 2006; D. Cannadine, *Making History Now and Then*, Basingstoke: Palgrave, 2008; T. C. String and M. Bull (eds), *Tudorism: Historical Imagination and the Appropriation of the Sixteenth Century*, Oxford: Oxford University Press, 2011.

16 L. Hutcheon, *A Theory of Adaptation*, New York and London: Routledge, 2006; K. Mitchell, *History and Cultural Memory in Neo-Victorian Fiction*, Basingstoke: Palgrave, 2010; D. Matthews, *Medievalism: A Critical History*, Oxford: Boydell and Brewer, 2015.

17 Landsberg, *Engaging with the Past*, p. 27. 我本人也参与了这种转向关于过去的这种"影响"的讨论：J. de Groot, *Remaking History*, London and New York: Routledge, 2015。

18 R. Rosenstone, *History on Film / Film on History*, London: Pearson, 2006, p. 164.

19 关于历史可能与大众进行互动的一些论文，收录在 B. Taithe and P. Ramos Pinto, *The Impact of History*, London & New York: Routledge, 2015。参见 P. Joyce,"The gift of the past: towards a critical history", in Jenkins, Morgan and Munslow, *Manifestos for History*, pp. 88—97。一般而言，反对遗产的争论发生在 20 世纪 80 年代，可以参见下述论著：D. Lowenthal, *The Past is a Foreign Country*, Cambridge: Cambridge University Press, 1985; D. Brett, *The Construction of Heritage*, Cork: Cork University Press, 1996; P. Wright, *On Living in an Old Country*, London: Verso, 1985; P. J. Fowler, *The Past in Contemporary Society*, London and New York: Routledge, 1992; and R. Hewison, *The Heritage Industry: Britain in a Climate of Decline*, London: Methuen, 1987。

20 Joyce, "The gift of the past", p. 97.

21 同前注。

22 同前注，p. 96。

23 如要更加充分地理解历史电视和电影的生产和接受语境的转变，可以参见：A. Gray and E. Bell, *History on Television*, London & New York: Routle-

dge, 2013, and C. Monk, *Heritage Film Audiences*, Edinburgh: Edinburgh University Press, 2011。

24 约翰·菲斯克（John Fiske）阐述了文化产品的这种潜力的意义："如果一种特定的商品要成为大众文化的一部分，那么，它必须提供抵制或逃避使用或解读的机会，而这些机会必须被人们接受。这些产品的生产，超出了金融商品生产者的控制范围：相反，它取决于文化经济中该商品使用者的大众创造力。""The commodities of culture", in M. J. Lee (ed.), *The Consumer Society Reader*, Oxford: Blackwell, 2000, 282–288 (p. 288).

25 Jordanova, *History in Practice*, p. 149. 威廉·D. 鲁宾斯坦（William D. Rubinstein）在他关于"业余"历史多样性的讨论中也做出了回应："对于学院派历史学家来说，更好地了解这个广阔的世界并无坏处，因为他或她对这个世界往往知之甚少。""History and 'amateur' history", in P. Lambert and P. Schofield (eds), *Making History*, London and New York: Routledge, 2004, pp. 269–280 (p. 280). 关于历史学家使用大众文化的更多史学讨论，参见 G. Williams, "Popular culture and the historians" in the same volume, pp. 257–269。

26 R. Rosenstone, "Space for the bird to fly", in Jenkins, Morgan and Munslow, *Manifestos for History*, pp. 11–18 (p. 18).

27 J. Corner, "Backward looks: mediating the past", *Media, Culture & Society*, 28:3 (2006), 466–472 (466). 对历史和纪录片的研究而言，正在考察的这本书是一个有用的材料：D. Cannadine (ed.), *History in the Media*, Basingstoke: Palgrave, 2004。

28 Corner, "Backward looks", p. 470.

29 同前注。譬如，可以参见 *Rethinking History* 的特别版（9:2/3, 2005）关于历史小说的论述，以及 Southgate, *History Meets Fiction*。

30 R. Rosenzweig and D. Thelen, *The Presence of the Past*, New York: Columbia University Press, 1998.

31 *The Presence of the Past* 的"导论"部分，可以在这里查到：http://chnm.gmu.edu/survey/intro.html [accessed 6 December 2007]。他们向全国 1453 人分发的这份调查，可以在这里查到：http://chnm.gmu.edu/survey/question.html。

32 参见下述著作中的论文: L. Bond and J. Rapson (eds), *The Transcultural Turn: Interrogating Memory Between and Beyond Borders*, Berlin and Boston: Walter de Gruyter, 2014, and J. de Groot (ed.), *Public and Popular History*, London and New York: Routledge, 2013。
33 参见这本书中的论文: R. Crownshaw (ed.), *Transcultural Memory*, London and New York: Routledge, 2013。
34 多声部性（heteroglossia）这个术语最早是由米哈伊尔·巴赫金（Mikhail Bakhtin）提出来的，参见 M. Holquist (ed.), C. Emerson and M. Holquist (trans.), *The Dialogic Imagination*, Austin, TX: University of Texas Press, 1981。

第一部分　大众历史学家

为了了解对"过去"的理解、参与和消费的构建中可能有哪些促成因素，以下三章考察了历史学家在公共生活、公民生活和文化生活中的作用。作为一个整体，本部分分析了历史学家在文化中的地位和表征，以便构思历史的各种"用途"。路德米拉·乔丹诺娃提醒我们："过去在本质上是无限的，对它的解释属于公共财产，具有多种用途。认识到这一点，应该有助于历史学家从更为广阔的视角看待自己的活动，并对历史实践提出广泛的问题。"[1] 了解"历史学家"自身是如何被表达的，能够让我们反思过去被消费的方式，并打开这个"更为广阔的视角"。同样，约翰·托什（John Tosh）认为，大众文化"只是顺便关注以其自身的方式理解过去"，为了了解这种理解是如何运作的，我们需要再次思考，历史学家是如何被概念化和想象的。[2]

从实践和表征来看，媒体历史学家的角色能告诉我们关于这个主题的当代概念是什么？第一章考察了"名人"历史学家的影响和重要性。考虑到"名人"历史学家（从文化史作家到电视节目主持人）的影响和重要性，该章对"名人"现象进行了分析。市场、生产和受众对这些"公众"历史学家的需求影响着他们的作品。这些公众历史学家如何呈现复杂性和兜售细微差别？西蒙·沙玛（Simon Schama）、玛丽·比尔德（Mary Beard）、贝塔妮·休斯（Bettany Hughes）和丹·斯诺（Dan Snow）的身份，如何影响他们作为历史权威的地位？虽然大受欢迎，但这些名人历史学家仍然对呈现"真相"与创作或控制那种真相感兴趣。为了理解这些新历史的地位，了解名人与历史纪录片产生交集的方式很重要。历史学家已经成为颇具权威和影响力的公众人物，这在某种程度上让人想起了一代人之前的 E. P. 汤普森（E. P. Thompson）、A. J. P. 泰勒（A. J. P. Taylor）和克里斯托弗·希尔（Christopher Hill），但在这个渴望名人的时代，它具有了多重新维度。[3] 全国著名的历史学家已经从学术领域中抽身出来，成为文化评论家。琳达·科利（Linda Colley）为全国性报刊撰写政治专栏；特里斯特拉姆·亨特（Tristram Hunt）是工党议员；戴维·斯塔基（David Starkey）出现在《问题时间》（*Question Time*）*和《杰米的梦想学校》（*Jamie's Dream School*）中；理查德·霍尔姆斯（Richard Holmes）在英国广播公司第一台的《全民读书行动》（*The Big Read*）节目中拉票。为此，本章为这些公共场合中的历史学家考察了这些新的背景。这些背景包括名人、文化表征和学术专家权威的削弱，然后再考察过去几十年最著名或许也是最臭名昭著的"公众"历史学家戴维·欧文（David Irving）。

---

* 英国广播公司的一个热门的辩论节目。——译者注

在此有必要简要反思一下职业性的高校历史学家和公共场合中的历史学家之间的关系。学术界的名人化现象——"明星"教授的诞生以及与之相关的日益商品化——已经广受批评,认为这是大学领域日益商业化的直接后果。[4] "学术资本"和更为广阔的"文化资本"之间的关系很复杂,由旨在提高市场份额和竞争力的创业型大学进行安排。在正在进行的关于人文学科的"价值"的辩论中,历史学家的角色具有某种独特的地位。[5] 越来越多的职业历史学家,正试图弥合学术界和公众之间的鸿沟,这可能是受到英国资助委员会(UK funding council)希望研究"影响力"的推动,也可能仅仅是因为他们看到了写作历史小说和通俗易懂的历史故事的流行。[6] 尽管如此,大多数学院派史学家仍然对学院派历史和大众历史之间的运动感到担忧。[7] 最近,基思·约瑟夫(Keith Joseph)公开表示担忧,太多的年轻历史学家受到诱惑,为了"写作历史畅销书"而离开大学。[8]

正如乔·莫兰(Joe Moran)所指出的那样,过去的情况是,在大学领域之外,明星学者很少为人所知。然而,最近,这一学术薄膜变得更具有渗透性,为了提高一个系或大学的品牌认知度,越来越多的高层官员获得任命。本书中提到的几乎每一位"公众"历史学家,都与某一所大学有关联,这与许多评论家或公共文化人物截然不同。这可能表明,要使历史学家作为主持人获得合法性,学术上的认可仍然是必要的。此外,它还表明,名人历史学家的模范并不合适——历史学家首先以他们的作品出名,然后才是他们的名声。在一个名声带来名声的社会里,历史学家为了证明他们在公众心目中的存在是合理的,必须对一些重要的材料做出解释。[9]

为了考察"历史"作为文本形式(主要通过考察书籍和杂志)是

如何销售的,这些章节发展了路德米拉·乔丹诺娃关于"体裁"的观点,尤其特别关注这种"体裁"的活力和复杂性。这些章节仔细考察了历史出版物,提出了有关证据、接受和纪念性文本作为历史文物的地位的问题。这些章节还考察了可供读者阅读的广泛的大众历史著作,这些著作包括从政治日记中发现的事件的第一手记录到历史传记。以理查德·霍尔姆斯为例,我还考察了大众历史作家是如何通过他们的受欢迎程度来塑造自己的。本部分内容表明,在公共文化想象中存在着多种历史"体裁",这些体裁得以呈现和服务的方式日益多样化,而且它们在不断演变。在这些公共表现中,历史是令人难以置信地充满活力的,本部分的第一项任务,就是试图了解和部分剖析其复杂的组成。为了使历史学家的地位和表征等更为广泛的问题成为人们关注的焦点,本部分最后考察了他们在电影、小说和游戏等虚构作品中的影响和重要性。

注释:

1 Jordanova, *History in Practice*, p. 155.
2 J. Tosh, *The Pursuit of History*, Basingstoke: Palgrave Macmillan, 2008, p. 12.
3 关于过去几个世纪以来大众史学的发展,参见下述这本书中收录的论文: Körte and Paletschek (eds), *Popular History 1800–1900–2000*。
4 J. Moran, "Cultural Studies and academic stardom", *International Journal of Cultural Studies*, 1:1 (1998), 67-82. 另见 S. Collini, *What Are Universities For?*, Harmondsworth: Penguin, 2012。
5 见 M. Nussbaum, *Not for Profit: Why Democracy Needs the Humanities*, Princeton: Princeton University Press, 2012; H. Smith, *The Value of the Humanities*, Oxford: Oxford University Press, 2013; Collini, *Universities*。
6 见 Taithe and Ramos Pinto (eds), *The Impact of History?*。

7 Richard J. Evans, "The death of the celebrity historian is much exaggerated", *The Guardian*, 27 May 2012, http://www.theguardian.com/commentisfree/2012/may/27/death-celebrity-historians-exaggerated [accessed 29 April 2015].

8 引自 C. Milmo, "Young historians are damaging academia", *The Independent*, 9 May 2012, http://www.independent.co.uk/life-style/history/young-historians-are-damaging-academia-in-their-bid-for-stardom-7723284.html [accessed 10 December 2014]。

9 见 E. W. Said, "The public role of writers and intellectuals", in H. Small (ed.), *The Public Intellectual*, London: Blackwell, 2002, pp. 19-40。

第一章　公共历史学家，公共场合中的历史学家

"新园艺"和公共历史学家

公众眼中的历史学家并不新鲜。A. J. P. 泰勒标志性的电视节目一直持续到1984年，罗伯特·基（Robert Kee）具有重大影响力的《爱尔兰：一部电视史》(*Ireland: A Television History*, 1980) 在世界各地上映；诺曼·斯通（Norman Stone）是玛格丽特·撒切尔的顾问；在20世纪80年代，E. P. 汤普森帮助复兴了核裁军运动。[1] 然而，在20世纪90年代后期，"历史"越来越多地成为对事实的兴趣不如对叙事和名人的兴趣浓厚的媒体文化的一部分。[2] 正是西蒙·沙玛的纪录片系列节目《英国史》(*A History of Britain*, 英国广播公司第一台, 2000, 2001) 促使历史从电视节目的一个标准部分成为一种媒体现象，并以前所未有的方式使这位历史学家成为公众人物。[3] 该节目吸引了大批观众，引发了关于国家共同体和纪念历史的广泛辩论。当时，历史作为一门学科在学校非常不受欢迎，申请大学学历史的人数下降。随着沙玛的节目在收视率和影响力方面的巨大成功，以及戴维·斯塔基、特里斯特拉姆·亨特和尼尔·弗格森（Niall Ferguson）的鲜明姿态，历史开始被冠以"新摇滚""新烹饪"和"新园艺"等五花八门的名称。[4] 第一个名称表明，制片人试图让这种现象变得时

尚、时髦和前卫,后两个描述性的名称则标志着历史进入了生活方式节目和闲暇爱好的世界。每个短语都表明,过去在大众想象中突然而令人惊讶地流行起来,尽管主要是指在电视上,而且每个短语都是对纪录片、真实历史节目以及相关的谱系学热潮的迅速蔓延所做出的反应,而这股热潮丝毫没有减弱的迹象。这些事件产生的余波在 21 世纪初仍在继续,公共场合中的历史学家越来越成为一道熟悉的风景线,也越来越成为一种复杂的修辞。

这些描述也将历史融入个体化的话语或由名人、主持人主导的电视讨论中,譬如沙玛和斯塔基对他们的历史所拥有的名义上的所有权,以及弗格森在他对帝国的最初考察中对自己家族的讨论。[5] 历史成为休闲话语的一部分,而不是一种专业化的追求,而呈现它的人则是知名人士和名人。[6] 由于人们对历史的兴趣激增,参与其中的历史学家成了电视名人、媒体人物和文化守门人的混合体。[7] 他们从他们的学科和学术出身中抽离出来,插入到一套复杂的和相当有问题的社会和文化矩阵之中。当代的公共知识分子,是一套五花八门的中介文化话语的一部分,其中许多话语是他们无法控制的。[8]

西蒙·沙玛的风格、坦率的表达方式和非正式的着装,都意在削弱电视历史学家的标准形象。沙玛以某种方式将对历史的追求变得性感起来,他将敏锐的思维和文物探索结合在一起,就像在档案馆里待了很长时间一样(他的系列节目中很少出现图书馆)。20 世纪 80 年代,他以一种平民主义的和公共历史学家无法想象的方式,进入到了公众的想象和大众文化之中。同样功成名就的历史学家还有戴维·斯塔基，尽管在出现在电视荧屏之前，他的职业生涯就已备受尊敬，他真正在历史之外获得了公众声誉。1992年，斯塔基在英国广播公司广播四台（Radio 4）的《道德迷宫》（*The Moral Maze*）节目中令人反感、咄咄逼人的表现，引发了《每日邮报》的质疑：他是否是"英国最粗鲁的人"？随后，他发表了一系列文章，塑造了他自己所称的"机智的斯塔基"的公众形象。[9]斯塔基在学术工作之外当然也有知名度，也正因为此，他才开始为英国电视四台（Channel 4）制作纪录片。这些节目的成功，让英国电视四台在2002年与他签订了一份受到广泛宣传的"金手铐"合同。斯塔基作为历史学家和有争议的学者，有着引人注目的魅力和明星气质（关于他的标准文章标题是"傲慢的重要性"和"中风的学术"）。他曾在杰米·奥利弗（Jamie Oliver）的《杰米的梦想学校》（英国电视四台，2011）中担任历史老师，这是一个奇怪的乌托邦式的教学实验，对斯塔基来说，这个实验出了很大的问题，但它表明，人们越来越重视通过名人的参与来理解生活体验的所有表现形式。

斯塔基也是公开的同性恋者、右翼和民粹主义者。尽管他似乎满足了许多关于历史学家形象的陈词滥调，譬如喜好争论、牛津剑桥、傲慢、身着套装、佩戴眼镜等，但同样重要的是，他也是一个反对偶像崇拜者（譬如，他指责女王是一个"庸俗"的人，并将她比作约瑟夫·戈培尔）。[10]他成了英国一批充满争议的和受人质疑的知识分子中的一员。同样，西蒙·沙玛在他的直接工作之外，也享有知名度和公众形象。他与英国广播公司签订的价值300万英镑的独家合同，引发了公开辩论，并与斯塔基200万英镑的合同形成了鲜明对比。这种旨在将主持人与某个电视台捆绑在一起的巨额交易，通常被认为与迈克尔·帕金森（Michael Parkinson）或特里·沃根（Terry Wogan）这样的重要名人有关；这进一步证明了这两位历史学家在英国大众文化中的特殊性和独特性。

2004年，沙玛推出了《天才历史学家》（*Historians of Genius*）[19]节目，介绍了麦考莱、吉本和卡莱尔的史学观点。他们的作品由塞缪尔·韦斯特（Samuel West）这样的著名演员朗读，并以常见的文献、图像和道具作为支撑。[11]《天才历史学家》颂扬每一位人物的成就和创见，声称他们的作品具有某种超然性。这个系列节目表明，历史学家本身就值得以纪录片的形式进行研究。到2004年，历史学家在大众想象中的地位是如此之高，以至于电视节目可以脱离事实，转而聚焦于实践者本身。诚然，这是一个非主流电视台（英国广播公司第四台）上的小系列节目，但史学进入纪录片的尝试是具有启发意义的。这里的历史学家是一个独立的实体，他们像科学家或发明家一样值得被介绍，他们的思想和风格，而不是他们取得或创建的任何成就或学说，才是这些以某本特定的书籍和故事线索（"法国大革命"或"蒙茅斯叛乱"）为核心叙事的影片的核心。然而，该节目也具有论战价值，沙玛用它来攻击当代的学术写作。该节目把历史学家描述为天才，伟大的作家，在社会上和文化上具有重要意义和广泛影响力的人物。沙玛显然希望让历史学家变得重要，并成为"冒险家"，这让大众历史学家的风格再次与学院派历史学家的风格形成了鲜明的对比。学院派历史学家谨小慎微，与具有改革精神的畅销平民主义者相比，已经失去了平易近人的特质。

这些名人在主流社会的知名度和影响力，体现在他们在大众媒体中的表现上。在公关公司喜剧系列《绝对权力》（*Absolute Power*，英国广播公司第二台，2003）的第一集里，浪荡的历史学家奈杰尔·哈廷（Nigel Harting）是沙玛和斯塔基的混合体。[12] 沙玛也成为印象秀节目《死亡铃声》（*Dead Ringers*，英国广播公司第一台，2002—）中的主要人物。譬如，幽默短剧《又一个历史节目》（*Yet Another History Programme*），通过挖苦这位主持人的一些更为明显简洁的声音风格和嘲讽《英国史》节目对象征形象的再利用，以说明他的脚本特别老套，讽刺了《英国史》节目。这个短剧展现了沙玛的文化影响力；他的名气和视觉风格都是值得拿来开玩笑的，而且辨识度高，足以用来创作一个短剧。《死亡铃声》也突出了沙玛独具特色的演讲风格，这表明他为历史的呈现带来了一些新奇的东西，同时也强调了与这种节目新颖风格相关的名气崇拜。个体和知识一样重要；斯塔基和沙玛的风格如此独特，几乎成了一个品牌。此外，历史学家是文化人物，就像其他公众人物（譬如政治家）一样，他们的权威值得被人嘲弄。

沙玛和斯塔基让电视历史以一种前所未有的方式进入到了主流。他们的范例带动了节目的爆炸式发展，并推动了许多"名人"历史学家创作自己的节目。在他们树立了榜样之后，电视历史学家成了常态（见第十章），玛丽·比尔德、贝塔妮·休斯、露西·沃斯利（Lucy Worsley）和阿曼达·维克里（Amanda Vickery）都为不同的频道创作了重要的节目和电视剧集。玛丽·比尔德呼应了沙玛进入纯娱乐领域的做法，她的外表遭到了电视评论家 A. A. 吉尔（A. A.

Gill）的攻击，她在推特上也遭到了严厉的挑衅。[13]"公共"历史学家在网络上的后一种表现很重要，因为"名人"历史学家利用社交媒体和电视来确立自己的地位。推特尤其为历史学家提供了一种创建公共"品牌"的方式，这种"品牌"是一种混合物，它是"名气"和职业身份的结合。建立追随者和创建一个在线角色，得以让历史学家进入公共生活和想象力的新入口。然而，正如比尔德的例子所表明的那样，对女性历史学家的回应通常是非常有问题的，尤其是在社交媒体上。她们一直是网络攻击和媒体批评的受害者，而她们的男性同行，却可以避免这些攻击。斯塔基本人也参与了一场关于女性主持人优点的公开辩论，他声称，女性主持人"通常都很漂亮"。[14]女性公共历史学家在阐明她们的职业形象时，仍在努力反对体制上的和文化上的性别歧视。有时，这可能被描述为一种叛逆性的反叛（"这些历史学家把对过去的研究从陈腐的学院派手中拯救了出来"），但总的来说，关于女性历史学家的大量报道，仍然停留在她们的外貌和着装上。[15]

露西·沃斯利是新一波电视历史学家的典型代表，她将沙玛迷人的智识特质与对互动装扮的关注结合在一起（图1）。沃斯利的节目着眼于室内、感官主义、身体、家具和食物。沃斯利穿着特别的服装，承担着各种各样的任务，愉快地重演着故事（"你可以通过重新创作学到很多东西"）。[16]她与《舞动奇迹》（Strictly Come Dancing，英国广播公司第一台，2004—）的评委之一莱恩·古德曼（Len Goodman）一起在《脸贴脸跳舞》（Dancing Cheek to Cheek，英国广播公司第四台，2014）中展示一段舞蹈的历史。在这里，她模糊了守门人历史学家和参与者之间的界限,以一种实际操作的方式全身心地重演和参与过去,这超越了沙玛和斯塔基更为传统的方法。她的作品对家庭内的、室内的和社会的问题有着强烈的兴趣,因此,她是新一波电视历史学家的代表,这些电视历史学家更关注事件对个人生活的影响,而不是广泛涉猎历史。沃斯利是一位足以在《每日电讯报》上获得知名度的名人,但她设法平衡了自己的知识分子声誉和平民主义声誉。[17] 在这一点上,她和其他更新的主持人历史学家从早期人物所招致的批评中汲取了教训。他们的节目更具互动性、更复杂、更缺乏针对性;他们研究的是社会史、性别史、物质史和后殖民史,而不是政治问题或国家问题。

因此,这些大受欢迎的历史学家都是在文化和经济上构建起来的人类商品,因而,他们的名声和他们的职业一样出名。这些人处于名人文化的边缘——很难将大多数"公共"历史学家定义为名人,但他们实际上是"知名人士"——尽管他们显然也是名人产生的媒介文化统一体的一部分。他们已经成了更为广泛的文化生活、政治和娱乐统一体的一部分。他们获得了某种公共角色,成为他们专业知识之外的问题的评论员。以这种方式——譬如,撰写带有"历史"味道或变化的专栏——从他们的机构起源中抽离出来的历史学家包括特里斯特拉姆·亨特议员(《观察家》)、琳达·科利(《卫报》)、尼尔·弗格森(《洛杉矶时报》)、海维尔·威廉姆斯(Hywel Williams,《卫报》)、马克斯·哈斯廷斯(Max Hastings,《每日邮报》);其他许多历史学家偶尔也发表文章。弗格森尤其饱受争议,他的专栏涉及从历史到政治、经济,尤其是美国外交政策等问题(尽管他不是第一个这样

图 1　露西·沃斯利,伦敦肯辛顿宫,2010 年 4 月 14 日。
©Tony Buckingham/REX

做的保守派历史学家,诺曼·斯通的右翼观点在他 1987 年至 1992 年的《星期日泰晤士报》专栏中得到了特别高水平的报道)。弗格森不断就 2008 年全球金融危机的讨论发表文章,并与诺贝尔奖得主保罗·克鲁格曼(Paul Krugman)进行公开辩论,这模糊了他作为经济史学家(《货币崛起》,2008)和政治评论员的角色之间的界限。[18] 同样,传记作家阿曼达·福尔曼(Amanda Foreman)在 2014 年受聘于《华尔街日报》,定期撰写《从历史上来看》的专栏文章,对不同时期的事件进行关键的比较。这些历史学家对这类媒体的参与,增强了历史学家作为拥有巨大文化资本的人以及作为某种社会守门人的意识。他们独特的知识和洞察力,使他们有能力提出重要的和有影响力的意见。以这种方式成为报纸和在线新闻文化的一部分,让历史学家远离了他们的机构根源,确保他们成为与某一份报纸有关的媒体人物,而不是学术界的一部分。他们是公共政治生活中的人物,既是评论家,也是批评家,塑造和指导着全国性的辩论。他们也直接进入政治辩论,正如对迈克尔·戈夫(Michael Gove)的 2013 年国民教育课程计划(下文讨论)或 2015 年反欧洲压力团体"英国历史学家"(Historians for Britain)的成立所做的回应所表明的那样。[19]

西蒙·沙玛对此早有预料。他的《英国史》节目在试图解释"我们的故事"的时候,在很多方面都具有一种毫不羞耻的民族主义领袖特质。沙玛认为,历史是国家认同感和政治使命感的关键。他以这样激动人心的话结束了他的系列节目:

> 历史绝不应与怀旧混为一谈。它不是为了崇敬死者而写,而

是为了激励生者而写。它是我们的文化血脉,是我们是谁的秘密。它告诉我们,在我们缅怀过去的同时,也要放下过去,去哀叹应该哀叹的,去庆祝应该庆祝的。如果这段历史最终证明自己是一个爱国者,那么,我认为丘吉尔和奥威尔都不会那么介意,事实上,我也不会介意。[20]

这种充满活力的、充满疑问的、具有教育意义的历史,颂扬并促成了国家共同体。历史学家以某种方式参与了向公众解释这些材料的过程,目的不是唤起怀旧之情,而是激发一种积极向上的公民意识。在这种模式下,历史学家确实扮演着一个明确的公共角色,但它不是由媒体所框定的——相反,它是由一个明确的社会责任来引导的。学院派历史学家对电视历史似乎在探讨更为广泛的、被学院派认为问题太多的国家共同体的公民问题表示不安,而公共历史学家的吸引力当然倾向于目的论、解释性和实证主义(沙玛试图讲述英国历史上的"我们的"国家故事,却因为遗漏了威尔士人和苏格兰人而饱受批评)。

这种对历史的平民主义的兴趣,以及与之相伴的历史对公民国家的重要性,在一个不太可能成功的节目中产生了重大影响。2005年,英国广播公司的旗舰新闻节目《新闻之夜》(Newsnight)任命时任《BBC历史》(BBC History)编辑的格雷格·尼尔(Greg Neale)为常驻历史学家,拍摄了一系列评论当代事件和提供历史视角的影片。譬如,2005年4月,他拍摄了一些关于过去选举的影片,以证明低投票率或新媒体的影响等问题并不是当下人们唯一关心的问题；同年1月，他报道了历史上的灾难对人们心理的影响，并为特别版的亚洲海啸专题节目做了细微的调整。这种历史相对主义的运用，对于新闻受众来说是一种有益的纠正，因为新闻受众通常会用更多的实证主义模型来描述前所未有的事件；这也是一种思考当代世界的方式，表明当时和现在之间存在一种流动的动态关系。在这些影片中，历史的视角被用来展示事件发生的更为广阔的原因，以及削弱关于现代化与进步的治理神话和文化神话。尼尔在他的作品中加入了一些对历史的使用的重要评论，特别是在伊拉克当时局势的背景下，以及以如此低劣的方式使用历史比较（特别是萨达姆·侯赛因与希特勒的比较）来证明这种行为是正当的。任命尼尔的事例表明了历史在公共语境下的形象的扩大，以及历史问题与政治问题之间的界限的模糊。

公共生活中的历史：戈夫与普京

我们能看到的历史对各个国家的重要性的一种方式，就是通过历史所教授的方式（在英国，通过国民教育课程来教授，见下文的讨论）。多年来，人们一直在讨论历史对于"国家"生活的政治意义，以及将历史作为讨论身份认同问题的一部分。特别是教授历史的方式，以及教授的内容，常常是有争议的。[21] 2013年，英国教育大臣迈克尔·戈夫宣布了一项新的国民教育课程，其重点是强调叙事和大不列颠历史。一段时间以来，他一直抱怨中学历史教学不重视培养学生对英国的国家认同。2011年，他任命西蒙·沙玛全面改革课程设置，原因就是他意识到这一点：

我所知道的最鼓舞人心的故事之一——我们联合王国的历史——孩子们在成长过程中却不知道。我们的历史有令人骄傲和令人感到耻辱的时刻，但除非我们充分理解过去的奋斗，否则我们不会真正珍惜现在的自由。我们当前对待历史的态度使孩子们没有机会听到我们岛国的故事。孩子们在小学时被教授了许多主题的混合内容，在中学时被教育草草浏览亨利八世和希特勒，许多人在14岁时就放弃了这门课，不知道我们过去的生动片段是如何成为一个相互关联的叙事的。好吧，对我们过去的这种丢弃，必须停止。[22]

沙玛对此表示赞同，他说："这是一个重新发现文化和教育的时刻。没有这种对我们共同经历的重新认识——一个充满争论而不是沾沾自喜的共同经历——我们将成为一个更加贫穷、更为弱小的英国。"[23] 这些情绪与上面讨论过的他的《英国史》议题相呼应。尼尔·弗格森也参与了进来，进一步证明了这些人物对英国历史知识持续的重要性。戈夫最终于2013年提出的计划，在很大程度上削减了当前课程的多样性，将重点从世界史转向英国国史，从社会问题转向政治问题。其重点内容是年代、关键人物和事实。[24]

来自历史学家的反应，表明人们认识到了学校教育对历史理解和认识的重要性。历史协会（Historical Association）和英国皇家历史学会（Royal Historical Society）等机构反对这些改革，理由是它们的关注点狭窄，对现代史学编撰思想缺乏兴趣。理查德·J. 埃文斯（Richard J. Evans）认为，所有这一切的根源在于，在什么构成或应该构成国家认同的问题上存在着深刻的意见分歧。[24] 该计划被认为

"令人沮丧地狭隘",而与这个计划保持距离的沙玛,称其为"侮辱和冒犯""迂腐和乌托邦"。[25]戴维·斯塔基和尼尔·弗格森嘲笑了那些抨击改革的人的自负,但这些呼声主要是批评性的。然而,教育部认为专家的支持是关键:"我们开设历史课程的方法,得到了国内一些最杰出的历史学家的支持。"[26]人们认识到,变革是必要的,但争论的焦点是政治细节,而不是过程。由于一片哗然,这些提议被彻底地重新拟定,而且在很大程度上,它们的根本转变被取消了。

从很多方面来看,戈夫的举动表明,在确定教授什么内容才重要的问题上,职业历史学家的观点是无关紧要的——他们被忽视了,戈夫使用的是名人历史学家(并在很大程度上忽略了他们)。试图绕过这些学院派和职业历史学家的做法表明,他们清楚地认识到历史教育的意识形态重要性,并认识到,这种教学方法具有实际的认识论方面的后果。这场争吵,显示了一场关于历史如何运作和如何教授的全国性辩论的重要性,并强调了人们认为历史在学校的经历中是多么具有基础性作用。它表明,历史教育很重要,但实际上与历史学家无关(正如一封来自不同学术团体的公开信所指出的那样)。[27]戈夫没有称赞学院派历史学家,而是称赞特里·迪瑞(Terry Deary)的《恐怖的历史》(Horrible Histories,见第二章)是"激发学生对17世纪等'被忽视'的历史时期燃起兴趣的有用工具"。[28]戈夫引用了一个非专业的历史资料来源,作为改变理解的一个重要途径,这是一个将注意力转移到其他认识方式上的"公共"历史文本。这一事件表明,教育政策的核心,是史学和意识形态上的争论,即为什么历史很重要,它对学生的影响,以及它在培养国家认同感方面的作用。正如致《独立报》的一封公开信所言,"政府对历史教学的态度,是建立在对党派政治观点的不平衡宣传之上的。"[29] 它展示了政客们如何试图利用名人历史学家的角色来证明他们的观点和宣传。此外，还有关于历史学家在协调和审查学校教育内容方面所起的作用的讨论。

世界各地都采取了类似的政治举措来控制公众对历史的理解。最明显的是，2013 年，俄罗斯联邦总统弗拉基米尔·普京宣布将在全国各地的学校使用一套标准化历史教科书。国际上对这种似乎推行某一特定民族主义历史的做法提出了许多批评。[30] 正如伦纳特·萨缪尔森（Lennart Samuelson）指出的那样，西方对俄罗斯历史教学的这种兴趣是夸张的，其驱动因素是对普京此举等"丑闻"事件的兴趣。[31] 俄罗斯开放后，俄罗斯教材的开发一直是复杂而有问题的。然而，电视和其他文化形式在控制俄罗斯新认同感方面的重要性，已得到许多学者的充分证明。[32] 当然，将某些历史叙述、方法和技术奉为神圣的做法，表明了人们对历史教学在国家认同方面的重要性的关切和理解。这样的教学为历史想象提供了信息和资源，创造了一种特殊的情感和一种认识论上有根据的认同。

历史、历史学家、历史学与名人：《伟大的英国人》

尽管这部备受瞩目的电视纪录片依靠的是一位有名无实的学院派人物，但这些在历史节目中只占很小的比例。大多数以历史为主题的节目，完全避开历史学家，而是由一位知名人士在专家的建议下主持或讲述。然而，名人通常是具有某种理性品质的人，或者至少在公众的想象中与庄重〔《英国的七个时代》(Seven Ages of Britain) 中的戴维·丁布尔比（David Dimbleby）〕、权威〔《英国铁路纪行》

(*Great British Rail Journeys*)中的迈克尔·波蒂略（Michael Portillo）和《英国的秘密宝藏》(*Britains Secret Treasures*)中的迈克尔·比尔克（Michael Buerk）〕或热情〔《考古小队》(*Time Team*)中的托尼·罗宾逊（Tony Robinson）〕有关。历史节目的主持人既是观众的代表——热情的业余爱好者——也是活动的导演。历史学家、谱系学家、建筑师、DNA研究人员等专家为演讲者和观众提供建议，用专家证词提供线索，创造出一段叙事之旅。

名人撰写的历史著作使得主持人专家的符号学变得更加令人难以理解。由媒体名人撰写的喜剧或讽刺"历史"是标准的填充出版物，譬如，喜剧作家约翰·奥法雷尔（John O'Farrell）的《一部令人怒不可遏的英国当代史》(*An Utterly Exasperated History of Modern Britain*, 2009)或斯蒂芬·克拉克（Stephen Clarke）的《困扰法国人的1000年》(*1000 Years of Annoying the French*, 2010)就是很好的例子。[33]这种写作要么是带有特定主题目的的叙事，要么是文献编目，就像克里斯汀·汉密尔顿（Christine Hamilton，名誉扫地的前议会议员尼尔·汉密尔顿的妻子）和她那本《英国悍妇大全》(*Bumper Book of British Battleaxes*)一样。[34]这类大众历史写作，将历史塑造成一个幽默的场所，一种可以随意丢弃的、几乎微不足道的东西。公众人物有时候也会写作"真正的"历史。议员们经常撰写传记和历史，就像前首相威廉·黑格（William Hague）、戈登·布朗（Gordon Brown）和约翰·梅杰（John Major）以及伦敦市长鲍里斯·约翰逊（Boris Johnson）那样。[35]政治家与历史的这种结合，有着令人敬畏的渊源——1953年，温斯顿·丘吉尔因其历史著作获得了诺贝尔文学奖——这表明，对政治的洞悉，即一种职业亲和力，可能会对面向公众的历史书写产生影响。电视节目主持人兼新闻播音员杰里米·帕克斯曼（Jeremy Paxman）的《英格兰人：一个民族的画像》（*The English: A Portrait of a People*），试图从历史的角度讨论国家共同体问题："我开始试图通过回到过去，回到那些创造出那种一眼就能认出来的理想的英格兰男人和英格兰女人的事物中去，来发现当下英格兰人对自己感到焦虑的根源。"[36] 他接着撰写了《帝国：统治世界对英国的影响》（*Empire: What Ruling the World Did to the British*，2011）和《大不列颠的大战》（*Great Britain's Great War*，2013），这两本书都试图从历史的角度更为全面地理解国家认同。

名人或公众人物与历史作家的这种相互得益的交流侵蚀了职业历史学家的权威，并使关于过去的作品成为一套智识可能性的一部分，从而改变了准知识分子名人的公众形象。电视园丁艾伦·蒂奇马什（Alan Titchmarsh）的《英格兰，我们的英格兰》（*England, Our England*）是一部试图收录"英格兰人应该知道的一切"的文集，其内容包括华兹华斯和板球规则。[37] 与帕克斯曼类似，他努力通过历史资料和事实来界定当代国家。安德鲁·玛尔（Andrew Marr）和帕克斯曼一样，也是一名政治记者，他也成了英国广播公司历史纪录片和书籍的代表人物，作品包括《现代英国的形成》（（*The Making of Modern Britain*，英国广播公司第二台，2009）和《安德鲁·玛尔的世界史》（*Andrew Marr's History of the World*，英国广播公司第一台，2012）。这种工作所体现的那种有天赋的或绅士的业余传统，使得记者能够接触到历史写作和解释的形式。从 20 世纪 80 年代开始，国家史范式在大学历史中受到了包括比较和跨国史、性别史和后殖民史在内的各种模式的质疑；然而，国家史学的大众化诉求却表明，国族（nation）

观念在公众的想象中是很强烈的。当学院派历史学家出于各种史学和理论方面的原因不再描述国家（state）时，记者和大众主持人介入进来，帮助创造和维持一种历史化的国家共同体意识。[38] 过去几年，这一问题通过两个关键镜头得到了特别关注：2007 年废除奴隶制周年纪念日和 2014 年第一次世界大战周年纪念日。这两件事催生了大量的书籍和思想，特别是促成了对英国性和历史化身份的广泛讨论，其中很多讨论由名人和政治人物主导。

英国广播公司的节目《伟大的英国人》（Great Britons，2002；2003—2005 年在全球范围放映）展示了人们对历史守门人的定义和身份的困惑。这次全国历史名人竞赛，试图通过从十名关键人物中选出一名，并通过一系列的节目，来展示他们的重要性，从而引发了一场全国性的辩论。每个人物都有一位名人历史学家化身的支持者，他们主持一个小时的节目，致力于展示他们介绍的对象有多么重要。最终的"赢家"将由实时的全国投票来决定。对于把这个节目仅仅作为更加广泛的社会辩论的一部分呈现的方式来说，这个节目的投票因素是很重要的。这个因素使得该节目——以及延伸到关于"伟大"和国家性的辩论——具有互动性和评估性，赋予了观众评判权（他们被赋予了投资和判断的能力）。这个节目对彼得·斯诺（Peter Snow）的选用，帮助制造了一种官方假象。斯诺是著名的选举学家，在大选报道方面经验丰富。投票的依据并不仅仅是受欢迎程度，观众们从九个方面给这些人物打分，譬如"遗产""天赋""领导力""勇气"或"同情心"。因此，有一种以特定品质为标准来进行历史评价的感觉。该节目非常受欢迎，也极具争议：问题在议会中提出；报纸和电视都讨论了这种辩论的好处；博物馆专门为它提供展览空间；喜剧系列节目嘲笑它；一年后，英国电视四台播出了一个类似的节目，寻找"100名最糟糕的英国人"（托尼·布莱尔赢得了这场特别的比赛）。最后一轮投票有150万人参加。作为一种方法，通过投票确立国家遗产的互动概念似乎是民主的，并因而赋予观众创造自己国家故事的权利，即使这个国家故事由男性、政治和特定的"成就"主导。

在《伟大的英国人》以及随后的全球版本节目中，大多数都是利用了名人的支持。英国广播公司的版本采用了一系列的纪录片风格——重演历史、档案录像、文物、文本（信件、手稿、书籍）等——但它们都根据主持人的特点进行了强烈的个性化。没有其他专家发表演讲，因此，这些节目借鉴了沙玛的《英国史》所构建的历史纪录片的混合模式，有一个强有力的名人将一系列信息融合在一起，形成一个连贯的、主要是辩论性的作品。这些节目同样质疑历史人物的动机，使用新式的比较（譬如，将维多利亚时代的工程师比作摇滚明星），重演历史上的关键时刻，或者阐述重要的观点。主持人的语言修辞能力是他们成功的关键——伊桑巴德·金德姆·布鲁内尔（Isambard Kingdom Brunel）是一个毫不时髦的人物，在该节目的结尾部分进入了前三名，主要是因为电视名人杰里米·克拉克森（Jeremy Clarkson）主持的强势节目。对许多支持者来说，档案录像和重演历史是这些节目的关键元素，因为它能让观众对主题产生视觉上的共鸣："因为我们没有他们（几个世纪前的那些人）的录像，他们看起来非常遥远，人们认为他们不够老练或不够能干。""它似乎与现在的人们无关。"[39]

这些节目的目的，是要证明所支持的人物在当时和后来的意义（安德鲁·玛尔在他关于达尔文的节目的开头就宣称："我们有许多本土的英雄；但我们只有一个改变世界的人。"）[40]显然，每一集节目都是为了具有说服力，因此，其史学思想就反映了这种偏见；但与此同时，关于"重要性"的概念将这一系列节目联系在了一起。与此相矛盾的是，这些节目的传记性成分表明，伟大的成就来自生活中的渺小事件或侧面。在"伟大"这个概念的周围，还有一种潜在的民族主义。这些节目旨在引发的辩论，是关于国家性和历史的意义的，是关于通过纪念英国历史上最重要的人物，来重申"英国性"的国际意义。该系列节目的重点，显然是传记性的，表明我们可以通过历史人物的生活而不是分析外部环境来理解他们。其重点是个人主义的，关注个人传记和英国的品格发展中特定事件的意义。

"伟大"这个概念的简单性，确保了这一节目形式随后在德国、加拿大、荷兰、美国、南非、芬兰、法国、比利时、捷克、威尔士、保加利亚、新西兰和罗马尼亚等地得以持续好几年。这种节目形式的盛行表明，人们有兴趣将一个国家的历史化身份编纂成册，或通过传记以某种方式传达一种国家共同体的意识。

虽然概念大致相似，但这些节目显示出明显的国家特色。譬如，在最著名的前十位美国人（只有一位是女性，尽管有两位是非裔美国人）中，有七位是总统，只有一位是文化名人（埃尔维斯·普雷斯利）。捷克人也投票选出了他们的"最大恶棍"，把这个职位投给了前总理克莱门特·哥特瓦尔德；他们还投票给一个虚构的人物亚拉·齐姆尔曼（Jára Cimrman）为获胜者，尽管他被取消了参赛资格。[41]另一个处理他们最近的过去的国家是罗马尼亚。《每日事件报》（*Evenimentul Zilei*）与全国性的《伟大的罗马尼亚人》（*Mari Români*）同时开展了一项民意调查，评选出"最糟糕的罗马尼亚人"；令人惊讶的是，尼古拉·齐奥塞斯库只排在第二位（在评选"伟大"人物的民意调查中排名第十一）。德国的名单是为了防止希特勒和纳粹的出现而调整的，它与英国的名单在强调国际成就和文化意义方面类似（譬如，这个名单包括阿尔伯特·爱因斯坦、卡尔·马克思、约翰·塞巴斯蒂安·巴赫和约翰内斯·谷登堡；不过，同样与英国相似的是，最后的"赢家"是一位为民族团结做出贡献的政治家康拉德·阿登纳）。法国的名单在政治考虑上甚至更加无足轻重，只有获胜者戴高乐是一位来自公共生活领域的人物；其余的是作家（莫里哀、维克多·雨果）、科学家（玛丽·居里）和文化名人，如伊迪丝·琵雅芙和雅克-伊夫·库斯托。

尽管这些节目转瞬即逝的受欢迎程度、投票人口的结构和接受度都是变幻莫测的，但它们清楚地表明了名人在国家自我定义和历史理解中的重要性。南非版的节目成了关于国家性的更为广泛的辩论的一部分，包括与种族隔离或殖民主义有关的各种人物（尤金·特雷布兰奇，塞西尔·罗兹，亨德里克·维尔沃德）的争议，以及对投票通道（电视和手机在南非白人中更为常见）存在偏见的指控，导致该节目被取消。同样，尽管争议较小，但"100位威尔士英雄"的民意调查，显然是对《伟大的英国人》中的"英格兰人"偏见的回应。另一个展现国家分裂的例子是，"最伟大的加拿大人"在没有加拿大广播公司旗下的加拿大广播电台（Radio-Canada）参与的情况下拍摄，这就确保了后来几乎没有人来自这个群体（加拿大排名前十的都是男性，而且异乎寻常地包括运动员；也有大量为特定候选人进行的草根竞选活动）。比利时进行了两项相互竞争的民意调查，一项是弗拉芒语（在Canvas频道），另一项是瓦隆语（在比利时法语区广播电视台 RTBF；双方都自称在寻找"最伟大的比利时人"，而且在候选人物上有所重叠）。

关于"伟大"的观念本身就是某种以国家和国际意义为前提的东西，而对这些节目的反应（外部的反应和投票本身），在很大程度上表明了各国看待自己和自己历史的方式。[42]它们还展示了一种以个体为中心的历史感的持久吸引力。事实证明，这在澳大利亚引起了很大争议。在澳大利亚，由政府资助的"创造历史"（Making History）计划，只关注那些"创建"这个国家的人（白人男性），主动回避多样性、族裔性的讨论，并将历史奉为进步和拓殖的典范。[43]围绕这些节目的争议表明，这场辩论极为巧妙而迅速地分化了意见；它们还表明，各个文化群体都热衷于给自己打分，评判谁最适合代表自己。通过对一个国家的人物进行打分来构建一个国家的历史——强调个人，而不是想象一个共享的空间——的想法，展现了国族的多重概念，在某种程度上，这是非凡人物部分的总和，而不是重要性的缓慢累积。

利用名人历史学家来突出重要性并通过人生故事和衡量其重要性引导观众反映了一种学科边界的消失，在这里，历史学家成为名气明星，失去了他们的学科定义。当职业历史学家参与其中时，他们特定学科的权威遭到了电视旋涡的侵蚀和玷污。他们之所以重要，是因为他们作为电视节目主持人为人所熟知，而不是因为他们的专业知识。电视历史学家的"历史学家特性"开始消失。譬如，由于主持了这个系列节目，安德鲁·玛尔（曾经是一名政治记者）撰写了一部新闻简史，并成了《英国现代史》（*A History of Modern Britain*）节目（英国广播公司第二台，2007）的主持人。[44]历史权威是可以通过文化人物或名人获得的，而且越来越多的真正的历史学家被著名的、英俊的、老练的记者或者三者兼而有之的记者所取代。越来越多的历史学家是多重人物角色,从丹·斯诺(一位著名记者的儿子)到迈克尔·波蒂略(前议会议员)都是如此。

这场关于历史、国家认同和"伟大"的讨论的尾声,可以从过去十年在全球影响力和观众规模方面最大的节目中找到:2012年伦敦奥运会开幕式。这场开幕式展示了英国历史的一个版本,即"奇迹岛",它庆祝多样性、共同体和成就。开幕式由一系列概述全国历史的事件组成,关注的重点是社会公正、公共服务(国民医疗服务体系)和大众激进政治(妇女选举权运动)。这被严厉批评过于左翼,希望通过普通人的视角来讲述国家故事,用比雷西和纳恩的话说,这是"反历史和抗辩"(a counter-history and a counter-argument)的历史观。[45]他们认为,这次事件的推动力是"一种从定性和政治上来说不同的公众记忆"的一部分,"这种记忆可以追溯到官方历史的记忆"。[46]这是近十年来规模最大的全球电视盛事,它选择以权威的方式,通过贬低一位"作者"的形象,把普通人作为一个国家"故事"的象征来讲述国家历史。它从当权者手中夺取了权力,并将其重新交到人民手中。与其他作品严格意义上的"伟大"关注点不同,这个仪式是一场盛大的庆典,庆祝这个国家某种与生俱来的高贵,并将这种美德通过社区表达出来。

戴维·欧文诽谤罪的审判及后果

历史学家在公共场合中的地位进一步复杂化的状况,可以从2000年戴维·欧文与企鹅出版社之间的诽谤案审判中看出。这次审判与沙玛的《英国史》节目在同一年,这两件事以各自不同的方式,为之后十五年的"公众"历史提供了基调。如前所述,沙玛的纪录片系列节目开启了一股席卷历史纪录片的风潮,在公众的想象中牢牢确立了历史学家的地位;欧文则卷入了一场备受瞩目的诽谤审判,这意味着,这位历史学家的解释方法和档案研究受到了公众的辩论和质疑,这是自1983年希特勒日记事件惨败以来从未有过的现象。[47]

1997年,欧文以诽谤罪向作家黛博拉·利普斯塔特(Deborah Lipstadt)及其出版商企鹅出版社发出了一份书面诉状,指控他们认为他否认大屠杀,是一位名誉扫地的历史学家。[48]这些观点出现在她的著作《否认大屠杀》(Denying the Holocaust)一书中。欧文反驳了有关他扭曲和操纵资料以"支持他的论点,即大屠杀没有发生"的指控,并辩称,这是"竭力损毁他作为历史学家声誉的努力的一部分"。[49]审判发生在2000年年初,参与者(理查德·埃文斯和利普斯塔特)、旁观者D. D. 格滕普兰(D. D. Guttenplan)和其他评论人士都详细记录了审判的各种结果。这场审判既与历史学编撰有关,也与事实有关,这一点在长达80页的关于欧文在法官的判决中所采用的方法中存在的问题、错误陈述和不准确的叙述中已经得到了明确说明。[50]然而,这也很明显是关于实际做错事情和主动曲解的问题。审判的结论是,欧文是一个主动否认大屠杀的人;他是反犹太主义者和种族主义者。[51]

这场审判进行了四个月,引起了全世界媒体的极大兴趣。受到公众关注的不仅仅是欧文,因为其他历史学家——埃文斯、利普斯塔特和罗伯特·范佩尔特(Robert van Pelt)——在审判中的表现和可信度,也受到了公众的讨论和辩论。这次事件将媒体的注意力集中在历史学家的关键技能和解释方法上——他们使用证据的方法、处理材料的方法、组织论点和整理数据等。法律对历史学编撰的干预是复杂的。法官清晰地概述了他在诉讼中所起的作用：

> 我不能对所发生的事情做出判断，更不用说表达判断了。这是历史学家的任务。重要的是，阅读本判决书的人，应该牢记我在解决这些当事方之间所产生的问题方面所起的司法作用与历史学家力图对过去事件提供准确叙述的作用之间的区别。[52]

尽管如此，企鹅出版社在这起案件中的胜利，显然被视为司法对历史"真相"的胜利，这意味着，尽管英国诽谤法错综复杂，但据此获得的胜诉是正确和正当的。那种认为"历史正在经受审判"的观点即使是错误的，也是普遍存在的。[53] 那些对这一判决犹豫不决的历史学家们受到了质疑和怀疑，包括著名的约翰·基冈（John Keegan）爵士，他声称欧文"拥有许多最有创造力的历史学家所拥有的品质……他还有很多有趣的东西要告诉我们"。[54]

欧文审判案的关键方面，也是一个与历史学有关的有趣问题，是它主要关注的是伪造和扭曲，而不是叙事解读。人们发现，欧文忽视和曲解了证据。这表明，人们对真相负有道德责任，即一种现在所说的对待历史的法律义务或责任。证据和解释的结合，摧毁了这位否认大屠杀者的纸牌屋。[55] 欧文并不是一位糟糕的历史学家，他是一个写错东西的人："在被告引用的大多数例子中，欧文都严重歪曲了经客观考察的证据所揭示的东西。"[56] 被告对欧文的历史写作的批评"几乎总是有充分的根据的"。[57] 本案法官查尔斯·格雷（Charles Gray）

在判决书中说：

> 同时，也有必要考虑欧文所说和所写的内容，是否以及在何种程度上与现有的历史证据相一致或得到了证实。因为，正如被告所接受的那样，对于欧文否认某一特定事件的发生，不可能有任何有效的批评，除非有证据表明，一位有能力、有责任心的历史学家会理解这种否认在一定程度上与现有的历史证据相悖。[58]

这个判决是否意味着，从法律上来说，历史被定义为能够说明最终真相的东西？历史和法律的交集是非常复杂的——一个是一套需要秩序的纪律规则，一个是一套复杂得多的研究策略。格雷认为，历史中有一种"无可置疑"的因素，同时他也证明了这次审判是关于欧文作为历史学家的能力的审判。

希特勒日记让一些著名的历史学家感到尴尬，但围绕这些日记产生的问题都是直截了当的真实性的问题（而且这些日记被证明是伪造的，建立了一种真与假的二元对立关系）。欧文审判案在历史学问题的公开讨论方面是一个分水岭：价值观念、道德判断、历史学、方法论和历史认识论等问题第一次得到了公开辩论；历史"真相"的概念，第一次在更大的公共场合受到明确的审视。然而，正如本书的大部分内容所表明的那样，这些讨论已经通过一系列文化模式、媒体和形式得到了讨论，或者至少是得到了含蓄的讨论和戏剧化的讨论。

作为一名学者和公共历史学家，欧文被认为是站不住脚的，尽管他仍在继续演讲。英国的诽谤诉讼相对来说只是针对他的作品的法律反应的一个次要方面。由于他的观点，欧文被禁止进入德国、澳大利亚、意大利、加拿大和新西兰（他于 1992 年被加拿大驱逐出境）；除非他同意出庭，否则他不能进入法国，并且他已经被德国和奥地利政府罚款。[59] 2005 年，奥地利警方援引 1989 年的逮捕令，逮捕了他，他被指控轻视大屠杀，并被监禁了 10 个月，之后被驱逐出境，并被禁止再次入境。

因此，在过去二十年里，最著名的"历史学家"——或者更确切地说，最具国际公众形象的历史作家——被证明其研究方法是有缺陷的，他的偏执导致他改变了自己的研究进程。英国诽谤法的复杂性，意味着被告必须证明欧文是"错误的"，即从历史学上，他对档案的使用、他的道德观以及他的学术研究等方面都是"错误的"。2000 年 10 月，美国科普剧、目击者纪录片《新星》（*Nova*，它本身就是大众历史话语的一部分，经常触及历史发现问题）报道了欧文审判案，演员们重演了一些关键事件，这使欧文审判案成了纪录片的主题。这个案件的大规模宣传和欧文的名誉扫地，给大众历史留下了一个令人不安的侧面，同时也消除了他"不真实的"叙述。这让历史学家感到担忧，甚至黛博拉·利普斯塔特也表达了对欧文的历史声音可能受到审查的担忧。

现在，在公众的想象中，欧文是一个名誉扫地的、愚蠢的人，屡次被发现撒谎和歪曲事实。作为一名历史学家，无论他的技术多么错误或有问题，他都已被判有罪。那种认为人们可能会以多种方式解释一项证据的观点，似乎已经遭到了否定，因为它可能导致道德相对主义，并否认历史上的确发生了可怕的事件。相反，正直的历史学家超越了他们的偏见，不会为了迎合他们所期望的结论而歪曲事实。在某些方面，欧文是公共历史学家的缩影——而不是学院派的一员（他的网站声称他写作的是"真实的历史"），他特立独行，着眼于更为广泛的公众受众，而不是范围有限的精英群体；格滕普兰称他为"衣冠楚楚"的军事史学家。[60] 然而，看起来他也证明了非专业的历史是如何失去其客观性的。正如埃文斯所说："对一位严肃的历史学家来说，真正的考验，是他或她愿意或能够在多大程度上把政治信仰置于历史研究的要求之下。"[61] 这里所谓的"严肃的"是虚伪的。欧文的失败以及随后陷入贫困和入狱，似乎是道德历史的胜利，也是对相对主义和后现代史学的公开打击。这似乎表明，在历史研究中，有一种真理是可以建立起来的。与此同时，整个事件都是关于欧文陨落的半悲剧叙述，这表明，尽管他具有从事档案研究方面的天赋和平民主义的才能，但他的思想已经扭曲，越来越与实际发生的事情脱节。正如理查德·埃文斯在判决后简单地声明的那样："他捏造事实。"[62]

注释：

1　见 R. Dillon, *History on British Television: Constructing Nation, Nationality and Collective Memory*, Manchester: Manchester University Press, 2010。

2　见 Gray and Bell, *History on Television*。

3　见 S. Collini, *Absent Minds: Intellectuals in Britain*, Oxford: Oxford University Press, 2007。

4　Y. Alibhai-Brown, "History is everywhere – but whose history is it?", *The Independent*, 22 July 2002, p. 13; M. Dodd, "The new rock 'n' roll", *The New Statesman*, 10 December 2001, http://www.newstatesman.com/200112100032 [accessed 29 October 2007].

5　N. Ferguson, *Empire: How Britain Made the Modern World*, London: Allen Lane, 2003, pp. xiii–xvi. 见 J. Wilson, "Niall Ferguson's imperial passion",

History Workshop Journal, 56 (2003), 175-183。

6　E. Bell and A. Gray, "History on television: charisma, narrative and knowledge", *European Journal of Cultural Studies*, 10:1 (2007), 113-133 (113). 这篇论文是一项非常有用的研究，它讨论了"一个专业知识体系是如何通过电视为大众受众传播、塑造和转化的"，尤其关注参与节目制作的专业历史学家的重要体验。

7　J. Langer, "Television's 'personality system'", in P. David Marshal (ed.), *The Celebrity Culture Reader*, London and New York: Routledge, 2006, pp. 181-196。

8　R. A. Posner, *Public Intellectuals*, Boston, MA: Harvard University Press, 2001.

9　D. Starkey, "Diary", *The Spectator*, 1 March 1997, http://findarticles.com/p/articles/mi_qa3724/is_199703/ai_n8747043 [accessed 16 November 2007].

10　A. Martin, "The queen is a philistine who lacks education", 22 December 2007, http://www.dailymail.co.uk/pages/live/articles/news/news.html?in_article_id=504137&in_page_id=1770 [accessed 1 February 2008].

11　*Historians of Genius: Edward Gibbon*, BBC4, 30 February 2004, 21:30 hrs.

12　*Absolute Power: History Man*, BBC2, 10 November 2003, 21:00 hrs.

13　R. Mead, "The troll slayer", *New Yorker*, 1 September 2014, http://www.newyorker.com/magazine/2014/09/01/troll-slayer [accessed 29 April 2015].

14　Daily Mail reporter, *Daily Mail*, 12 April 2010, http://www.dailymail.co.uk/news/article-1265171/David-Starkey-attacks-female-historians-pretty-girl-history.html [accessed 1 May 2015].

15　一个很好的例子就是《每日邮报》上的一篇文章《历史女孩：认识那些从过去建立美好未来的年轻女性》（"The History Girls: meet the young women building a bright future from the past"），这篇文章强调了她们的上镜特质：Lisa Hilton, 3 November 2013, http://www.dailymail.co.uk/home/you/article-2479096/The-History-Girls-meet-women-building-bright-future-past.html [accessed 11 May 2015]。

16　Elizabeth Heathcote, "Lucy Worsley: lots of historians are sniffy about re-enactors", *The Guardian*, 27 March 2011, http://www.theguardian.com/

theobserver/2011/mar/27/lucy-worsley-tv-history-interview [accessed 29 April 2015].

17 Angela Wintle, "World of Dr Lucy Worsley", *The Telegraph*, 14 October 2011, http://www.telegraph.co.uk/lifestyle/8828217/World-of-Dr-Lucy-Worsley-curator-and-broadcaster.html [accessed 10 March 2015]. 另见 Gray and Bell, *History on Television*。

18 Niall Ferguson, "A year after the financial crash", *Newsweek*, 11 September 2009, http://www.newsweek.com/year-after-financial-crash-niall-ferguson-79467 [accessed 29 April 2015].

19 http://www.historians for britain.org/about/ [accessed 1 May 2015]. 对该团体的回应，记录在 #historians for britain 以及 Sean Lang, "There is no dastardly EU plot to hijack the history curriculum", the conversation, 2 March 2015, http://theconversation.com/there-is-no-dastardly-eu-plot-to-hijack-the-history-curriculum-38139 [accessed 18 May 2015]。

20 *A History of Britain,* Episode 15: *The Two Winstons*, BBC1, 18 June 2002, 21:00 hrs.

21 Bruce VanSledright, "Narratives of nation-state, historical knowledge, and school history education", *Review of Research in Education*, 32:1 (2008), 109−146.

22 "I'll give heads power to punish pupils for behaviour outside school, says Michael Gove", *Evening Standard*, 5 October 2010, http://www.standard.co.uk/news/i-ll-give-heads-power-to-punish-pupils-for-behaviour-outside-school-says-michael-gove-6521181.html.

23 引自 J. Vasagar and A. Sparrow, "Simon Schama to advise ministers on overhaul of history curriculum", *The Guardian*, 5 October 2010, http://www.theguardian.com/politics/2010/oct/05/simon-schama-ministers-history-curriculum [accessed 5 March 2015]。

24 "The wonderfulness of us", *The London Review of Books*, 17 March 2011, http://www.lrb.co.uk/v33/n06/richard-j-evans/the-wonderfulness-of-us [accessed 17 March 2011].

25 David Priestland, 引自 "Michael Gove's new curriculum: what the experts say", *The*

Guardian, 12 February 2013, http://www.theguardian.com/commentisfree/2013/feb/12/round-table-draft-national-curriculum [accessed 12 February 2013]; 引自 M. Ellis, "Michael Gove's new history curriculum is 'insulting and offensive' blasts Simon Schama", *The Mirror*, 31 May 2013, http://www.mirror.co.uk/news/uk-news/michael-goves-new-history-curriculum-1924722 [accessed 31 May 2013]。

26 引自 Ellis, "Michael Gove's new history curriculum"。

27 "Plan for history curriculum is too focussed on Britain", *The Observer*, 16 February 2013, http://www.theguardian.com/theobserver/2013/feb/16/history-curriculum-letters [accessed 16 February 2013].

28 G. Paton, "Michael Gove criticizes disconnected history lessons", *The Telegraph*, 30 December 2013, http://www.telegraph.co.uk/education/educationnews/10542727/Michael-Gove-criticises-disconnected-history-lessons.html [accessed 6 May 2015].

29 Letters, *The Independent*, 12 June 2013, http://www.independent.co.uk/voices/letters/letters-13th-june-2013-full-list-of-signatories-8656150.html [accessed 12 June 2013].

30 O. Sukhov, "Putin says state history textbooks will not impose ideology", *Moscow Times*, 17 January 2014, http://www.themoscowtimes.com/news/article/putin-says-state-history-textbooks-will-not-impose-ideology/492892.html [accessed 6 May 2015].

31 "Whither Russia's history thought? Trends in historical research, teaching, and policy making", *FREE*, 12 May 2014, http://freepolicybriefs.org/2014/05/12/whither-russias-history-thought-trends-in-historical-research-teaching-and-policy-making/ [accessed 6 May 2015].

32 见 S. Hutchings and V. Tolz, *Nation, Ethnicity and Race on Russian Television*, London: Taylor and Francis, 2015 and T. Sherlock, *Historical Narratives in the Soviet Union and Post-Soviet Russia*, Basingstoke: Palgrave, 2007。

33 J. O'Farrell, *An Utterly Exasperated History of Modern Britain*, London: Doubleday, 2009; S. Clarke, *1000 Years of Annoying the French*, London:

Bantam Press, 2010.

34 S. Hamilton, *Bumper Book of British Battleaxes*, London: Robson, 1998.

35 黑格为威廉·威尔伯福斯（William Wilberforce）和小威廉·皮特（William Pitt the Younger）写过传记，而梅杰则写过板球运动史；戈登·布朗是一位工党历史学家，还写作过 *Wartime Courage*, London: Bloomsbury, 2008; B. Johnson, *The Churchill Factor*, London: Hodder & Stoughton, 2014。

36 J. Paxman, *The English*, London: Penguin, 1999, p. viii. 他接着写作了 *On Royalty*, London: Vintage, 2006。

37 A. Titchmarsh, *England, Our England*, London: Hodder & Stoughton, 2007, back cover.

38 见 S. Berger, L. Eriksonas and A. Mycock (eds), *Narrating the Nation: Representations in History, Media and the Arts*, Oxford and New York: Berghahn Books, 2008。

39 Michael Portillo and Lucy Moore in *Great Britons*, Episode 11: *The Greatest of Them All*, BBC2, 24 November 2002, 21:00 hrs.

40 *Great Britons*, Episode 2: *Darwin*, BBC2, 25 October 2002, 21:00 hrs.

41 M. Reynolds, "Who is Jára Cimrman?", *Prague Post*, 27 January 2005, http://www.praguepost.com/P03/2005/Art/0127/news3.php [accessed 17 August 2006]. 芬兰人同样增加了"让人感到好笑"的提名人，包括马蒂·尼凯宁（Matti Nykänen），他是一位丑闻缠身的金牌得主，后来成了色情明星，以及韦伊内·米吕林内（Väinö Myllyrinne），芬兰个子最高的人。

42 此外，还有一项全欧洲范围内的"欧洲100位名人"的民意调查，旨在就"最具影响力的欧洲人"达成共识：http://www.euro100.org。

43 M. Arrow, "The Making History initiative and Australian popular history", *Rethinking History*, 15:2 (2011), 153–174.

44 A. Marr, *My Trade: A Short History of Journalism*, London: Macmillan, 2004.

45 A. Biressi and H. Nunn, "The London 2012 Olympic Games opening ceremony: history answers back", *Journal of Popular Television*, 1:1 (2012), 113–120.

46 同前注，p. 118。

47 R. Harris, *Selling Hitler: The Story of the Hitler Diaries*, London: Faber &

Faber, 1986.
48 见 D. D. Guttenplan, *The Holocaust on Trial: History, Justice and the David Irving Libel Case*, London: Granta, 2001, and R. Evans, *Lying about Hitler*, London: Basic Books, 2001, pp. 1–40。
49 *The Irving Judgement: David Irving v. Penguin Books and Professor Deborah Lipstadt*, London: Penguin, 2000, p. 1.
50 同前注，pp. 27–109。
51 同前注，p. 348。
52 同前注，p. 2。
53 Evans, *Lying about Hitler*, p. 37.
54 R. Ingrams, "Irving was the author of his own downfall", *The Independent*, 25 February 2006, http://comment.independent.co.uk/commentators/article347567.ece [accessed 13 November 2007].
55 M. Greif, "The banality of Irving", *The American Prospect*, 30 November 2002, http://www.prospect.org/cs/articles?article=the_banality_of_irving [accessed 13 November 2007].
56 *The Irving Judgement*, p. 293.
57 同前注。
58 Guttenplan, *The Holocaust on Trial*, p. 277.
59 除此之外，他还必须支付各种诽谤损害赔偿金，参见 Evans, *Lying about Hitler*, pp. 13–14。
60 http://www.fpp.co.uk/ [accessed 14 November 2007]; *The Holocaust on Trial*, p. 224.
61 Evans, *Lying about Hitler*, p. 35.
62 S. Moss, "History's verdict on Holocaust upheld", *The Guardian*, 12 April 2000, http://www.guardian.co.uk/irving/article/0,181050,00.html [accessed 14 November 2007].

第二章　印刷品中的大众历史

新一代历史学家虽然享有名人的地位,但他们仍然依靠书籍来确立权威、建立自己的形象和赚钱。印刷品中的大众历史,以一种通常未经职业历史学家审核的方式,吸引并迎合大众读者。尽管通常有在线出版和盗版的入侵,但它们也非常有利可图。事实上,为了应对网络带来的新的挑战和机遇,许多出版商正将产品变得多样化,包括从电子书到应用程序等电子产品。历史书的作者掌握着巨大的主动权,并在市场上积极推销。它也是一种极具活力的体裁。大众历史的出版涵盖对时代、传记、军事史、地方史和特定文化历史的广泛分析。书店和图书馆里的大众历史部分的书籍越来越多,以满足人们对历史叙事日益增长的需求。这种模式的总体复杂程度是巨大的,其范围包括从著名的和人们所熟悉的基本入门文本,譬如《古埃及傻瓜指南》(*The Complete Idiot's Guide to Ancient Egypt*)或《漫游中世纪的英格兰》(*The Time Traveller's Guide to Medieval England*),到人民的历史和电视主导的国家叙事等,譬如《这个权杖岛国》(*This Sceptred Isle*,"这是我们都可以触摸的一个世纪的简单故事")。[1] 其形式包括引语史、传记、文化史、军事史、关于周年纪念的著作、回忆录、科学史、制度史、目击者记述、历史地理学、史实性著作、美术史、自传、各种类型的地方史、修正史、边缘史等。从关于英国内战的大部头著作到英国殖民统治末期的记述，大众历史的总体范围、数量和销售数字都表明了历史写作在文化生活中根深蒂固的程度，以及它是如何不断演变的。大众历史的撰写者包括学院派学者、记者和独立学者、政治家、喜剧作家和小说家。[2] 大众历史作品不断增加，但过去最受欢迎的书籍仍在继续出版，因此，这种形式的作品的活力，得到了安东尼娅·弗雷泽（Antonia Fraser）、埃里克·霍布斯鲍姆（Eric Hobsbawn）、S. R. 嘉丁纳（S. R. Gardiner）、斯蒂芬·安布罗斯（Stephen Ambrose）、罗伊·斯特朗（Roy Strong）、A. J. P. 泰勒（甚至吉本的著作也有平装本）等著名历史学家的支持。某些时期的历史更受欢迎，因而出版的相关作品也更多，譬如第二次世界大战、埃及学、军事史、帝国等（这些只是英国人的口味）。然而，罗伯特·胡克（Robert Hooke）的重要传记，或者关于印度末代统治者的著作，仍有很大的空间和市场。[3]

各种不同形式的大众历史书籍拥有庞大的读者群，销售数额巨大。2003 年，英国人购买的历史书籍的价值达 3200 万英镑，占总图书销量的 3%；这个记录显示了市场份额的增长，及这种形式的作品的受欢迎程度。[4] 由于电子图书的崛起，向自助出版的转向，以及在线和通过亚马逊的 Kindle 等设备阅读动态版、廉价版图书，已经让这个市场膨胀起来。报告显示，2002 年至 2012 年，"图书的销量每年增长 45% 以上，达到近 540 万册，是整个出版业增长速度的两倍多"。[5] 这些数字一直备受争议，但这里的关键问题是历史图书出版业似乎在多年来一直保持着繁荣。与电视甚至几乎所有的历史产品类似的是，历史书籍在 20 世纪 90 年代经历了市场转型，其结果是历史图书销售数额巨大，体裁复杂多样。这类历史作品已经向许多方向发展和演变。因此,这种文本体裁的"大众历史"的一个可操作性模式,必须以某种方式涵盖所有这些不同的形式,表现出对特殊性和独特性(以及相似性)的意识,理解读者的变幻莫测,并意识到分配给每种特定出版物的不同文化价值观。从某种程度上来说,每个文本都有其自身的价值,但我们可以在更为广泛的社会和文化背景下对其进行重新解读。这里没有足够的空间以任何有用的方式考察过多的大众历史书籍,以某种方式将艾莉森·威尔(Alison Weir)和A. N. 威尔逊(A. N. Wilson)放在一起,或将特里·琼斯(Terry Jones)与丽贝卡·弗雷泽(Rebecca Fraser)或艾伦·海恩斯(Alan Haynes)做比较。[6]相反,本章使用的是简短的案例研究——特别关注与个人历史、个体和经历叙事相关的各种现象。这些文本包括,从"即时追忆"书籍(如卸任政客对权力的描述)到更为宏大的国家和政府叙事,从私人回忆录到传统传记,从目击者证词到为儿童写作的历史等。因此,本章阐述了读者可以使用的描述过去的各种修辞和形式,并认为大众历史文本的活力和纯粹的多样性展示了一种与过去进行复杂互动的蓬勃发展的文化。本章考察了大众历史体裁的各种修辞,最后一节讨论了人们对这些著作的接受和消费问题。

叙事史

几部著名的畅销书引领了大众历史的生产和消费在国内和国际上的爆炸式增长。特别是,达瓦·索贝尔(Dava Sobel)1995年的《经度》(*Longitude*)展示了大众叙事历史著作的新市场。[7]它讲述了约翰·哈里森的故事,他在18世纪中叶发现了一种利用时钟在海上精确测量经度的方法。在这一过程中，他获得了英国经度奖（British Longitude Prize），并解决了困扰航海数百年的难题。能够测量某个位置的经度（在地球上本初子午线以东或以西的位置，本初子午线现在在伦敦的格林尼治）和纬度（在地球上赤道以北或以南的位置）是进行长距离航行和绘制地图的关键。"出身低微、智力超群"的哈里森发明了一种高度精确的天文钟，使海员们能够计算出他们的确切位置。[8] 他违背了科学机构和海军机构的意愿，设法证明他的发明是有效的，而且其重要性是巨大的。哈里森的故事充满了痴迷和动力，但它也成功地涵盖了政治、帝国和经济问题：对于才华横溢的叙事作家来说，哈里森的故事充满了可能性；对于渴望科学励志故事的读者来说，哈里森的故事极具吸引力。索贝尔的书写得简洁而直接，是一个惊人的全球出版现象。因此，它被广泛模仿，开创了一种新的大众叙事历史和传记风格，这种风格通常侧重于科学或文物。

索贝尔的事例表明，公众对阅读有关人类进步的不为人知的故事很感兴趣。《经度》也展现了大众历史的复杂性。从类型上来说，它是一本科学史著作，是出版业另一场新运动的一部分。科学史是大众历史的一个分支，它展示了"大发现的兴奋，调查发现的非凡性质，对人类状况的思想影响——简而言之，即科学的文化意义"。[9] 大众的科学史书籍把科学描述为天才人物的领域："在这样的作品中，圣徒传记和辉格主义式的历史研究方法盛行，而且效果很好。"[10] 因此，在大众历史的这一相对较小的部分中，我们可以看到资料的丰富复杂性、对天才人物的兴趣、对个人（尤其是"普通人"或穷人）的称赞欲望、实证主义和目的论的倾向以及接触大量受众的能力。

西蒙·沙玛声称，大众叙事史进入了"黄金时代"。他认为，与以往任何时候相比,"将最高水平的学术研究与叙事技巧结合起来的历史作品都更多"。[11] 特里斯特拉姆·亨特、贝塔妮·休斯、理查德·霍尔姆斯、玛丽·比尔德、丽莎·贾丁(Lisa Jardine)、西蒙·塞伯格·蒙蒂菲奥里(Simon Sebag Montefiore)和戴维·康纳丁以及沙玛本人的作品大受欢迎,证明了人们对职业历史学家(通常与电视形象有关)撰写的通俗易懂的历史很感兴趣。这种对叙事和平民主义作品的颂扬表明,一种特殊类型的大众历史正在蓬勃发展,无论是从技术上来说,还是从人们的理解力上来说。这种大众写作的关键,是强有力的叙事和写作的"文学性"。这种技术娴熟的讲故事方法论,在沙玛对麦考莱和吉本等历史学家的支持中得到了清晰的体现。这种模式下的公共历史学家,指的就是那些写作令人信服的故事,通过他们的个人风格和清晰的表达进行有效交流的人。

政治日记和目击者记述

除了叙事史之外,还有许多更为直接的方式让读者通过书籍来了解过去。日记、目击者记述、自传和回忆录都有望对重要的生活和事件提供独特的、不受干扰的洞察。几十年来,政治日记始终是重要的出版物。日记似乎为读者提供了不受限制地进入这个主题的途径。类似的体裁是信件集,再次保证了人们对重要人物直接的和个人的洞察。[12] 日记本身就带有偏见和个人态度——事实上,日记的这些特征使得这种形式的作品对历史的业余研究者更有吸引力。即使经过编辑,它们也是原始文献,因此比大多数大众历史书籍更能让读者接近

"真实"的历史研究。工党议员托尼·本（Tony Benn）的日记（多卷本，从1963年开始记录，但从1988年开始出版）每晚都要口述，之后才会誊写，提供了从越南战争到共同市场等关键事件的个人叙述，以及"有用的历史视角"。[13] 更令人发指的是，保守派议员、历史学家艾伦·克拉克（Alan Clark）的日记（1955年开始记述，1992年至2002年出版）出版有关的丑闻揭露了撒切尔主义，但也暴露出克拉克是一个做作、虚荣、粗鲁、轻率和自以为是的人物，他将个人事件与政治事件混为一谈。[14] 这些日记首次出版就为克拉克带来了轰动一时的名人效应，这不仅是因为他在讨论政治生活时毫不谨慎、态度强硬，还因为他对自己奢华的生活方式和风流韵事所做的描述。克拉克直率的写作风格，使他在公众的想象中比其他日记作者（以及所有的政治家）更为可信，他朴实无华的写作使他的作品更有价值。

另一位公众形象起伏不定的保守党成员，是前议会议员埃德温娜·柯里（Edwina Currie）。她的日记（"对高层政治的深刻洞察"）包括一篇作者写作的"前言"笔记，反映了这些日记本身的历史意义，并暗示了柯里的职业生涯将被未来几代学者认可的更深层次的意义："我希望，这些原件最终能与相关文件一起，作为20世纪妇女参与政治的文献的一部分，保存在伦敦妇女图书馆的档案里。"[15] 缺乏诚意的"我希望"，掩盖了柯里对自己作品重要性的信心，以及出版这些日记是一种自我纪念的尝试的事实。由于具有即时性，这些日记在某种程度上没有自传那么自私。日记作为档案的重要性，即读者手中拿着的是一份历史文献，让他们得以亲自了解最近发生的历史，而不是通过他人的写作来了解历史，这种意识对此类文本的吸引力来说至关重要。

此外，公开出版的日记，可以提供一种即时的方式，洗清自己的丑闻，为行动提供历史的视角。工党议员戴维·布伦基特（David Blunkett）在2006年出版了他的日记，2005年11月的最后一篇讲述了他误入歧途并最终从政府辞职的故事。布伦基特在他的日记中插入了一些评论，其洞见包括，从"我还留着那天晚上他们给我的一瓶酒"，到"没有人要求我辞职"。[16] 布伦基特的日记的出版，使他能够竭力公开辩护，并且很快就为自己创造了一份遗产（对布莱尔工党政府的成员来说，"遗产"极其重要）。这四个例子，简要地说明了政治日记作为一种个人记述，经常被日记作者的名气和他们的重要性激活（当然是出售）。它们是原始的历史，这无疑是它们具有吸引力的部分原因，但它们也存在严重的缺陷，是重构不远的过去的特殊方式。如今，政治日记所取得的巨大进步，使它们更加需要用粗俗和阴谋来证明这种投入的合理性。

目击者记述提供了一种类似的与历史的直接接口（虽然经过了编辑处理）。此类记述，往往以普通人的言语和经历为中心。它们引人同情，尤其是关于苦难和恐怖的记述。目击者的专断，使他们的话语具有极大的分量——尽管他们带有偏见，而且有时是错误的。[17] 理查德·霍尔姆斯的《战争中的世界》是泰晤士电视台1973年标志性系列节目《战争中的世界》经过编辑的精选文本。[18] 该纪录片收集了大量采访对象的故事，从阿尔贝特·施佩尔（Albert Speer）到安东尼·伊登（Antony Eden），从大人物（蒙巴顿）到无名小卒〔纪伊艳子（Tsuyako Kii），1945年的东京居民〕。虽然这本书力图创造一个关于战争的松散叙事，但目击者的证词使概述变得复杂而微妙，使任何意义上的概述都显得多余。这种叙事多样性的一个结果，就是对重大事件产生了新的认识，这些事件包括，从地区轰炸到敦刻尔克撤退，再到战争经济学。另一个强有力的效果，是使人们对熟悉的人物和事件获得透彻的认识。劳伦斯·里斯（Laurence Rees）的《他们的至暗时刻》(*Their Darkest Hour*)收集了大量目击者的证词，试图通过询问那些经历过战争和犯下罪行的人对这些事件进行的解释，来解释第二次世界大战的恐怖。[19] 里斯并不总是用他们自己的话来讲述这个故事，他常常寻找那些没有说出口的犯罪或同谋的迹象。这些故事很少是英雄主义的或积极向上的；在这里，幸存者所遭受的折磨是最重要的，因为这些回忆表明恐怖无处不在。接受里斯采访的人描述了这场战争的细节，讲述各个方面的暴力和暴行，包括关于1945年英国背叛哥萨克、纳粹在白俄罗斯使用人体地雷探测器、在日本进行的人体实验以及美国轰炸东京和大阪等事件的回忆。里斯试图理解卷入战争的人的心理——从比利时党卫军军官到奥斯威辛集中营的波兰军官——这本书旨在对全面战争的可怕经历进行细致入微的理解。关于目击者证词的文集，是更为广泛的人民历史项目的一部分，即记录日常生活的冲动，尽管正如霍尔姆斯的文集所显示的，这样的书也可以包括伟大人物和先行者的回忆。

自传、个人回忆录和传记

蓬勃发展的自传大众市场，显示出人们对生活和即时纪念的兴趣进一步增强，越来越多的人利用自传来纪念某一特定事件，而不是纪念漫长人生成就的终结。自传曾经是有用的历史文献，譬如，作为对人生沉思的证据，某个特定时期的回忆录，如今它们已经演变成了著名人物的品牌营销的简单元素。这种对刚刚过去的历史所做的文本化处理，使其变得随意，并受到名人的影响（或者至少是名人光环的一部分）。即时自传，即写作的时候主角还处于事业发展的中期甚至是起步阶段，表明人们渴望捕捉一个重大时刻（而不是等待时间进行反思），认为瞬间意义比任何更广泛意义的概念都更为重要，展现了一种痴迷于将即时事件进行语境化和历史化，而不是对事件进行更为深入的思考的文化。名人自传和回忆录销量巨大，反映了当代大众文化的发展速度。名人自传的流行，表明了人们对名人传记很感兴趣，并痴迷于挖掘名人的身世。它与第四章中讨论的谱系冲动相吻合，表明了人们对家族的背景、对这些著名人物的起源和根源怀有兴趣；事实上，这是为了将名人历史化。名人自传只关注传记主角的发展（即"我的故事"），而不关注这个人在其他语境中的生命的意义。读者的动机是对名人生活的细枝末节产生强烈的兴趣，并希望得到理解和解释，以及寻找可能存在的丑闻的线索。这类书中所记载的生活，是在当下的名声背景下完成的；这是对作者当前处境所做的一种目的论的叙述。此外，还有一种辛酸的和怀旧的元素被添加到这种形式的著作中，这种现象特别存在于那些认识死者的人撰写的半自传体回忆录中。当下的自传是瞬息万变和即时的，它所讲述的人物的背景之所以有趣，仅仅是因为他们在当下的表现，而不是因为他们在过去的成长。这类作品是名人文化昙花一现的产物。

在过去的十年里，出版界最大的产业之一，就是致力于纪念、解释和记述威尔士王妃戴安娜的一生的作品。她还在世的时候，就已有各种各样的传记（包括安德鲁·莫顿授权的《戴安娜的真实故事》）

迎合了大量渴望全方位了解戴安娜的读者。[20] 自 1997 年她去世以来，与对她的回忆有关的出版产业经历了爆炸式增长。[21] 与戴安娜的生死有关的各种阴谋理论，对有关她的回忆的所有权的争夺，以及关于她的重要性的解读，导致这些著作坚决反对官方的"历史"，相当自觉地将自己定位为与主流立场相悖（并对这件事的"真相"提供了引人入胜的洞见）。其中最重要的是她的前管家保罗·伯勒尔（Paul Burrell）的作品，他的多部著作颇具争议地展现了她的生活和个性。就像日记和自传一样，那些享有特权的内部人士的描述，有望提供一些被"官方"传记和记述遗漏的秘密、关键的个人细节和信息。在她逝世十周年之际出版的《我们在一起》（The Way We Were）一书中，在讨论马里奥·特斯蒂诺（Mario Testino）拍摄的王妃照片时，伯勒尔强调了她随和的魅力和吸引力：

> 这就是我所认识的那位王妃，以及我是怎样记住她的；马里奥想让全世界都看到这位王妃，就好像每个看过这些照片的人都坐在沙发上和她聊天。正如他这样与她聊天那样。也正如我所做的那样，在她身边服侍了十年。[22]

伯勒尔巧妙地指出了戴安娜的魅力所在（让人们以一种不具威胁性的方式感受到爱），同时强调了一个事实，那就是大多数人其实并没有和她一起坐在沙发上聊天。的确，这是对戴安娜成为名人的奇怪运作方式的一种深刻洞察——人们认为他们认识她，尽管事实上他们最为接近的只是一张照片。那些曾经与她一起坐在沙发上的人（他本人和一位著名摄影师）理解这种吸引力，但也拥有与她建立真正私人关系的"特权"。此外,伯勒尔的《我们在一起》(在芭芭拉·史翠珊拍摄的关于戴安娜的电影中,他饰演罗伯特·雷德福)这一自私的书名,也说明了这类文本中所包含的自恋,即把自己放在一个重要的名人旁边。这本书揭示了真相,提供了新的证据,并承诺提供一些珍贵的照片、信件、个人回忆,以及发掘更多关于她和她的私人生活的诱人可能性。伯勒尔称她为"老板",公布了她在她那本心理自助书《少有人走的路》(The Road Less Travelled)上所写的评注摘录,讲述了她秘密结婚的计划,描述了从医院取回她的戒指的过程,以及她和他的私人关系(譬如她如何在他母亲去世后安慰他)。他还试图将动机和发展归因于事件的发展——"似乎所有的眼泪和痛苦都把这位王妃带到了她生命中的关键时刻"——尽管这本书的主要内容描述的是细枝末节的琐事。[23]

戴安娜的私人秘书 P. D. 杰弗森(P. D. Jephson)也提供了类似的私密信息,并承诺将通过出版这些秘密来让人们了解至关重要的真相:他认为他的书是对错误的和有偏见的叙述的必要纠正。由于"自封的她的思想、动机和价值观的守护者们"所付出的努力,"在我看来,历史所记录的形象,与我比大多数人都更加了解的那位王妃几乎没有相似之处"。[24] 与伯勒尔相比,杰弗森并不是在给偶像立传,他的叙述有细微的差别,并因此在某种程度上缓和了他的叙事("她做了一些使她受到赞扬的好事,尽管有时她的动机可能是愤世嫉俗、操纵别人或自我放纵,但在做这些事的时候,她一点也不愤世嫉俗")。[25] 然而,这里的关键问题仍然是个人的洞察力、人际关系和经历。甚至她的安保人员也参与进来,提供了一位"真正的"内部人士对她的生活的描述。[26] 戴安娜王妃是一个关键的例子,说明了作为名人,一个人物是如何从现实中被抽象出来的。这些文本以一种承诺提供逼真的"现实"(事实的洞察力)的方式进行营销,但同时也为投机和阴谋提供了进一步的推动力。它们表明了人们对王室传记具有永恒的兴趣,渴望对那些不可触及的名人的生活提出个人的洞见,永远不满足于写作名人的私密生活故事。与日记一样,这类书籍为读者提供了与主角的直接接触,其隐含的见解是官方历史对这些故事可能不感兴趣或抱有克制。对此类回忆录所蕴含的平凡生活的审视——以及内部人士对关键事件的描述——意味着,与自传体作品一样,这些回忆录将世俗的趣味与深刻的洞察力融合在了一起。读者不仅对重要行动背后的动机感兴趣,而且对生活的细节也很感兴趣,这两者在这些叙述中被结合在了一起。

历史传记

与这些关于个人经历的写作形成鲜明对比的,是历史传记长期以来的自觉意识足以突出其自身的主观性。阿曼达·福尔曼所著《乔治安娜:德文郡公爵夫人》(*Georgiana: Duchess of Devonshire*)在1998年荣获惠特布莱德传记奖(Whitbread prize),这是一部对一个相当不起眼的人物的通俗描述。乔治安娜·斯宾塞没有什么可向读者推荐的,因为大多数读者都不认识她。她与威尔士王妃戴安娜有亲戚关系,这是关键所在——乔治安娜是上流社会和时尚界的女王,也是第一位"名人"妇女:

> 16岁时,她被强行推入公众生活,对随之而来的压力毫无

准备，在一段冷漠而无爱的婚姻中得不到支持。虽然大多数同时代的人都崇拜她，因为她看起来是那么自然和充满活力，但只有少数人知道，她是如何遭受怀疑和孤独的折磨的。[27]

她与这个正在努力应对似乎刚刚萌芽的名人文化的社会以及同样悲惨的戴安娜王妃之死的关联显而易见，而这本传记为此提供了洞察和理解。福尔曼的著作严谨、学术性强、极具吸引力。然而，她的作品中的人物与戴安娜的相似之处在当时被援引，并展示了通俗传记是如何与更为广泛的问题和不同的解读交织在一起的。福尔曼向女性传记作家的传统——如安东尼娅·弗雷泽和斯特拉·蒂利亚德（Stella Tillyard）——致敬，还讲述了她的"斯德哥尔摩综合征"，在那一刻，她意识到自己过于认同自己的研究对象。福尔曼作为传记作家的自我意识，反映了对主体性和移情问题的理解，尽管她认为研究过程才是问题所在。她声称，写作是一种纠正：

> 幸运的是，从一系列不连贯的事实和假设中构建一种叙事所需的情感距离提供了一个强大的平衡。传记作者通过决定这个困惑的哪些内容是最重要的——这并不总是一项容易的任务——实现了一定程度的分离……研究对象逐渐缩小，直到他或她被写入书页之中。[28]

传记是由作者精心挑选的事实拼贴而成，目的是创造出一种井然有序的假象，并"涵盖"它们的主角。传记作家要在这种不连贯中寻找意义，并为之施加一个框架（她在这里提到的"困惑"，既是指对生活的困惑，也是指对某种复杂的几何形状的有序推动）。福尔曼认为，清晰表述是创造客观性的要素，这一观点颇具启发性；她提出，只有在构思表述的过程中，历史的混乱才会得到控制、集中，并为人们所理解。它们还介入到了大众史学领域。

正如特雷西·博尔曼（Tracy Borman）在其关于托马斯·克伦威尔的著作中所指出的，传记作家可以纠正主流历史观点，"一种既误导人又不准确的观点"。[29] 她接着说，"通过把他被捕时被查获的许多信件、笔记和记录中所发现的细节拼凑在一起，对亨利八世的首席大臣就拥有了一个引人入胜且非常个人化的描述。"[30] 通俗传记作家是为读者服务的，把日记、档案、书信、影像、文物、史学等所表征的困惑，转化为一种可读的整体和可靠的历史。他们对混乱的档案进行解读，"拼凑"出一些"引人入胜且非常个人化"的东西。这种传记形式从根本上来说包含了一种生活，并试图对这种生活进行解释、解读和描绘。

为儿童写作的历史：学校和《恐怖的历史》

历史写作的另一个市场是儿童写作，它再次展示了"历史"形式的灵活性和活力。特里·迪瑞写作的儿童历史书籍《恐怖的历史》系列从1993年开始出版。它们在全球都很受欢迎，以40种语言在全球售出2700万册；该系列包括大约70本书以及杂志、舞台剧、电视剧、电子游戏和棋类游戏。它们的风格被模仿用来教育孩子们学习科学、地理和数学。[31] 这些书利用了孩子们对暴力的迷恋，把自己标榜为"留下令人不快的片段的历史作品"。这类书的内容充斥着恶作剧，语言俏皮，观点离经叛道，迎合了儿童读者对无聊笑话的渴望，将历史呈现为一种简单而又可触知的东西。书中有插图，通常有一段叙述，然后是一组模糊的问题，然后这些问题得到了解答——书中的信息通常很琐碎，没有什么意义，而且往往都很糟糕。信息以各种各样的方式进行呈现，譬如列表、段落、字母、图像、地图等，并且常常会通过诸如重印菜谱或概述"你会做什么"的多项选择部分鼓励读者与之互动。在教育中使用插画作为一种表达复杂信息的方式的做法是很常见的，这可以从格伦·汤普森（Glenn Thompson）在20世纪80年代中期首次出版的非常成功的漫画书《初学者指南》（*For Beginners*）中看到。

《恐怖的历史》系列图书旨在用来吸引和激发读者对历史科目的热情，同时又显得具有颠覆性。[32] 这些书主要用来娱乐，具有教育目的。它们是学校里所教的历史的补充读物，提供了一种打破传统观念的和修正主义的对比，并含蓄地暗示，学校里所教授的过去并不像真实发生的那样有趣：

> 历史是可怕的。而且极其难学。问题是它一直处于变化之中……在历史中，"事实"有时根本不是事实。它实际上只是某个人的"观点"。而不同的人有不同的观点……老师会告诉你有"对的"和"错的"答案，即使并没有。[33]

这种对资料来源的怀疑精神值得称赞，但对教师的敌意阻碍了这种客观性。[34] 该系列图书强调的是以历史时期为基础的年代纪事，并对每个特定历史时期的特点进行总结，譬如《了不起的撒克逊人》（The Smashing Saxons）、《浮华奢靡的乔治王朝》（The Gorgeous Georgians）、《悲惨的第一次世界大战》（The Woeful First World War）。虽然这些书最主要的目的是猎奇，但书中充满了以非正式的方式呈现的信息。这些书的基调是对话式的："你会对他（伊凡四世）的生平感到厌恶。所以我不会告诉你。什么？你还想看吗？哦，很好。我将把这个故事讲给你听，但我不讲那些可怕的部分。"[35] 它们"有意提供其他阅读材料"，以其独特的形式对以历史课堂为代表的传统的、制度化的知识形式提出了挑战。[36] 这一点在定期的"考考你的老师"部分得到了强调。这部分内容旨在鼓励学生向老师问一些尴尬的问题，以及类似这样的段落："你的老师会告诉你所有关于军团的事情，他们穿什么，他们是如何生活的。但他们并不是什么都知道。"[37] 迪瑞的系列作品表明，正规教育对过去进行各种删减（并剔除了令人不快的部分）。这些作品对特定历史时期的日常经历感兴趣，对移情感兴趣，并利用幽默和即时性（offhandness）而非特殊性发展出一种教学方法。就其非正式风格方面来说，《恐怖的历史》往往读起来像轻率的《诸如 1066 年》（1066 and All That），但它们也热衷于引发兴趣和交流信息。[38] 它们为了弄清楚某一时期或事件的特殊性，而忽略了更为广泛的历史论题。不过，它们仍然包括各种人们熟悉的和标准的元素：时间线、测试、最重要的事实。它们提出了另一种"学习"历史的方法，即通过关注那些没有被教授的可怕的片段来学习历史。

英国的学校开设的历史课程属于国民教育课程，这是一项法定权利，有一套集中的目标、目的和教学模式（从 1995 年起，5 至 14 岁的学生都必须学习历史,因此,达到16岁离校年龄的学生,历史课就不再是强制性的了)。就其本身而言,这种集体化和集中化的课程是有争议的,它将学生的教育经历集中在一小部分基础性的时期和课本上。[39]这就使历史教育彻底丧失了多元性。同样,它也意味着,一代人所接受的教育大致相同,而且局限于一套问题和事件;因此,基本的历史知识是好的,但范围有限。美国的教育体系已经发展出一种类似的全国共识模式,体现在《2000年美国教育目标法案》(1994年)的《全国历史教学标准》(National Standards for History)中。[40]在英国,历史课程在中等教育普通证书(GCSE)和高级水平普通教育证书(Advanced levels)中蓬勃发展,但中小学缺乏经过专门培训的教师,加之时间紧迫,导致学生准备不足,对历史课程的兴趣下降;2001年至2006年,参加高级证书辅助考试的学生数目增加了40%,而在2006年,三分之二的学生在KS3阶段的考试(13至14岁)后就不再学习这门课程。现在仍然是这种情况,这个数字的下降让一些评论家感到担忧。[41]

在小学,历史很少由历史学家讲授,而且往往(尽管越来越少)被纳入从地理到环境和语文等一系列不同学科要素的体系中;人们还通过戏剧、参观博物馆、音乐和舞蹈等多种方式讲授历史。[42]学生对历史知识的连贯性的认知和他们的"历史素养"正日益受到这种教学方式的威胁。[43]中学课程将历史教学正规化,并开始将其与其他学科区分开来,但学生人数的下降意味着,从这种更加严格的教学中获益的学生更少。

国民教育课程是基于这样一种理念,即"历史用过去人们的困境、选择和信仰"来感动和激励学生。"该课程有助于学生通过个人、地方、国家和国际层面上对历史的理解来发展自己的认同。"[44]
学习历史

> 将帮助学生获得连贯的知识，理解英国的过去和更为广阔的世界。它将会激发学生的好奇心，去更多地了解过去。教学应使学生具备提出有洞察力的问题、批判性思考、权衡证据、筛选论据、提出观点和判断的能力。历史有助于学生了解人们生活的复杂性，变化的过程，社会的多样性和不同群体之间的关系，以及他们自己的身份和他们所处时代的挑战。[45]

这种以历史为灵感、以理解当代问题为基础的模式，将历史作为一门学校课程，通过对历史上其他民族的"困境、选择和信仰"产生共情，来鼓励积极的公民意识。其重点强调的是复杂性和批判性思维。

特里·海顿（Terry Haydn）举例说明了学校历史教学的总体趋势，即从讲述国家荣耀和发展，转向更加客观和更具质疑性的取向（不过可以参见第一章讨论的迈克尔·戈夫2013年国民教育课程计划的例子）。[46]这种发展是为了使历史课更加切合当代学生的需要，灌输可转移的职业技能，并吸收新的史学模式，鼓励良好的公民意识。历史越来越多地作为一种知识体系来教授，而不是作为一套干巴巴的重要事实。[47]历史对公民教育也很有用，因为它能够"记录相互矛盾的认同故事"。[48]

对历史教育来说，至少在构建学科框架方面，移情和联系感是至关重要的：

历史并不都是已不复存在的东西；

历史不光是关于国王和日期的故事——它充满了<u>生活变迁的</u><u>事件</u>。

试想——

· 如果鼠疫突然暴发，你会怎么做？

· 在内战期间，你会选择为圆颅党或骑士党而战吗？

· 你会抗议废除奴隶制吗？

这些都是普通人那时必须做出的决定，它们的结果今天<u>仍然</u><u>影响着你</u>。[49]

47 然而，从修订指南和课程中可以明显看出，时间线、资料来源、数据解释和关键信息仍然是最重要的因素——历史不仅仅是"事实，而是如何使用这些事实"。[50]的确，中学历史在很多方面仍然非常传统，尤其是所教授的科目和史学思想。然而，这种历史移情（虽然不是评估负担的一部分）正日益被用作一种教学法工具。这种移情推动着教育的发展，研究表明，孩子们"越来越有能力做出假设，理解与自己不同的其他观点和价值观"。[51]

《恐怖的历史》系列似乎满足了学习历史的学生的需求——移情，一种历史感而不是事实感，一种对细节的叙述的兴趣。有时，对不愉快的细节和放松语气的迷恋，会导致一种有问题的含糊其辞。譬如，关于希特勒将德国的问题归咎于犹太人："这当然是荒谬的看法，但可悲的是，当时大多数人相信他的弥天大谎，导致数百万人死亡。"大屠杀没有被直接提到或命名。[52]这段节选令人振奋，几乎到了不屑一顾的地步。然而，这些书也试图引起读者的共鸣：

当俄罗斯统治者约瑟夫·斯大林派遣秘密警察逮捕并处决2000万人时，普通老百姓是怎么做的？什么都没有做。他们关上门，拉上窗帘，把恐惧拒之门外，任由他们的邻居死去。当你那糟糕透顶的统治者命令你去杀戮并为他们去死时，你这个普通人会说什么？[53]

《恐怖的历史》系列展现了一种流行的反偶像主义、对标准叙事的挑战以及一种以复杂而动态的方式呈现史料的教学法欲望。然而，尽管这些书对社会史和"日常历史"有些许兴趣，它们仍然对过去的事实感兴趣："为家庭使用而设计的历史书……仍然几乎完全专注于传授历史知识的事实。"[54]

大众历史作者的身份

衡量这个新一代公共历史学家（或公共场合中的历史学家）影响力的一个方法，是简要考察一下他们在媒体上的受欢迎程度。这为我们提供了一些见解，尽管有失偏颇，但让我们得以了解，作为公众人物的职业历史学家，是如何根据他们个人资料中最为重要的方面，即他们的作品，对他们进行概念化的。军事历史学家理查德·霍尔姆斯知名度很高，曾担任《伟大的英国人》节目的评委，并推出了由英国广播公司制作的几部纪录片。他的作品主要关注的是普通士兵的经历。对他出版的作品的批评性回应，让我们看到了当代人对历史态度的横截面。它展示了人们想象过去的各种方式，以及观众使用和参与过去的方式。大多数评论家认为霍尔姆斯的方法是至关重要的，他的

48 作品的主要卖点是把过去予以开放，让处于边缘地位的人发出声音。评论的其中一个因素，就是利用具有里程碑意义的虚构作品引导读者。历史小说家伯纳德·康威尔（Bernard Cornwell）是写作关于拿破仑时代的夏普（Sharpe）系列小说的作者，《每日邮报》曾用他来评判《红衫军》（*Redcoa*, 2001）。利用"名人"而不是利用与正在考察的图书有一定关联的专业书评家是司空见惯的做法。在这个例子中，康威尔的评论表明，霍尔姆斯的特殊技能，在很多方面与他的技能是相似的：

> 我从未见过理查德·霍尔姆斯，但我对他深为嫉妒，因为《红衫军》开篇就再现了一场拿破仑战争，我真希望这是我自己写的……红衫军和他的家人从未得到过赞赏，但理查德·霍尔姆斯为他们书写了一部精彩的纪念著作。《红衫军》是一本精彩的书，充满了奇闻逸事和敏锐的洞察力。任何喜欢夏普故事的人都会喜欢它，任何喜欢历史的人都会想要拥有它，任何珍视优秀作品的人都会愉快地阅读它。[55]

历史学家是那些被历史边缘化的人的记忆的守护者和构建者，是叙事性的编年史家和事件（譬如读者无法接触到的战斗）的再现者，是"敏锐洞察力"的宝库，是快乐和享受的给予者。康威尔打破了叙事历史学家和历史叙事作家之间的界限，羨慕地注视着霍尔姆斯使场景生动起来的能力（康威尔还在1993年写了一本名为"红衫军"的小说）。他强调了霍尔姆斯写作的风格，再次坦率地称之为"优秀"；这种对体面的认可（不知何故并不复杂，但却十分直截了当）赋予了霍尔姆斯一种坚实的品格。相比之下，安德罗·林克莱特（Andro Linklater）在《旁观者》杂志上撰文，指责霍尔姆斯的写作方法过于死板，编造的故事充满移情："霍尔姆斯倾向于写作……炮火轰鸣、号角声和褴褛军团旗帜的传奇故事。"[56] 这种活泼的特质正是西蒙·赫弗（Simon Heffer）喜欢这本书的地方："生动、全面、文笔优美、简洁、色彩丰富，最为重要的是，信息量很大。"[57]

对霍尔姆斯的回应反复回到他使用逸事来推动叙事和"移情"的观念上。加里·谢菲尔德（Gary Sheffield）在《独立报》上撰文，评论霍尔姆斯的《汤米》（*Tommy*, 2004）。谢菲尔德说："一位具有小说家才华的历史学家，深情地再现了1914年至1918年的英国军队，常常让士兵们用自己的语言表达自己。这种写法并不新鲜，但理查德·霍尔姆斯与众不同之处，在于他的写作质量和对写作对象产生的共鸣。"[58] 与康威尔的评论相似，最重要的是写作风格和对过去进行想象的能力。[59] 霍尔姆斯对边缘人物的直接引用不断得到强调。有人认为，使用"逸事"来推动这种类型的历史写作（以及严谨的军事学术研究）是有问题的。这种观点假设霍尔姆斯是故事的筛选者，是其他人故事的编纂者。更准确地说，他允许普通士兵说话，他对这些声音的安排创造了快速而感人的历史。正如詹姆斯·欧文（James Owen）在评论《士兵》（*Soldiers*, 2011）一书时所指出的那样，这是他的作品的一个特殊价值："对于他所仰慕和引导的人以及英国高级军官同样重要的是学者们通常忽略的部分：勇气和战友情谊，以及维系它们的纽带。"[60]

霍尔姆斯的代表作《尘土飞扬的战士：战争中的现代士兵》（*Dusty Warriors: Modern Soldiers at War*, 2006），讲述了2004年夏天威尔士王妃皇家军团在伊拉克执行任务的故事,它证明了一个奇怪的相关性——在讲述1700—1900年的英国军队(《红衫军》)、第一次世界大战的步兵(《汤米》)和在印度的士兵〔《大人》(Sahib,2005)〕之后,他将这个故事带到现在的决定,代表着一位高水平历史学家对伊拉克冲突的唯一一次介入。霍尔姆斯在他的历史作品中运用了类似的写作方法,用战士们自己的话来描述所发生的事情。他的移情既是一种情感纽带,也是一种帮助非专业人士了解军队的愿望(他本人是预备役部队和军校学员的负责人,1999年至2007年,他是威尔士王妃皇家军团的一名上校)。因此,这本书试图为一场更为广泛的冲突找到合理的解释,并通过关注那些参与其中的普通士兵的特殊故事,来向人们讲述这种冲突。它运用了历史学的技巧和这位当过兵的历史学家(historian soldier)的文化资本,是这位历史学家的发展地位和社会定义的一份独特文献。对这本书的评论,让读者想起了霍尔姆斯作为一名军事作家的出身,为他对当代冲突的思考提供了合法性和权威性;这本书受到的欢迎同样强调了它的即时性、流畅性、节奏性、叙事性和卓越的描述。霍尔姆斯以军事历史学家的身份写作这本书,在某种程度上消除了书中的政治刺痛,让评论家们得以赞美军队的勇敢和专业精神:"它们给了我们一个特殊的机会,让我们得以深入了解今天规模小得荒谬但却异常优秀的英国军队,即我们的军队的内心和灵魂。"[61]书中强调了普通士兵的勇气、决心和能力,与评论家在霍尔姆斯早期著作中描述的士兵身上发现的特征相呼应。因此,某些描述的连续性也在这本书中得到了强调。

因此,对这位大众作家的回应,让我们看到了一些与大众历史学家的著作相关的文化修辞。首先,它表明了对历史作品的接受的复杂性——受到小说家、历史学家和专业评论家的批评；将其与小说相比，以可读性和趣味性来对它们进行评判。对大众历史学家的评价，不仅要看他们的历史技能，还要看他们的文学素养，清晰性和写作风格与事实的准确性和具有创新性的史学研究同样重要。这位大众作家的平民主义视角——让被遗忘的历史重新发声——得到了强调，尽管它可能暗含的保守性被淡化了。此外，还可以选出关键词和思想：准确性、清晰性、稳健的写作方法以及直接的写作风格。霍尔姆斯是一位善于讲故事的历史学家，他博览群书，为人和善。他还能够通过他在威尔士王妃皇家军团的工作，在政治辩论中进行明确和重要的介入。

大众传播：杂志

历史杂志在发行量方面显示出强劲的数据。《今日历史》(*History Today*)是一本半学术性的、教育性质的月刊，平均发行量为 21,000 份。这大致相当于专业电影杂志的发行量，如《视觉与声音》(*Sight and Sound*, 22,000 份)。英国广播公司的历史杂志《BBC 历史》发行量为 75,193 份，在吸引力上更受欢迎。与英国广播公司的许多其他杂志相比，这个数字就相形见绌了：《美食》(*Good Food*)的发行量为 252,085 份；《BBC 汽车秀》(*BBC Top Gear*)的发行量为 137,406 份，但与《BBC 乡村档案》(*BBC Countryfile*, 38,244 份)和《BBC 夜空》(*BBC Sky at Night*, 23,731 份)等较小的节目杂志相比，还是不错的。[62] 专业兴趣(《妇女史》)、地方历史(《地方史》《苏格兰史》《约克郡历史季刊》)和谱系学(《祖先》《实用家族史》《家族史月刊》）的辅助出版物很受欢迎。譬如，《家谱杂志》(*Family Tree Magazine*)的发行量约为 7.5 万份，考虑到主要的谱系信息更容易在网上获得（而且它还在与其他三家杂志竞争），这一数字令人印象深刻。这类杂志的目标读者是博学的专业人士，一般是那些购买历史书籍和传记的 ABC1[*]们（《BBC 历史》89% 的读者属于这一类，而《今日历史》73% 的读者属于这一类）。这些杂志的读者往往拥有男女两性读者（对《BBC 历史》来说，男女读者的比例约为 55/45，而《今日历史》杂志的这一比例为 75/25），年龄超过 40 岁，受过教育。尽管现在已经转向了在线出版，但这些发行量数据仍保持坚挺，表明这类历史杂志拥有一个持久而持续的市场。[63]

声名卓著的月刊，如《今日历史》和《BBC 历史》，已经获得了教育者般的地位，吸引了杰出的作者，出资赞助奖项，并出版品牌书籍。杂志属于印刷媒体（尽管有令人印象深刻和重要的在线表现），它们刊发的文章结合了历史分析、图片、民意调查、广告和社论。杂志会根据订阅量推断读者的意图，并且每月重复对该主题的兴趣。与

---

[*] 英国国家统计局根据每个人的职业、收入水平、受教育程度和生活状态等因素，定期发布人口和社会调查数据，将英国人的社会地位分为六个等级，即所谓的六大社会阶层，分别为 A、B、C1、C2、D、E。其中 A 阶层指的是高级管理、行政和专业职业群体；B 阶层指的是中级管理、行政和专业职业的群体；C1 阶层指的是从事监管、文职和初级管理、行政和专业职业的群体；C2 阶层指的是技术型体力工人；D 阶层指的是半技术型和非技术型体力工人；E 阶层指的是领取国家抚恤金的群体，以及临时工、失业者和最低等级的工人等。根据 2016 年的数据，这六个社会阶层的人分别占总人口的 4%、23%、28%、20%、15%、10%。根据这种阶层划分，AB 阶层指的是中上阶层群体，C1 阶层指的是中等偏下群体，C2、D 和 E 阶层指的是下层群体。参见：https://www.ukgeographics.co.uk/blog/social-grade-a-b-c1-c2-d-e 和 https://nrs.co.uk/nrs-print/lifestyle-and-classification-data/social-grade/#:~:text=Social%20grade%20is%20a%20classification%20system%20based%20on, Chief%20Income%20Earner%20%28CIE%29%20to%20establish%20social%20grade（访问日期均为 2023 年 3 月 31 日）。——译者注

购买某一本书不同,杂志意味着一种长期的兴趣;同样,杂志所刊发的文章的多样性表明,读者能够在多种史学风格和复杂的历史语境中进行研究。此外,《今日历史》的大部分版面都被用于刊发书评,这表明人们对更为广泛的学科范围感兴趣,渴望了解当前的学术概况,对历史生产和消费抱有一种批判性的参与,并且熟悉方法论的多样性。《今日历史》和《BBC历史》都直接吸收了教育元素,出版在线学习指南、档案、参考著作和教学新闻。它们把自己作为一种资源呈现给学生,所以它们在网上发表的文章就变成了一个研究商店。它们提供新的史学研究,对重大时刻和事件进行修正主义的叙述,以及出版关于世界历史和多样性的研究的"焦点"文章。它们的作者由记者、专业人士和学者组成,因此,这些杂志——同时也是平民主义取向者——很好地体现了以研究为驱动的历史与更具广泛吸引力的著作之间的模糊界限。《今日历史》的网站上,有与当月版文章相关的讨论列表(即使在线用户没有购买该杂志,也可以免费访问)。最佳评论还会获得奖励。网站上还有互动投票、社区功能、活跃的博客和推特链接,以及带有参考资料、链接和学习指南的"课堂"部分。这种元内容(meta-content)鼓励读者对杂志进行质疑性的阅读,并试图培养一种参与历史思考和理解的权利意识。

这些杂志和它们的辅助网站,给感兴趣的业余爱好者提供了信息,让他们接触到多种史学观点和辩论。读者感兴趣,而且见多识广,是一个更为广泛的智识对话的参与者,而这些文章则是综合对话的产物。重要的是,传播的信息是以印刷品为基础的,在历史杂志这个例子中,印刷品仍然优先于电子信息,并且与电视、视觉信息的概念不同。这些杂志在学院派历史和大众历史之间占据着复杂而重要的界面。在高质量出版物上发表的杂志文章往往比较有声望，由其领域内公认的全球专家撰写。与此同时，这种杂志是一种商业运作，需要销售量和赚取广告收入。

接受和消费：读书会和读者评论

自 1996 年奥普拉·温弗瑞（Oprah Winfrey）的读书会取得成功之后，读书俱乐部现象已经成为当代生活中一个熟悉的部分。[64] 英国广播公司广播四台有一个长期运行的《读书俱乐部》(*Bookclub*) 节目，现在图书馆、咖啡馆、报纸和博物馆都在经营这种俱乐部。一般来说，设计这种形式的活动的目的，是为了让会员每月聚会一次，讨论他们都读过的一本书。这种读书会起源于"每月一书"（Book of The Month）俱乐部和订阅出版，因为它认为读者在某种程度上被剥夺了权利，他们渴望一种安全而直接的方式来积累文化资本。[65] 然而，这种方法的影响力越来越大，并吸收了更为广泛的社会人口统计方法。读书会是一种草根现象，它绕过了传统的文化控制，并忽略了批评。理查德与朱迪读书俱乐部（Richard and Judy Book Club，电视版从 2004 年到 2009 年；网络版从 2010 年至今）是英国出版界最强大的实体，能够为一本书创造即时读者。毫不奇怪，出版社将阅读群体视为一种自然的发展，有别于其他类型的订阅出版，它们建立了带有入门指南的支持性网站，以及带有增强内容的电子书。这些读书会提出了一种处理文化产品的特许方式——渴望在不受综合性大学、专科学校、艺术展览或报纸和杂志评论等传统机构支持的情况下，与他人讨论文本，并创建以书籍为基础的共同体。

除了设有专门的历史小说读书会之外，越来越多的读书会开始将历史和传记作为它们的主题。[66] 这再次证明了历史阅读的普及，以及一种新兴的赋权，即非专业的讨论在没有组织或指导的情况下得以进行。在线读书会也为这种现象提供了社交网络和全球化的元素。历史读书会强调学术之外的讨论是形成共同体的一种方式，也是积累文化资本的一种方式。在某种程度上，这种现象类似于20世纪60年代的官方之外的教育运动（工人教育协会，开放大学），尽管它不属于专业范围，因为它们是用户导向的。同样，它们的背景也是复杂的，一般是在网上或在家里，所以草根历史讨论的模式是破裂的，还在发展之中。读书会证明，历史的大众读者是复杂的和动态的，有能力批判性地阅读，具有创造性，能简单地遵循一个更加标准的被动阅读模式。读书会（包括虚拟的和实体的）鼓励某种形式的赋权，允许文本的用户公开质疑它。

在线评论网站和博客的爆炸式增长，以及以顾客为主导的评论在网上书店的整合，进一步削弱了传统文化守门人的力量。这种营销模式是由某些就像你这样的人友好推荐的——一种绕过传统路线的所谓民主化取向。[67] 亚马逊的消费者分析数据库创新性地根据其他买家的购买习惯推荐其他书籍（"买过或看过这本书的人也买过这本书"），从而与不知名的买家建立了一套虚拟关系，这再次颠覆了主流的文化守门人。它们还将消费者生成的与所浏览产品相关的"列表"链接起来。这种基于关系的呈现，强调（可能是虚幻的）用户生成的经济系统和营销。这种"新的混合消费者"不再使用传统的方法进行浏览，而是以一组新的方式处理信息，其中最为重要的是用户主导的社区意识。[68]

评论家兼学者约翰·萨瑟兰（John Sutherland）对互联网评论者（博客、亚马逊评论、网站、聊天论坛）日益增长的（未经审核的）影响力感到惋惜。[69] 他特别指出，英国亚马逊网站对维多利亚·格伦迪宁（Victoria Glendinning）写作的伦纳德·伍尔夫（Leonard Woolf）传记的评论引发了争议，这些评论普遍带有贬损的意味，只有格伦迪宁的丈夫发表了一篇奉承之词。[70] 萨瑟兰抨击网络评论者"口无遮拦"。[71] 他认为："有些人认为，网络评论，无论是独立博客还是商业网站，都是一种'增强读者的力量'的趋势——这是一种传统上由文化官员垄断的事物走向民主化的过程。有人认为，这是对文学品味的贬低。"[72] 萨瑟兰对"文学品味"的诉求，暴露出一个文化守门人越来越无法融入一个动态而复杂的市场的事实。这是对新的推荐营销、在线创建一个超越传统界限或话语的社区的回应。

对历史书籍来说，这种情况的一个例子是大型网站评论中心（Review Centre）的一个小分部，它鼓励普通用户的参与（GoodReads 也这样做）。评论中心要求非专业的读者列出他们认为的物有所值评分，他们是否会向朋友推荐这本书，除了列出优缺点外，还要给出总分为 10 分的评分。像这样创建网络购买指南和评论累积网站的情况，证明了一种"口碑"营销的重要性，就像亚马逊和 iTunes 所做的那样（部署客户评论和关联"买这个的人也买了"的结构）。[73] 这类网站还明确地将图书营销和推荐纳入一个消费统一体——给出这些建议是为了确保"知情选择"，以便决定购买哪本书。因此，这种评论具有教育性和功利性。评论中心的其余部分，则用来发表顾客对商品的评论，这些商品包括从汽车保险到笔记本电脑和婚纱等，这表明，书籍越来越多地只是一般休闲体验的一部分，而评论的量化元素更感兴趣的是消费者的体验，而不是读者的体验。越来越多的情况是，"优质"的大版面论文开始融入读者的观点，包括评论、读者主导的列表和讨论等。官方内容生成器和用户之间的界限越来越模糊。报纸等"传统"信息提供商，在其内容中包括公众评论等内容，链接评论，但也为批评性讨论提供了网络空间。有一种明显的感觉是，"普通人"对一本书的体验，比评论家或专业历史学家的观点更为重要，或者至少与之同等重要。此外，它并不仅仅限于评论——尽管这种文化判断是新"被授权"的在线社区中最明显的元素。以用户内容为驱动的网站表明，越来越多的专业领域和机构领域受到了侵犯，而这些领域以前是明确划分的：写作、出版、评论和审阅。这种含糊其辞的多重评论，可能预示着一种遭到边缘化的人的解放和呼声，但与此同时，大众历史学家的"守门人"地位得到了巩固。在公共历史学家的地位和表面上的草根革命参与之间，存在着一种二分法，本书考察的许多体裁和媒体，都鼓励这种革命。历史学家比以往任何时候都更加引人注目，随之而来的是文化资本和权威，与网络革命形成鲜明对比的，是这种资本和权威主要来自印刷文字的力量——正如本章的大部分内容所展示的那样。

注释：

1　D. P. Ryan, *The Complete Idiot's Guide to Ancient Egypt*, London: Alpha, 2002; Ian Mortimer, *The Time Traveller's Guide to Medieval England*, London: Vintage, 2009; C. Lee, *This Sceptred Isle: Twentieth Century*, London: BBC Worldwide with Penguin Books, 1999, p. viii; A. Venning, *Following the Drum: The Lives of Army Wives and Daughters*, London: Headline, 2005.

2 历史小说虽然没有像虚构小说那样通过获奖而获得那么多的文化资本，但仍然获得大量奖项，包括从大众特色的科斯塔传记奖，到詹姆斯·泰特·布莱克（James Tait Black）传记纪念奖、塞缪尔·约翰逊非虚构文学奖、达夫·库珀奖和每年一度的美国普利策历史奖等；参见 J. Moran, *Star Authors: Literary Celebrity in America*, London: Pluto Press, 2000。

3 L. Jardine, *The Curious Life of Robert Hooke*, London: HarperCollins, 2004; W. Dalrymple, *The Last Mughal*, London: Bloomsbury, 2002.

4 Thompson, "History just isn't what it used to be".

5 Nielsen BookScan report quoted by Milmo, "Young historians are damaging academia".

6 这种挑选展现了主题的范围和复杂性，以及大众历史所涵盖的处理方式：艾莉森·威尔撰写有关伊丽莎白一世、伊莎贝拉女王和凯瑟琳·斯温福德（Katherine Swynford）等过去重要的女性人物的传记和历史小说；曾供职于巨蟒剧团的特里·琼斯，在书中重新评价了中世纪和古代时期，支持这样一种大众观点，即将中世纪生活的复杂性或野蛮人的文化成就考虑在内；A. N. 威尔逊是一位写作历史传记的文学记者；丽贝卡·弗雷泽创作了国家的人民的历史；艾伦·海恩斯写作了伊丽莎白时代英国的间谍活动和性行为。

7 D. Miller, "The Sobel Effect", *Metascience*, 11 (2002), 185–200.

8 Dava Sobel, *Longitude*, London: Fourth Estate, 1995, p. 8.

9 J. H. Cartwright and B. Baker, *Literature and Science*, Santa Barbara, CA: ABC-CLIO, 2005, p. 302.

10 同前注，p. 304。

11 Thompson, "History just isn't what it used to be".

12 从书名就可以看出，*Speaking for Themselves: The Personal Letters of Winston and Clementine Churchill*, London: Black Swan, 1999。

13 T. Benn, *Office Without Power: Diaries 1968–72*, London: Hutchinson, 1988, p. xiii.

14 "I awoke this morning and decided to pick a fight with Willie Whitelaw. I am sick of him", 19 May 1980; "That great big booby Geoffrey Dickens", 23 March 1981, I. Trewin (ed.) *Diaries: Into Politics*, London: Weidenfeld &

Nicolson, 2000. 他还给一名女性勒索者支付了 5000 英镑, 9 July 1980, pp. 159, 220, 169。

15　Edwina Currie, *Diaries 1987-1992*, London: Little, Brown, 2002, p. vii.
16　David Blunkett, *The Blunkett Tapes*, London: Bloomsbury, 2006, pp. 682, 856.
17　譬如, 俄罗斯的舍洛夫斯基中校 (Lt. Col. Sherovski) 在《战争中的世界》(*The World at War*) 中对希特勒进行尸检, 证明他独断专行的叙述, 就是宣传。
18　Richard Holmes, *The World at War*, London: Ebury Press, 2007.
19　Laurence Rees, *Their Darkest Hour*, London: Random House, 2007.
20　Andrew Morton, *Diana: Her True Story*, London: Michael O'Mara, 1992.
21　见 J. McGuigan, "British identity and 'the people's princess' ", *Sociological Review*, 48:1 (2000), 1-18; J. Thomas, *Diana's Mourning: A People's History*, Cardiff: University of Wales Press, 2002。
22　Paul Burrell, *The Way We Were: Remembering Diana*, London: HarperCollins, 2006, p. 11.
23　同前注, p. 253。
24　P. D. Jephson, *Shadows of a Princess*, London: HarperCollins, 2000, p. vii.
25　同前注, p. 167。
26　Inspector K. Wharfe with R. Jobson, *Closely Guarded Secret*, London: Michael O'Mara, 2002.
27　Amanda Foreman, *Georgiana Duchess of Devonshire*, London: HarperCollins, 1998, p. xvi. 在福尔曼写作的传记获得成功之后, 关于 18 世纪著名女性的通俗传记也出版了, 包括 P. 伯恩 (P. Byrne) 的 *Perdita: The Life of Mary Robinson*, London: Harper Perennial, 2004, 这本书同样强调了传主原有的"名人"地位, "the Madonna of the eighteenth century", p. 2。
28　Foreman, *Georgiana*, p. xiv.
29　Tracy Borman, *Thomas Cromwell*, Hodder & Stoughton, 2014, p. 1.
30　同前注。
31　尼克·阿诺德 (Nick Arnold) 的《恐怖的科学》系列有 31 本书和一本杂志; 安妮塔·加内里 (Anita Ganeri) 的《恐怖的地理》有 14 本书;

基亚尔坦·波斯基特（Kjartan Poskitt）的《恐怖的数学》有 16 本书。
32 K. Hawkey, "Theorizing content: tools from cultural history", *Journal of Curriculum Studies*, 39:1 (2007), 63-76.
33 T. Deary, *The Rotten Romans*, London: Scholastic, 1994, p. 5.
34 M. Scanlon and D. Buckingham, "Popular histories: 'education' and 'entertainment' in information books for children", *The Curriculum Journal*, 13:2 (2002), 141-161.
35 T. Deary, *Rotten Rulers*, London: Scholastic, 2005, p. 65.
36 E. MacCallum-Stewart, " 'If they ask us why we died': children's literature and the First World War, 1970-2005", *The Lion and the Unicorn*, 31 (2007), 176-188. 另见 Hannah Furness, "Horrible Histories creator says school is a waste of time", *The Telegraph*, 14 April 2014, http://www.telegraph.co.uk/culture/books/booknews/10763819/ Horrible-Histories-creator-Terry-Deary-says-school-is-a-waste-of-time.html [accessed 2 February 2015]。
37 Deary, *Rotten Romans*, p. 14.
38 W. C. Sellar and R. J. Yeatman, *1066 and All That*, London: Methuen, 1930.
39 参见下面这本书中收录的对《1987 年教育改革议案》提出批评的一组论文，该议案建立了现在的教育体制: D. Lawton and C. Chitty (eds), *The National Curriculum*, London: Institute of Education, 1988。
40 http://nchs.ucla.edu/standards1.html [accessed 21 November 2007].
41 P. Derham and M. Worton (eds), *Liberating Learning: Widening Participation*, Buckingham: University of Buckingham Press, 2010.
42 K. Andreetti, *Teaching History from Primary Evidence*, London: David Fulton, 1993, p. 8; J. Blyth, *History in Primary Schools*, Milton Keynes: Open University Press, 1990, pp. 27-28.
43 P. Lee, http://www.history.ac.uk/whyhistorymatters/2007-02-12-5-PeterLeeLouder.mp3 [accessed 12 December 2007].
44 *History: Programme of Study for Key Stage 3*, Qualifications and Curriculum Authority, 2007, p. 111.
45 https://www.gov.uk/government/publications/national-curriculum-in-england-history-programmes-of-study/national-curriculum-in-england-history-

programmes-of-study [accessed 2 February 2015].
46 T. Haydn, "History", in J. White (ed.), *Rethinking the School Curriculum*, London and New York: RoutledgeFalmer, 2004, pp. 87–103 (p. 87).
47 与这种趋势相反，格兰特·贝奇（Grant Bage）认为，讲故事在历史教育中仍具有重要意义：*Narrative Matters: Teaching and Learning History through Story*, London and New York: Falmer Press, 1999。
48 G. Bage, *Thinking History 4–14*, London and New York: Routledge, 2000, p. 152.
49 K. Barrow, D. Hall, K. Redmond and K. Reed (eds), *Key Stage 3 History: Complete Revision and Practice*, Newcastle-upon-Tyne: Coordination Group Publications, 2005, p. 1.
50 A. Shepperson (ed.), *GCSE History: Complete Revision and Practice*, Newcastle-upon-Tyne: Coordination Group Publications, 2003, p. 2.
51 H. Cooper, "Historical thinking and cognitive development in the teaching of history", in H. Bourdillon (ed.), *Teaching History*, London and New York: Routledge in association with the Open University, 1994, pp. 101–121 (pp. 109–111).
52 Deary, *Rotten Rulers*, p. 129.
53 同前注，p. 174。
54 Scanlon and Buckingham, "Popular histories", p. 159.
55 引自 http://www.harpercollins.co.uk/books/default.aspx?id=11632 [accessed 4 December 2007]。
56 Andro Linklater, "Esprit de corps", *The Spectator*, 8 December 2001, http://www.spectator.co.uk/search/19799/part_2/esprit-de-corps.thtml [accessed 4 December 2007].
57 Simon Heffer, *The Literary Review*, 引自 http://www.harpercollins.co.uk/books/default.aspx?id=11632 [accessed 4 December 2007]。
58 Gary Sheffield, "Tommy", *The Independent on Sunday*, 6 July 2004, http://arts.independent.co.uk/books/reviews/article46030.ece [accessed 4 December 2007].
59 移情对历史写作来说至关重要，这种观念很常见；名字令人困惑的浪漫主义作家理查德·霍尔姆斯认为："移情是所有传记情感中最为强大、最为必要、最具欺骗性的情感。" http://www.contemporarywriters. com/authors/?p=auth119 [accessed 4 December 2007], 另见 C. E. Rollyson, "Biography theory and method", *Biography*, 25:2 (2002), 363-368。

60 James Owen, "Soldiers", *The Telegraph*, 13 September 2011, http://www.telegraph.co.uk/culture/8747073/Soldiers-by-Richard-Holmes-review.html [accessed 5 May 2015]。

61 A. Irwin, "Fighting a war in all but name", *The Spectator*, 22 May 2006, http://www.spectator.co.uk/search/22309/fighting-a-war-in-all-but-name.thtml [accessed 4 December 2007]。

62 2013年的数据，资料来源：http://www.pressgazette.co.uk/magazine-abcs-full-circulation-round-first-half-2013 [accessed 5 May 2015]。

63 关于大众历史杂志中有关欧洲和教育方面的讨论，请参阅这本书中的论文：Susanne Popp, Jutta Schumann and Miriam Hannig (eds), *Commercialised History: Popular History Magazines in Europe*, Frankfurt am Main and elsewhere: Peter Lang, 2015。

64 J. Hartley and S. Turvey, *Reading Groups*, Oxford: Oxford University Press, 2001, p. 4.

65 见 Janice Radway, *Reading the Romance*, Chapel Hill, NC: University of North Carolina Press, 1984; Scott McCracken, *Pulp*, Manchester: Manchester University Press, 1998。

66 同样，这也不同于历史图书俱乐部这样的订阅群组，历史图书俱乐部每月向会员寄送一本新书，http://www.historybookclub.com [accessed 11 October 2009]。

67 有关书籍销售，特别是有关写作的商品化的概述，请参阅 C. Squires, *Marketing Literature*, Basingstoke: Palgrave, 2007。

68 J. Wind and V. Mahajan, *Convergence Marketing: Strategies for Reaching the New Hybrid Consumer*, London: Financial Times/Prentice Hall, 2001.

69 也可参见围绕奥兰多·费吉斯（Orlando Figes）利用亚马逊攻击其竞争对手而展开的争论：Dave Itzkoff, "Historian and wife will pay over savage reviews", *New York Times*, 19 July 2010, http://artsbeat.blogs.nytimes.

com/2010/07/19/historian-and-wife-will-pay-oversavage-online-reviews/?_r=0 [accessed 17 December 2014]。

70 K. O'Sullivan, "The art of biography", 13 October 2006, http://www.amazon.co.uk/review/R2CLPQYJU6W1B0/ref=cm_cr_rdp_perm [accessed 12 October 2007].

71 "John Sutherland is shocked by the state of book-reviewing on the web", *The Telegraph*, 19 November 2006, http://www.telegraph.co.uk/arts/main.jhtml?xml=/arts/2006/11/19/bolists12.xml [accessed 12 October 2007].

72 同前注。

73 有些专门的历史书籍网站使用类似的格式，譬如 http://www.historydirect.co.uk/。

第三章 大众文化中的历史学家

"这就是你,就是你":作为孩子、冒险家和英雄的历史学家

公共领域中学术权威的丧失和与之相伴的个人的、动态的、非学院派的著名主持人的崛起的一个原因,乃是历史学家在大众文化中的复杂表征。在大众的想象中,在特定的范式之外,人文学科的学术是倾向于相对沉闷、陈腐、男性化的,而且往往是杀气腾腾的。就像迪伦·莫兰(Dylan Moran)在《僵尸肖恩》(*Shaun of the Dead*,埃德加·赖特,2004)中饰演的愚蠢的戴维那样——"一个30岁的讲师,不仅仅是职业方面的"——人文学科的学者们过于拘谨,容易迷失方向,不愿意采取行动,而且最终是可以牺牲自我的。[1] 大学里的历史学家们尤其小气和幼稚,《玛丽·怀特豪斯的经历》(*The Mary Whitehouse Experience*,英国广播公司第二台,1990—1992)节目中的《今日历史》短剧就强调了这一点,剧中有两位杰出的历史学教授,他们起初开始争论,但逐渐演变成一系列巴洛克风格的"小朋友式互呛"(playground-style insults)。[2] 同样,安德鲁·林肯(Andrew Lincoln)在英国电视四台的电视连续剧《教师》(*Teachers*)中扮演的英语老师更感兴趣的是学生喜欢他,而不是诗歌。艾伦·贝内特

（Alan Bennett）的戏剧《历史男孩》(*The History Boys*，2004；电影版 2006 年）中的角色埃尔文是一位中学历史教师，他寻找一种几乎与事实相悖（或至少与直觉相悖）的选择，并建议他的学生反对墨守成规，跳出框框思考。显然是受到尼尔·弗格森的启发，在戏剧的结尾，埃尔文作为历史纪录片的主持人在 20 世纪 90 年代崛起。他那种略显无情、毫无道德可言的历史调查风格，被认为对他所教的学生以及他所劝告的社会都有积极的负面影响。他与赫克托尔形成了鲜明的对比，赫克托尔是一位独特而富有激情的英语大师。在这里，历史学家作为一种有害的势力，由于特立独行的方法和史学的不良影响而制造问题和积极的破坏。

人文学科的教学、理解和学习过程，更多的是大脑活动，而不是大众修辞。一个例外可能是善于激励学生的英语老师，就像罗宾·威廉姆斯（Robin Williams）在《死亡诗社》(彼得·威尔，1989) 中饰演的约翰·基廷（John Keating），他通过对文学充满活力的热爱，帮助他孩子们发现自我的真相。[3] 启发型教师的主旨表明，教师个性的特点是怪癖和独特性。当然，这是集中在少数代表——到目前为止，大众文化产品领域最知名的学者往往是科学家、数学家、机械师、医生或计算机专家，他们的知识晦涩难懂，常常威胁到世界，要么让他们发疯，要么让他们走向糟糕的结局。[4] 虚构作品中的科学家不断出现，而且至少自《弗兰肯斯坦》(*Frankenstein*) 以来，已成为文化忧虑和恐惧的主要来源。历史学家、考古学家、文学理论家或哲学家等人文学者，倾向于帮助解开密码、指出某些描述的真相，或者提供晦涩的情境信息。他们通常在牛津或者很可能在哈佛工作，而且很少是主角。[5]

尽管如此，考古学和对古代历史的研究——由于它们与冒险、探险和野外工作有关（因此也与走出大学的沉闷限制有关）——为大众文化提供了几个关键的修辞。在电影中，像《木乃伊》（三部电影，斯蒂芬·索莫斯，1996—2008）中的约翰·汉纳（John Hannah）和蕾切尔·薇兹（Rachel Weisz），《英国病人》（安东尼·明格拉，1996）中的雷夫·范恩斯（Ralph Fiennes）和《星际之门》（罗兰·艾默里奇，1994）中的詹姆斯·斯派德（James Spader）这样的小角色，清楚地呈现了博学、略显世俗化的专家、历史学家兼考古学家的形象。两位最重要的冒险家兼考古学家兼历史学家是劳拉·克罗夫特（Lara Croft）和印第安纳·琼斯（Indiana Jones）。电子游戏《古墓丽影》（1996—）允许玩家劳拉·克罗夫特跟随一组线索，执行一系列难度越来越大的体力任务，以获得这一古代宝藏。克罗夫特作为一款大型动作游戏的女主人公相对来说比较不同寻常。这款游戏将考古学家塑造成浪漫的女主角、主要人物、问题的解决者和探索者。她是一名智力超群的运动员，擅长调查和枪战。这些游戏把历史学家塑造成冒险家，把克罗夫特带入一个遍历过程（ergodic process），最终她将发现"真相"；同样，她也是游戏的一部分，她的调查以玩家对娱乐、互动和最终希望的结局的渴望为背景。《古墓丽影》也从根本上将主角渲染为不真实的和理想的人物。在挑选演员安吉丽娜·朱莉时，电影版的《古墓丽影》（西蒙·韦斯特，2001；简·德·邦特，2003）继续将这位女性冒险家、考古学家作为性对象进行呈现，并削弱了她的智识或文化权威。这些电影与所谓的智识调查问题失去了联系，将克罗夫特置于一种人们熟悉的考古奇幻动作体裁片，类似《木乃伊》和《星际之门》。《古墓丽影》的影响可以从

《神秘海域》(索尼，2007—)中看出，自学成才的普通人内森·"内特"·德雷克（Nathan "Nate" Drake）在一系列历史地点寻找宝藏和冒险（譬如寻找黄金国宝藏，或者追踪马可·波罗的路线）。事实上，改进版《古墓丽影》(2013) 明显变得更加强悍、激烈，也更加现实，这是对《神秘海域》系列大受欢迎的回应。

然而，大众考古电影似乎无法摆脱秘密社团、神秘的咒语、魔法、仪式和不死族。甚至哈里森·福特（Harrison Ford）饰演的坚定的唯物主义者印第安纳·琼斯，也被上帝的复仇所拯救，并遇到了寻找圣石的牧师。《夺宝奇兵》系列电影（1981—2008）中至少有一幕是琼斯在大学教书的场景，他把自己的发现捐给了一家博物馆，似乎掌握了一些实际的历史知识和语言知识。[6] 在《夺宝奇兵》中，琼斯作为讲师，一开始很害羞，但当他从学术界的束缚中解放出来时，他变得果断、英勇、善良（见图2）。这些电影有意识地采用了20世纪20年代和30年代《男孩读物》(*Boy's Own*) 的情景连续剧的风格，创造了一种模仿风格；它们是历史冒险片，因此包含了双重的怀旧情绪，尤其是在一个明辨是非的时代。与克罗夫特一样，琼斯也是一位有良知的冒险家，与他在《夺宝奇兵》中堕落的宿敌、与纳粹合作的勒内·贝洛克（René Belloq）——埃尔莎·施耐德博士在《夺宝奇兵：圣战奇兵》中也是类似的角色——相比，他是一个清白的人。考古学被认为具有道德动力，不仅因为它不助纣为虐，还因为发现的文物应该放在博物馆里，而不是用于私人收藏。这里的考古学家拥有公共良知、清晰的道德观念、独特的不修边幅的魅力以及对武器和古代文献的掌握能力。这些电影再次强调了发现和地图跟踪的概念，事实上，电影的叙事形式，要求遵循一条通往最终结局的线索。与过去的接触是在文物的层面上进行的，通过运用专业知识来发现古代物品，并解决线索，这些都是电影式的，而不是简单的历史作品。对过去的研究被框定为冒险和阴谋行为。这些角色的相似之处很多都很老旧。《夺宝奇兵》让我们回到20世纪20年代的冒险电影时代，但是琼斯的角色也要归功于《所罗门国王的宝藏》(1885)和《所罗门宝库续集》(*Allan Quartermain*, 1887)中扮演艾伦·夸特梅因（Allan Quartermain）的H.莱特·哈格德（H. Rider Haggard）。至少一个世纪以来，考古学和古代史一直对英国作家特别有吸引力，这可能是由于大英帝国或大英博物馆的缘故，譬如，可以从阿加莎·克里斯蒂围绕这个主题写作了四部小说这一事实看出。[7]

一般来说，小说家似乎对描写复杂的学者更感兴趣，这可能是因为外表和良好的卫生习惯并不那么重要。多年来，校园小说以其充满活力的、奇特的和自我陶醉的古怪方式向公众展示了学术界。[8]从《幸运的吉姆》(*Lucky Jim*，英国文学，1954)到戴维·洛奇（David Lodge）的《换位》(*Changing Places*，英国文学，1975)，再到《罕见实践》(校园医生，英国广播公司第一台，1986)，对英国大学校园的疯狂反思，都被讽刺为一种非常奇特的做法，所有这些小说，都强调了学院派的过分超凡脱俗。[9]洛奇的小说《好工作》(*Nice Work*，1988年出版，英国广播公司于1989年拍摄成电影)戏剧化地呈现了文学评论家与工程师老板之间的概念冲突，再次强调了人文学者与现实世界的距离。唐·德里罗（Don DeLillo）的《白噪音》(希特勒/文化研究，1985)、扎迪·史密斯（Zadie Smith）的《论美》(英国文学，2005)和乔纳森·弗兰岑（Jonathan Frantzen）的《纠正》(文化研究，2001）突出强调了学术界存在的道德真空问题。这种（主要是美国人）对知识分子守门人不幸的过度兴奋或道德缺陷的观念，同样可以见于约翰·厄普代克（John Updike）的《罗杰的版本》（神学，1986）、马尔科姆·布雷德伯里（Malcolm Bradbury）的《历史人》（社会学，1975）、J. M. 库切的《耻》（英国文学，1999）和唐娜·塔特的《校园秘史》（古典学，1992）等著作，在《校园秘史》中，对古典学教授朱利安·莫罗的个人崇拜最终导致了谋杀。

图 2　史蒂文·斯皮尔伯格导演的《夺宝奇兵》（1981）中的哈里森·福特。© Everett Collection/REX

历史学家侦探

在拜厄特（A. S. Byatt）的《占有》（*Possession*, 1990）中，主人公认为，"文学批评家造就了自然侦探"，人文学者经常成为马修·珀尔（Matthew Pearl）的《但丁俱乐部》（*Dante Club*, 2004）和翁贝托·艾柯（Umberto Eco）的《玫瑰之名》（1980）中的侦探英雄，譬如，他们将自己的学科方法运用到犯罪研究之中。[10]伊丽莎白·科斯托娃（Elizabeth Kostova）的《历史学家》（2005）将这一研究重点放在哥特式悲剧上，因为学者对可量化真相的执着追求，正是引发和维持吸血鬼威胁的原因。整部小说都以学院派的历史研究为基础，从主人公最初在父亲的图书馆里发现了一捆奇怪的信件，到形形色色的人在土耳其和东欧的档案中着迷地寻找德古拉之墓的线索。德古拉选择他的特定的受害者，是因为他们的研究能力和他们能够专注于发现他们所能发现的关于他的一切；最有可能找到他的是巴塞洛缪·罗西（Bartholomew Rossi）教授，他被绑架了，并被迫整理德古拉可怕的图书馆。德古拉用自己的知识和伙伴关系引诱他："以你毫不畏缩的诚实，你可以看到历史的教训……历史告诉我们，人的本性是邪恶的，而且是极度邪恶。善不能臻于完美，但邪恶却可以。你为什么不运用你伟大的头脑，去服务于那些可以臻于完美的事情呢？"[11]因此，他预见到了历史学的根本性转变："我们将共同推进历史学家的工作，使其超越世界所见。没有什么事物的纯粹比历史的苦难更加纯粹的了。"[12]这种关于过去的残酷的和愤世嫉俗的解释被个人化了："你将拥有每位历史学家都想要的东西：历史对你来说就是现实。我们要用鲜血洗净我们的思想。"[13] 德古拉既是历史的又是当下的,既是古老的又是永生的,是残酷的和毁灭性的人类历史的终极表现;他很可能是小说标题中的"历史学家",一个不道德但实际上诚实的学者,他看到了过去与生俱来的残酷。《历史学家》的各种研究人员终于找到并杀死了这个吸血鬼;然后,这位历史学家最终可能成了英雄。

在罗伯特·哈里斯(Robert Harris)1998年的小说《大天使》(Archangel)中,弗卢克·凯尔索(Fluke Kelso)是一位抽烟、酗酒、才华横溢但饱受折磨的历史学家,他的生活一团糟(通常被认为是取材于诺曼·斯通)。一般来说,他的角色更像是低俗侦探小说的主角。然而,凯尔索也是一位公认的学者——这是学术界浪漫化的一部分,在这里,陈腐的研究被人嘲笑,才华横溢、有争议的天分得到颂扬(尽管这自然使他成为一个被排斥的特立独行者)。凯尔索是一位历史学家,他是一位鼓舞人心的人物,是一位讲真话的人,也是一位饱受折磨的民族良知宝库:"这位肥胖的、宿醉的中年历史学家,穿着黑色灯芯绒西装。他环视了一下阅览室,闭上眼睛,试图把过去的记忆再多保留一分钟。"[14] 他"在纯粹的侦探研究工作中,找到了一种审美乐趣"。[15] 相比之下,正如丹尼尔·克雷格(Daniel Craig)在英国广播公司改编自这部小说的电影中所饰演的角色那样,他敏锐、放荡不羁、本能行事。他是一位年轻、精力充沛、金发碧眼、衣冠楚楚的英雄历史学家。凯尔索通过档案追踪历史细节,并沿着一条温情的线索穿越当今的俄罗斯,这种能力让他得以融入一种英雄叙事,尽管这种叙事与冷酷无情的侦探小说类似,因此表明主人公可能是一个有缺陷的、麻烦缠身的英雄。[16]

丹·布朗的小说《达·芬奇密码》(2003)和《天使与魔鬼》(2000)同样将学术生活呈现为一种发现真相的英勇劳动。他的中心人物罗伯特·兰登是哈佛大学宗教符号学教授。[17]在2006年的电影《达·芬奇密码》中,他由汤姆·汉克斯饰演,汉克斯则以其坚实、得体的魅力而闻名。在《达·芬奇密码》中,兰登与一名训练有素的警察密码学家合作,这名密码学家对历史一无所知,因此无法运用任何技术专长。在《数字堡垒》(1998)中,他的搭档是一位无法理解模糊性的科学家。这些小说中的历史专家,拥有理解和发现真相的关键线索。布朗笔下的兰登,是一位学院派的偶像*:

> 尽管从传统意义上讲,45岁的兰登不算太英俊,但他拥有女同事们所说的"博学"魅力——浓密的棕色头发上有几缕灰色,深邃的蓝眼睛,迷人的低沉嗓音,以及大学生运动员那种坚强、无忧无虑的微笑。兰登在预科学校和大学时都是校队的跳水队员,他仍然保持着游泳运动员的身材和六英尺高的健壮体格。[18]

就像电视版的《大天使》一样,布朗的小说把历史学家描绘成英雄,是能够把智力和运动能力都运用到国际阴谋上的严肃的世俗学者。类似的角色还有杰弗里·阿彻(Jeffrey Archer)的《错误印象》(*False Impression*,2006)中的体操艺术历史学家安娜·佩特雷斯库(Anna Petrescu)。[19] 尼古拉斯·凯奇在《国家宝藏》(乔·德特杜

---

* matinee idol,指受女观众喜爱的男演员。——译者注

巴，2004）中饰演一名兰登式的冒险家和执着的历史学家的结合体，而这部电影改编自《达·芬奇密码》，将品行端正的历史学家探险家（凯奇和他的档案管理员搭档黛安·克鲁格）与邪恶的反智寻宝者（由肖恩·宾带领）进行了鲜明对比。[20] 在这三个例子中，专家都向往知识（一般是以文物的形式——信件、绘画或《独立宣言》）并解决线索，以便与世界分享信息和宝藏，并为人类的理解力做出贡献，而不是创造个人财富或获取名声。这种无私的追求，正是历史学家与众不同之处。

电影《国家宝藏》和《达·芬奇密码》所展现的是大众想象中的历史调查与阴谋论的交会。罗伯特·兰登是布朗所称的"失落的神圣女性"残余影响方面的专家，其本质是对女性的崇拜以及罗马天主教会对女性的镇压。兰登之于《达·芬奇密码》的价值在于，他能够将符号的历史知识与逻辑思维相结合，从而破解密码或代码。这部小说中的历史变成了一堆错综复杂的密码——地理上的、神圣的、仪式上的、艺术上的——如果能解开或理解这些密码，就能揭示出教会为了推进自己的议程而试图采取镇压行动的核心真相。这里所理解的"历史"，是为支持梵蒂冈的权力而设置的烟幕。这本书通过描绘罗马和郇山隐修会之间的一场古老的战争，来解读欧洲历史。郇山隐修会是圣殿骑士团的神秘分支。隐修会保护着一个伟大的秘密——与圣杯有关的文献，以及关于基督血统的真相——而这在小说的情节中受到了威胁。[21] 这部小说将大量的宗教和历史信息编织在一起，形成了一个条理清晰、相对有说服力的对过去两千年的另类叙述，认为抹大拉的玛利亚（Mary Magdalene）和基督是夫妻，从那以后，这基本上就是一个公开的秘密。发现这一阴谋的证据，并因此改变对两千年历史的解释，正是这些角色和情节的核心动力："了解真相已经成为我一生的挚爱，"提宾（Teabing）说，"而圣杯是我最喜欢的情妇。"[22]不过，这部小说也对代码可以隐藏在显而易见之处这一事实感兴趣，而且代码本质上是一种用作工具的语言："还有更多，"她对自己说，"巧妙地隐藏着……但仍然存在。"[23]

《达·芬奇密码》开篇的一页标题为"事实"，强调了郇山隐修会的历史真实性（援引了1975年在巴黎国家图书馆发现的《秘密卷宗》），呈现了一些关于主业会的相对主观的信息（"最近，有关洗脑、强迫和危险的'肉体凌辱'的报道引发了争议"），并以"这部小说中对艺术品、建筑、文献和秘密仪式的所有描述都是准确的"作为结尾。[24]《达·芬奇密码》追溯了一系列的猜测和阴谋，同时坚持认为真相就在那里，可以被人理解（尽管圣杯的主要理论家最终被揭露为是核心反派，这是很恰当的，但他的动机是被迫揭开一个他毕生都在寻找的真相）。布朗的小说一般是直来直去的，但它呈现了一种不断变化的历史观——当然，这部小说的中心主题是，历史是一种粉饰，学术探究可以证明这个故事的复杂性和谬误。他自己也为历史的主观本质进行辩护："现在，许多历史学家（我也是）认为，在衡量一个给定概念的历史准确性时，我们首先应该问自己一个更深层次的问题：历史本身的历史准确性有多高？"[25]然而，《达·芬奇密码》也表明，历史是一组经过加密的话语，通过正确的训练和方法（或者如果掌握了正确的知识）就可以理解和解读。历史文献和证据，被呈现为一套可以被破译的密码，通常只有一个含义，而不是自相矛盾或模棱两可的诠释。

此外，所有这种知识的守门人都是男性。这部小说中最天真的人物索菲·奈芙（Sophie Neveu）是一位训练有素的警察密码破译专家，尽管她的名字来自希腊语*。这部小说的核心部分，有很大一部分内容讲述的是一位哈佛大学教授和一位在牛津大学受过教育的英国骑士传授给奈芙的知识。他们为她破译历史，从而告诉她不为人知的故事。在许多方面，被动的读者被置于困惑的境地，直到走向最终的惊人发现和理解。她的知识匮乏被投射到读者身上（开头的"事实"说明就预见到了这一点）。读者看到的是一段"另类的"历史，即一种带有学术意味的小说（经由学者检验）的阴谋论。然而，这部小说的"重点内容"在于，我们认为理所当然的事情，可能并不真实，重要的是，读者可以获知细节，并由自己做决定，正如布朗所指出的："开篇的'事实'这一页内容对小说人物所讨论的任何古代理论，都没有任何陈述。对这些观点的解释，是留给读者的。"[26]

这部小说引起了争议，宗教学者们仍然在撰写学术文章来反驳和驳斥布朗提出的观点。一个小型出版行业已经出现，尤其是在基督教出版商的推动下，他们驳斥、辩论和解释所谓的这本书中的"异端学说"；林肯大教堂（Lincoln Cathedral）被控"买卖圣职"，因为它接受了一份经济馈赠，以换取允许在其修道院（威斯敏斯特教堂拒绝了）拍摄根据这本书改编的电影。结果，历史及其与神学的交叉，成了当下热门的话题，而布朗的小说卖出了 6100 万册，被翻译成 44 种语言，它比大多数历史教学更能激发人们对历史的讨论，或对熟悉的话语进行反思。当然，这部小说的成功，让读者意识到教会、政府、国家、大学等机构的历史发展。神学上的含义，引发了另一种有

---

* Sophie 在希腊语中含有"聪明""智慧"的意思。——译者注

趣的历史化的关系，即个人礼拜者和基督的有形表现之间的关系（尽管这同样适用于他们与穆罕默德或佛陀的关系）。礼拜者现在与基督的关系，以及当时与基督的死亡的关系的同时代性（contemporaneity）表明，作为一个人信仰的主要源泉，宗教经验中蕴含着一种动态的过去的现在性（presentness），即一种将数千年前的事件联系起来的能力。[27]

对这本书的议题的讨论，在很多方面都影响了对这部小说本身的实际阅读。那种认为我们所了解的历史以及我们的日常生活都可能是一个巨大阴谋的结果的观念，两者都表明了一种对意识形态的积极理解，一种对学校或教堂等文化守门人讲述的故事的偏执意愿，以及一种伪人文主义者或自由主义者的愿望，即一旦掌握了所有的事实，就能够在这些框架之外定义自己。因此，对历史的研究可能会导致揭开真相，从而动摇西方文明的根基，让研究者或知识拥有者获得一种新的自我模式。这部小说及相关现象将历史呈现为阴谋论，即"你所知道的一切都是错的"这样一种伪情境主义咒语，但它们也表明，见多识广的调查（和大陆旅行）将允许个人揭露和理解真相。《达·芬奇密码》讲述了一种全球文化，这种文化充满了阴谋，渴望看到能够揭穿这些谎言的文献。[28] 这本书催生了大量关于教堂、石匠和圣殿骑士等不为人知的历史的模仿者（尽管它本身也是更为广泛的惊悚片类型的一部分，譬如它与迈克尔·科迪 1997 年畅销小说《基因传奇》的相似之处）。[29] 这种可以被称为历史阴谋惊悚片的流行的亚体裁，假定历史是流动的，把英雄冒险家塑造成调查研究者和偶像破坏者，追求知识以推进情节，获得叙事满足感，并展示支撑现代社会和文明的制度的荒谬之处。

这些被普遍呈现出来的历史学家，大都是灰头土脸的、特别爱挑刺的、邋里邋遢的，甚至可能是死能复生而且思想偏执的人；但他们也有潜在的英雄气概。电影回避复杂性，更倾向于呈现耸人听闻的内容，但在小说中，历史学家的形象往往是复杂的，蕴藏着潜在的麻烦。达纳·波兰（Dana Polan）认为："在大众的观念中，历史不是想象，不是重构，充其量是实证主义的复原，是对事实细节的非诠释性掌握。"[30] 已有人撰写了大量著作，考察各种学科在大众文化中的表现。[31] 这些作品往往提到权威的分散，这意味着，要想成功，专家需要提炼出它们的特征和它们的信息。学院派历史学家进入公众的想象时，往往是严谨的和学究气的，很少是那么英勇，是一位在尘封的档案中寻找真相的人。他们可能是冒险家，但为了让工作顺利进行，他们将不得不脱掉大学的花呢外衣，换上软呢帽和牛鞭。与充满希望的令人恐惧的和具有潜力的科学家相比，历史学家更为可靠，但不那么有趣，他们是知识的传播者，而不是任何新事物或引人注目的事物的创造者。然而，与此同时，他们对真相的追寻，他们的洞察力和辨别信息模式的能力，可能会带给他们重塑世界的机会和手段。

注释：

1 http://www.paramountpictures.co.uk/romzom/ [accessed 25 October 2007].
2 这种短剧也被玛丽·怀特豪斯团队的两名成员在 Newman and Baddiel in Pieces（BBC2, 1993）中使用过。
3 这主要表现在教学法层面，而不是学科层面，借鉴了詹姆斯·希尔顿（James Hilton）1934 年的《再会，契普斯先生》（Goodbye, Mr Chips）中的怀旧风格；其他的例子可能包括米歇尔·法伊弗（Michelle Pfeiffer）在 Dangerous Minds（John N. Smith, 1995）中关于学生生活的改变。

4 见 Cartwright and Baker, *Literature and Science*, pp. 301-304。

5 譬如，伊恩·卡特（Ian Carter）估计，1945 年至 1988 年出版的英国的大学小说中，有 71% 的故事设定在牛津或剑桥：*Ancient Cultures of Conceit: British University Fiction in the Post-war Years*, London and New York: Routledge, 1990, p. 15。

6 *Raiders of the Lost Ark* (1981, Stephen Spielberg). 之后有 *The Temple of Doom* (1984, Stephen Spielberg), *The Last Crusade* (1989, Stephen Spielberg) 和 *The Kingdom of the Crystal Skull* (2008, Stephen Spielberg)。随后播出的电视剧系列是 *Young Indiana Jones Chronicles* (1992-1993) 和 *The Adventures of Young Indiana Jones* (1999)。

7 *Death Comes as the End* (1944); *The Man in the Brown Suit* (1926); *Murder in Mesopotamia* (1936); *They Came to Baghdad* (1951). 见 Melman, *The Culture of History*。

8 见 Carter, *Ancient Cultures*, E. Showalter, *Faculty Towers*, Philadelphia: University of Pennsylvania Press, 2005 and L. Blaxter, C. Hughes and M. Tight, "Telling it how it is: accounts of academic life", *Higher Education Quarterly*, 52:3 (1998), 300-315。

9 《罕见实践》（*A Very Peculiar Practice*）是安德鲁·戴维斯（Andrew Davies）写作的第一个系列；参见第十二章关于电视剧的讨论。

10 A. S. Byatt, *Possession*, London: Vintage, 1991, p. 238.

11 E. Kostova, *The Historian*, London: Time Warner, 2005, p. 644.

12 同前注。

13 同前注。

14 Robert Harris, *Archangel*, London: Cresset Editions, 2000, p. 55.

15 同前注。

16 E. O'Gorman, "Detective fiction and historical narrative", *Greece and Rome*, 46:1 (1999), 19-26.

17 Dan Brown, *The Da Vinci Code*, London: Corgi, 2003.

18 Dan Brown, *Digital Fortress*, London: Corgi, 2000, p. 21.

19 Jeffrey Archer, *False Impression*, London: St Martin's Press, 2006.

20 其续集 *National Treasure: Book of Secrets* (Jon Turteltaub, 2007)，考察的是

林肯遇刺事件。
21 加思·恩尼斯（Garth Ennis）和史蒂夫·狄龙（Steve Dillon）的漫画系列小说《传教士》（*Preacher*，1995—2000）也提到了基督的孩子还活着的观点。在这个情节中，"圣杯"是一个神秘莫测而具有影响力的半军事化组织，保护着基督的继承人。《国家宝藏》也设定了一个半秘密组织，致力于隐藏秘密物品；《木乃伊》中有一个麦加（Medjai），即一个致力于保护世界不受木乃伊侵害的祖先群体；而在科斯托娃的《历史学家》中，还有一个特殊的指令，保护土耳其免受德古拉的伤害。这个古老的、父系的、拥有秘密知识的神秘团体的修辞，很大程度上借鉴了圣殿骑士和共济会的传说，因此与历史阴谋论和未明说的特殊利益有着明显的交集，但它也提出了对传统所拥有的文化兴趣。这些群体几乎总是衰灭、消失，无法阻止愚蠢的现代人唤醒这种生物，他们与之斗争的努力也徒劳无功。圣殿骑士和基督的血统理论在下面这本书中得以广为人知：M. Baigent, R. Leigh and H. Lincoln, *The Holy Blood and the Holy Grail*, London: Jonathan Cape, 1982, 该书的作者们以剽窃为由起诉了丹·布朗，但在 2006 年败诉了。
22 Brown, *Da Vinci Code*, p. 326.
23 同前注，p. 405。
24 Brown, *Da Vinci Code*, p. 15. 这本小说被认为是真实的，罗伯特·兰登（Robert Langdon）还有一个有趣的虚假的"官方"网站：http://www.randomhouse.com/doubleday/davinci/robertlangdon/ [accessed 2 November 2007]。
25 http://www.danbrown.com/novels/davinci_code/faqs.html [accessed 2 November 2007]。
26 同前注。
27 见 G. Ward, *Christ and Culture*, Oxford: Blackwell, 2005。
28 P. Knight, *Conspiracy Culture*, London: Routledge, 2000.
29 可以参阅：S. Berry, *The Templar Legacy*, London: Hodder & Stoughton, 2006, 不过贝里（Berry）是一位阴谋论作者，他也提到过罗曼诺夫王朝和以色列；R. Young, *Brethren Trilogy*, London: Hodder & Stoughton, 2006– and J. Rollins, *Map of Bones*, London: Orion, 2005。
30 D. Polan, "The professors of history", in Sobchack (ed.), *The Persistence of*

History, pp. 235–256 (p. 251).

31 J. Gregory and S. Miller, *Science in Public: Communication, Culture and Credibility*, London: Plenum, 1998; R. K. Sherwin, *When Law Goes Pop: The Vanishing Line between Law and Popular Culture*, Chicago: University of Chicago Press, 2000.

第二部分　数字历史

　　以下几章构成了一个部分，考察了历史消费者通过物质手段获得的所谓的权利，即开放关于过去的记录和文本的访问。前几章内容表明，除了著名主持人、历史学家的走红，读者开始从学院派守门人那里获取历史信息，并发展自己的叙事、故事和体验。技术创新，尤其是数据库技术、社交媒体、移动设备和数字化，越来越让人们可以绕开研究机构和职业历史学家。"业余"历史学家这个概念是有争议的，我并不是说要把一种错误的二元对立奉为神明。[1]以下几章挑战了"业余性"这个概念，指出从事这些不同历史活动的人肯定不会想到这些概念。[2]通过互联网获取历史信息的开放，以及谱系学中想象的历史的个性化，都表明个人被赋予了进入历史的权利，这是一个具有研究能动性的历史主题的演变。正如薇薇安·索布切克所言，越来越多的人开始使用关于过去的工具和文物，这表明"这是一个更加活跃的、更具反思性的历史主题"。[3]希尔达·基恩（Hilda Kean）和保罗·阿什顿（Paul Ashton）在他们的著作中引用了拉斐尔·塞缪尔的著名观点，即"历史是一种……社会形式的知识"，他们认为"人民是创造历史的积极推动者"（第1页）。所以，这几章追溯了这些"积极推动者"获取资源的方式，特别是，这对他们"消费"历史意味着什么。

当然，历史学的一些分支学科多年来也为"普通"用户提供了研究工具。这些学科包括地方史和谱系学。谱系学和家族史是近年来"公共"史学研究领域最重要的现象。它们的受欢迎意味着历史学科的解放，因为"普通"的、未受过教育的参与者可以利用以前不允许他们使用的方法和信息，来挖掘他们自己的历史。考察可供一般公众使用的各种工具，使我们能够追踪职业历史学家和业余历史学家之间的方法差异和文化差异。现有的不同类型的历史知识，以及获取和评估这些知识的方法范围，都可以加以分析。被赋予权利的对象有许多方法来处理他们不同的过去。有多种可能性，但也有可能是信息过剩；如何驾驭网络资源的"丰富性"是一个新的挑战。[4]

此外，这些章节还表明，"业余"历史如何越来越多地被视为经济关系的一部分。本部分特别展示了过去十年与历史有关的休闲活动与历史知识的商品化是如何相互作用的。一方面，通过在线数据库提供的可访问性的增加，知识的开放意味着用户获得了授权。然而，这通常是要付费的，越来越多地是通过网关页和机构网站。在谱系网站上，诸如人口普查、遗嘱和各种社会信息等国家知识被输入到一个金融矩阵中："在线公共空间的扩张，部分是商业性的，部分是私人性的，这表明公共空间是一种新的混合模式，在这里，消费主义和公民修辞（civic rhetoric）共存。"[5] 以历史知识和信息的形式出现的文化产品，在这样一个经济中成了商品，在这个经济中，这种商品的消费是由为了了解自我和使自我完整的欲望所驱动的。谱系网站在一个（全球化的）以历史为中心的文化经济中运作，其信息被商品化了。然而，由于谱系信息的地位，而不是譬如文化产品的地位，这种经济是封闭的和理性的。历史实际上是可以被估价的，而不是成为一套流通的意义和价值的一部分。信息是一种产品，是由历史的劳动创造出来的，是可以被需要和付费的。这些网站现象也促成了"产消合一"（prosumption）现象，即用户为互联网网站（如脸书、Reddit、推特）生成内容，这是一种正在快速发展的新的经济模式："数字劳动在社交媒体上创造了互联网'产消合一者'（prosumer）商品，通过互联网平台销售给广告客户，而广告客户反过来又向用户提供有针对性的广告。"[6] 作为业余休闲活动的谱系学、家族史和数字历史表明，对历史的追捧具有特殊的社会功能，是一系列与工作无关的消遣活动的一部分。它们也使本书讨论的"消费"模型复杂化，因为"用户""业余者"越来越多地成为参与者和生产者。

　　过去已经成为电子信息，即产品。历史学作为一个学术研究领域，将不得不对这种"虚拟的"、超真实的或表演性的转向做出回应，就像它对文化转向或语言学转向做出的回应那样（这在许多方面预示了当代人对历史作为文本的可塑性的担忧）。随着数字化档案、纪录片和游戏中的计算机生成图像（CGI）效果模糊了真实性和体验之间的界线，虚拟历史的时代已经到来。与过去的接触已经变得五花八门，而且多种多样，而社交媒体的兴起意味着，在视频、推特、社交网络、黑客应用程序和其他形式中对"过去性"的体验变得碎片化了。这令人困惑，但也令人兴奋；它为观众参与和消费过去的方式提供了一系列新的可能性和配置。历史与文化交织在一起，因此，在它与复杂的后现代性技术的互动中，历史正经历着与任何话语一样的复杂性。新媒体和新技术从文化的中介和我们对过去的定义两个方面，传播了关于自我的身份和概念。

注释：

1　关于可供人们使用的过去的多样性的讨论，参见：H. Kean and P. Ashton, "Introduction: people and their pasts and public history", in H. Kean and P. Ashton (eds), *People and Their Pasts: Public History Today*, Basingstoke: Palgrave Macmillan, 2008, pp. 1–21。

2　见 M. Dresser, "Politics, populism, and professionalism: reflections on the role of the academic historian in the production of public history", *The Public Historian*, 32:3 (2010), 39–63。

3　"History Happens", in Sobchack (ed.), *The Persistence of History*, pp. 1–16 (p. 7)。

4　A. Fickers, "Towards a new digital historicism? Doing history in the age of abundance", *Journal of European History and Culture*, 1:1 (2012), http://journal.euscreen.eu/index.php/view/article/view/jethc004。

5　Z. Papacharissi, "The virtual sphere 2.0: the internet, the public sphere, and beyond", in A. Chadwick and P. N. Howard (eds), *Routledge Handbook of Internet Politics*, London and New York: Routledge, 2009, pp. 230–246 (p. 232). 另见她的 "The virtual sphere: the internet as public sphere", *New Media & Society*, 4:1 (2002), 9–27。

6　C. Fuchs, *Digital Labour and Karl Marx*, London and New York: Routledge, 2014, p. 246。

第四章 谱系学和家族史

"业余"历史，政治化的身份

考察"业余"与过去互动的一个关键现象，是谱系研究和家族史实践。事实上，谱系学和家族史活动使"业余"历史学家这一范畴面临着巨大的压力。许多谱系学会已经建立了具有创新性的研究方法，创建了在线资源，并把它们的成员训练到一个非常高的标准。人们投入的大量工作，数以千计的网站和活跃的在线社区，以及在英国国家档案馆（TNA）、荷兰谱系学中心局（Centraal Bureau voor Genealogie）或德国联邦档案局（Bundesarchiv）工作的研究人员，驳斥了家族史是一种被动休闲模式的陈词滥调。2010年开放的、耗资770万英镑的赫尔历史中心在2010年1月至8月期间接待了3万人次的参观，他们原本预计这个数字将在两年内达到，而不是六个月。[1]家族史和谱系研究是一桩严肃的工作，它使学术研究跨越国界，使数百万人参与到直接的、可识别的历史活动中：评估资料来源、进行辩论、筛选和收集证据、投入到档案研究之中。对那些提供帮助的网站来说，谱系学和家族史研究也是一桩非常有利可图的业务，而这一活动对基于互联网的消费劳动力发展的重要性，是本章以及下一章关于在线历史的内容所需要牢记的。

几个世纪以来，谱系学一直是"大众"和"业余爱好者"理解过去的重要内容，尤其是知识的"家谱"模型和家族表征产生了持久的影响。[2] 作为一种批判和哲学探究的模式，谱系学已经与主体性建立了理论联系，作为书写自我的一种方式。[3] 当然，作为一种研究过去的方法，它提出了一种与过去的证据和叙述相关的当代自我的重构。它暗示着一种赋权，因为每个用户都可以直接使用档案，无论是实体的还是在线的。它允许个人成为准专业化人员，使用和解释资料，考察证据，分析各种证人提供的材料。它在一个层次（树）和星束（横截面）的视觉模型上工作，展示了过去与现在的关系，表明用户的思维模式可以理解线性和复杂性、世界主义和迁移、流动性和社会发展等问题。

许多大受欢迎的谱系学研究，尤其是在美国，在概念上受到亚历克斯·海利（Alex Haley）著作的影响。海利的家族叙事著作《根：一个美国家族的传奇》(Roots: The Saga of an American Family) 于 1976 年出版，并荣获普利策奖，后来被翻译成 37 种语言。《根》被拍成电视迷你剧，结果令人震惊：在美国，观众达到了 1.35 亿人，在英国，观众则达到了 2000 万人。这是一个事件电视节目*，激发了人们挖掘自己过去的政治兴趣。该节目对加勒比非洲裔社区的影响是巨大的，《根》所推动的寻求家族的活动继续进行。[4] 这本书以虚构的方式讲述了海利的家族故事，从他祖先昆塔·金特（Kunta Kinte）在 18 世纪中叶的冈比亚出生开始讲起。[5] 这部小说

---

* event television，即聚焦于能够引起媒介关注和会有高收视率事件的电视节目。——译者注

以学术研究和档案研究为基础,讲述了海利个人的家族史,包括他出生的那一刻:"那个六周大的男婴就是我。"[6]后来他进行了解释:这本书讲述了在他出生之后他通过档案和图书馆寻找意义的故事。作者在这本书中的出现,引发了一种元小说的时刻;这个故事的发展就到这一步,就像谱系学一般倾向于研究到"我"的出现时刻那样。作者或研究者是该研究和这部小说的目的,是过去发生的一切的焦点。

看到罗塞塔石碑,海利受到启发,于是开始探索自己的家族史:"那把打开通往过去之门的钥匙让我着迷。"[7]海利认为,他在家族中接触到的口述历史,与学者们破译罗塞塔石碑上的语言之间存在着"大致相似之处"。这种通过深入研究当下身份的重要组成部分,从而解读不为人知的过去的模式,具有谱系学上的功能性。通过使用正确的工具——相当于罗塞塔石碑——用户可以理解历史的语言。此外,海利还使用了家族故事中流传下来的一些词汇,这些词汇的来源,可以追溯到非洲:他童年时代记住的词汇是"我的非洲祖先(一位家族传奇人物)所说的特定语言的语音片段"。[8]因此,这本书中的语言主题表明,他的祖先使用的原始语言是连接整个家族的历史线索。

《根》展示了许多谱系学研究的政治轨迹。海利的家族故事揭露了历史的恐怖。他的家族代表着所有人:"我自己的祖先自然也会成为所有非洲裔人民的象征传奇。"[9]谱系学可以被用来依附于一个身份和一个社区,去挖掘一个人在这个世界上的背景,去讲述那些只被家族所保留而被历史的主要叙事所忽视的故事。家族史可以是一个更为全面地了解自己和社区成员历史的途径。《根》把对

73　家族的兴趣作为通往启蒙的一种途径。在无意中表露自己的情感和圆满的关键时刻，当海利在冈比亚的朱富村被人称为"梅斯特·金特"（Meester Kinte）时，他哭了。[10] 他对这一点的描述可能是真实的，也可能不是真实的，这个事很有趣，因为他创造了一个关于出生的具有自我意识的叙述，运用了人们非常熟悉的揭示真相的修辞，这对谱系学的研究产生了极大的影响。同样，这一情感瞬间，也让海利表达了更为广泛的政治观点："我只是觉得自己在为历史上所有针对人类同胞的令人难以置信的暴行而哭泣，这似乎是人类最大的错误。"[11]

一个关于谱系学和身份的发人深思的当代案例是巴拉克·奥巴马的例子，他在2007年竞选总统时，一家谱系网站披露，他是奴隶主的后代，而黑人领袖阿尔·夏普顿（Al Sharpton）牧师还发现，他的奴隶祖先的主人，属于种族主义政治家斯特罗姆·瑟蒙德（Strom Thurmond）的家族。[12] 谱系学进入政治话语的高层，或者至少是围绕美国总统的媒体风暴，显示出人们对家谱和祖先作为当代身份的一种延伸的迷恋。这引发了公众对名人谱系的热议。然而，奥巴马实际上忽略了这个问题，他明智地声称，他与南部同盟领导人杰斐逊·戴维斯和北部联邦士兵克里斯托弗·哥伦布·克拉克有亲戚关系；这种关系简直使他成为"美国的代表"。[13] 这一观点试图一举消除家族史的影响；一个人的过去只是国家的转喻。奥巴马非常公开的案例颠覆了《根》的模型，因为家族史被证明不是沿着一条特定的路线走向政治认同和文化认同，而是揭示了多种可能的背景，并由此中和任何社区关系。海利的模型通过一个最终的、揭露真相的身份证明，为他提供了安全感，而当前这个版本（尽管明显带有政治色彩）表明，他坚守的是一个熔炉论的美国模型，而不是一个争论不休的政治利益。

家族史研究

就人数而言，在过去的十年里，谱系学和家族史已然成为世界上最常见的历史研究活动之一。即使不是位居前两名，它肯定也是当代五大"休闲"爱好之一，全球有数百万人参与其中。[14] 据估计，它是第三大受欢迎的在线活动。[15] 艾莉森·莱特（Alison Light）认为，

> 如今，每个人都在做家族史研究。谱系学过去只属于富人；曾几何时，只有他们拥有过去，并声称拥有基于土地和财产的历史。现在，每一个能使用电脑或去当地档案室的人，都与过去有利害关系。[16]

全世界的用户数量已经达到了数千万，而且还在持续增长。在英国，部分地由于资金转移和公共机构需要获得更为广泛的受众，过去几十年，档案馆已被开放，并允许人们进入。谱系学的蓬勃发展，由1997年成立的"家族档案中心"（Family Records Centre，前身为总登记处，General Register Office）可见一斑。[17] 需要一个专门的、集中的公共机构来满足谱系学的需求，这说明了过去三十年来这一领域的发展。在过去的三十年里，谱系学经常被称为"家族史"，这是一个更具包容性的术语，意味着一种身份认同感，而不是更为传统的（父系）血统证明。追寻个人历史成了一项重要的休闲爱好："家族史

是全球最受欢迎的爱好之一。你在数小时——虽然不是几天、几周或几年——的无尽的乐趣中查询你的祖先。它真的是无穷无尽的，因为随着你的进展，每个阶段都会带来新的挑战和惊喜。"[18] 这种爱好是由探索的欲望驱动的："想要知道我们的祖先到底是谁，他们来自哪里，他们都做了些什么。"[19] 除了这个好奇心的因素，越来越多的人渴望探究起源，这可能反映出当代社会对社会原子化和家庭结构破裂的焦虑；同样，面对日益复杂的世界，它也可能表现出对一种固定的历史化身份的关注。

这其中融入了一种国家认同感和个体的认同感，一种建立在过去个人历史之上的国家的认同感，尽管调查往往会产生跨国的结果。戴维·洛温塔尔（David Lowenthal）认为，"大规模的移民和有形遗迹的流失"，促进了谱系学研究的兴起，而这种渴望清晰而有组织地叙述的意识，对理解谱系学至关重要。[20] 对家族史进行史学研究，可以在国家的主叙事中揭示一个前所未见的或不为人知的故事：

> 在英国，我们有幸拥有丰富的历史，但历史学家倾向于记录那些塑造了我们国家发展的重大事件和人物。那些经历过那些重大事件的普通人往往被忽视了。[21]

事实上，探究个人遗产有一个重要的政治功能："家族史可以让你的祖先起死回生；通过讲述他们的故事，你为英国被遗忘的社会阶层发出了声音。"[22] 家族史有其政治目的，它的发展既有传统谱系学的原因，也有对地方史进行学术研究的社会兴趣。

家族史，就像地方史一样，通常从地理位置上的证人证言开始，在这种情况下，即是亲属证言："尽可能多地从你的家族成员那里收集事实、记忆和纪念物。"[23] 这种对地方的家族史、文物和那些仍在世的家族成员的特别证人证词的重要性的意识，在有关这一主题的指南书籍和网络指南中随处可见。[24] 关于家族史的史学研究，就像这些著作一样，从一开始就是注重地方、具体细节和材料的史学。它使熟悉的事物变得更为清楚或更有意义，并赋予参与者以权利——无论是对实际的研究者（他们能够在很少或没有培训的情况下进行研究），还是对家族成员（他们的信息成为有价值的证据和史料）来说，都是如此。

互联网的灵活性，从一开始就推动了谱系学研究。消息论坛 net.root 创始于 1983 年，ROOTS-L 邮件列表创始于 1987 年，其他网站早在 1981 年就开始发布帖子。[25] 为了查找和介绍他们需要的信息，早期用户都是自己编写软件。互联网考虑到了更具合作性的谱系学，网站上的列表服务和论坛成了传递信息和专业知识的方式；事实上，它们对网络谱系学的最初发展以及网络文化本身的模式的最初发展都至关重要。[26] 消息论坛和讨论论坛是网络谱系学产生的最初方式（直到 20 世纪 90 年代末才提供真实的信息；譬如，直到 1998 年，人们才可以访问国家档案馆）。这种信息收集的咨询性和教育性过程的模式，以及该过程的合作性轨迹表明，从本质上来说，在线谱系学主要是共享信息，以及与志趣相投、慷慨大方的研究人员组成的社区进行互动。据估计，目前有超过 5 万份英文谱系邮件列表；仅推动者站点 RootsWeb 就拥有 3 万个主机。[27] RootsWeb 还托管用户创建的数据库和 WorldConnect 项目，后者链接了用户创建的家谱（文件中有大约 30 万用户贡献的大约 5 亿个名字）。

　　此类研究中最重要的资源之一，也是共享的、合作性的谱系学模型，是由耶稣基督末世圣徒教会（摩门教教徒）收集的信息。摩门教教徒对家族史拥有教义上的兴趣，他们认为死者可以得到救赎，并受洗进入教会，这样家族成员就能永远团聚。该教会拥有 1250 万名成员，因此，他们的谱系资料非常丰富。摩门教教徒的家族史是对社区投资的一部分，是对一个人的祖先的再利用（reclamation）和救赎。这种对家族进行回顾性再利用的概念，强调了血统在界定社区中的重要性。它还提出了谱系叙事的主张（家族被从历史的朦胧中拯救出来，成为一个整体单位的一部分）。这种做法使家族史回归到更加直接的线性模型；摩门教教徒感兴趣的是他们的家族，而不是更为一般性的研究。他们的网站 Familysearch.org 是谱系研究最重要的全球门户之一，他们的免费软件产品（如 GEDCOM 文件格式）被大多数网站使用。以宗教为基础的信息和技术的使用，在救赎的叙事中隐含了谱系研究的框架，在这里通过家族知识获得。

　　1991 年和 1995 年，网络的扩展以及商业投资推动了这一实践。[28] 特别是提供人口普查记录、教区登记册、遗嘱、民事登记（出生、婚姻、死亡）资料、财产记录及网上报刊，使谱系学家得以在网上进行研究。这些信息大多是转录的，而不是数字扫描的，因此，研究人员看不到原始文本；同样，可靠性也是一个问题。现在，有数百个入口网站从无数的来源为用户收集原始数据。网站出售家谱软件，提供专门的搜索引擎，链接到数据库，还允许访问它们自己的档案。它们提供可视化的信息，使研究和建立社区成为可能。这意味着调查工具不再是纹章院（College of Arms）、谱系学家学会（Society of Genealogists）或纹章学和谱系学研究所（Institute of Heraldic and Genealogical Studies）的专利。大多数围绕原始数据库发展起来的网站，都以结构化的方式支持调查研究：提供调查技巧、研究路线和在线课程等。因此，一方面，特定的权威和守门人制度被侵蚀，但网站成为支持者，创造了一个虚拟的信息经济，其中个人用户是驱动力。网上有数百万的记录，要想从整体上理解它们，需要密集的数据挖掘软件，这导致处理和使用这些信息的模式越来越复杂。此外，用户可以在家中在移动设备和笔记本电脑上、在智能手机上访问这些记录，同时还可以在旅行、工作和度假期间访问这些记录。这些档案是流动的，人们可以各种方式参与其中；对它的不同理解，确保了它既根植于人们的生活之中，又在物质上远离他们。

谱系学为我们提供了一个被克里斯·罗杰克（Chris Rojek）称为互联网"主动消费"模式的有用的例子。[29] 他的观点是，互联网在默认情况下是互动性的，因此，消费变得比简单的被动模式所显示的要更为复杂。当然，研究互联网的理论家认为，互联网的基本状态是以重新配置用户和提供者之间的关系为前提的。[30] 谱系学网站提供了一个有用的动态例子——它们建立在国家档案和资源的基础上，它们提供了一种物质上和概念上的服务（信息和工具），它们在强调个人重要性的同时促进了合作。从纯经济学的角度来看，它们也很复杂。许多门户网站和学术网站，都是以注册和订阅为基础的，尽管像国家档案馆和 Familyrecords.gov 联盟这样的主要公共网站通常都是免费访问的。因此，历史知识成为经济关系的一部分，成为人们在标准的晚期资本主义框架内渴望得到和消费的东西。

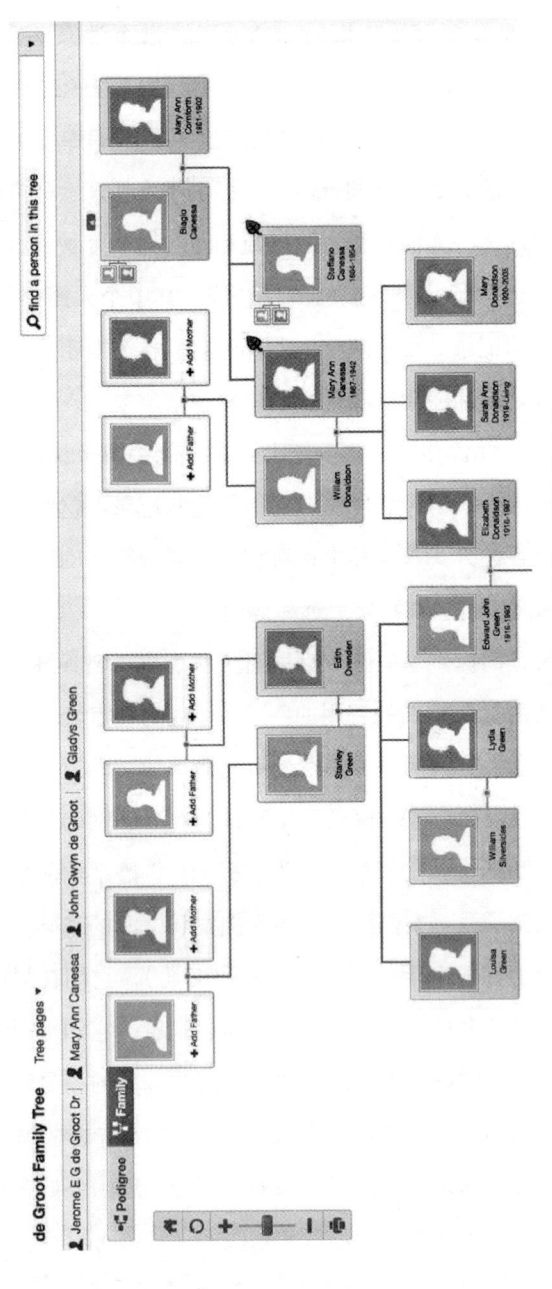

图 3　Ancestry.com 网站上的德·格鲁特家谱。

大多数重要的网站——Ancestry.com（见图3）、GenesReunited、MyHeritage——都是私人企业，通过收取订阅费赚取了大量的钱。客户将成为网站的一部分，使用软件创建一组家谱记录，并使用在线数据库浏览器收集信息。在谱系学网站上，人口普查、遗嘱和各种社会信息等"全国性的"知识，被输入到一个金融矩阵之中。文化产品以历史知识和信息的形式在这里成为商品，在这样的经济中，对这些商品的消费，是由了解自我并使其完整的愿望所驱动的。谱系学网站在一个（全球化的）以历史为中心的文化经济中运作，它们的信息被商品化了。然而，由于谱系信息的地位——而不是，譬如，文化产品——这种经济是封闭的和理性的。历史实际上是有价值的，而不是一套循环的意义和价值的一部分。信息是一种产品，是由历史的劳动创造出来的东西，是可以被需要和付费的。许多当代理论家，发展了罗杰克的互联网工具模型，他们都对成为"产消合一者"——那些与网站打交道并为其创造"内容"，然后使其能够销售广告的人——如何影响在线活动模型的理论研究很感兴趣。[31]当然，作为一个历史学上或谱系学意义上的"产消合一者"，意味着门户网站正在从用户创建他们的家谱中获利。用户的数字劳动为企业创造利润；但它也为庞大的信息网络做出了贡献。网络的成长和它的吸引力取决于它的增长和规模；加入其中而不"分享"你的工作，或者在你的研究中不与他人合作是没有意义的。类似地，这些网站也从在线公共档案的使用中获利，因此"产消合一者"、门户网站和"过去"之间的关系非常复杂。在这里，过去是名副其实的商品，而访问它的费用是按月支付的。

在网上，强调的是个人对信息的交互使用，这种消费强调的是教育意义。在某种程度上，这可能被认为是一种纯粹的对商品化知识的经济欲望，它将在某种程度上使用户变得全面，但令人懊恼的是永远不会实现（总有其他东西需要我们去发现，或者有些我们无法知晓的东西）。谱系学在这里是一种获取知识的形式，一种毫不夸张地拥有过去的驱动力。缺乏概念上的被动性（以及物质实体与技术和信息之间"相互渗透"的半机械式关系的复杂性）将与过去的关系塑造为某种积极参与其中的东西。[32] 互联网研究比电视、电影和小说（作为消费历史的文化模式）更需要一种互动和一种明确的愿望，而不是一种错误的被动假设。用户必须"创造"和"策划"他们的在线表演自我，在这样做的同时，他们也以某种顺序和线性叙述的方式安排和组织他们已故的亲人。这些互动性的多媒体网站，展示了现代谱系学的复杂性。用户在社区的帮助下训练自己，查询、发布推特、分享、合作、比较实践、交换信息、撰写博客、发布视频日志、发布照片和证据等。除了这些复杂的信息之外，谱系研究的这种协作性使其消费过程变得更加复杂。

通常情况下，网站会给人创造一种关于完整性的错误印象。阿曼达·贝文（Amanda Bevan）认为："对于专门的搜索者来说，家族史网站提供的内容只占一小部分。"[33] 她仍然强调使用"传统搜索"，这种搜索需要使用各种档案。[34] 为了进行这些类型的搜索，参与者需要学习新的技能，譬如古文字学，或者了解年代测定和货币等知识。因此，业余历史学家很快就掌握了一套新的、特定学科的技能。他们学会了聪明地搜索，从档案角度进行思考。然而，这里的重点是搜索和探测。在混乱的历史中追溯家族的"路线"，是一种目的论思想的优雅例证（这是一条垂直的线，虽然有一些侧面的偏离，从那些停留在历史中的人到我们现在处于动态的当代人），这种思想认为，过去可以被用来诠释当下的东西。[35]

然而，研究人员主要利用网站收集、查阅、研究和可视化他们的谱系信息。他们也在网上表现自己，因为他们的家谱可以被全球数百万用户访问。数据的激增使得想要"看见"它变得不可能，研究人员将代理权交给了搜索引擎、数据挖掘软件和可视化工具。数十亿条关于生命、死亡、出生、婚姻、武装部队服务、人口普查数据、居住、移民、税收和监禁的信息可以被人搜索；除此之外，还有数十亿条用户生成的数据，这些数据包括从家谱到幸存的证人信息，从家族照片到结婚证扫描，以及一系列其他短暂的信息。这是对普通个体的历史的重新介入，但这也造成了历史档案的"混乱"。作为"过去"的转喻的档案，是无法被人"看见"的——它必须通过一种特定的线性模型，即族谱，来想象、概念化或控制。与这些档案的邂逅之所以令人敬畏，在于其规模之大，令人恐惧，但通过网站或家谱模板的介入、整合和划分边界，它才变得可以使用。从情感上来说，谱系学研究中最奇怪的经历之一，当然是对证据的丢弃——在确定某个人实际上对当前的旅程或叙述无关紧要之前，得先从档案中找到他的名字。谱系学重新证明了"普通人"的重要性，但前提是他们对这个用户来说是"重要的"。

谱系学和关于家族的历史呈现了一幅路线图，一套理解历史的学科界限；家族作为一种分类功能，使过去的混乱得以分类："你可以深入挖掘人们的生活及其关注的问题，寻找他们行为的'是什么'和'为什么'的答案。由于寻求答案者雕刻出他或她自己的历史片段，这就增加了一个额外的维度。"[36] 历史的这种个人化是很重要的，与谱系研究相关的所有权意识说明了一个关键问题，即自我揭示。通过理解祖先的行为，探索者获得了真相和理解；他们拥有自己的家族史。谱系学提供了一种理解的途径，一种收集资料的原则，一种在混乱的历史中进行分类的线索。历史记录所呈现出来的信息扩散的这种局限性，是业余历史学家所希望看到的。谱系学强调信息的丰富性，其支配性原则是对个体进行研究，因为家族的模型呈金字塔形，从过去的混乱和复杂性通往现在。家谱是谱系学的关键，简单的图表展示了各种关系，并对历史进行了排序。类似地，索引和数据库的重要性，表明了一种被分类、排序和可搜索的信息模型。谱系学研究在力求控制一种排序系统和一种穿越历史的路线图的同时，当然也认识到，表征"过去"的信息的宏伟和绝对可怕的规模。

DNA 谱系学：历史中的科学

80　　谱系研究日益得到 DNA 测序的强化。虽然数据库技术的发展对用户处理过去信息的方式产生了深远的影响，但是，在过去的十年里，"用户"与档案之间的关系的最根本性的转变，是遗传谱系学的兴起。个性化遗传历史（PGH）使研究人员能够发展出对人口统计学和医学遗传综合征的理解，并为遗传人类学和法医学的新领域做出贡献。[37] 它们还允许向个人提供个性化遗传历史的商业公司的开放，以便他们可以从事自己的家族史研究。[38] 这种休闲的科学话语被称为"个人兴趣基因组学"。[39] 如今，对家族史和谱系学研究来说，DNA 测试是一项庞大的业务，是在线公共事业的一个扩展元素。这是谱系学货币化的一部分，订阅网站提供收费的测序服务，以扩充其不断增长的 DNA 信息数据库。在这里，身体在某种程度上被私有化了，信息可以转化为利润，谱系学研究得到了进一步的推进。

谱系学可以解释或在某种程度上导致对当今人物的个人揭示，这一观念源于人们对遗传学的普遍理解，以及当代人对过去和现在之间关系的信念。[40] 在关于过去的文化观念中，大众谱系学与遗传科学交织在一起，这提供了各种有趣的范式。[41] 从概念上讲，谱系学和共同祖先的观念，因对遗传学的理解而有所不同。分类、特征、祖先和家族指纹等都是大众谱系学的基础概念。DNA 测试寻找特定的族裔标记，并可以对人口迁移和身份做出某些假设。从许多方面来说，科学成为悬而未决的研究问题的"答案"。在过去的以太中丢失的东西是可以找回来的。同样，DNA 创造的世系可以追溯到几千年以前，而不是几代人以前；它将当代的自我置于一个更为广阔的视角之中。它表明，在我们的身体，我们的细胞的最基本的构件中，存在着一种历史的身份。如果解释正确，科学可以使一个新的历史化的自我得以出现。

DNA 测试被用于支持通常基于文本证据的搜索，并被用来提供其他联系用户的方式。它是对过去信息的扩充和补充，从而提出新方法，来确认自我与关于过去的信息的关系。像 AncestryDNA.com 和 23andme.com 这样的 DNA 网站表明，人们可能会找到新的亲属，新的研究途径也随之打开。家族遗传学组织声称，它拥有世界上最大的基于基因的谱系数据库，建有巨大的非文本档案。这种档案需要专业的工具来对它进行解读，而这些技能是科学的而不是历史的。这种档案的规模是问题的焦点：如果要有目的地使用这些档案，那么它就必须不断增长，个人必须分享他们的数据，否则他们的信息毫无意义。数据是互相关联的。毫无个性的数据成了关于个体的叙事的一部分。[42] 遗传谱系学为科学上可以界定的自我增加了一个大众想象的意义。

遗传数据对于推断祖先来源来说是有用的,尽管其科学性存在争议。男性的 Y 染色体,尤其是这种细胞的多态性或突变,可以告诉我们很多信息,而对女性来说,线粒体 DNA 则是关键。[43] 可用的测试类型允许用户测试人们的父系和母系血统,指出人们的族裔身份,或者使用信息标记来判断生物地理学上的祖先。[44] 世系的测试,取决于单系(single-line)调查模型,其他类型的测试则依赖于估算祖先群体成员的百分比。譬如,遗传谱系学公司邀请用户踏上寻找他们"遥远的"祖先起源的旅程;家族遗传学组织有两个可选项,即深度历史测试(Deep History Testing)或亲属关系测试(Relationship Testing)。由牛津大学和遗传学家布莱恩·赛克斯(Bryan Sykes)创办的知识转移公司"牛津祖先"(Oxford Ancestors)为这一过程树立了一个科学严谨和精确的模型。该公司声称:"我们都是人类,而且我们可以证明这一点"。[45] 这些公司中有许多与主要的谱系入口网站有关系,它们创建了将各种新技术与标准的家族史研究相结合的程序。

有许多论题与这些测试相关,这些论题包括从科学问题到对种族定性的担忧。[46] 对测试结果的解读相当困难,而且这些结果主要是由统计数据组成的。这种技术是以抽样、可能性和广泛的比较为基础的。很难对 DNA 进行可视化解读,所以测试的结果是为用户进行解释的,也就是说,将他们的基因信息"转译"给他们。它所给予用户的是一组可能性,即可能指向一些具体但仍然可以用不同方式解释的百分点。基因信息不容易被外行人获取,因此,提供这种测试的公司必须对此进行解释。尽管有这样的困难和解释上的问题，但从某种意义上说，个人将从了解 DNA 测试的结果中获得自我认识和自我定义。[47] 这提供了一个可靠的科学证据的模型，这种模型将带来个人揭示，即一个权威的 DNA 测试取代了其他调查研究。这对"正常"谱系研究的影响是双重的。一方面，这表明它比科学方法更为模糊；另一方面，它向我们展示了用户对谱系信息或一个家族的过去的知识赋予了巨大信心。

母系遗传谱系有一个有趣的副作用，即（据说）它赋予了当今世界一个最终的来源（authorship）。线粒体 DNA 随时间的推移变化缓慢，因此，这样的测试结果表明，从根本上来说，每个人的亲属关系都与许多祖先母亲中的一位有关："线粒体 DNA 可以追溯到一个完整的母系，代代相传，比任何书面记录都要久远得多。"[48] 赛克斯的书《夏娃的七个女儿》解释了"遗传学所揭示的世界历史"。[49] 赛克斯认为，现代世界 95% 的欧洲人可能与生活在 20 万至 16 万年前的七位祖先中的一位有血缘关系；他估计，全球还有 36 个"夏娃"。这种关于人类进入文明社会之前的观点，以及人类突然之间能够回到已经逝去的过去的想法，对这种方法的吸引力来说至关重要。这 36 位夏娃的母系祖先，可以追溯到 15 万年前的"线粒体夏娃"。这种所有人类至少部分都拥有最终母亲的认知，通过巧妙地将几十万年前的一切联系在一起，逆转了谱系学的正常轨迹（从过去的激增到现在的个体）。参与这种 DNA 测试的人成了悠久的 DNA 时间的一部分，将其与几千年前的人类联系在了一起。

最著名的例子是历史学家小亨利·路易斯·盖茨（Henry Louis Gates, Jr，见图 4）支持 DNA 测试，认为它是避免使用具有种族主义的档案的一种方式:"当书面记录在可怕的奴隶制黑暗中不可避免地结束时,我们通过 DNA 追溯我们的非洲根源。"[50] 小亨利·路易斯·盖茨认为,DNA 测试是一种消除档案缺失的方式,是一种在当下寻求了解过去的新方式:"这是自 17 世纪以来,我们第一次推翻了中程航道(Middle Passage),至少在象征意义上来说是这样"(《寻找我们的根源》,第 10 页)。正如他在 2014 年的节目《寻根》(*Finding Your Roots*)中所说,"这个节目通过最先进的 DNA 分析技术和传统的档案研究,来解构种族和族裔分类范畴"。[51] 科学可以提供了解过去的新方法,但更多的是提供一种挑战当代结构和等级的方法。[52] 然而,这也存在巨大的问题。正如博尔尼科(Bolnick)等人所说:

> 然而,目前对种族和族裔的理解,反映的不仅仅是基因上的亲缘关系,而是在特定的社会历史背景下定义的(即欧洲和美国的殖民主义)亲缘关系。此外,在塑造个人身份和群体成员资格方面,社会关系和生活经历与生物学上的祖先一样重要。[53]

还有一个问题是由于当今世界的社会群体完全不同,"因而,当今样本的数据库可能提供的是错误的线索"。[54] DNA 测试提出了一个答案,找到了一种应对历史混乱局面的方法,但在很多方面,它所带来的伦理和方法论问题,可能比它所解决的问题更多。小亨利·路易斯·盖茨认为,谱系学研究仍然是一种政治化的活动,寻找"答案"的渴望与许多话语产生了共鸣,这些话语包括种族、身份、阶级和国籍等。

对于大众历史来说,由于 DNA 与证据之间的关系,DNA 测试的加入是有启发意义的。DNA 作为一种鉴定现象,在法医学中最为常见，尤其是广受欢迎的《犯罪现场调查》系列电视剧（CBS，2000年至今，在世界各地联合制作了几部衍生剧），讲述了一群犯罪学家和科学家调查非正常死亡的故事。诸如《铁证悬案》（CBS，2003—2010）和《抓住历史罪犯》（英国广播公司第四台，2015）等电视连续剧，进一步提出了利用现代法医学进行回顾性调查的思想。这种将法医学作为科学检测手段的模式——这在当代小说和电影中也很常见——表明了我们有能力重构事件并得出真实的结论。还有一种令人不安的病理学实质的意义，即 DNA 信息的不灵活性，将过去呈现为某种无法逃避的东西。DNA 测试被认为是万无一失的（尽管有几个公共法庭的案例除外）。DNA 测试的另一个大众文化层面，来自一系列高层次的亲子鉴定诉讼，类似地，这同样赋予了这一程序法律上的严肃性。理查三世的遗体在莱斯特的发现令人瞩目，引发了一场关于 DNA 测试在考古学研究中的应用的广泛的公开辩论。[55]

图 4　小亨利·路易斯·盖茨。© John Lamparski/WireImage/Getty

DNA谱系学颠覆了主流谱系学的家谱图。当今的个体不是在整个结构的顶端，而是群体的一部分，是模型的一个节点，这个节点可以追溯到某个创始者。科学信息的这种权威，赋予了这种识别方式以特权，这意味着大众亲属关系范式的转变。[56] 使用 DNA 调查的谱系学家很快发现，他们自己被抽象成了一组普遍的数值，而不是他们独特的自我。这种谱系学研究的新方向表明，它与传统文本形式的研究存在冲突，并由此以一种家族认识论取代了另一种家族认识论。DNA测试的创新，揭示了一种新的与过去的生理学的连接方式。隐藏在基因材料之中的是我们无法想象的与祖先的联系，它们在档案之外的"历史"中消失了。从概念上讲，DNA测试扩展了我们的基因遗传。它预示着新的自我、新的关系和新的族裔构成。作为了解过去的一个工具，它似乎是具体的，并提供坚实的、确切的信息。这种自我被重新配置——但这仅仅是对身体基因排序的一种认知，是对已经存在的某些事物的认识。

注释：

1　http://www.hullhistorycentre.org.uk/discover/hullhistorycentre/whatson/news/30000visitorsandcounting.aspx [accessed 14 July 2015]. 见 J. de Groot, "The genealogy boom: inheritance, family history, and the popular historical imagination", in B. Taithe and P. Ramos Pinto (eds), *The Impact of History? Histories at the Beginning of the 21st Century*, London and New York: Routledge, 2015, pp. 21-34。

2　F. Weil, *Family Trees: A History of Genealogy in America*, Cambridge, MA: Harvard University Press, 2013. 见 J. de Groot, "On genealogy", *The Public Historian*, 37:3 (2015), 102-127。

3　M. Saar, "Genealogy and subjectivity", *European Journal of Philosophy*, 10:2

(2002), 231–245.

4 它在其他国家也有影响，参见：D. R. Wright, "The effect of Alex Haley's Roots on how Gambians remember the slave trade", *History in Africa*, 38 (2011), 295–318。

5 海利在法庭上承认，其中约有100字的材料取自哈罗德·库兰德（Harold Courlander）的《非洲人》（*The African*），而他的谱系研究受到了加里·B. 米尔斯（Gary B. Mills）和伊丽莎白·肖恩·米尔斯（Elizabeth Shown Mills）的质疑，http://en.wikipedia.org/wiki/Roots:_The_Saga_of_an_American_Family#_note-5 [accessed 13 March 2007]。另见 R. M. Current, "Fiction as history: a review essay", *The Journal of Southern History*, 52:1 (1986), 77–90。

6 Alex Haley, *Roots*, London: Vintage, 1991, p. 662.

7 同前注，p. 669。

8 同前注，p. 670。

9 同前注，p. 681。

10 同前注。

11 同前注。

12 "Obama told of family's slave-owning history in deep South", *The Observer*, 4 March 2007, p. 3; 其家谱记载见：http://www.wargs.com/political/obama.html [accessed 19 October 2015]。见 H. Sachs, "Barack Obama's 'slave' ancestor and the politics of genealogy", *History News Network*, 8-6-1, http://historynewsnetwork.org/article/147577 [accessed 19 October 2015]。

13 "Obama told of family's slave-owning history", p. 2.

14 R. Bishop, " 'The essential force of the clan': developing a collecting-inspired ideology of genealogy through textual analysis", *The Journal of Popular Culture*, 38:6 (2005), 990–1010.

15 A. Light, "In defence of family history", *The Guardian*, 11 October 2014, http://www.theguardian.com/books/2014/oct/11/Genealogy-not-historys-poor-relation-family [accessed 14 January 2015].

16 A. Light, *Common People*, London: Fig Books, 2014, p. xxi.

17 戴维·洛温塔尔指出，这种受欢迎程度的激增，在1984年就已经很明显了：*The Past is a Foreign Country*, p. 38。

18 S. Colwell, *The Family Records Centre*, Kew: Public Record Office, 2002, p. 1.
19 同前注。
20 Lowenthal, *The Past is a Foreign Country*, p. 38.
21 N. Barratt, *The Family History Project*, Kew: National Archives and the History Channel, 2004, p. xi.
22 同前注。
23 A. Bevan, *Tracing Your Ancestors in the National Archives*, Kew: Public Record Office, 2006, p. 20. 另见 S. Colwell, *The National Archives*, Kew: National Archives, 2006。
24 也可参阅下面这本书中有关家族故事、传家宝和照片的章节: S. Fowler, *The Joys of Family History*, Kew: Public Record Office, 2001, 比如 pp. 10-15。
25 P. Christian, *The Genealogist's Internet*, Kew: National Archives, 2005, p. ix, pp. 5-6 and "Computers in genealogy", http://www.ancestry.com/learn/library/article.aspx?article=7356 [accessed 6 March 2007].
26 M. Olson, "Genealogy newsgroups", http://homepages.rootsweb.com/~socgen/Newshist.htm [accessed 6 March 2007].
27 Christian, *The Genealogist's Internet*, p. 228.
28 这是出乎意料的: 1991 年, 理查德·哈维 (Richard Harvey) 指出, 新技术可能会在未来对谱系学家的服务中产生一些微不足道的影响, 主要是 "通过文字处理和数据库的使用等方式处理通信查询": "Genealogy and family history", in M. Dewe (ed.), *Local Studies Collections*, Aldershot: Gower, 1991, pp. 173-193 (p. 191)。
29 Chris Rojek, "P2P leisure exchange: net banditry and the policing of intellectual property", *Leisure Studies*, 24:4 (2005), 357-369 (367).
30 C. Needham, "The citizen as consumer: e-government in the UK and US", in R. K. Gibson, A. Römmell and S. J. Ward (eds), *Electronic Democracy*, London and New York: Routledge, 2004, pp. 43-70 (p. 43).
31 A. Arvidsson, "The ethical economy of customer coproduction", *Journal of Macromarketing*, 28 (2008), 326-338.
32 N. Katherine Hayles, *How We Became Posthuman: Virtual Bodies in Cybernetics, Literature, and Informatics*, Chicago and London: University of

Chicago Press, 1999, p. 19. 参见第 1—25 页和 192—222 页关于在全球化的文化中消除"具身化"的讨论。她提出了后人类的理论，认为它是"一个信息物质实体"，第 11 页。

33 Bevan, *Tracing Your Ancestors*, p. 1.
34 同前注，p. 13。
35 关于这种作为认识论的"谱系学"模式的讨论，参见：F. Guattari and G. Deleuze, *A Thousand Plateaus*, B. Massumi (trans.), Minneapolis, MN: University of Minnesota Press, 1987。
36 Colwell, *The Family Records Centre*, p. 1.
37 J. Johnson and M. Thomas, "Summary: the science of genealogy by genetics", *Developing World Bioethics*, 3:2 (2003), 103−108.
38 D. A. Bolnick, " 'Showing who they really are': commercial ventures in genetic genealogy", http://shrn.stanford.edu/workshops/revisitingrace/Bolnick2003.doc [accessed 15 March 2007].
39 M. D. Shriver and R. A. Kittles, "Genetic ancestry and the search for personalised genetic histories", *Nature Reviews Genetics*, 5 (2004), 611−618 (611).
40 R. Tutton, " 'They want to know where they came from' population genetics, identity and family genealogy", *New Genetics and Society*, 23:1 (2004), 105−120 (106).
41 见 J. Van Dijck, *Imagenation: Popular Images of Genetics, Basingstoke*, Hants: Macmillan, 1998; J. Roof, *The Poetics of DNA*, Minneapolis, MN: University of Minnesota Press, 2007; and D. A. Kirby, *Lab Coats in Hollywood: Science, Scientists, and Cinema*, Cambridge, MA: MIT Press, 2011。
42 C. Nash, "Genetic kinship", *Cultural Studies*, 18:1 (2004), 1−33 (2).
43 Megan Smolenyak, "Genetic genealogy – what can it offer?", BBC Website, last updated 17/02/2011, http://www.bbc.co.uk/history/familyhistory/next_steps/genetic_genealogy_01.shtml [accessed 6 October 2014].
44 Shriver and Kittles, "Genetic ancestry", p. 621.
45 http://oxfordancestors.com/links.html [accessed 16 March 2007].
46 C. Elliot and P. Brodwin, "Identity and genetic ancestry tracing", *British Med-*

ical Journal, 325 (2002), 1469-1471, and Nash, "Genetic kinship".
47 Tutton, "Population genetics", pp. 109-112.
48 http://www.oxfordancestors.com/your-maternal.html [accessed 16 March 2007].
49 Bryan Sykes, *The Seven Daughters of Eve*, New York: Norton, 2001, p. 1.
50 Henry Louis Gates, Jr, *In Search of Our Roots: How 19 Extraordinary African Americans Reclaimed their Past*, New York: Random House, 2009, p. 11.
51 Henry Louis Gates, Jr, "In search of our fathers", *Huffington Post*, 23 September 2014, http:// www.huffingtonpost.com/henry-louis-gates-jr/finding-your-roots-return_b_5868342. html [accessed 6 October 2014].
52 K. Wailoo, A. Nelson and C. Lee (eds), *Genetics and the Unsettled Past: The Collision of DNA, Race, and Ethnicity*, New Brunswick, NJ: Rutgers University Press, 2012.
53 D. A. Bolnick et al., "The science and the business of genetic ancestry testing", *Science* 5849:318 (2007), 399-400, http://www.sciencemag.org/content/318/5849/399.full [accessed 6 October 2014].
54 Bolnick et al. 见 C. N. Rotimi, "Genetic ancestry tracing and the African identity: a double-edged sword?", *Developing World Bioethics*, 3:2 (2003), 151-158。
55 T. E. King, K. Schürer et al., "Identification of the remains of King Richard Ⅲ", *Nature Communications*, 5:5361 (2014), http://www.nature.com/ncomms/2014/141202/ncomms6631/full/ncomms6631.html [accessed 15 January 2015].
56 J. Marks, " 'We're going to tell these people who they really are': science and relatedness", in S. Franklin and S. McKinnon (eds), *Relative Values: Reconfiguring Kinship Studies*, Durham, NC, and London: Duke University Press, 2001, pp. 355-383.

第五章 网络上的历史

丰富、产消合一与赋权

从其诞生那一刻起,互联网就提出并努力寻求一种新的处理信息的方式。迈克·费瑟斯通(Mike Featherstone)提醒我们,万维网的创始人蒂姆·伯纳斯-李(Tim Berners-Lee)认为,万维网"不只是一种从全球范围的档案中检索信息的机制。相反,它提供了一种与知识建立新的创造性关系的可能性,这种知识克服了传统档案中存在的等级关系"。[1]因此,网络、智能手机等新技术以及相关的数据库技术,为人文学科的学者提供了新的研究模式:

> 数字时代似乎可能会让历史学家们面临一个新的材料丰富的"问题"——在过去,他们更有可能担心关于过去保存下来的资料匮乏。一个更为深入、更为密集的历史记录,尤其以数字形式表达出来的历史记录,似乎是一个令人难以置信的机会和馈赠。但它庞大的规模意味着,我们将不得不花费很多时间来研究这个特别的馈赠——我们可能需要复杂的统计和数据挖掘工具来做一些研究。[2]

这种情况对于存储档案、研究和共享信息具有多重意义。[3]数字信息很脆弱，容易遭到损坏（不管是有意的还是无意的），存储成本高，而且容易受到多重版权问题的困扰。譬如，信息并不限定在民族国家范围内，因此，所有权和谁为存档电子信息支付费用的问题就变得很重要。互联网具有深远的影响，不仅仅是由于作为一个学者要接触历史信息，还体现在历史学家如何理解当代生活："未来的历史学家所撰写的历史叙事，与今天的历史学家所精心写作的历史叙事，看起来可能并没有太大的不同，但是他们所使用的方法，可能需要从根本上做出改变。"[4]为了响应互操作性（关系数据库）的要求，研究方法已经发生了明显的变化，新一代技术软件已经问世，以帮助学者们从大量激增的档案中挖掘数据、收集和管理信息。许多机构和组织，以及学者和理论家，在过去的十年中开发了理解新类型信息的新方法，创造了处理大数据、大型档案和新信息的新方法和工具集。他们扩展了历史研究的范围，将其包括建模、测绘、3D打印、数据库技术、数据挖掘、统计分析和可视化技术等内容。那些参与数字历史的人，也会反思这如何改变了我们思考和参与过去的方式。特别是有一些人提出了一种"数字史学"研究的新形式，这种史学旨在研究历史实践和方法论如何利用数字资源和技术。[5]从某种程度上来说，这些新技术似乎表明"业余历史学家"正在迷失方向——事实上，"职业"历史学家也迷失了方向——但类似地，这些技术是通过查阅信息和档案而发展起来的，这些信息和档案通常是向公众开放的，而这些新技术通常包括"公众"（譬如稍后将要讨论的群众外包）。[6]此外，数字资源和方法的开放，似乎为更广泛地参与新的调查研究过程提供了一种途径。

在关于早期公共领域的著作中，于尔根·哈贝马斯（Jürgen Habermas）描述了这样一个过程："新兴资产阶级逐渐用一种公共领域（在这种公共领域中，国家权威通过人民知情和批评的话语被公开监督）取代了另一种公共领域（在这种公共领域中，统治者的权力只是在人民面前呈现出来）。"[7] 这种权威的转移导致了动态政治主体的创生。新媒体技术的影响使这一效应进一步细化，即信息扩散的创生，尽管几乎没有方向。与此同时，通过新技术呈现出来的是一种媒介化的（mediated）自我，是一种通过它们与全球媒体界面的关系，而不是通过社区或固有的品质来定义一个主题。与使用方式的转变、宽带无线网络和交互性相关的 Web 2.0，是新一代的一套在线软件和技术，它鼓励用户参与到网站、博客和社交媒体网络中来，而以前的模式更像是说教性的和单向度的。在 Web 2.0 概念的发展中颇有影响力的人物蒂姆·奥莱利（Tim O'Reilly）声称，互联网的发展，正在向成为一种"平台"转变，而不是仅仅成为一种信息存储库；那是一种互动性的和展示人们多才多艺的平台。[8] 在线生活是不断地互动的，而这种"人类"的模式也越来越多地与这一系列适应性广泛和具有启发性的技术相关。[9]

2006 年，《时代》杂志决定评选"你"为年度人物。这里的意思是媒体和文化生产的工具，已经被消费者所取代：2006 年代表的是一个"前所未有的社区和协作"的故事，而且，很重要的是"许多人从少数人手中夺取权力，无偿地互相帮助，这不仅将改变世界，而且还将改变世界变化的方式"。[10] 作为更新了互联网的通信和兼容框架的各类创新工具和技术的 Web 2.0，开辟了广泛的交互可能性。精明的独立信息产消合一者或消费者对生产资料的这种革命性掌握，从一开始就是互联网和相关信息技术的理想化版本的一部分。[11] 然而，在参与度（数百万用户）、文化影响（"谷歌"作为动词进入《牛津英语词典》）和社区意义方面来说，2006年被视为转折点。各种主要品牌的崛起证明了这一点，所有这些品牌都表明，它们将编程和内容权限移交给了终端用户：谷歌（搜索引擎）、脸书（社交网络）、易趣网（拍卖网站）和YouTube（DIY视频节目空间）。后来的一些巨型参与者，如爱彼迎（Airbnb，住房共享网站）和优步（共享汽车服务），都是公共服务设施的平台，利用互联网的灵活性来重新安排传统的社会关系。[12]

然而，这一以互联网为基础的赋权的曙光，很快就出现了严重的问题。一方面，如今网络技术如此普及，在西方国家，如果没有电视流媒体服务、谷歌地图、社交网络、即时天气信息、约会应用软件、翻译软件、实时聊天和即时零售等服务，人们就会觉得很奇怪。互联网促进了银行业、出版业、游戏、学习和通信领域的发展和扩张。人们的生活以同时和即时的状态在网络上直播。互联网催生了一套新的社会身份和相互关系，包括从恶意挑衅到公开羞辱再到黑客攻击。[13] 这导致了"产消合一者"的兴起，他们为网站提供内容，并因此（通过广告）而获取利润。从Skype（全球在线交流软件）到Tinder/Grindr（约会应用软件）再到推特（微型博客），那些最大的在线工具不再"制造"任何东西，甚至不再拥有产品，而是将在线体验货币化——其"内容"全是由用户提供的。这种制造事物的新方式的激增和对旧模式的质疑（譬如，所有类型的印刷媒体）可能会引发一套新的生活方式。然而，这一切在很大程度上都取决于一种模式，即互联网公用事业的前景可能是良性的。围绕隐私（脸书）、黑客（索尼 PlayStation 和 4chan 网站）和工作环境（亚马逊）的备受关注的争议表明，网络世界仍然存在令人难以置信的不平等和利益驱动情况，而非开源的和理想主义的。此外，正在进行的关于隐私、自由和监控国家的辩论——维基解密（WikiLeaks）和泄密者爱德华·斯诺登的案例就是明证——表明，互联网的美好新世界，可能只是另一个产生压迫和压制的地方。斯诺登的例子已经在劳拉·波伊特拉斯（Laura Poitras）的纪录片《第四公民》(*Citizenfour*, 2014）和奥利弗·斯通（Oliver Stone）的纪录片《斯诺登纪实》(*Snowden*, 2015）中得到了"公共历史学家"的细致分析。[14] 网络认同的创新，正在世界各地产生不可预见的后果，影响着所有的生活方式和存在方式，追踪这一点既令人着迷，又令人担忧。[15]

对于历史学家来说，正如前面提到的那样，这个问题已经日益变成了一个材料过于丰富的问题。正如安德烈亚斯·菲克斯（Andreas Fickers）所指出的，网络资源的爆炸式增长，导致了信息和资料的过剩。菲克斯赞同罗伊·罗森茨威格的观点，他认为，现在人们在网上收集、归档和整理的数以百万计的信息，将导致处理信息和数据的方式发生根本性的变化：

> 未来的历史学家无法逃避与数字文化的新技术、经济和社会现实进行富有成效的对抗。历史学科需要的不是数字逃避主义和方法论上的因袭主义，而是一种新的数字历史主义。这种数字历史主义的特征，应该是档案学家、计算机科学家、历史学家和公众之间的合作，目的是为新的数字资源批评开发工具。[16]

这将"历史"的未来塑造为协作性的模式，但是，它并没有真正考虑到"业余"历史学家已经在以多种方式进行这种复杂的协作分析，譬如，在创建资料、进行一种新型研究、组建网络或黑客系统方面的协作。罗森茨威格有一个著名的观点："历经数个世纪演变的用于保存过去的'体系'，正处于危机之中，历史学家需要为下个世纪建立一个新的体系。"[17] 材料和信息的激增，造成了方法上的问题，因此需要开发新的技能。[18] 在一定程度上，随着数据挖掘、档案和存储库网络分析的发展，这种情况已经发生。"大数据"需要新的分析模型和新的方法。[19] 然而，材料的这种丰富性，也提出了一个认识论方面的问题，包括从原生数字信息到理解新的身份模式等。[20] 在2005年，路德米拉·乔丹诺娃就担心互联网的革命性影响："它已经改变了学习和教学的模式，改变了获取原始资料和信息的途径，"但她指出，"目前仍不清楚……互联网究竟将如何彻底改变历史学术成果的本质，如果有什么改变的话。"[21] 乔丹娃在写于十年前的文章中指出，关键问题是"获取"，但是，互联网研究的新模式和方法，将对开展历史研究的方式产生根本性的影响。[22] 这种"彻底的"转变正在进行之中，而且很复杂。正如罗伯特·A.施耐德（Robert A. Schneider）所说，我们必须认识到网络身份和实践带来的变化："当新媒体技术进入人们的生活，经常挑战或重塑他们的文化的基础结构图景时，我们如何看待它们的重要性和力量？"[23]

从根本上说，互联网改变了历史学家的工作方式，无论是阅读文章、检索档案、记笔记还是写作。技术改变了历史学家与信息之间的关系，暗示并创建了新的等级结构、霸权和想象社会的方式。[24] 互联网是建立在对信息的存档和搜索之上的，因此，它的基础是文件的开放和共享（尽管控制访问的尝试一直在加强）。因此，作为一种现象，网络媒体需要一种参与模型——创建和使用——其中包括共享信息。互联网不断发展，但在其目前的原始状态下，它为知识和信息检索的标准模型提供了足够的动态挑战，从而为我们理解和参与过去的方式带来了真正的改变。这里"演变"一词的使用，暗示了互联网目的论概念化的问题，呼应了许多技术理论家所使用的生态隐喻，而"进步"的问题则是一个棘手的问题；当然，更多的情况是在碎片化和干扰的情况下创造出来的混合物，这意味着新的参与模式，而不是更好的参与模式。[25] 威廉·达顿（William Dutton）言简意赅地说："技术变革也能改变信息传播中的守门人角色。"[26] 这种削弱权威和改变关系的观念，显然是纯粹物质层面上的情况。知识的守门人越来越多地不得不要么改变他们的做法，要么干脆就被忽视。

当然，原始资料和信息获取渠道的激增，意味着历史的"研究工作"已经发生了根本性的变化。图书馆、档案馆、资源库、各种机构、各个国家都已将其文档数字化，以便在笔记本电脑、计算机、移动设备、智能手机上访问和使用；这项新技术已经超越了其他各种类型的研究硬件（缩微胶片、卡片目录）。历史资料的使用者，可以访问数以百万计的上传记录、博客、视频、书籍、文章、图片、文件、动画、音频文件和其他各种材料。这将带来无数新的可能性和布局。理论家们认为，创建一个完全可访问的数字档案，"不仅会改变文化产生和记录的形式，而且还会改变它被付诸实施和留存的更为广泛的条件"。[27] 谷歌图书已经将数量惊人的文本进行了数字化——大约有1500万本书，相当于所有已出版书籍的12%。学者们已经在研究如何对信息进行有意义的筛选和分析。[28] YouTube 网站上包含数百万个视频和影片片段,这些视频有的是按顺序排列的(譬如英国电影新闻频道或美联社频道的数千个新闻片段;参见图5),有时会混乱地上传(譬如,移动手机拍摄的事件片段)。其他数据库,如早期英文图书在线(EEBO)、18世纪作品在线(ECCO)和其他档案收藏,使查找和检索文本和文件变得既快速又便捷,无论学者身在世界何处。其中一些历史典藏只能通过许可访问,而关于封闭信息和开源出版的争论仍在继续。这些争论被关于知识产权、版权和盗版的讨论所抵消。

阿尔让·阿帕杜莱(Arjun Appadurai)认为,信息的去辖域化是全球化带来的结果:

> 随着群体历史在国家和跨国文化中日益成为博物馆、展览和收藏品的一部分,文化不再是皮埃尔·布尔迪厄所说的是一种习惯(即一种可重复的实践和倾向的默认领域),而更多地是一种有意识的选择、辩护和表征的场所,后者往往是面向多元和空间错位的观众的。[29]

用户不需要与他们下载的信息建立概念上的或有形的联系;这些信息是以新的特定方式使用、检索和部署的。在这种模式下,"历史",或者说与过去相关的信息——文档、文物、图像、数据库——成为网络空间的另一组线索,可以被几乎所有能上网的人访问和使用。这种权威模式或意义等级的错位,对于全球化中各种文化的碎片化至关重要。全球知识经济包括"历史",因此,与过去有关的信息已经成为货币。正是在这种语境下,任何关于信息消费的讨论都必须进行,而且，这种语境也在不断地偏离旧有的解释模式："新全球经济必须被视为一种复杂的、重叠的、分离的秩序，不能再用现有的中心——外围模式来理解。"[30] 这种信息革命，从根本上改变了理解、参与和拥有过去的范式。[31]

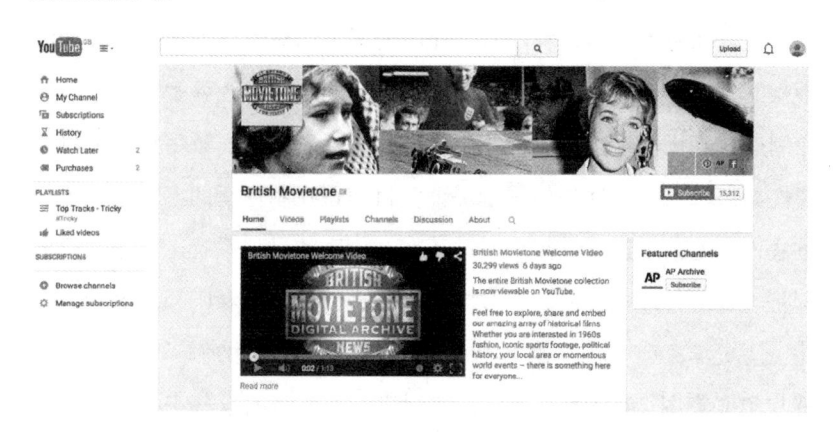

图 5　YouTube 网站上的英国电影新闻频道。

电子信息的存储、接口和保存影响着历史研究，与此相关的问题对于"原生数字"信息来说更为复杂，即在物质或物理上不以模拟形式存在的事物。这包括大量的材料：电子邮件、在线文档、电子信息、闭路电视图像、办公软件文档、网站、音频文件、博客、数据库等。原生数字历史文献深刻地影响着人们使用它们的方式，以及人们获取和创建的知识类型。这有一种新的和新兴的动态文本性（textuality）和技术素养的意识。主流的、较老的信息定义分化、转化和发展为新的、复杂的东西；原生数字材料对档案和研究人员的影响是深远的。档案结构对数字信息的安排不同于模拟信息，这些机构的组织原则和文献的安排、保存和获取方式的多重变化，必然会改变研究方法和学术成果。新技术对教育体制、研究、知识保存和信息存档的影响是深远的。它也很难概念化，因为它发生的速度如此之快。大量的信息正以指数级的速度被使用和生成。2000 年，从国家档案馆网站上下载的文件为零；现在这个数字大约是每年 6600 万。还有数百万人在网上查看和使用。

馆藏和原生数字材料的数字化改变了我们对管理、传播、互动和版权的理解；这存在多个相关问题，包括兼容性、迁移、安全性、生命周期、互操作性、真实性和可靠性，以及过时性。数字记录的可持续性如何？其真实性如何得到保证？目前正在制定新的电子记录评估方法，实施数字连续性战略，并正在开创新的呈现系统。无缝切换模型将现有组件连接在一起，并将手动处理信息架构和归档的流程自动化。历史学家和学者可能采用的新方法的一个很好的例子，是数据挖掘与犯罪意图（DMCI）项目，它创建了一个新的设备来处理数字化的《老贝利文献集》(*Proceedings of the Old Bailey*)。[32] 这个项目创造了新的系统，用于查询档案、存储信息、分析材料，以及可视化和呈现信息。该项目在 2001—2008 年进行了数字化，收录了 1.27 亿个单词量的文献。该项目积极寻求开发处理旧材料的新方法："作为一种摆脱受限制的研究途径的方法，并确保老贝利材料可以通过网络上不断发展的各种分析和可视化工具进行探索。"这个项目特别使用了 Zotero（一个研究组织和归档软件）来聚焦信息和收集材料。该项目表明了新档案所固有的问题——它们的庞大规模和烦冗程度——以及发展处理基于网络信息的新模式是一项需要合作而且耗时的工作。

当然，搜索引擎已经影响了人们查找信息的方式，因此，也影响了他们如何处理和理解历史知识。[33] 约翰·巴特尔（John Battelle）

认为，如果我们分析"意图数据库"（Database of Intentions）——人们搜索什么——我们就能理解当代文化，而且很明显，搜索引擎将知识简化为一套（甚至是高级的）查询答案，从而形成了某种电子认识论。[34] 对搜索模式的分析，可以让学者了解网络所促进的理解和参与的结构；它还表明了用户为历史研究带来的概念方法。这不仅仅是业余用户的水平；复杂的软件也可以用来为专业人员挖掘档案和数据库中的数据。所创造的原始信息仍然需要诠释，需要提出正确的问题，但是，研究的速度已经加快，所产生的信息类型是全新的："这些计算方法使我们能够发现模式，确定关系，对文献进行分类，并从大量的文档中提取信息，这些计算方法将成为未来十年人文学科和其他学科研究的新工具的基础。"[35] 从实践层面上来说，使用独立的软件来挖掘数据意味着一种半机械性的学术元素（就像用笔记本电脑写文章一样），它部分地排除了人的因素，改变了我们与信息的关系。从电子资源中提取信息并利用计算机技术来呈现它意味着，从根本上来说，计算机与人类的关系，是所有学术性历史研究的基础。这意味着某种距离和意义的延迟，受众和图像之间存在一种影像鸿沟。[36] 类似地，使用复杂的搜索引擎，改变了学者们与他们所使用的原始资料之间的关系。谷歌的算法处于人工智能的边缘，因此，部署它们需要一个新的技术性定义的接口。利用复杂的信息生成器和自动收集系统（如谷歌）来"捕捉信息"，使得信息从混乱的整体中抽象出来。这些系统基于"搜索"和"抓取"的原则，前者指的是一个页面上的信息和链接的自动索引，以及所有这些链接到其他页面的后续操作，是数据的指数级创建（这就是搜索引擎的作用），后者是一种不太复杂的、基于文本的自动搜索。这些工具让学者们在混乱的信息中穿行——罗森茨威格所说的"过度丰富"——但它们是粗糙的技术，只是提供了可用资料的一个扭曲的图像。它们本质上是解读和阐述的方式，是标准历史工具的更新版本；与此同时，它们也改变了用户处理历史资料的方式。

新技术和媒体改变了普通用户或业余用户与资料交互的方式。譬如，游戏技术有可能极大地改变用户学习和获取资料的方式。数字建模可以重建古代遗址和建筑。[37]像谷歌学术搜索这样的搜索引擎模型，允许用户快速地访问学术资料，尽管没有任何守门人的介入，因此，搜索结果依赖于好的提问和产生那种结果的算法。这种对学术界的特殊入侵表明，伯纳斯-李关于互联网是一种绕过现有知识等级的东西的概念可能是正确的。互联网的设计、目的和方法仍然处于不断变化的状态。正如路易斯·罗森菲尔德（Louis Rosenfeld）和彼得·莫维尔（Peter Morville）所指出的那样，"信息系统和它们所处的更为广泛的环境都具有动态的、有机的本质"。[38]这种自然的、生态的主题和隐喻性的语言，在网络的讨论中比比皆是，"信息生态学"（information ecology）这样的短语也很常见；这种概念化表明了网络的潜力和流动性，同时也表明了缺乏一个专门的话语来描述它。譬如，信息架构是组织和呈现信息的学科（而不是呈现信息的技术性细节），是一个成长中的领域。信息设计与用户体验这个概念紧密相连。互联网理论家们用这些术语来构想网络，这一事实表明，在撰写有关这一现象的文章时，隐含着一种动力和灵活性。信息架构理论——特别是在内容组织、访问和呈现层次方面——关注的是它如何影响用户对内容的参与，以及如何理解所给予他们的内容。

在这里，至关重要的是信息呈现的复杂性——一个普通的 web 数据库页面可能包含打印、图像、动画、视频、音频、虚拟建模、社交媒体、谷歌地球标记、学术交叉引用、参考书目、博客、日历、下载文件以及与之相关的播客等。信息的深度和链接的复杂性,创造了印刷媒体无法模仿的活力(尤其是视觉上的)。作为学术信息呈现的模型,它展示了多层次呈现的潜力。页面的架构比一本书要复杂得多,而链接使它成为不断发展和变化的信息网络的一部分。[39]因此,web页面处于同时存在的状态。这在一定程度上是由经济学定义的。互联网的自由模式,受到越来越多的网站对内容收费的影响。[40]数据库和期刊的订阅是标准现象;免费内容通常由页面内的广告支持。信息就是货币,"历史"已经成为这个全球知识网络的一部分。在这一套关系中,信息的使用者成了"商品化的受众,被卖给广告商"。[41]然而,大多数网络的使用都涉及一种动态关系,而不是被动关系——用户通常不能简单地获取信息,而必须寻找信息。克里斯·罗杰克认为,网络强调的是"积极的消费,而这种消费剥夺了消费者的部分创造性角色"。[42]从概念上和物质上来说,网络是一种互动性的资源;事实上,对李·马诺维奇(Lee Manovich)来说,电脑的使用就是互动性的。[43]譬如,与电视观众相比,互联网受众在很多方面都是很主动的,这导致了一种观点,即网络代表了一种新的公共领域,是政治参与或社会参与的一条可能途径。[44]然而,这种互动性、参与性的用户也失去了肉体、身份和责任:"在网络文化中,劳动的短暂化和商品的消失与人类的分离是平行的。"[45]网络用户同时也是一种商品,可以卖给广告商,有可能创造一个新的被黑客入侵的互动身份和一个脱离社会和生产的无形存在。正如上面所讨论的,随着互联网的经济和监控功能变得更加明显,关于互联网的理想主义观点正在迅速消失。

对传统知识体系的一个重要挑战，是新的信息呈现模型的出现。2001年1月推出的维基百科网站，冲击了知识产权的知识常识，并破坏了信息所有权的法律（版权）定义。[46]它是互联网上最大的多语种免费内容百科全书，拥有世界上几乎每种语言的数百万份内容。维基（wiki）指的是一个多用户、协作性的网站，它是一种页面创建形式，通常用于编程和教育。罗森茨威格认为，它代表了"免费和开源软件运动的原则在文化领域而不是在软件生产领域的最重要的应用"。[47]它不以营利为目的，由接受私人捐赠的基金会资助，因此，是一个新的虚拟信息机构的例子。维基百科现在与大多数搜索引擎相集成，除了搜索结果之外，它还提供信息。维基百科网站以百科全书的形式呈现信息，包括历史信息，是一个完全可搜索的数据库。因此，这种模式是有重点的调查研究，而不是浏览，是对内容主体或知识存储库的定向询问，而不是更为复杂的参与。就流量而言，维基百科比那些经济、实用或娱乐元素更加明显的网站要优越得多，它表明，虽然交流和信息对互联网来说是如此关键，但文化信息、社会信息和历史信息也很重要。

如前所述，现在的模式是针对"内容"的，而不是针对产品的。正如阿克塞尔·布伦斯（Axel Bruns）所指出的，我们需要新的术语——他用的词是"产用合一"（produsage），而其他人用的是"产消合一者"（prosumer）。[48]任何人都可以撰写或修改一些条目，尽管有一定的规则，而且，许多页面是受到控制的。[49]对用户创建内容的强调，提出了一种参与模式，其中信息的生产和流通依赖普通用户的参与。然而，内容编辑的过程趋向于保守和取得共识，即强调网站是一种资源。撰写条目的一个重要原则之一，是呈现一个"中立性的观点"("描述、呈现和概括辩论,而不是参与辩论"),以避免被指责为带有偏见。[50] 另一个重要原则,是不允许发布原创性研究,这是为了试图避免个人学说将网站引向中间地带。这个项目的关键是要有收集信息的意义,而不是撰写一些新的东西:"被维基百科收录的内容的门槛是可验证性,而不是真实性。在这种情况下,'可验证'意味着,任何读者都应该能够检查添加到维基百科的内容是否已经由可靠来源出版。"(这是他们所强调的)[51] 可靠资料来源的定义分为原始资料(目击者、档案、信件、自传)、二手资料(书籍、杂志、报纸)和第三手资料(百科全书)等。任何人都可以参与历史,只要他们遵守历史的标准实践,即进行研究,具有学术性,解读史料,撰写文章。历史学术研究的工具是给用户的,但它仍然是直接的历史实践,如果说只是用于咨询或询问的话。

从某种意义上而言,维基百科表明了"自由"互联网的短暂繁荣和终结。以前它是完全开放的,现在它有越来越多的守门人和不开放编辑的受保护页面。虽然许多页面是开放的,任何人都可以"添加"一个页面,但网站越来越多地受到管理和控制。这是一件好事,因为它确保了信息的质量和准确性,而这正是人们使用该网站的目的。该网站一直受到从大学教授到政客在内的各种人物的一些恶作剧和严重的虚假内容的影响。然而,它确实关闭了在线信息的"可能性"和可塑性,这的确是一个事关历史资料的问题,特别是当解释存在争议的时候。[52] 譬如,历史学家蒂莫西·梅瑟-克鲁泽(Timothy Messer-Kruse)花了数年时间,与维基百科就他编辑的有关秣市骚乱(Haymarket riot)和1886年审判的页面内容展开争论。[53] 梅瑟-克鲁泽试图证明,某些说法是"完全错误的",但他最终被告知,"维基百科提供的不是'真实性'内容，维基百科上的可靠资料来源要具有'可验证性'。[54]历史学家对一种"真实性"内容的主张（基于档案）和另一种合作性的、众包的、估计的"可验证性"内容的表述之间的争论，引发了许多关于使用维基百科作为研究或教育工具的伦理问题和担忧，但它也表明了信息概念化的方式及其目的之间的脱节。这里透露一下：我自己是通过阅读维基百科上的"维基争议"页面，才发现梅瑟-克鲁泽这个案例的。我几乎没有把它列为好像是让人感觉它是学术上的作弊的一个事件，事实上，大多数大学都不赞成使用维基百科作为资料来源。然而，这个微小的事件展示了新的学术研究模式——我搜索，我交叉引用，我阅读内容，我基于那些看似短暂的行为做出断言。在整个过程中，我都在为某个特定目的而查询档案——维基百科——并用它来集中进行调查研究。在很大程度上，我也相信它。

因此，维基百科将知识呈现为一种处于不断修正状态的东西，它有许多观点，依赖其他来源来建立基于事实的真实性内容。它提出了一种"客观的"共识。微观世界的维基百科，呈现了互联网看似无穷无尽的一面——大量信息缺乏形式，需要用户对其进行建模。它还展示了数据库技术——从存储到搜索——对使用信息的模式的影响。该网页是百科全书式的，而不是整体的，由指数级爬行器无休止地搜索单个术语或一组代码的所有表现形式。这些信息的获取、使用、共享、验证和概念化的方式表明了新的学术研究技能的发展。它也是一个大胆的开源网站，维基百科是互联网提供的免费信息服务的典范。无穷无尽的档案意味着，似乎没有任何信息是无法找到的。批评者认为，这让人们变得更笨，因为信息随时随地都在他们的指尖；另一些观点认为，这使得一套新的调查和概念工具的发展成为可能，而这些工具与过去几十年使用的那些工具完全不一样。

推特和历史学家使用的社交媒体

在过去五年里，最深刻的数字化转变似乎是社交网络的兴起。脸书、推特、Instagram、Digg、Reddit、领英（LinkedIn）、Tumblr、Bebo、Pinterest 和 Flickr 等网站都提供了与其他用户互动和上传个人内容的模式。社交网络是允许用户围绕共同兴趣与其他用户进行互动的网站和应用程序。它们是动态的，允许用户上传图片、视频和其他类型的文件。它们允许用户创建一个在线档案，参与一种公开辩论，并创建一套"社交"互动。虽然这些网站大多是在 IE 浏览器、火狐（Firefox）或谷歌浏览器等软件运行的基于 web 的平台上创建的，但它们现在作为应用程序更为普遍，被用于平板电脑、手机和各种移动设备。从音乐分享到菜谱，社交网络接口现在在各种在线社区中都广为流行。成为一个网站的"成员"可以让用户发表评论，参与网站的内容，并可能添加自己的内容。这是庄严的授权，因为它鼓励互动性和参与。它催生了一种评论文化——从亚马逊到猫途鹰（TripAdvisor），从爱彼迎到 Spotify——用户为某物的"估值"做出贡献。

有些变化就在我们眼前。正如我在这本书的前言中所提到的，在 2007—2008 年我准备出版本书第一版的时候，微型博客网站推特几乎还不存在。现在它在全球拥有大约 3 亿活跃用户；2009 年有 4100 万。该网站的指数级增长，部分是由于智能手机使用的爆炸式增长，

98

部分是由于其实用性。各种关键事件——譬如 2010—2011 年的阿拉伯之春——表明人们如何利用社交网络提供即时的、DIY 的、自由的和相对匿名的交流："我们使用脸书来安排抗议活动，用推特来协调，用 YouTube 来告诉全世界发生了什么。"[55] 该应用程序允许用户通过 140 个字符的帖子分享信息。图片、视频和文本通常通过公共接口共享，每天发送约 5 亿条推文。关于主题标签（hashtag）帖子和用户名的讨论越来越多。推特上有大量关于事件的活动—— 2013 年，吉卜力工作室的电影《天空之城》(1986) 在日本上映期间，推特记录了每秒发布 143,199 条推文的速度（更为常见的是每秒发布 5700 条推文，即每天 5 亿条）。[56] 2014 年世界杯半决赛德国战胜巴西的消息，在推特上被转发了 3560 万次。

关于推特，历史学家和档案保管员面临的一个关键问题，是如何对该网站进行存档，并维护一个可操作的阅读软件。推特通过自己的流通和巨大的传播能力提供了大量的信息，但是，极为困难的是，如何在特定的语境下处理、使用和理解这些信息。[57] 此外，推特的庞大规模，需要特定的技术和处理档案的新方法。斯特恩菲尔德（Sternfeld）写道，推特提供了"数字媒体如何正在改变我们与历史材料关系的几个可能例子之一"。[58] 它提供了一个极其丰富的新的档案，但对其进行鉴别是非常困难的，而且仍然没有开发出合适的工具。

推特还提供了一种参与模式、信息和教育交流的新方式以及传播的新模式。许多机构和组织都使用推特来发展他们的"品牌"，但也用它来交流新技术、想法、研究和展览。对于博物馆或画廊来说，它允许关于它们的工作的对话发生在场地本身之外。推特将交流信息压缩到 140 个字符，并改变了信息呈现和共享的方式。这意味着，一场会议讨论，或者关于一个事件或电视节目的讨论，可以"公开"进行，并在不同的时间与世界各地的不同观众进行交流。譬如，英国广播公司改编电视剧《狼厅》（2015）的历史顾问凯瑟琳·弗莱彻（Catherine Fletcher）就在推特上直播了第一集，并附加了一些背景和讨论。[59] 这个帖子引发了其他历史学家和历史顾问以及其他用户的讨论；它使得关于观点的阐明以及关于一些教育、一些图像的共享和思想的发展成为可能。弗莱彻还链接到其他讨论、博物馆和网站；她在推特上发布图片、文档、文章和链接。在某一时刻，"虚构的"用户亨利·都铎（Henry Tudor）的头像介入，使时间线变成了真实的虚构——使用历史名人的推特身份很常见，譬如杰弗里·乔叟、安妮·博林和詹姆斯·乔伊斯等。所有这些都以有趣的方式增加了《狼厅》的体验，增加了"价值"，并让该剧融入了一种更加专业的历史模式。在这里，推特被用来作为历史学家与公众直接沟通、与公众进行辩论和讨论问题的工具，在许多方面，它还被用作一种教学工具，用来阐明重要的论题。

众包、黑客和教育：转录、慕课、应用程序

虽然谷歌图书已经将数以百万计的印刷文本进行了数字化，但将手稿和档案进行数字化则被证明更加困难。这是由于存取，以及由于扫描软件不够先进，无法处理文本的手稿和文本的物质性（materiality）。然而，大多数档案馆和机构都没有资源来转录它们的材料——尽管许多机构现在正在把它们数字化。是否所有的手稿资料

都"应该"放在网上，这是一个有争议的问题，但考虑到材料的开放和推动在线档案的"完整性"，越来越多的情况是手稿资料的缺乏正在给研究带来不利影响。这也是一个"公共"获取的问题。2013年，华盛顿特区的福尔杰莎士比亚图书馆（Folger Shakespeare Library）开始了一项将它们的手稿进行数字化和转录的项目，以便"向任何想要阅读我们手稿的人开放我们的手稿，而不仅仅是开放给那些受过古文字学训练的人"。[60]

如何进行转录手稿材料的工作的问题，引发了将这类工作外包出去的许多有趣的倡议。从最纯粹的意义上讲，众包是一种利用多个用户的力量达到特定目的的方式。[61] 如果一项任务很艰巨，让数百人参与其中，可以确保任务更快完成。就"业余"历史学家的参与而言，众包是非常有趣的现象。它允许用户访问文档，并成为更为广泛的学术努力的一部分。这些项目试图"训练"用户使用文档，阅读老旧手稿作品，理解文本的重要性。譬如，伦敦大学学院的大型边沁文集转录计划（Bentham Papers Transcription Initiative），就试图提供哲学家杰里米·边沁的多部文集的文本。[62] 边沁的手稿被数字化，然后由志愿者进行转录。编辑们会检查这些转录内容，然后放到网上。志愿者们通过视频教程接受培训，得到工作反馈，并有详尽的指导方针和讨论论坛。[63] 该项目在2015年7月报告说，有13,351份手稿被转录，其中92%已被检查确认。这大约占整部文集的42%。这项练习训练用户，让他们参与合作研究工作，同时开发一个新的学术资源。类似地，FamilySearch和其他在线谱系网站，多年来一直鼓励将记录转录和编写索引的工作外包出去。[64] 这同样得到了培训、检查和反馈的支持。他们声称，已经有1,335,436,905条记录以这种方式被创造出来，仅 2015 年就有 64,086,152 条，贡献者达到 204,185 人。这些数字是巨大的，表明数据库技术可以使资料得到扩展。

用户参与研究工具和教育工具的成长，也可以追溯到大规模开放在线课程（慕课）的大规模扩张。这些是由大学和其他高等教育机构开发的在线远程学习课程。它们允许世界各地的用户访问教育材料和教学材料。它们还改变了教学的方式，从"实体"课程转向视频、在线练习和用户驱动的学习模式。[65] 大规模开放在线课程使用户能够远程访问内容，并学习许多不同类型的技能。它们是一种创造开放的学习环境的方式。

用户在网上获取历史资料的另一个重要途径是通过下载在设备上使用的应用程序。应用程序可以提供基本资料，也可以用来交流特定的体验。譬如，为纪念泰坦尼克号沉没 100 周年而特别设计的泰坦尼克应用程序（BCL NuMedia，2012），提供了图像、档案录像、甲板平面图、传记、时间线和进一步阅读等内容。这款应用程序可以从各种在线商店下载，并在平板电脑、移动设备或手机上使用。它不是为笔记本电脑设计的，而是为了把应用程序带出"办公室"或"学习"环境，以某种方式确保它更具有移动性，或至少以一种更加流动的方式使用。它不是一本书，也不是一个学习网站，更不是一个电视节目，而是某种更加复杂、更具互动性的东西。它没有实体的形式，所以，这里的过去以一种纯粹的数字方式呈现，尽管它被安排成"文本"供读者参与。历史、文本和存档等应用程序，鼓励人们通过阅读和理解资料，以一种更加动态的方式参与过去。它们还鼓励"传统"模式之外的历史自我教育，使用户能够通过参与商业开发的应用程序而获得历史知识上的赋权。

对于这种应用程序来说，同样复杂的是通过数字图像来绘制地图和理解世界的技术。谷歌地球是一个数据库技术网站和应用程序，它使用卫星图像来呈现一个动态的、流式的摄影三维世界地图。用户可以通过输入地点、全球坐标或地区来浏览；还可以使用指南针和缩放功能简单地滚动屏幕。作为一种服务技术，它提供重要旅游目的地的定位、方向和图像。在谷歌地球上发现的信息所产生的后果是显而易见的——一个看似实时的世界图像，既赋予了我们（了解地球的）权利，又以制图学的方式创造性地约束了空间。[66] 在学术研究和交流方面，使用图像的潜力是广泛的——譬如，该程序可以允许数据库或百科全书条目中的地理空间标记，极大地改变着信息呈现的方式。[67] 谷歌地球还可以用来打破信息层级结构。它发布了应用程序编程接口（api），允许用户在其 web 页面中嵌入地图，提供了操作地图和生成跨界混搭的实用程序。[68] 该软件允许用户添加图像覆盖，也就是把自己的图像强加在地图上。这意味着这种地图可以被打乱、碎片化、交错和改写。杰里米·克兰普顿（Jeremy Crampton）和约翰·克莱格（John Krygier）已经证实了"地图黑客"和开源技术如何绕过地图制作的标准实践："开源地图意味着，地图制图不再掌握在制图师或全球定位系统工程师手中，而是掌握在用户手中。"[69] 他们还有效地指出，使这成为可能的技术不是对内容本身感兴趣，而是对信息的呈现感兴趣；"历史"只不过是变成了另一组数据。在一个景观、权力关系和监控都是重要问题的学科中，这样做的后果是深远的，并令人想起一个更为广泛的用途：如果用户可以摆脱地图知识的守门人，开始构建和使用他们自己的地图（特别是有争议的地点或位置），他们将会如何对待历史呢？在这里，技术允许打破等级结构，让用户来创造和控制他们自己的空间感。

谷歌地球有一系列的历史功能，过去的各种地图被编入这款基本的软件中。譬如，选择1843年的伦敦地图或1710年的亚洲地图，历史地图的图像就会覆盖在现代卫星图像上（所有现代地图位置的标签仍然显示出来）。还有一个透明滑块功能，可以使重叠的图像更加醒目或更加明亮。这种过去和现在之间的动态关系也在过去和现在之间建立了一种非常有形的关系。然而，这些历史地图作为一种查看选项，与譬如交通网络、旅游景点、就餐地点或生态景点等一起呈现，表明"历史"只是一系列查看修辞之一。"老"地图也是错误的——无论是在地形、边界还是地名方面——这一方面使它们没有当代图像那么权威，同时也微妙地削弱了关于"地图"的一般性权威假设。

谷歌地球软件和它所产生的多个附加组件表明了对历史的有形性的兴趣，以及对这种物质性的灵活性的进一步理解。机构和专业组织以及个人等用户都有预订历史黑客，可以添加他们自己的覆盖地图和历史遗址的照片图像（包括地形图）。这些图片包括从考古学的回声图像到废墟的照片，从古代地图到大西洋沉船的位置等。这种地图存档表明了用户对信息的重新安排，以历史的视角重塑他们的世界。历史"地图破解"指的是过去的固定性——作为一个固定的地形时刻——而软件的动态性和易用性允许每个人以一种独特的方式参与到"这个世界"的历史中。在谷歌地球内部的这种潜在的破坏，允许历史"事实"成为另一组数据，以终端用户希望的任何方式进行操作。

呈现这些黑客行为的网站，提供了有关地球结构的多种历史视角。它们依赖使用、信任，在很大程度上还依赖广告收入——这种结合在知识经济中很常见。黑客和用户内容驱动的网站是赋权和全球资本的混合体。大多数博客、网站和搜索引擎的设计都很复杂,对广告的依赖也很明显。这种根本性的商业主义与网络的"解放"模式相冲突。信息自由得到了资助,并通过广告、赞助商链接和弹出窗口得以实现。然而,开源编码至少让人们拥有了生产工具的部分所有权,为开发绕开主流经济权力中心,信息检索和呈现的新方法提供了条件。

注释:

1 M. Featherstone, "Archiving cultures", *British Journal of Sociology*, 51:1 (2000), 161–184 (177).

2 D. J. Cohen and R. Rosenzweig, "Web of lies? Historical knowledge on the Internet", *First Monday*, 10:12 (2005), http://firstmonday.org/issues/issue10_12/cohen/index.html [accessed 15 January 2007].

3 R. Rosenzweig, "Scarcity or abundance? Preserving the past in a digital era", *The American Historical Review*, 108:3 (2003), http://www.historycooperative.org/journals/ahr/108.3/ rosenzweig.html [accessed 15 January 2007] and R. Anderson, "Author disincentives and open access", *Serials Review*, 30:4 (2004), 288–291.

4 Rosenzweig, "Scarcity or abundance?". 另见 J. Gomez, *Print is Dead*, Basingstoke: Palgrave Macmillan, 2007。

5 J. Sternfeld, "Archival theory and digital historiography: selection, search, and metadata as archival processes for assessing historical contextualization", *The American Archivist*, 74:2 (2011), 544–575. 更多讨论见:K. Hering, M. J. Kramer, J. Sternfeld and K. Theimer, "Digital historiography and the archives", *Journal of Digital Humanities* , 2:3 (2014), http://journalofdigitalhumanities.org/3-2/digital-historiography-and-the-archives/ [accessed 19 October 2015]。

6 关于对历史学家正在成为计算机科学家的奴隶这一事实的担忧,参见:A. Crymble, "Historians are becoming computer science customers", 24 June 2015, http://ihrdighist.blogs.sas.ac.uk/2015/06/24/historians-are-becoming-

computer-science-customers-postscript/ [accessed 19 October 2015]。有关论述正在开发的新技术的论文，参见在线期刊：*Journal of Digital Humanities* (http://journalofdigitalhumanities.org/)。

7 Thomas Burger and Frederick Lawrence (trans.), *The Structural Transformation of the Public Sphere: an Inquiry into a Category of Bourgeois Culture*, Cambridge and Oxford: Polity Press, 1992, p. xi.

8 Tim O'Reilly, *What is Web 2.0?*, Tim O'Reilly Media, 2009 (ebook).

9 N. Carr, *The Shallows: What the Internet is Doing to our Brains*, New York: W. W. Norton, 2010.

10 L. Grossman, "You – yes, you – are TIME's Person of the Year", 17 December 2006, http://www.time.com/time/magazine/article/0,9171,1570810,00.html [accessed 19 January 2007].

11 譬如，参见 M. Castells, *The Rise of the Network Society*, Oxford: Blackwell, 2000。

12 然而，这种"数字鸿沟"意味着，任何关于互联网和 Web 2.0 的讨论都必须考虑到这样一个事实，即这主要是一种西方的和中产阶级的现象，譬如，参见：J. Chakraborty and M. M. Bosman, "Measuring the digital divide in the United States: race, income and personal computer ownership", *The Professional Geographer*, 27 (2005), 395–410, and Castells, *The Rise of the Network Society*。

13 T. Brabazon (ed.), *Digital Dialogues and Community 2.0*, Oxford: Chandos, 2012.

14 G. Greenwald, *No Place to Hide: Edward Snowden, the NSA and the Surveillance State*, London: Hamish Hamilton, 2014. 另见 M. Andrejevic, *iSpy: Surveillance and Power in the Interactive Era*, Lawrence, KS: University of Kansas Press, 2007。

15 譬如，关于医学伦理和网络身份的讨论，参见：M. DeCamp, T. W. Koenig and M. S. Chisolm, "Social media and physicians' online identity crisis", *Journal of the American Medical Association*, 310:6 (2013), 581–582。也可参见：M. Andrejevic, *Infoglut*, London and New York: Routledge, 2013。

16 Fickers, "Towards a new digital historicism?"

17 R. Rosenzweig, *Clio Wired: The Future of the Past in the Digital Age*, New York: Columbia University Press, 2011, p. 6.
18 D. Cohen and R. Rosenzweig, *Digital History: A Guide to Gathering, Preserving, and Presenting the Past on the Web*, Philadelphia, PA: University of Pennsylvania Press, 2005.
19 N. Eagle and K. Greene, *Reality Mining: Using Big Data to Engineer a Better World*, Boston, MA: MIT Press, 2014.
20 这些问题在下面的论文中得到了充分的讨论：D. J. Cohen, M. Frisch, P. Gallagher, S. Mintz, K. Sword, A. Murrell Taylor, W. G. Thomas, Ⅲ and W. J. Turkel, "Interchange: the promise of digital history", *The Journal of American History*, 95:2 (2008), 452−491。也可参见 B. Kovarik, *Revolutions in Communication: Media History from Gutenberg to the Digital Age*, London and New York: Bloomsbury, 2015。
21 Jordanova, *History in Practice*, p. 189.
22 W. J. Turkel, "Hacking history, from analog to digital and back again", *Rethinking History*, 15:2 (2011), 287−296.
23 P. Edwards et al., "AHR conversation: historical perspectives on the circulation of information", *The American Historical Review*, 116:5 (2011), 1393−1435 (1404).
24 相关讨论见 T. Jordan, *Cyberpower*, New York and London: Routledge, 1999。
25 见 M. Bakardjieva, *Internet Society*, London: Sage, 2005。
26 W. H. Dutton, "The Internet and social transformation: reconfiguring access", in W. H. Dutton, B. Kahin, R. O'Callaghan and A. W. Wyckoff (eds), *Transforming Enterprise*, Cambridge, MA: MIT Press, 2005, pp. 375−389 (p. 383).
27 Featherstone, "Archiving cultures", 161.
28 J-B. Michel et al., "Quantitative analysis of culture using millions of books", *Science Express*, 16 December 2010, 10.1126/science.1199644, 描述了一个拥有500万本谷歌图书的语料库，有5000亿个词。
29 A. Appadurai, "Disjuncture and difference in the global cultural economy", in J. Xavier Inda and R. Rosaldo (eds), *The Anthropology of Globalization*, Oxford: Blackwell, 2002, pp. 46−64 (p. 50).

30 同前注。
31 见 D. J. Cohen, "History and the second decade of the web", *Rethinking History*, 8:2 (2004), 293–301，关于实用方面的解读，见 S. Ho, "Blogging as popular history making, blogs as public history: the Singapore case study", *Public History Review*, 14 (2007), 64–79。
32 见 http://criminalintent.org/wp-content/uploads/2011/09/DataMining-with-Criminal-Intent-Final1.pdf [accessed 19 October 2015]。
33 W. J. Turkel, "Searching for history" (12 October 2006), *Digital History Hacks: Methodology for the Infinite Archive* [weblog accessed 15 January 2007].
34 John Battelle, *The Search: How Google and its Rivals Rewrote the Rules of Business and Transformed Our Culture*, Boston and London: Nicholas Brearley, 2005.
35 Daniel J. Cohen, "From Babel to knowledge", *D-Lib Magazine*, 12:3 (2006), 6–19.
36 L. Manovich, *The Language of New Media*, Cambridge, MA: MIT Press, 2001, p. 86.
37 参见 M. Nicholls 所讨论的虚拟罗马："Roman fragments and digital modelling shed light on urban spectacle", http://blogs.reading.ac.uk/the-forum/2012/03/09/roman-fragments-and-digital-modelling-shed-light-on-urban-spectacle/ [accessed 19 October 2015]。
38 Louis Rosenfeld and Peter Morville, *Information Architecture*, Sebastopol, CA: OReilly, 2002, p. 23.
39 见 A. Ensslin, *Canonizing Hypertext: Explorations and Constructions*, London: Continuum, 2007。
40 R. Rosenzweig, "Should historical scholarship be free?", http://chnm.gmu.edu/resources/essays/d/2 [accessed 21 February 2007].
41 Fiske, "The commodities of culture", p. 283. 另见 de Groot, "On genealogy"。
42 Rojek, "P2P leisure exchange", p. 367.
43 Manovich, *The Language of New Media*, p. 55.
44 J. Stratton, "Cyberspace and the globalization of culture", in D. Bell and B. M.

Kennedy (eds), *The Cybercultures Reader*, London and New York: Routledge, 2000, pp. 721-731 (p. 729); 在这本书中，S. P. 威尔伯（S. P. Wilbur）认为，人们的这种理想主义在某种程度上是不合适的，"An archaeology of cyberspaces: virtuality, community, identity", pp. 45-55。

45 M. Dery, *Escape Velocity*, New York: Grove Press, 1996, p. 6.

46 R. Rosenzweig, "Can history be open source? Wikipedia and the future of the past", http://chnm.gmu.edu/resources/essays/d/42 [accessed 9 February 2007].

47 Rosenzweig, "Can history be open source?" .

48 Axel Bruns, *Blogs, Wikipedia, Second Life and Beyond*, New York: Peter Lang, 2008, p. 2.

49 https://en.wikipedia.org/wiki/Help:Editing [accessed 19 October 2015].

50 http://en.wikipedia.org/w/index.php?title=Wikipedia:Neutral_point_of_view&oldid=102236018 [accessed 21 February 2007].

51 http://en.wikipedia.org/wiki/Wikipedia:Verifiability [accessed 21 February 2007].

52 令人耳目一新的是维基百科还有一个"维基百科争议"条目，https://en.wikipedia.org/wiki/List_of_Wikipedia_controversies。

53 Timothy Messer-Kruse, "The 'undue weight' of truth on Wikipedia", *The Chronicle Review*, 12 February 2012, http://chronicle.com/article/The-Undue-Weight-of-Truth-on/130704/.

54 同前注。

55 https://twitter.com/fawazrashed/status/48882406010257408 [accessed 19 October 2015].

56 https://blog.twitter.com/2013/new-tweets-per-second-record-and-how [accessed 19 October 2015].

57 J. Sternfeld, "Historical understanding in the quantum age", *Journal of Digital Humanities*, 2:3 (2014), http://journalofdigitalhumanities.org/3-2/historical-understanding-in-the-quantum-age/ [accessed 19 October 2015].

58 Joshua Sternfeld, "Historical understanding in the quantam age", *Journal of Digital Humanities*, 3:2 (2014), http://journalofdigitalhumanities.org/3-2/historical-understanding-in-the-quantum-age/ [accessed 19 October 2015].

59 https://storify.com/cath_fletcher/wolf-hall-ep-1-the-best-live-tweets. 我要感谢凯瑟林·弗莱彻提供的这个资料，她非常慷慨地分享了她的研究。
60 H. Wolfe, "EMMO: Early Modern Manuscripts Online", 26 November 2013, http:// collation.folger.edu/2013/11/emmo-early-modern-manuscripts-online/ [accessed 19 October 2015].
61 D. C. Brabham, *Crowdsourcing*, Massachusetts, MA: MIT Press, 2013.
62 http://www.ucl.ac.uk/Bentham-Project/transcribe_bentham [accessed 19 October 2015].
63 http://www.transcribe-bentham.da.ulcc.ac.uk/td/Help:Transcription_Guidelines [accessed 19 October 2015].
64 https://familysearch.org/indexing/ [accessed 19 October 2015].
65 K. Head, "Are MOOCS the future of general education?", *The Journal of General Education*, 63:4 (2014), 244-255. 另见 Anant Agarwal's TED talk, "Why MOOCS (still) matter", http://www.ted.com/talks/anant_agarwal_why_massively_open_online_courses_still_matter?language=en [accessed 19 October 2015]。
66 见 P. Jackson, *Maps of Meaning: An Introduction to Cultural Geography*, London and New York: Routledge, 1995。使用3D卫星地图来规范和安排空间是显而易见的，譬如，在新闻报道中，某个地区的地形在聚焦于一个特定的位置之前就被呈现出来了。
67 W. Kienreich, M. Granitzer and M. Lux, "Geospatial anchoring of encyclopedia articles", *Tenth International Conference on Information Visualisation*, 4:6 (2006), 211-215.
68 我要将这个观点归功于蒂姆·德比（Tim Derby）。
69 J. W. Crampton and J. Krygier, "An introduction to critical cartography", *ACME*, 4:1 (2006), 11-33 (19).

第三部分　表演历史和把玩历史

到目前为止，这本书已经从两个方面论述了与历史进行的接触——通过有名气的名人的引导，以及通过在线或数字渠道直接接触过去的文物和文本。历史是通过直接接触来教授和体验的。在进一步分析历史的个性化和个体在接触过去的能动性时，以下三章探讨了各种对历史的"亲身"体验，并勾画了它们所要求的参与的复杂性。这些章节考察了重演历史的含义，历史化的文化表演和游戏对历史体验和真实性等问题的影响。这里所考察的现象——重演历史、亲历历史（living history）和电脑游戏第一人称历史——提出了"历史"之内的一系列体验和历史消费的复杂性问题。它们似乎赋予了受众特权，同时也将他们置于一段被观看的历史（viewed history）之中，即将历史视作一种表演和故事（以及一个有特定叙事规则监督事件的故事）。

作为实践的重演历史和亲历历史都提出了有关教育、所有权和真实性的问题，这些问题逐渐被历史学家予以理论化。[1]与对情感和感官的一种新的历史学研究兴趣相结合，这些类型的"认知"过去，使我们能够重新思考历史的运作方式，以及人们是如何接触历史的。[2] 它们是像第一人称游戏和角色扮演游戏一样的活动，表明了在"亲身"体验或具身体验（embodied experience）中的历史自由（historical freedom）。[3] 这些活动——主要是新的或新近流行的——引发了关于历史是"怎样的"以及历史是"什么"等令人困惑的问题。重演历史是一种"富于想象力的表演、自我完善、丰富智识和社交活动的成功结合"，跨越了各种文化类型（重演历史活动的电影、戏剧或电视），是艺术（杰里米·戴勒和 ICA 重演历史演员的作品），也可以是政治激进主义活动（譬如生命线项目）。[4] 通过一组特定的身体动作——重新表演或重生——来重现过去的行为在文化活动中广泛存在，包括从纪念行走活动到中世纪乐器的使用等。[5] 历史化的表演是当代社会痴迷于"真实性"的关键，这在某种程度上是因为，这种合法性的关键被视为个人体验。重演历史融合了对历史文物的体验，譬如在博物馆中的体验，以及个体的发现等。

重演历史是当代历史参与的关键修辞之一，几乎可以在本书所考察的所有媒体和形式中找到——譬如，在博物馆的互动需求，或在真实历史（reality history）的具身体验中都可以找到。重演历史几乎是潜移默化地渗透到历史想象中的，现在，它与关于过去的许多流行的叙事化（narrativizations）都有着千丝万缕的联系。在参观博物馆或古迹、观看纪录片或历史剧时，我们不可能不借助专业的重演历史演员或业余平民来突出表演、移情和具身化等关键问题。因此，无论我们是否重视这种做法，我们都应该对其进行深入探究。拉斐尔·塞缪尔在研究重演历史和亲历历史时追溯了"对即时性的追求，以及对当下清晰可见的过去的探寻"。[6]塞缪尔将所有类型的重演历史活动或"复古主义"（resurrectionism）——竞走、运河修复、给老建筑进行泛光灯照明、蒸汽火车等——的流行与20世纪50年代地方史的兴起联系了起来。[7]很明显，这是一种试图赋予人们权利的行为，是一种与这种重演历史相关联的草根运动和DIY元素，而历史消遣和再具身化等文化现象，必然对主流的历史模式和传播知识方式提出挑战。

以下章节考察了多种形式的重演历史活动和再具身化——专业性的（通常是在博物馆），作为一种休闲类型〔如"封结社"（Sealed Knot）所实践的那种类型〕，作为一套研究历史的文化路径（如环球剧院所展现的），作为游戏和艺术等。这里所分析的不同类型的重演历史活动和再具身化，表明了历史移情（historical empathy）的复杂性。这通常是通过玩耍和游戏等理念来实现的。这种体验所具有的表面上的短暂性，以及它与大众的、"打油诗般的"（doggerel）和本土文化形式的联系，意味着历史学家往往会对此类媒体不屑一顾。然而，通过游戏、表演、玩耍和扮演与过去的接触，使我们能够与过去进行非常深刻的接触，而这往往遭到了历史学家的忽视。正如埃利奥特（Elliot）和卡佩尔（Kapell）所指出的："历史视频游戏的娱乐功能，不仅可以让我们深入了解事实、日期、人物或事件，还有助于我们深入了解偶然性、条件和环境等复杂话语，而这些都是我们真正理解历史的基础。"[8]重演历史活动在大众文化中以多种形式的盛行，表明了（亲身）体验对理解历史的重要性。重演历史和玩耍将自我与"过去"及与先前事件或文物相关的一套修辞联系了起来。

注释：

1. 下述论著概述了"重演历史研究"的最新定义以及这个充满活力的领域：I. McCalman and P. Pickering (eds), *Historical Reenactment: From Realism to the Affective Turn*, Basingstoke, Hants: Palgrave Macmillan, 2010, and M. Daugbjerg, R. Syd Eisner and B. Timm Knudsen (eds), *Re-enacting the Past: Heritage, Materiality and Performance*, London and New York: Routledge, 2015。另见 J. de Groot, "Affect and empathy: re-enactment and performance as/in history", *Rethinking History*, 15:4 (2011), 587–599。
2. 见 N. Eustace et al., "AHR conversation: the historical study of emotions", *The American Historical Review*, 117:5 (2012), 1487–1531。
3. 见 V. Agnew, "History's affective turn: re-enactment and its work in the present", *Rethinking History*, 11:3 (2007), 299–311。
4. V. Agnew, "What is reenactment?", *Criticism*, 46:3 (2004), 327–339.
5. 见 Schneider, *Performing Remains*。
6. Samuel, *Theatres of Memory*, p. 175.
7. 同前注，p. 188。
8. A. B. R. Elliot and M. W. Kapell, "Introduction: to build a past that will 'stand the test of time': discovering historical facts, assembling historical narratives", in A. B. R. Elliot and M. W. Kapell, *Playing with the Past: Digital Games and the Simulation of History*, London and New York: Bloomsbury Academic, 2013, pp. 1–33 (p. 14).

第六章 重演历史活动

百闻不如一见：重演历史文化

重演历史活动往往得不到媒体的好评。在迈克尔·温特伯顿（Michael Winterbottom）2005年的《一个荒诞的故事》（*A Cock and Bull Story*，实际上，这部电影的原著小说是劳伦斯·斯特恩1759年的《项迪传》）中，对过去的真实再现有点像疯子、虚荣者和傻瓜的故事。在这部电影和原著小说中，对托比叔叔来说，战争游戏是一种接受生活创伤的方式，取代了真实的人际交流；对于电影中的专业演员来说，那些来帮忙拍摄战斗场面的业余演员是令人尴尬的、自大的白痴，他们对真实性如此感兴趣，以至于他们看不到自己的一些动作中固有的乏味（"重演历史演员"的领导者，会给每一个临时演员一个在战斗中死去的真实士兵的名字，让他们喊出来，以便让他们的体验显得更加"真实"）。英国喜剧系列节目《西洋镜》（*Peep Show*，英国电视四台，2003—）将重演历史演员刻画成一群可悲的人，他们在周末没什么事可做，只是幻想着权力和空虚的虚荣心，沉迷于细节和等级制度。巨蟒剧团（Monty Python）的巴特利城镇妇女协会（Batley Townswomen's Guild）为珍珠港和第一例心脏移植手术制作的剧本，突显了关于过去的大多数版本中固有的邪恶和暴力，以及此类活动固有的欢闹。在所有流行的体裁中，这种活动被描绘成各种各样的浮夸、愚蠢、毫无意义、原始法西斯主义、缺乏幽默感，是一种非常男性化的痴迷于战斗和扮演士兵的行为。

不过，我们最好还是把这些文化上的陈词滥调从我们这里拿走（或者，或许我们应该反思一下，这些陈词滥调对于追溯关于过去的大众文化版本的意义是什么，而不是它们对于重演历史活动的意义）。在遗产的语境下，重演历史和表演（这两者是不一样的，尽管它们有很多相同之处）可以表明我们与过去产生联系的神秘的、奇特的、古怪的方式，并削弱所有包罗万象的、权威的历史主流的控制和训诫主张。我们还应该注意到，从艺术——正如凯里·扬（Carey Young）、玛丽娜·阿布拉莫维奇（Marina Abramović）和杰里米·戴勒等人的作品所表明的那样——到音乐（对于音乐家来说，最近的流行趋势是巡回演唱他们的重要专辑，从石玫瑰乐队到 Love 乐队到史努比·狗狗再到原始呐喊乐队），重演历史作为主题、实践或体裁正日益成为主流文化的一部分。摈弃重演历史的做法是精英主义者的行为，也是有问题的。这样做封闭了解释模型，摒弃了思考过去的新方式，限制了访问，忽视了教学法的必要性，误解了这种奇怪的活动在强调过去的独特性和我们与它的关系方面可能具有的价值。

托尼·霍维茨（Tony Horwitz）1999 年对美国内战重演历史的研究，展示了国家历史的多种意识形态和复杂性，以及它如何活在当下。《阁楼里的南军》(*Confederates in the Attic*) 洞察了内战在美国南部的持续回响，同时也表明了"过去"在当代如何被政治化地使用。它向我们表明，诸如升旗、歌唱、纪念和重演历史等活动，在意识形态方面从来都不是不受影响的。此外，这本书还阐释了当代的人们对过去的事件以及对事件的理解和传播的多样性的反应所表现出来的令人不安的复杂性。他敏锐地指出了重演历史是如何以"正统的"（straight）历史所无法做到的方式提出多个问题的，特别是，这种活动是如何使我们与过去的情感、共情关系变得复杂的：

> 从他们的问题中，很明显的是，罗伯的审讯者深深地被葛底斯堡所吸引。但是，在7月的一天，到处都是蚊虫和旅游巴士，他们似乎有点失望，不知道该如何处理这片空旷的田野、沉默的大炮和无声的大理石。通过穿着叛军制服在战场上冲锋，我们让他们的想象力得到了有血有肉的刺激，这是现代战场不容易提供的战斗方式。在我短暂的重演历史生涯中，有几次我觉得穿上制服是有意义的。[1]

这里的过去是一片死寂的土地，直到重演历史的演员的到来才变得生动起来。霍维茨在这里深思熟虑地阐述了（特别是标志性的）事件的吸引力，但这些事件缺乏可以理解的迭代。历史为有形的和概念上的探访提供了极具吸引力的场所，但这种邂逅的"现实"常常会让人觉得疏远。重演历史和遗产表演可以通过重新让人亲临现场，使过去的空虚景观再次鲜活起来，从而产生意义。

相对而言，从历史学角度对重演历史活动进行研究还处于起步阶段。凡妮莎·阿格纽（Vanessa Agnew）指出，在2004年，参与重演历史活动的人数有所增加，这与公共史学在全球范围内的兴起是一致的，同时她也指出了该领域还缺乏学术研究成果。[2] 阿格纽的研究认为，这种实践对历史的运作方式具有根本性的意义：

> 重演历史是一种不可忽视的文化现象。它广泛的吸引力，它所隐含的推动历史知识的民主化的责任，以及它发现新的和具有创造性的历史表征模式的能力表明，它对学院派史学也有贡献。[3]

重演历史研究包括从视频游戏到历史性时刻的重演历史，从中世纪的建筑到博物馆和亲历历史遗址（living history sites）的实践。正是这一系列的文本和历史剧场，使得重演历史研究如此引人注目，以及在实践中（在其多重和不同的迭代中）以多种方式挑战、颠覆、破坏、搅乱和巩固从概念上对过去所做的界定。

"重演历史研究"的兴起，使人们对历史情感、移情以及研究新的具身或体验式身临其境的真人秀节目历史的影响产生了新的学术兴趣。在20世纪90年代及以后，新形式、新方法、新类型和新项目导致传统部门、电视媒体和几乎所有的历史节目都脱离了传统模式。社会学、媒体研究、电影和荧幕研究、视觉文化、表演研究和文学研究等领域的关键性研究，在解决、评估和参与这种研究方面做了大量的工作，而重演历史研究的路径，需要一种跨学科的方法，即一种新的、混合的史学研究路径和方法论。此外，就历史、文化和地理等视角而言，重演历史活动各不相同，我们可以用特定的方式来研究重演历史的实践，以对抗占据主导地位的研究模式。[4] 在数字文化中，随着返工、回收、重新排序和黑客攻击成为记忆、反思、创作和存档的常见方式，它在认识论方面正在不断发生变化。重演历史通常不是戏剧性的表演，在这一点上，它既在主流之外，又不被戏剧表演的文化陈词滥调所玷污。丽贝卡·施耐德（Rebecca Schneider）认为，从根本上来说，重演历史活动是

> 一种让我们所有人（被重演的历史对象、重演历史演员、有独创性的人、效仿者、重大事件中的人、重演重大事件的人、被忽视的人和过客）都陷入一种与时间的棘手而充满机会的（porous）关系的活动。它是关于时间的复杂性、关于时间的渗透性、关于许多与时间的回报有关的问题的活动。[5]

也就是说，这种实践使我们能够思考时间是如何影响意识和身份的，具有一种生动的、确有其事般的真实感（lived historicity）（以及它是如何通过表演被扭曲和转变的），因此，作为历史学家、重演历史演员、学者、批评家，这种研究具有更为广泛的实践意义，因为它要求我们以跨学科或超越学科（或元学科）的方式进行思考，从而扩大了我们的研究范围。

战斗重演历史

当代的重演历史活动是一种大型的、包罗万象的产业，其中一端是坚定的个人主义团体，另一端是偶尔参与轻松休闲活动的参与者。[6]"正式的"重演历史活动并不总是与战争相关，尽管其中很大一部分与战斗有关（不一定是与"真正的"战争相关，因为奇幻场景的实景角色扮演活动越来越常见）。它是全球性的，重演历史活动

在世界各地都有进行。其成员通常是白人，主要是男性，在收入和时间方面相对充裕。[7] 作为一种集体性的体验，重演历史活动是对主流专业思考过去的方式的挑战，正如凡妮莎·阿格纽所说："重演历史活动所具有的政治和文化意义，与更为传统的历史学研究形式截然不同。"[8] 兰姆（Lamb）认为：

> 历史学视角的重演历史活动始于这样一种假设，即认为历史是可以被管理的：它可以被框定，可以被复制，可以被拉近，还可以以一种让人安心的方式重新利用我们人类的经验。在这个过程中，历史不仅会变得更加生动，而且会变得更加明白易懂和有条理。过去将成为当下更为熟悉的一部分，因为它离我们如此之近，我们将了解历史的真相。[9]

重演历史活动让过去受控地进入当代的时刻。它是一种关系的创造，这种关系使人类熟悉并陷入过去的混乱之中。重演历史让人"安心"，这也意味着观众、参与者或制作人需要控制、管理、解释和整理过去。

业余重演历史演员的动机是什么？许多协会的确是为了呈现历史而存在的，譬如简·奥斯汀或早期舞蹈的协会。在英国最大的重演历史社团"封结社"（成立于 1968 年）里，有一系列亲历历史活动，这些活动包括从编织技艺到烹饪，再到文艺复兴时期的战争艺术等。他们的期刊《每日秩序》(*Order of the Daye*) 是一个知识库，包含了一系列与"封结社"活动相关的历史主题的文章。这些作品通常被加上脚注并提供参考书目，其目的是为整个活动增添历史的质感和多样性。然而，最受欢迎的重演历史活动是战斗重演历史。"封结社"大约有6000名成员，大部分都参与表演性的战斗。美国一年一度的葛底斯堡重演历史活动，在几天内参与其中的人数就多达1万。[10] 2015年举行的滑铁卢战役200周年纪念活动持续了两天，有5000人参加了庆祝活动，其中包括许多准专业的"历史诠释者"。重演历史活动结合了纪念、民族主义和旅游；这是一种把战争改造成一种观赏性娱乐的方式，是一种身临其境的体验，是一种教育性的和盛大的演出。在现实中，战争可能是血腥而混乱的，但在重演历史活动中，它能使战斗人员安全地在历史中前进，并得到预料之中的和满意的结局。重演历史活动提醒参与者和（潜在的）观众，要注意历史在本质上所具有的他者性。在其比较纯粹的形式里，它是建立在艰苦、复杂和匮乏的基础之上的，呈现出过去与现在之间的持续差异：一种"以身体为基础的话语，通过身体和心理的体验来重现过去"。[11] 与真实历史类似，历史研究的主体存在于个体及其日常体验中——寒冷、饥饿、不适、差异——而不是对意义、目的或进步等所做的任何更为宏大的、整体性的概念化。历史被重演历史演员——沉迷的、休闲的参与者或纯粹的观察者——作为某种可以穿戴在身上的东西，作为一套工具和行为的产物来进行消费，而这些工具和行为最初与有形的身体有关，进而与"文化"或行为模式有关。正如黛拉·波洛克（Della Pollock）所指出的那样，具有历史主义意识的表演者既是主体，也是客体，观众对这一事实的反思可以打开"一段不为人知的历史之路，这段历史较少受制于可见的事实，而更多地受制于具身化的、表演性的主体"。[12] 譬如，重演历史演员认识到，他们既是演员又是观众。[13]

然而，重演历史活动也提供了赋权，即一种历史互动的复杂性，这是很多学院派史学或"官方"史学中所不具备的。在重演历史活动体验中流传的一系列复杂的论述，为我们提供了思考其他较新的平民主义历史消费形式的有趣范例。重演历史活动让过去受控地进入当代时刻。它是一种关系的创造，这种关系使人类熟悉并陷入过去的混乱之中。那种认为重演历史活动让人"安心"的意识，也表明观众、参与者或制作人需要控制、管理、解释和整理过去。虽然这是一个相当明确的定义，但有些重演历史活动是有问题的。评论者已经强调了重演历史活动固有的转变，作为表征过去的一种方式，它会揭示、打破和产生问题。[14] 在很大程度上，重演历史活动是一种双重表演，它依赖已经虚构化了的"历史"。因此，它容易产生多重问题，使问题变得复杂。重演历史是这样一种活动，它允许我们探索我们与过去的道德、政治和社会关系，但也会向我们指出参与和表征那种过去所固有的问题；从根本上说，就是要挑战"历史"的认识论基础和哲学基础，以及它被给予、书写或教授的假设前提。

重演历史演员及其观众与过去的互动是当代历史消费的重要范式。他们呈现的是一种"真实的"具有包容性或参与性的历史，这种历史缺乏乱七八糟的"边缘"事件。公众重演历史活动的兴趣点是呈现一种经过净化的、封闭的战争版本，以避免战争的不可呈现性。关于过去的重演历史活动——对任何文本和叙述的发现、呈现和分类——是为了避免历史的碎片化过程，是为了展示合理性和完整性的持续价值。重演历史活动呈现的历史看似提供了赋权，但同时也呈现出一种死板的实证主义和一种压迫性的主观化——战争仍然是由同一群人赢得的，而优秀的士兵就是那些毫无疑问服从历史命令的人。公众战斗变成了一种叙事，一种关于国家共同体的线性故事，而不是一个复杂的发展过程。

重要的是，重演历史活动具有表演性的教育目的。[15]"封结社"的主要目的，是"公开重新演绎当时的战争、围攻和其他事件，以教育公众，鼓励人们对我们的遗产产生兴趣"。[16]这种修辞将重演历史活动置于"亲历历史"的组合（portfolio）之中，作为一种教育性的表演，一种准确的和可验证的历史版本。我们可以用表演理论来解释这一现象，认为穿着骑士士兵服装的后现代戏剧，似乎削弱了任何关于"历史"或"社会"身份的固定概念。然而，对历史现实主义的诉求，也同样体现在这一过程中。"封结社"警告说："在任何观众面前表演重演历史事件时，将17世纪和20世纪的服装风格混合在一起的做法是不可接受的。"[17]历史是一个角色，但它并不特别容易受到质疑——"可验证性"问题使得历史具有某种固定的规则和特殊性。历史现实性（actuality）对这种活动做出了限制和约束。威廉·C.戴维斯（William C. Davies）建议，重演历史时，参与者"要变成那个人，像他那样说话，像他那样行动，永远不要像你的时代那样偏离19世纪60年代"。[18]其动力介于表征的"真实性"和被呈现的历史的事实性之间。在保证真实性的基础上，存在一种对表演和教育重要性的推动。然而，与此同时，重演历史演员是在表演和塑造历史人物，因此，他们的行为脱离了意识形态或实质意涵。因此，这一方面是一套有特定规则的休闲活动，另一方面是一种严肃的、真实的、具有教育意义的表演。

这里的历史也与关于"休闲"的话语相互作用，它既是一种有用的东西（教育方面），也可以是在工作之外的时间（周末、晚上）从事的活动。重演历史演员是教师和业余爱好者。他们为人们所熟悉

（他们与观众交谈，也彼此交谈），但也是他者，因为他们穿着不同。在这里，观众和参与者之间的互动非常复杂和多变。此外，观众通常是在假期或工作时间之外，也在他们的历史体验或教育的制度框架之外。这里的文化是一种超越制度界限的东西，在某些方面是有序的，但也是休闲活动的一部分。就像谱系学一样，重演历史活动是一种"严肃的"休闲追求，因为它允许参与者发展自己的形象，学习并变得更好、更精通自己的活动。

虽然参与重演美国内战的历史的人数最多（1988年大约有12,000人庆祝葛底斯堡战役125周年），但越来越多的重演历史演员转向第一次世界大战、第二次世界大战以及朝鲜战争、越南战争和伊拉克战争等历史事件。[19]这引发了关于真实性的伦理问题："重演历史是表征战争的正确方式吗？"[20]这里存在的问题包括庸俗化、真实性和暴力等。这些重演历史演员经常把他们的作品看作是对那些在战争中牺牲的人的纪念，并用电影来纪念他们。然而，还存在许多时代错误的问题，这些问题包括从找不到特定的装备到现代的体型等。这种嗜好是一种悖论，而且是相对自觉的悖论。它是关于一段历史的表演，这段历史发生过，但在现代人的手中，这段历史可能是以不同的进程进行的（而且并没有最终的仲裁即死亡发生）。它非常关心局部性的、具体的问题，而不是更为广阔的问题。由于外部力量（学院派历史）、战斗人员的技能和他们对现实的意愿，该活动是真实的，也是参与者非常渴望的。它既是一种对历史的后现代拼贴，同时也只是一种与当下的自我进行接触的休闲方式。

因此，重演历史活动提供了一系列的历史之内的体验，也表现了历史消费的复杂性。它赋予了观众权利，同时也让他们观看历史，即作为一种表演和故事（以及以一种特定叙事规则俯瞰重大事件的故事）的历史。观众的凝视赋予了他们力量（他们走路或看向别处的能力也表明了这一点），并赋予他们某种做出解释的权威。然而，在这种关系中，重演历史演员也扮演了一种权力角色，因为他们拥有"可验证的"真实历史的权威。虽然人们可能从一段表演中走开，但它仍然发生了；此外，如果你选择不接受教育，那么你就无法参与到整个过程中隐含的人文主义完美性和理解的话语之中。如果你对你们的遗产不感兴趣，那么你就剥夺了自己的国家故事和国家认同的权利。这种以人为本、以史为鉴认识国族的精神，在各种层次的现代历史教学中都很普遍。

然而，重演历史演员的这种国家故事是相对单一的。它似乎是在注入一种跨文化的共有历史（shared history）概念，这种历史忽视了族裔差异性或文化的复杂性。一般来说，重演历史演员都倾向于回避历史上具有争议性和复杂性的问题——尽管有人可能会引用克莱尔萨赫·奥什（Clairséach Óir）社团的例子，他们重新演绎了爱尔兰独立战争，而其他爱尔兰人团体则重新演绎了第一次世界大战。另一个爱尔兰人团体，总部设在卡里克弗格斯城堡（Carrickfergus Castle）的奥尼尔公司（O'Neill's Company），重演了17世纪40年代的历史，这个时期同样不是没有争议的时期。爱尔兰或许是个特例；当然，从表面上看，爱尔兰的历史与当前的政治关系更为密切。[21] 不过，也有一些公司模仿美国在越南的战争。然而，一般来说，重演历史社团以非政治性团体的形式出现。考虑到这一点，在这些活动中，"敌人"这个概念是很有意思的。一方面，敌人是历史预先告知的，另一方面，敌人就是你们组织的一部分——一个真正可以识别的他者。那些加入"封结社"的人选择成为"圆颅党人"或"骑士党人"*，他们随后在重演历史时的身份，就是通过这一定义而衍射开来的。从某种程度上来说，"内战"这个有问题的概念——与一个可识别的敌人进行战斗——对重演17世纪40年代的历史演员来说是一种美德，因为它允许双方在不考虑更大的历史背景的情况下取得胜利，并"赢得"特定的地方上的战斗；敌人则被整合到整个整体性的"体验"之中。

许多社团自己都主动扮演"敌人"这样的角色。世界大战轴心国重演历史协会（WARS）是大不列颠的许多组织中的一个伞形社团，这些组织都是扮演德国军队的。譬如，有个社团扮演的是党卫军第二装甲师"帝国师"的第二党卫军侦察营；另一个社团扮演的是赫尔曼·戈林师（Hermann Göring Division）高射炮装甲营（HG Flak Abt）**。这些社团网站自觉地远离右翼和种族主义政治；世界大战轴心国重演历史协会的第一条规则是，"永远不要行纳粹礼，即使是开玩笑"。[22]尽管如此，对真实性的追求仍然是关键："长发、马尾辫和大胡子的会员将不被接受。这是因为，世界大战轴心国重演历史协会试图塑造那个时期的德国士兵。"[23]这些实践者之间经常说德语，而且他们的装备也尽可能地真实。这种动态是在呈现的"真实性"和被呈现的历史的事实性之间进行的。然而，这种真实性受到了意识形态的影响。这样的重演历史活动否定了践行者的纳粹主义的历史动机，强调这是一种游戏或角色，并没有让我们更接近于理解过去；事实上，

---

* 即英国内战中国王查理一世的支持者。——译者注
** Abt 疑为 Abteilung 的缩写。——译者注

它使我们与他者化的过去拉开了距离。也就是说，重演历史的"真实性"（尤其是身穿纳粹制服）有时会导致活动被取消，并引发当地持续的辩论。[24] 世界大战轴心国重演历史协会承认的是我们可以理解过去发生的事实，但却无法理解践行者的动机。这是一种照本宣科的表演，是"角色"的存在，而不是共情的娱乐。

重演历史演员在寻求真实性的同时，总是将自己理解为历史的他者。他们并不要求从整体上理解历史，因此，在历史的每一次体验中，都镌刻着历史的困惑。重演历史将历史的缺陷展现出来，反而将其变成了"历史"的另一个方面。这种历史体验的根本特质是不足、缺席和他者化，在这种他者化中，真正的"历史"体验发生了，即一种对历史偶然性和多样性的意识。这里有一种幻觉的美学，一种对当下和体验的自我意识的超越本质的丧失。重演历史演员在追求"历史"（但从未获得"历史"）的同时，也在扮演"历史"的游戏中迷失了自己。[25] 此类游戏总是没有结局。事实上，这可能会让我们认为，与"正常"生活相比，参与重演历史活动的后现代表演，更加真实地反映了人类对实证主义"整体"身份的弃绝。

大多数重演历史活动都是私人性的，这些事件和更受公众欢迎的公开表演之间存在着很大的区别（尤其重要的一点是公开的事件都有脚本，所以就更为广泛的历史叙事而言，它们都是"真实的"，而封闭的事件则更为"真实"，因为它们更加随机，不会按照固定的模式展开）。正如汤普森所观察到的那样："具有讽刺意味的是，只有在没有预先确定的历史脚本的情况下，他们才相信他们可以达到何种程度的真实性。"[26] 大部分重演历史演员更加喜欢重演历史的私人性功能，因为他们不是在表演，而是在维护自己对历史的拥有权，而不是聆听专业的或智识的守门人来告诉他们如何思考历史。[27] 他们"置身于现有的学院派史学和公共史学的边界之外"。[28] 他们也对成为普通士兵更感兴趣——想要成为领袖或成为特别有名的人物是不常见的。这反映了人们对正常生活和亲身体验战争的兴趣。这种扮演和表演历史性的常态的欲望，是参与重演历史活动的超真实性的关键。表演者的专心致志意味着，"他们可以自由自主地行动，由他们对可能发生的事情而不是实际发生的事情的认识来支配"。[29] 这同样是一个个性化的叙述投射到真实的背景上，通过使用"历史"作为背景，为自己创造一个人物角色和故事。我们可以断定，重演历史活动具有双重性质，一重性质是公共性的、教育性的元素，它仅仅是为了教学，而另一种是私人性的方面，它对历史问题不那么感兴趣，更多的是一种带有深刻的个性化的历史化的体验。

与此同时，YouTube 和视频网站越来越多地被用来传播重演历史演员拍摄的影片。这也允许添加一些因素，一些铁杆重演历史演员发现，在对这种活动进行浪漫化的过程中也存在问题：音轨、画外音、概述、信息屏幕等。分享网站和社交媒体创造了社区，让广大观众体验更加不可预测的"表演"。它们还将这些活动重新纳入历史类型的战争片中（并在纪录片中对重演历史演员"真实性"的使用进一步复杂化了）。YouTube 上的电影强调了重演历史活动的随机性，作战区的不可预测性，以及不可能知道演员周围发生了什么。对 YouTube 的使用表明，近年来，这种现象如何创造了一个支持性的产业，在这个产业中，许多全球性的公司、杂志〔譬如，英国的《小规模战斗》(*Skirmish*) 和《战争召唤》(*Call to Arm*)，或者美国的《内战历史学家》(*Civil War Historian*)〕和网站开始支持各种此类活动，公共活动越来越多,公众形象也越来越广泛。[30] 网上的重演历史资源也表明,这类影片是更为广泛的历史视觉资源的一部分,无法从"实际的"(actual)视频素材中分辨出来。

历史纪录片中的重演历史活动、地域和计算机生成图像技术

前文讨论过的迈克尔·温特伯顿根据《项迪传》拍的电影《一个荒诞的故事》(图6),喜剧演员马克·威廉姆斯(Mark Williams)在片中客串了一个犀利的小角色,扮演的是重演历史活动的顾问,沉迷于不相干但却真实的历史细节问题:"我有一份名单,那天早上死了92个人……我可以给你们解决真实准确的名字,然后他们就可以在战斗最激烈的时候互相喊出自己的名字。"[31] 他谴责其他一些电影(这些电影里的明星和导演都很欣赏它们的戏剧性效果)"非常糟糕……从头到尾都极其不准确。我们不会有兴趣参与这样的哑剧表演"。这是《一个荒诞的故事》自我反思的一部分——它试图展示幕后发生了什么,并证明最终制作出来的作品内容的虚假性。这种元文本元素试图削弱古装剧的现实主义,并证明坚持"真实"是不可取的和具有误导性的。威廉姆斯的角色表明,戏剧并不一定等同于真实,它巧妙地破坏了古装片未言明的现实轨迹,也迫使观众重新评估他们对过去的普遍参与。真实性是必要的吗?如果是,那么多大程度的真实性是必要的?电影中的重演历史活动——双重表演——概括性地强调了关于重演历史的各种问题,这使我们认为,这种追求非常易于制造历史认知失调。《一个荒诞的故事》让观众看到战斗的拍摄过程,实际上是一群演员穿着戏服在田野里跑来跑去。

然而，当观众观看杀青的片段时，人们期望——并相信——他们看到了过去，不管真实与否。类似的重演历史片段显然不是当代的镜头，所以，观众知道出现在那些场景中的人是现代的演员。当一个著名的"明星"是这些场景的一部分——或者在历史剧或古装剧中扮演主角时——在可辨认的历史裂痕中隐藏的可以被认出的明星之间的认知失调破坏了对电影的脆弱模仿，或者至少需要在想象中同时包含多种思想。

《一个荒诞的故事》提醒我们，从电影和纪录片到博物馆剧院，历史文化产业经常使用重演历史。[32] 文化历史产品显然是某种方式的"重演历史"，一般表现为各种层次的作品，这些作品包括宏观（战斗场景中真实的临时演员）层面的和微观（身穿战斗服装的著名明星）层面的。电影、戏剧、电视和游戏通过文学或"历史的"方式复活了过去，并因此创造了历史的现场表演。历史纪录片对重演历史的运用尤其有趣。自1990年以来，"重演历史"被越来越多地用于各种电视历史纪录片中，既用来进行戏剧化的叙事，也用来强调观众的参与（在1990年之前，相对来说，人们还是难以看到重演历史活动的）。正如罗伯特·休伊森（Robert Hewison）所抱怨的那样："遗产通过以过去的形象取代其现实，正逐渐抹掉历史。"[33] 这一点在现代历史纪录片中以多种方式得到了清晰的体现。这里实际使用的镜头，是重演历史演员所做的一些普通的事情，譬如骑马（如西蒙·沙玛就经常用）。还有的主持人穿插前往特定的历史地点（譬如，丹·斯诺在战地漫步）。也有使用纪实戏剧表演场景作为视觉伴奏的画外音。每一种实践形式都将历史"事实"与猜想、音乐和表演融合在一起，创造出一种"真实的"电视氛围。使用所谓的"戏剧性的重演历史"将这些历史纪录片变成了戏剧,将历史事件置于表演的话语之中;特别是变成一个可被识别的适于电视镜头的实体。最后,这些系列节目越来越多地使用计算机生成图像技术来进一步削弱"历史"文本的权威。

图 6　迈克尔·温特伯顿执导的《一个荒诞的故事》(2005)中的史蒂夫·库根(Steve Coogan)和罗伯·布莱顿(Rob Brydon)。
© Moviestore collection Ltd/Alamy

在每一种情况下,重演历史活动都是替代,视觉上和肉体上的"体验"成了真实的历史——就像威廉姆斯的听众一样,即使他讨厌的场景是错误的也没关系,关键是他们要把这些场景当成是真实的。在纪录片中对重演历史的使用再次表明,在大众历史的表征方面,这是一个关键的修辞手法,它并不引人注目,并认为需要或渴望对过去进行可视化呈现。譬如,关于某个时期的纪录片,很少使用重演历史演员,因为电影可以带给观众必要的视觉体验。这种固有的虚假性显然很受观众欢迎,尽管它惹恼了专业人士:

首先，它们本质上是假的。它们既不是对过去的重构，也不是表现过去的样子，而是对过去不准确的、歪曲的和误导性的呈现。譬如，17世纪的人与21世纪的演员是不一样的：他们更矮、更瘦，而且经常因为疾病和坏牙而破相。扮演真实的历史人物的演员，通常与他们很少有相似之处。[34]

斯特恩（Stearn）对纪录片中重演历史活动内在的不真实性的愤怒，忽视了重演历史活动所调动的想象性元素——这可能是有问题的。观众意识到了这些纪录片提供给他们的二分法，但不知何故，片中不准确的地方被人遗忘了。问题不在于这些戏剧化本身是错误的，而在于它们确实发生了；观众乐于看到重演历史，因为他们知道，重演历史"本质上是假的"。它用表演和虚构的元素改变了纪录片，赋予了它生命。这不是一个"问题"，而是现在制作历史纪录片的方式，作为一种呈现历史证据或创造叙事的方式，它就像职业历史学家可能使用的任何其他工具一样，带有偏见和主观色彩。因此，重演历史活动对人们的认知方式产生了巨大的影响，因此，正如凯瑟琳·M.约翰逊（Katherine M. Johnson）所认为的那样："像重演历史这样的活动，促使我们思考，它们是如何反映、抵抗和影响现在和未来历史的书写和接受的。"[35]

尽管学者们持保留意见，但在历史纪录片中使用重演历史现在已是司空见惯之事，很少有人评论说这是一种非同寻常的手法。它所涵括的范围可以从简单的说明性背景到更为复杂的具身化。其驱动需求是为了展现视觉上的真实性，这提出了一系列与现实主义有关的问题。电影中的现实主义修辞，通常与产生真实性的尝试有关。[36]

使用重演历史活动的纪录片，意在努力创造一种现实主义的话语。纪录片中的重演历史活动，通过"现实主义"获得了权威性，并赋予了活动过程以权威性。当然，这种风格的广泛使用表明，纪录片观众对一套明显的时代错误和虚幻的视觉效果感到舒服，这样呈现的历史，清楚地表达和放大了主持人的话语，同时也让人注意到这种操作的虚假性。

历史纪录片对遗址的强调——主持人在实际的现场，即实际的地方——凸显了地理位置的文化重要性和史学重要性。身处某个地方就可以解决过去和现在之间的联系，或者那个地理位置就能强调感同身受，这样一种心理地理假设（psychogeographic presumption）认为，前往某个地点的游客，自己也成了某种重演历史演员，渴望在自己与过去之间建立一种有形的关联。彼得·阿克罗伊德（Peter Ackroyd）的《浪漫主义者》（*The Romantics*，英国广播公司第二台，2006）虽然表面上看是一部文学史和思想史节目，但在电视上花了大量时间讨论1789—1830年的政治和社会语境。该系列纪录片与一般的当代纪录片实践一样，依靠主持人现场讲述，穿插一些重演历史场景和一些使用计算机生成技术制作的图像。该系列纪录片中特定地点的元素是构成事件场景调度（mise en scène）的根本性基础，而且，在这些影片中，地方的重要性表明，有形的遗产遗址仍然是我们理解历史（甚至诸如"自由"或"想象力"这样的观念的历史也是如此）的根本。阿克罗伊德与历史遗址的相遇，在某种程度上是这个节目的根本内容，无论是他亲身出现在历史地点，还是他对它的意义和方式的阐释。譬如，他漫步巴黎来谈论革命，或参观伦敦激进派媒体的旧址。这给观众的视觉体验带来了一些问题；毕竟，巴士底狱现在是一个环形交叉路口。这可能表明，这种历史把遗址看作一个具有多重意义的事物（palimpsest），即一系列的地图和空间相遇而叠加在一起的东西。你必须想象这里曾经发生过什么，或者对这个遗址进行某种心理地理的诠释。历史必须以某种方式"活着"，同时承认它的"过去性"。

在电视上，主持人经常通过前往那些相对没有遭到破坏的地方，来实现这种历史空间效应。然而，它们通常都是废墟，就像玛丽·比尔德和贝塔妮·休斯的纪录片所展示的那样。与阿克罗伊德纪录片里的现代城市形成对比的是这些废墟既是"过去性"的证据，也是对过去的令人悲哀的呼应。从史学角度来说，电视纪录片中的废墟提供了真实性。废墟"再现"了过去，演讲者则从中获得了权威。[37] 这些材料——废墟、物品——让历史学家演讲者得以"再现"过去。这一点在关于古代历史的纪录片中表现得尤为明显，因为这些纪录片中很少有遗址或历史视频素材，但主持人在历史遗址周围走动的意象（trope）是很常见的。或者，他们会使用计算机生成图像技术来重新演绎和重建遗址的细节，这是电视历史在重新想象和重新呈现（以及重新演绎）过去方面日益复杂的又一例证。英国广播公司的系列节目《不列颠战场》（*Battlefield Britain*）就使用了这种效果，它把现在的开阔土地和牧场变成了用数字化技术呈现出来的杀戮场：计算机生成的图像"让我们能够细致地展示战斗的各个情节，并将战线的组成和他们的行动栩栩如生地呈现出来。了解一场战斗的战场，是追踪其进程的根本性内容"。[38] 从史学角度来说，在呈现这些对于英国史而言是"重要"内容的战争方面，该节目是保守的，但在强调战争的亲身体验方面，它则是有创新性的。数字化效果的使用，为我们呈现了将虚拟与历史的进一步融合；它还直接插入了受当代奇幻电影中大量数字战争影响的战争所呈现的当代大众文化修辞。历史纪录片和电影中计算机生成图像技术的使用，凸显了一种被创造出来的"真实性"的蔓延，即一种"实际的"历史镜头和特效的结合呈现出来的"真实性"。[39] 战争是一个重要的电影修辞，如果没有大量的电影能指（filmic signifiers）介入观众和主题之间，观众很难参与到这些节目中来。一方面，这个特别的系列节目是关于缺席的——很少有关于这些战斗的标记，一些节目是由主持人彼得和丹·斯诺在空旷的地方漫步来展示过去曾经发生过的事情。然而，对扮演士兵、船长或领袖的演员进行的对谈式采访，被用来赋予这种行为一种人为的真实性。《不列颠战场》通过数字化和重演历史来创造一种视觉表征，以此填补空间，而不是让它留给想象。这就产生了一种令人难忘的历史的视觉版本和能够敏锐感知"真相"的效果，尽管它只是众多真相中的一种，正如下文所述。

地理位置对军事史学家来说尤为重要，他们经常参观战场景象以获得感同身受。譬如，《战争行走》（War Walks，英国广播公司第二台，1997—2003）的主持人理查德·霍尔姆斯强调了感同身受对历史学家的重要性："在季风结束时，在印度的公路旅行告诉我的关于这个人的事情，不亚于《阿瑟·韦尔斯利的马拉塔战争通信集》（The Maratha War Papers of Arthur Wellesley）。"[40] 这种观点表明，身临其境的感同身受和再现，对于理解战斗机制和关键角色的动机至关重要，或者至少与"实际的"历史证据同样重要。《战争行走》跟随着霍尔姆斯在关键地点的足迹；每场节目都有一些由不同的公司和组织表演的战斗重演历史的元素。在这个节目中，重演历史的冲动与亲临历史现场的需要相吻合，正如这些实践者在身体上扮演他们的历史先驱者那样。类似地，彼得和丹·斯诺经历了"战斗体验"，从发射一门复制大炮到冲击现代防暴警察的"盾牌墙"和在"空战"中驾驶特技飞机，以及部署熟悉的重演历史演员来展示战斗细节。对战争的描述也强调了士兵们的感情和动机，他们一定"后悔追随他们雄心勃勃的公爵"。[41]在遗址上行走可以让人产生一种历史参与感，也可以让人对事件和环境产生移情。它使历史学家成为游客，进行参观和体验。对过去的亲身参与，呼应了关于情感在当前历史研究中的重要性（即一种情感联系上的意识），但也表明了一种历史表演的成分。这里再现的历史想象是身体上的，即通过物质性的参与，以某种方式重演历史和连接历史。

这里存在着多个层次的"体验"，譬如数字重演历史，展示真实的历史实物（譬如武器），虚拟主持人的亲身体验，为了使现代观众易于理解而对战斗条件进行更新，计算机生成图像技术的视觉效果等，这使得这些电视节目成了空洞的事件（那些战役留下来的痕迹很少），但充满了符号化的动态实物和观众可能的想象体验和亲身体验。与这类节目配套的书籍就展示了这种复杂性，表现在页面格式的动态性上，包括事实框、叙事风格、地图、实物的图像、计算机生成图像技术制作的战斗冲锋画面、当时的木刻与图片、重演历史演员的图片以及当今和平年代的地点的照片等。

虚拟对历史信息呈现的影响越来越大，这一点在探索频道放映的《虚拟历史：刺杀希特勒的秘密计划》(*Virtual History: The Secret Plot to Kill Hitler*) 中得到了证明。[42]虚拟历史的这种实践被鼓吹为一个分水岭，而这个节目确实具有创新性。然而，这种创新在几个层面上都存在问题,有趣的是,这种方法并没有得到主流的广泛关注。[43]该节目讲述了1944年7月20日的事件,那天,德国军队的反叛派系试图暗杀希特勒。对德国军队不满的冯·施陶芬贝格(von Stauffenberg)上校安放了一枚炸弹,差点炸死了这位德国领导人。这个故事也在2008年布莱恩·辛格(Bryan Singer)导演的电影《刺杀希特勒》(*Valkyrie*)中进行讲述和"重新演绎"。这部电视节目使用了这类作品常见的标准叙事技巧——历史学家讲述故事并提供背景,冯·施陶芬贝格的儿子提供证词,并采用当时的新闻素材和照片。计算机成像技术被用来演示当时的地理情况,并向观众展示各种场景(罗斯福的火车、丘吉尔的卧室、斯大林的别墅、希特勒的东部指挥部碉堡)的三维平面图。让《虚拟历史》与众不同的是其"重现真实的历史事件"的尝试:"通过使用长相酷似的演员和最新的电脑动画,历史上最著名的人物以真实的电影档案的风格被重新复活。这让观众有一种置身于历史上的关键时刻的感觉。"[44]探索频道巧妙地宣称:"实际上,它重现了当时从未拍摄过的档案镜头。"[45]该节目创造了一种视觉叙事,并填补了空白,主要依靠的是个人目击者的证词。这是一种尝试,即"把观众直接带入,让他完全相信自己就在那里"。[46]重演历史和戏剧化的表演已经不够;这种电影制作风格还模仿了档案的真实镜头,力求视觉上的真实性。

这种节目在伦理上是有问题的,这部电视节目经常提醒观众,它只是一个接近历史的节目,是一个试验,是在测试未来前进之路的东西。随后,计算机生成图像技术和增强或"伪造"镜头的使用,成了纪录片中关于伦理和真相讨论的焦点。譬如,将各种数字技术应用到视频素材上,是《彩色版第一次世界大战》(*World War Ⅰ in Co-*

lour，2003）和《彩色版第二次世界大战》(World War II in Colour, 2008—2009）系列节目的吸引力之一。这两部节目都使用电脑上色技术来"愚弄"观众，让他们相信他们正在观看的视频素材更为"真实"。更有问题的是，电视系列节目经常使用计算机生成图像技术和增强的视频素材。这是2011年争论的焦点，当时英国广播公司的《冰冻星球》(Frozen Planet）节目中出现了拼接而成的北极熊幼崽的镜头。英国广播公司现在对一些野生动物纪录片中的伪造镜头发出"警告"，但在历史纪录片中却没有这样的"警告"。

舞台剧：博物馆、直播历史与亲历历史

与重演历史活动一样，亲历历史提供了对过去的第一人称解释，并结合了对那种历史表演的教育价值的认识。[47]这个过程通常是互动性的，观众与表演者进行互动，以创建一种动态的关系。"让人们进入历史空间"的倡导者古达克（Goodacre）和鲍德温（Baldwin）认为

> 除非考虑到过去居住在这个空间并创造、使用和处理这些实物的人们，否则就无法充分理解下面这个观点，即当一个人在过去的表征……与一个建筑物或一个实物收藏的构造联系起来时，与过去建立关系才是最容易实现的。[48]

根据这种观点，这些物质性的实物只有在与人联系起来进行考察时才有意义，而不是将其与一种更加模糊的历史属性（historicalness）相

联系。表演会使实物或场所生动起来。观众对表演的参与将会鼓励一种不同的学习方式和对过去的参与，特别是涉及即兴表演的时候。这种互动——作为一个积极的或消极的观众成员——清晰表明了个体对过去的反应，并刺激了新的学习方式。同时，它也会使游客感到困惑或尴尬——改变与收藏品的传统关系（参见本书第六部分关于博物馆与互动性的讨论）。[49]

对拉斐尔·塞缪尔来说，重演历史和亲历历史预示着"后现代主义的某些最受欢迎的幻想或极具创意的修辞。它给我们提供的不是事实，而是图像——超现实——在这些图像中，旧的东西被伪装得比此时此地的东西更加易于察觉"。[50] 知识的呈现常常像任何分类博物馆一样是规范性的和有问题的，然而它是以"体验"而不是"教育"的方式呈现的。它不再是学术，而是"学习"，是一种持续的生活方式的决定。然而，正如杰奎琳·蒂弗斯（Jacqueline Tivers）所指出的，亲历历史活动并不一定对教育或金融感兴趣："从这个意义上说，'亲历历史'在某些方面站在创造了遗产的历史的普遍商品化的一边，尽管它很可能被旅游管理人员用于商业利益。"[51] 亲历历史可能站在历史的商业化之外的这种意识——就像私人性的重演历史活动同样可能对这种趋势表示异议那样——是这种现象独立性的关键。[52] 这也可以促使人们挑战关键的支配性话语或有问题的史学话语。与重演历史活动一样，亲历历史的参与者也努力在历史性中失去自我："想想这些重演历史演员扮演某个角色的意识有多强，将会很有趣。他们似乎非常努力地让自己的角色处于无意识状态，从这个意义上说，他们可能不会被称为'表演者'……他们会一直留在角色中，直到他们离开。"[53] 亲历历史是博物馆和历史遗址重演历史活动以及现场舞台剧的连续体的一部分。这些活动的目的是改善观众体验，使它更加身临其境和具有互动性，但在一套明确的游客和旅游限制之内。亲历历史既是博物馆体验的一部分，又与之相冲突，从而挑战着机构话语的权威。

斯德哥尔摩的斯堪森博物馆（Skansen）是第一个亲历历史博物馆，它利用音乐家和手工艺人来创建一个社区。这个露天场所于1891年开放，每年仍接待约100万名游客。该露天场所由历史建筑组成，现场展示包括铁艺、烘焙和家具制作。这些建筑来自全国各地，所以这个地方是国家历史的缩影，是瑞典历史的一种模拟转喻。这是大多数露天博物馆的情况，在这些露天博物馆里，历史遗迹被汇聚在一起，由以前分散在全国各地的建筑建造而成。没有理由认为这是特别独特的——毕竟，就地理来源而言，大多数博物馆的藏品都很多样——但露天博物馆的沉浸式设计和体验，在某种程度上削弱了这种地理来源的多样性。对过去的呈现是混合性的，有一系列的时间段来表征。[54] 整体环境也因时间而异，铁器店主要是20世纪30年代的风格，而面包房则像19世纪70年代那样运作。这就是拉斐尔·塞缪尔深情地称为"历史拼贴"（historical bricolage）的东西。[55] 在呈现乡村—工业生活和传统方面，其他重要的博物馆也效仿斯堪森博物馆，包括威斯康星旧世界博物馆（Old World Wisconsin）、铁桥谷博物馆（Ironbridge Gorge）、比米什博物馆（Beamish）和殖民地时期的威廉斯堡博物馆（Colonial Williamsburg）等。这些博物馆是有志于呈现民俗历史和社会史以及普通人的生活的努力的一部分："面向与非精英社会阶层的日常生活、习俗、仪式和传统相关的文物的收集、保存和展示。"[56] 譬如，位于英格兰东北部的比米什博物馆，通

第六章 重演历史活动 *197*

过集中关注 1825 年和 1913 年的历史,来讲述人们的故事。该博物馆以其具有创新性的和沉浸式的呈现方式而自豪:

> 你会发现,这里没有玻璃柜,也几乎没有标签。在我们的建筑物里,你会发现穿着奇装异服的人,他们经过训练,会和游客交谈,回答他们的问题。员工们为他们的遗产感到自豪。我们相信,人类的现实比技术性的虚拟现实更好。正是这种信念,使我们有别于其他博物馆。[57]

这种对历史具身化(historical embodiment)的教育性美德——"人类的现实"——的信念,证明了对历史时期进行表演性重构的一种潜在教学法方面的投入。比米什博物馆的章程设法将娱乐和教育结合起来:"让我们的游客获取知识,让我们的游客获得娱乐,让我们的游客获得教育和参与感,而不损害我们的历史完整性。"[58]铁桥谷博物馆的宗旨是,通过现场演示和具有创新性的展示来丰富游客的体验。[59]与其他露天博物馆一样,比米什博物馆的建筑也是从周边地区运过来的。加比·波特(Gaby Porter)认为,比米什博物馆所采用的方法内在隐含的真实性是有问题的,因为这座博物馆仍然提供了一种特殊化的社会关系模型。[60]这些博物馆非常受欢迎。比米什博物馆的场所每年吸引约 35 万名游客;殖民地时期的威廉斯堡博物馆声称,自 1932 年以来,已经有超过 1 亿人参观了这个历史街区。像殖民地时期的威廉斯堡博物馆这样的美国露天博物馆的目标,是完全沉浸在过去。[61]这些场所将教育与体验结合在一起,强调第一人称的历史解释和亲身参与。在专注于社会史和工业历史的同时,它们也为民族神话和建构国家进步和发展的历史做出了贡献。它们所呈现的历史,有时也可能会歪曲或扭曲过去。[62]

可以这样说,数十年来,蜡像展览和电子动画技术就一直在博物馆中用来具身化地呈现历史,当然,自19世纪初以来,人们就在标准实践中反映出一种愿望,即在展品中加入类人元素,让这些文物具有生命感。这两种模式都包含了一种有意识的不和谐,显然不是人类的,而是具身化的和表征性的,即它们呈现的都是关于过去的一个清晰的复制品。博物馆剧场,或"以内容为基础的教育性表演",为博物馆提供了一种介绍和诠释其藏品的新方式。[63]它们通常都是互动性的,可以用在特定场域或用于外展工作。随着1990年国际博物馆剧院联盟(International Museum Theatre Alliance)和1999年国际博物馆剧院联盟欧洲分部(IMTHAL-Europe)的成立,从业者在20世纪90年代实现了专业化。国际博物馆剧院联盟以以下方式定义其成员的工作:

> 博物馆剧场包括让参观者自愿暂停怀疑——以假装或想象的方式——以增强在博物馆内部发生的教育性体验。它的范围包括,从讲故事和亲历历史的解释,到音乐和戏剧的呈现,到创造性的戏剧表演,木偶戏,哑剧,等等。[64]

因此,博物馆剧院热衷于促进教育性参与,特别是博物馆的精神。关键是这样一种观念,即特定类型的剧院技巧与博物馆的特定教育目的有关。[65]许多博物馆的剧场不同于亲历历史,因为它不是复制一种体验(即使是以互动的方式),使之被视为收藏品的一部分,而是作为一种文物，剧场是一种具有放大作用的附属设施。这是一种引入叙述和可能性的方式，目的是为了使收藏品充满生机，并已被证明是非常有效的，特别是在吸引儿童参观博物馆方面。[66]

回到中世纪风格：复古、集会和宴会

创意复古协会有限公司（Society for Creative Anachronism, Inc）1966年在加利福尼亚州成立，1968年注册为非营利性公司。目前，它在全球约有3万名会员。创意复古被定义为"汲取中世纪的精华，并有选择性地在现代世界中重新创造它们"。[67]作为一个拥有章程和订阅费的成员组织，它拥有自己的电子邮件程序、一套包括对外使节和创意使用费在内的复杂治理体系，以及一套具体的、将世界概念化的制图方法。每个成员都创建自己的"人物角色"（不过他们不被允许成为虚构的或真实的著名人物），并为自己构建一个传记和背景。该群体不创造特定的历史时期，他们更感兴趣的是总体印象。在该组织的委员会讨论中有如下建议：

> 我们的目标市场是：
> 任何一个在品味文化中的人，包括所有那些在任何时候都对奇幻和科幻小说、游戏、战斗游戏（激光枪战游戏等）或任何类似的属于浪漫追求的领域的活动感兴趣的人。更具体地说，我们这个群体内的黄金年龄范围是14—18岁和19—24岁，以及婴儿潮一代……我认为，创意复古协会的"产品"主要是一种体验，而不是一种良好的甚至是传统的服务。[68]

"品味文化"这个概念——假设该协会是一种亚文化或生活方式的选择,而不是一个特定的重演历史——是这里的关键。在这种自我定义中,历史元素并不重要,相反,其人口特征是奇幻、战斗和科幻。该协会起源于科幻小说〔这个名字是由科幻小说家马里恩·齐默·布拉德利(Marion Zimmer Bradley)创造的〕,并将奇幻与重演历史融合在一起。然而,在奇幻中有一个关键的怀旧元素:"'浪漫'是一个术语,起源于维多利亚时代(或更早),在那个时代,人们通常会对其他东西产生渴望,以应对被感知到的现代性异化。"[69]创意复古协会将过去视为一种人们渴望得到的体验,这对形成志趣相投的亚文化(重要的是与经济元素有关)至关重要,这表明,亲身参与的重演历史社群并不完全对真实性或必要的战斗感兴趣。[70]这里的"历史"——遗产——是作为一种体验式的休闲形式被消费的。

观众与过去的有形接触有多种形式。如前所述,许多历史遗址将重演历史活动视作体验的一部分,而且它们采取了许多形式,使历史遗址更加复杂、动态和立体。在这一领域还存在着更多的商业现象,即一种与被动休闲联系在一起的受控重演历史活动。中世纪的集市和节日在英国和美国都很常见,有格斗、摊位、舞蹈和音乐家。[71]当游客购买蜂蜜酒和历史化的食物时,这里的历史就这样被消费掉了。[72]对过去所做的这种商品化现象,就是休伊森所说的在行动中抹去"遗产"。这些节日强调的是娱乐和家庭活动。中世纪精神并不是什么新鲜事——对中世纪的盲目崇拜可以追溯到19世纪初。[73]至少从1839年的埃格林顿锦标赛(Eglinton tournament)开始,重演历史演员就一直造访这一时期。然而,将标准的中世纪行为方式——歌颂吟游诗人、蜂蜜酒、浪漫和谦恭——与模仿过去,以及非专业人士和业余爱好者的积极身体参与相结合，则是一种新的做法。集市是一种特别英式的乡村表达形式，所以，这样的活动通过诉诸历史来培养一种特殊的地方社区意识，从而将历史全国化。虽然这些活动具有教育性元素，但这种集市通常在假日举行，因此，游客的态度与参观博物馆或画廊的游客不同。自 1992 年以来，在赫斯特蒙苏城堡（Herstmonceux Castle）举办的英国最为盛大的活动一直在进行。每年有超过 3 万名游客和 2000 名重演历史演员参加这个为期三天的节日，它所占用的场地达 500 英亩。

在美国，文艺复兴时期的节日和集会也很受欢迎（文艺复兴节日网站列出了大约 170 个节日集会），从 20 世纪 60 年代中期就开始举办了。[74] 它们规模巨大：马里兰文艺复兴节占地 25 英亩，在三周内吸引了 22.5 万名游客；宾夕法尼亚文艺复兴集会在 12 个周末吸引了 25 万人；1990 年，威斯康星州布里斯托尔的文艺复兴集会在 7 个周末内达到了吸引 40 万人的高潮。这些事件的真实性没有在英国那么重要，它们将历史时期（中世纪和文艺复兴时期）与奇幻元素、马戏团、动物园和海盗结合在一起。美国的复古集会展示了亲历历史和重演历史活动是如何被"过去"的文化模型所覆盖的。它们表明了"过去"和娱乐是如何混杂在一起的，但重要的是，在精神气质方面，它们往往是反文化和反主流的。[75] 这些集会强调游乐园的娱乐性和一般性的狂欢，而不是教育。当然，关键性的体验是感官性的——游客们在这里吃喝、购物，观看从肚皮舞到鼠疫患者唱歌等戏剧化的表演。游客们有不同程度的参与——从纯粹的热衷于打探别人隐私的人到那些通过租用戏服并参与其中变成"戏客"（playtrons）的人。"戏客"是一种业余风格的体验，代表了专业艺人和游客之间的一个中间身份；与此同时，选择的元素是重要的，"戏客"可以在任何时候脱离历史，或者选择另一条道路。

对这些过去的模拟物来说，历史只是最初的出发点，但这些集会很快就偏离了这一点，把历史变成了一套明显丰满的修辞：竞争、娱乐、食物。与创意复古协会类似，这些活动也强调实体社区和在线社区——这些集会在推特和脸书上也有广泛的呈现。其关键在于对历史化娱乐的渴望，以及将过去作为一种商品修辞的运用，作为一种可以轻松销售给消费者的体验式娱乐休闲模式。游客为具身化的体验付费，但他们很清楚自己融入了主题公园的氛围。这些集会被比作迪士尼乐园，在它们对历史温和的"主题化"中，它们创造了一种相似的体验，既真实（authentic）又不真实（unreal）。其历史与真实的过去之间具有一种微妙的联系，但这种场面比准确性重要得多，而"中世纪"或"文艺复兴"开始成为指代这些集会的事件，而不再具有任何历史时期的含义。这些事件变成了自我建构性的和自我参照性的。这就是变成了商品的历史，即行动中的"遗产"。

中世纪集会的一个发展形式是中世纪的宴会，这是遗产型景区的主要组成部分。虽然真正的遗产背景对于体验来说是很重要的，但在伦敦市中心一幢专门建造的建筑里，还有一家中世纪的宴会餐厅，提供夜间宴会和特殊活动。中世纪的宴会鼓励参与者全身心地沉浸在对过去的幻想中，通过服装和饮食来传达身体的感觉。虽然这种宴会的重演历史活动确实进入了都铎王朝时代，但值得注意的是这些膳食通常与中世纪以及与那个时期的大众文化相关的一套模式联系在一起。顾客们追求的是一种从历史上来说与众不同的体验，但他们特别关注一些特定的修辞——蜂蜜酒、丰满的姑娘、吟游诗人、弄臣、旧世界风格的演讲和鹿腿肉等。其体验是包罗万象的，涉及所有的感官。这种体验是双重性的——移情（从身体上回到过去）和短暂的沉浸感（古代的氛围）。

享用过去是一种司空见惯的消费过去的方式。自 1979 年最为畅销的《纯粹的快乐》（*Pleyn Delit*）一书出版以来，历史烹饪书籍已经变得司空见惯，尤其是在遗产型景区的书店里。它们允许用户以中世纪、文艺复兴和其他历史时期的风格来完成家务。这种历史性的表演活动会邀请观众或读者亲身参与到历史中来，通过技能学习和吃东西进行体验。像《莎士比亚的厨房：当代厨师的文艺复兴时期食谱》（2003）和英格兰遗产委员会的"古往今来的烹饪"（Cooking Through the Ages）系列（包括维多利亚时代、都铎王朝、乔治王朝、罗马时期、斯图亚特王朝、定量供给时期等），这样的书籍把历史和食谱联系起来，鼓励人们在消费历史的同时消费历史信息。在这些作品中，历史性是使用特定技术的行为使某些东西看上去既熟悉又奇怪，只要它是可以食用的，并且是由可识别的原料制成的。这些书具有学术上的动力——介绍了关键术语，譬如浓汤（potage）的流行——并引用了它们的资料来源。[76] 它们热衷于向现代受众介绍历史化的烹饪和正宗的烹饪技术。有些书提供了一些有用的建议，譬如"不要试图将全麦去壳并捣碎，而是使用事先准备好的经过粗磨的小麦或被捣裂的小麦"，以实现对历史上的饮食进行现代复制，不过《纯粹的快乐》和其他著作倾向于避免这种方法，而是强调真实性。[77] 与此同时，这些书强调了一种修正派的历史学写作，主要是恢复以妇女为主的边缘群体的历史，并表现出对历史生活的细枝末节和琐事的兴趣，譬如，正如大英图书馆哈利手稿 279 和 4016 的一个版本《取一千颗或更多的蛋》(*Take a Thousand Eggs or More*)所表明的那样。[78]这些书与亲历历史活动是一拍即合的,在遗产型景区强调的是家庭生活和日常生活,而不是议会厅;尽管这些景区——"传统上与妇女有关的安排和实物展示的为数不多的工具之一"——很受欢迎,但也有人批评它们"经常不准确、不具有代表性、理想化地描绘了我们认为的过去的生活方式"。[79]

历史烹调现象与纪录片相结合,创造了一种奇怪的文化—历史的一致性。在《超级吃货》(*The Supersizers Eat*,英国广播公司第二台,2008—2009)节目中,两位主持人装扮成从中世纪到 20 世纪 80 年代不同时期的风格,吃了一个星期。这类节目的关键要素之一是健康——主持人在每个周末都要测试饮食如何影响他们的身体健康。这表明人们对"有历史依据的生活"的身体影响很感兴趣。英国电视四台的《被时间遗忘的饮食》(*The Diets That Time Forgot*,2008)也是一个类似的具身化的健康系列节目,该节目要求志愿者按照特定的减肥模式生活。[80]这些节目将对过去的身体上的重演历史进行概念化,认为它可能对当代人产生物质上的和生理上的影响。

然而,大多数的历史美食纪录片都对某种模仿感兴趣。譬如,电视大厨休·费恩利-惠廷斯托尔(Hugh Fearnley-Whittingstall)2003年推出的英国电视四台系列节目《爱德华七世时代乡间别墅的宴飨》(*Treats from the Edwardian Country House*)就是真人历史电视节目的一个指南,节目中介绍了历史时期的食谱、清洁、园艺和美容技巧。该节目的 DVD 版本允许观众分享该节目的参与者所吃的食物,因此,他们作为历史化身的地位受到了损害——观众取代了他们。类似的节目还有《卡卢乔与文艺复兴食谱》(*Carluccio and the Renais-*

sance Cookbook，英国广播公司，2007)、《维多利亚时代的厨房》（The Victorian Kitchen，英国广播公司，1989）和《维多利亚时代的厨房花园》（Victorian Kitchen Garden，英国广播公司，1987）等。在后面这些节目中，主持人种植和烹饪那个历史时期的水果和蔬菜。这些生活方式秀将烹饪、园艺和历史等三类生活方式节目组合在一起，成为历史行为的重演历史活动和娱乐节目。[81] 这些节目关乎移情和理解，鼓励感官上的和身体上的参与以及当代人对过去的亲身演绎。美国公共广播公司的《历史的味道》（A Taste of History，2008）节目声称，它"让美国的历史鲜活起来，让它充满活力，因为我们回溯到过去，通过他们吃的食物和准备的食谱来了解我们国家的开国元勋"；该节目"肯定会给家庭烹饪带来灵感"。[82] 通过对食物的思考，过去被重新激活，业余爱好者被鼓励参与并模仿或代为表现历史人物。

以历史为基础的饮食越来越受欢迎。譬如，手工食品和饮料运动鼓励人们采用传统烹饪技术，并参与了对现代工业食品的某种批判。通过使用产品的特定服务参与其中，使个人能够通过行为和领悟而获得一些文化资本。就像历史上流行的音乐类型的表演实践（在第七章中讨论）那样，这赋予了一种食物制作的情感真实性。类似地，世界各地的餐馆都强调"传统"技术，包括回归"寻找食物"和为果腹而寻觅食物，回归传统的耕作方法、历史保护和烹饪。在一个层面上，"民族"烹饪——无论是在餐馆里消费还是由业余爱好者在国内创造——是一种想象和预期的过去性的商品化，是一种"传统"的东西，与民族主义的根本性的历史化方面有关。[83] "正宗的"食物是努力争取得到的东西，是"真实的"，它与现代性的恐怖不同。这方面的一个很好的例子是美食旅游，参与者在"真实的"环境中到意大利享用美食或到德国喝酒。[84] 2011 年，赫斯顿·布卢门撒尔的晚餐（Heston Blumenthal's Dinner）在伦敦开业，一场更为明显的"历史化"美食体验拉开了序幕。这家餐厅的英文菜谱来自大英图书馆，餐厅还展示了过去几个世纪的一系列菜肴。它的历史性是其意义的一部分，与布卢门撒尔著名的严肃的科学实验主义相结合。这种手工制作的方法，已经被那些寻找真实性的标志的大公司模仿。譬如，饮料巨头公司健力士最近为其具有创新性的传统精酿啤酒系列（2015）做了广告，展示他们的酿酒师阅读档案资料，以模仿和重现 1796 年至 1801 年的啤酒。

2007 年，参与英国电视四台电视真人秀节目《育婴记》（Bringing Up Baby）的家庭，上演了一出离奇的家庭重演历史活动，在这个节目中，六个家庭在孩子出生后的前三个月里，将修正过的历史化的育儿理论应用到婴儿身上。这是广受欢迎的改变人生的"成就"节目——像《那将教会他们》（That'll Teach 'Em，英国电视四台，2003—2005，孩子们的教育是按照 20 世纪 50 年代的国家教育规定进行的）或者现代的《小野营》（Brat Camp，英国电视四台，2005—2006）等历史类节目——和诸如《超级育儿师》（Supernanny，英国电视四台，2003— ）这样的育儿干预节目的混合体。该节目解释说："第二次世界大战以来，每十年都会有自己时代的育儿建议。这取决于他什么时候出生，这个孩子的成长环境会完全不同。"[85] 它们借鉴了弗雷德里克·特鲁比·金（Frederic Truby King，1950 年代）、本杰明·斯波克（Benjamin Spock，1960 年代）和让·里德洛夫（Jean Liedloff，1970 年代）等人的做法。这个实验让有影响力的历史方法相互竞争，以找出最好的方法。就像其他的真实历史节目一样，其行动模式是以文本为基础的，因为每个家庭都有一本手册。这些家庭一直在接受闭路电视的审查，以了解事情的进展。父母经历了某种程度的身体上的重演历史——尤其是在母乳喂养方面——但这也会积极地铭刻在孩子的心智和身体发育之中。该节目假设，社会—文化和历史的差异可以追溯到基本的医学理论，而这些差异的体验和传播，可以让我们理解一个基本的真理。这些家庭是观众的化身，为了教育而重演了历史上的行为。

注释：

1 Tony Horwitz, *Confederates in the Attic*, New York: Vintage, 1999, p. 280.
2 Agnew, "What is reenactment?", p. 327.
3 同前注，p. 335。
4 参见 "Re-enacting the Past", *International Journal of Heritage Studies*, 20:7-8 (2014), 其中包括关于越南、柬埔寨、荷兰和中国的实践的研究。
5 Schneider, *Performing Remains*, pp. 9-10.
6 见 J. de Groot, "Empathy and enfranchisement: popular histories", *Rethinking History*, 10:3 (2006), 391-413。
7 汤普森在她的调查中发现，97.8%是白人，96.8%是男性。
8 Agnew, "What is reenactment?", p. 328.
9 J. Lamb, "Introduction to settlers, Creoles and historical reenactment", in V. Agnew, J. Lamb with D. Spoth, *Settler and Creole Reenactment*, Basingstoke: Palgrave Macmillan, 2009, pp. 1-19 (p. 1).
10 重演历史活动的视频见 http://www.gettysburgreenactment.com/ [accessed 19 October 2015]。
11 Agnew, "What is reenactment?", p. 330. 另见 I. McCalman, "The little shop of horrors: reenacting extreme history", *Criticism*, 46:3 (2004), 477-486。
12 D. Pollock, "Introduction: making history go", in Della Pollock (ed.), *Excep-

tional Spaces: Essays in Performance and History, Chapel Hill and London: University of North Carolina Press, 1998, pp. 1–48 (p. 7).

13 J. Thompson, *War Games: Inside the World of Twentieth Century War Reenactors*, Washington, D. C.: Smithsonian Books, 2004, pp. 169–171.

14 见 Agnew and Lamb (eds), *Settler and Creole Reenactment*。

15 关于遗产重演历史活动和表演的讨论，参见这本书中的论文：A. Jackson and J. Kidd (eds), *Performing Heritage: Research, Practice and Innovation in Museum Theatre and Live Interpretation*, Manchester: Manchester University Press, 2010。

16 http://www.sealedknot.org/index.asp?Page=about.htm [accessed 5 May 2005].

17 http://www.sealedknot.org/index.asp?Page=cav.htm [accessed 5 May 2005].

18 W. C. Davies, *The Civil War Reenactors' Encyclopedia*, London: Salamander, 2002, p. 29.

19 譬如，汤普森列出了大约6000名来自美国的参与这些时期的重演历史活动的常规演员。

20 Thompson, *War Games*, p. xvi.

21 在爱尔兰，重演历史活动是一个生动的政治问题，每年一度的重演博因河战役活动就是明证。

22 http://www.drhg.pwp.blueyonder.co.uk/Wars_Info.htm [accessed 5 May 2005].

23 同前注。

24 W. Robinson, "Don't mention the war! WW2 re-enactment banned by council because some of the participants would have been wearing Nazi uniforms", *The Daily Mail*, 3 May 2014, http://www.dailymail.co.uk/news/article-2618823/Dont-mention-war-WW2-enactment-banned-council-participants-wearing-NAZI-uniforms.html [accessed 15 April 2015].

25 参见 McCalman and Pickering, *Historical Reenactment*，该书把"现实主义"作为一种实践和认识论来讨论。

26 Thompson, *War Games*, p. 153.

27 同前注，p. xvii。

28 J. Anderson, *Time Machines: The World of Living History*, Nashville, TN:

American Association of State and Local History, 1984, p. 191.
29 Thompson, *War Games*, p. 162.
30 例如 http://www.authentic-campaigner.com and www.fcsutler.com [accessed 19 October 2015]。
31 *A Cock and Bull Story*, 2005, Michael Winterbottom.
32 见 Jackson and Kidd (eds), *Performing Heritage*。
33 R. Hewison, "Heritage: an interpretation", in D. Uzzell (ed.), *Heritage International*, London and New York: Belhaven Press, 1989, pp. 15-23 (p. 21).
34 T. Stearn, "What's wrong with television history?", *History Today*, 52:12 (2002), 26-27 (27).
35 K. M. Johnson, "Rethinking (re)doing: historical re-enactment and/as historiography", *Rethinking History*, 19:2 (2015), 193-206 (193).
36 J. Hallam and M. Mashment, *Realism and Popular Cinema*, Manchester: Manchester University Press, 2000, p. 19.
37 见 Svetlana Boym, *The Future of Nostalgia*, New York: Basic Books, 2001。
38 P. and D. Snow, *Battlefield Britain*, London: BBC Books, 2004, p. 11.
39 讨论内容见 T. Ebbrecht, "History, public memory and media event", *Media History*, 13:2-3 (2007), 221-234。另见 T. Downing, "CGI and the end of photography as evidence", in B. Winston (ed.), *The Documentary Film Book*, Basingstoke: Palgrave Macmillan, 2013。
40 R. Holmes, *Wellington*, London: HarperCollins, 1996, p. xviii.
41 Snow, *Battlefield Britain*, p. 51.
42 导演是戴维·麦克纳布（David McNab），2004年，120分钟，首次是播出在美国的探索频道。
43 P. Ward, "The future of documentary? 'Conditional tense' documentary and the historical record", in G. D. Rhodes and J. Parris Springer (eds), *Docufictions*, Jefferson, NC and London: McFarland & Company, Inc., 2006, pp. 270-284.
44 "The Making of Virtual History", http://www.discoverychannel.co.uk/virtualhistory/_pages/making_of/back_to_life.shtml [accessed 30 January 2006].

45 同前注。

46 Simon Roberts,出处同前注。

47 见 S. F. Roth, *Past into Present: Effective Techniques for First-Person Historical Interpretation*, Chapel Hill and London: University of North Carolina Press, 1998, and K. F. Stover, "Is it real history yet?: an update on living history museums", *Journal of American Culture*, 12:2 (1989), 13−17。

48 B. Goodacre and G. Baldwin, *Living the Past*, London: Middlesex University Press, 2002, p. 51.

49 戴维·洛温塔尔批评了亲历历史和第一人称视角的解读,因为它们对观众与过去的关系的解读是有问题的,参见 *The Past is a Foreign Country*, p. 298。

50 Samuel, *Theatres of Memory*, p. 195.

51 J. Tivers, "Performing heritage: the use of live 'actors' in heritage presentations", *Leisure Studies*, 21:¾ (2002), 187−200 (198).

52 关于这种对主流知识的质疑的有趣视角,参见: A. M. Tyson and A. M. Dungey, " 'Ask a slave' and interpreting race on public history's front line", *The Public Historian*, 36:1 (2014), 36−60。

53 Tivers, "Performing heritage", p. 194.

54 见 T. Bennett, *The Birth of the Museum*, London: Routledge, 1995。

55 Samuel, *Theatres of Memory*, p. 175.

56 T. Bennett, "Museums and the people", in Robert Lumley (ed.), *The Museum Time Machine: Putting Cultures on Display*, London and New York: Routledge, 1988, pp. 63−85 (p. 63).

57 http://www.beamish.org.uk/about.html [accessed 4 October 2007].

58 同前注。

59 http://www.ironbridge.org.uk/downloads/STRATEGIC%20PLAN%202007-10%20FINAL.pdf [accessed 8 October 2007].

60 G. Porter, "Putting your house in order: representations of women and domestic life", in Lumley (ed.), *The Museum Time Machine*, pp. 102−128.

61 R. Handler and E. Gable, *The New History in an Old Museum: Creating the Past at Colonial Williamsburg*, Durham, NC: Duke University Press, 1997.

62 I. McKay and R. Bates, *In the Province of History: The Making of the Public Past in Twentieth-Century Nova Scotia*, Montreal, QB: McGill-Queens University Press, 2010.

63 T. Bridal, *Exploring Museum Theatre*, Walnut Creek, CA: AltaMira Press, 2004, p. 5.

64 http://www.imtal.org/keyQuestions.php [accessed 4 October, 2007].

65 A. Jackson, "Inter-acting with the past: the use of participatory theatre at museums and heritage sites", *Research in Drama Education*, 5:2 (2000), 199–215. 另见 H. Nicolson, *Theatre, Education and Performance*, Basingstoke: Palgrave Macmillan, 2011。

66 A. Jackson and H. Rees Leahy, " 'Seeing it for real?': authenticity, theatre and learning in museums", *Research in Drama Education*, 10:3 (2005), pp. 303–325.

67 http://www.sca.org/officers/chatelain/ForwardIntothePast.pdf [accessed 3 October 2007].

68 http://www.grandcouncil.sca.org/oct05detail4.php [accessed 3 October 2007].

69 同前注。

70 S. Sparkis, "Objects and the dream: material culture in the Society for Creative Anachronism", *Play & Culture*, 5:1 (1992), 59–75.

71 P. McCarthy, " 'Living history' as the 'real thing': a comparative analysis of the mountain man rendezvous, Renaissance fairs, and civil war reenactments", *et Cetera*, 71:2 (2014), 106–123.

72 R. N. S. Robinson and C. Clifford, "Authenticity and festival foodservice experiences", *Annals of Tourism Research*, 39:2 (2012), 571–600.

73 见 D. Matthews, *Medievalism: A Critical History*, Cambridge: D. S. Brewer, 2015。

74 http://www.renaissancefestival.com/ [accessed 3 October 200]; 参见 S. Blazer, "The Renaissance pleasure faire", *The Drama Review* (1976), 31–37, 他强调了这种体验的随机性:"在漫长的一天中,任何时候都不会试图引导观众前往任何特定的聚集地点",第 36–37 页。

75 R. L. Rubin, *Well Met: Renaissance Faires and the American Counterculture*, New York: NYU Press, 2012.
76 O. Redon, F. Sabban and S. Serventi, *The Medieval Kitchen*, Chicago: University of Chicago Press, 2000, p. 51.
77 M. Black, *The Medieval Cookbook*, London: Thames & Hudson, 1996, p. 23.
78 *Take a Thousand Eggs or More*, Pottstown, PA: Cindy Renfrow, 1997.
79 H. Knibb, " 'Present but not visible': searching for women's history in museum collections", *Gender and History*, 6:3 (1994), 352−369 (356).
80 见 J. de Groot, " 'I feel completely beautiful for the first time in my life': bodily re-enactment and reality documentary", in Bell and Gray (eds), *Televising History*, pp. 193−207。
81 I. de Solier, "TV dinners: culinary television, education, and distinction", *Continuum: Journal of Media & Cultural Studies*, 19:4 (2005), 465−481.
82 http://www.pbs.org/food/shows/a-taste-of-history/ [accessed 23 June 2015].
83 见 R. Applebaum, *Dishing It Out: In Search of the Restaurant Experience*, London: Reaktion, 2011。
84 C. Michael Hall et al. (eds), *Food Tourism around the World*, London and New York: Routledge, 2003.
85 *Bringing Up Baby*, Episode 12, Channel 4, 25 September 2007, 21:00 hrs.

第七章　表演过去性，再回收文化和文化重演历史

历史舞台剧

这些关于真实性、权威性和身份与过去的关系的问题，在考虑将历史剧搬上舞台时，以有趣的方式成了人们关注的焦点。这种类型的表演不是鼓励参与，而是让观众"现场"观看历史，反思历史体验的身体内在性（bodily immanence）。然而，戏剧的本质是这样的，它对历史的演绎总是奇怪的和具有挑战性的。一部关于历史事件的戏剧——汤姆·莫顿·史密斯（Tom Morton Smith）的《奥本海默》（*Oppenheimer*，2014）或彼得·摩根（Peter Morgan）的《弗罗斯特 / 尼克松》（*Frost / Nixon*，2006）——与在环球剧院有意识地穿着古装上演莎翁戏剧，或重新上演一部有争议的戏剧以表达当时人的观点，这两者之间有区别吗？每一种活动都将表演概念化，并将"历史"和"历史的故事与实践"可能呈现的方式戏剧化。环球剧院在特定空间的旧式演出，重新表现了人们所设想的原创作品，并为舞台增添了原创性和真实性方面的认可。[1]在某种程度上，这是作为遗产体验的戏剧，是亲历历史活动的延伸。然而，除了它在旅游方面的吸引力之外，它还具有文化价值。

譬如，人们如何看待阿加莎·克里斯蒂的《捕鼠器》（Mousetrap，圣马丁剧院，1952—）这样一部经久不衰的历史作品呢？勋伯格（Schönberg）和鲍伯利（Boublil）的《悲惨世界》（全球版，1980—）是一部历史音乐剧抑或仅仅是维克多·雨果原著小说的改编？《悲惨世界》表征了过去，是一部古装剧，但也是一部公认的现代穿越音乐剧。它不是一部某个时代的作品，因为它是雨果小说的现代版，但它已经上演了二十多年，获得了一种文化上的气质。反过来说，人们如何看待露西·普雷柏（Lucy Prebble）的作品《安然公司》（Enron，2009）呢？这部作品以2001年的安然公司丑闻为背景，对该事件进行了复杂的叙述，在多种媒体上引发了论战。尼克·佩恩（Nick Payne）的《星座》（2012）设想了一种由当代物理学家提出的数万亿多重宇宙构成的关系。因此，虽然霍华德·布伦顿（Howard Brenton）的《安妮·博林》（Anne Boleyn，2010）和《55天》（55 Days，2012）等"纯"历史剧将过去呈现在当下，但其他文本对体验历史和亲历历史的时间进行了拷问，挑战观众思考自己在当下的身份。舞台剧允许人们对过去进行思考和对时间进行质疑，而其概念上的"现场感"（liveness）使其在表演中变得更加复杂。

此外，旧剧的翻拍可以进行对比，或表明社会生活发生了怎样的变化——就像2006年在谢菲尔德的克鲁斯堡剧院（Crucible Theatre）重新上演的之前备受争议的《罗马人在不列颠》（Romans in Britain）一样。[2]重新上演的重要性在于，从某种意义上说，这是对一个原始事件的重新想象和重演，而"新"版本将在某种程度上对过去和现在的区别有所阐述；翻拍往往可能只是简单地将一段历史文本作为一段保存下来的时间的一部分呈现出来，而不是试图就过去与现在之间的关系提出观点——譬如，诺埃尔·科沃德（Noel Coward）或特伦斯·拉蒂根（Terence Rattigan）在 20 世纪 30 年代上演的任何一部戏剧。然而，重新上演一部像卡里尔·丘吉尔（Caryl Churchill）的《白金汉郡之光》（*Light Shining on Buckinghamshire*，1976；2014 年翻拍）这样的严肃史学作品，可能与她带有鲜明政治意味的《顶尖女子》（*Top Girls*，1982；2013 年翻拍）截然不同。这两部戏剧都与历史有关，但其中一部更加明显地设定在过去，另一部反映了过去在当代想象中的运作方式，从历史中走来的著名女性会聚在一起共进晚餐。

这些问题表明，就像小说、电影和虚构作品一样，"历史"在舞台上的表现是复杂的，观众对过去的各种论述的参与也是复杂的。舞台剧与过去一直有着复杂的关系。戏剧在叙事和表演结构中对过去的呈现和体现，允许对历史进行质问和重新概念化。当代英国戏剧花了很多时间与历史进行妥协。迈克尔·弗莱恩（Michael Frayn）和汤姆·斯托帕德（Tom Stoppard）的戏剧，没有将历史作为一种评论当代政治的手段，也没有简单地在历史背景下讲述故事，而是用更为抽象的术语将历史进行概念化，将其视为另一种可能被削弱和拆解的知识体系。他们证明，在将历史改编为剧本时，作者可以有效地调查、破坏和挑战思想结构；这种审视可以成为整篇剧本的一个组成部分，也因此更具颠覆性。戏剧具有瞬间性、轻视性、简短性、神秘性和无形性的能力，这意味着与历史相关的戏剧可能更为短命，因此比电影甚至小说等版本更具挑战性。正如丽贝卡·施耐德所指出的那样："咬字清晰，作为一种话语或言语行为，当然是现场发生的，而且被认为是观众可以理解的，而不仅仅是它忠诚于过去。"[3]

在 21 世纪的头十年，主流的"高雅"英国戏剧热衷于挑战历史作为一种坚实的东西的观念,并致力于对历史作为一种有形的东西提出质疑。理查德·帕尔默(Richard Palmer)指出,剧作家们处理过去的方式,已经从以"历史"为基础的戏剧,转变为将历史作为一种概念的戏剧。[4] 从卡里尔·丘吉尔笔下的女性主义作品《顶尖女子》,到迈克尔·弗莱恩和汤姆·斯托帕德更为理性的后现代主义和不可判定性(undecidability),剧作家们对宏大的历史叙事进行了更为细致的考证。[5] 艾伦·贝内特的《历史男孩》(2004)涉及历史技术、价值和方法论等多重讨论。譬如,相比之下,爱尔兰现代戏剧——在英国有着巨大的影响力,像布莱恩·弗瑞尔(Brian Friel)、弗兰克·麦吉尼斯(Frank McGuinness)和塞巴斯蒂安·巴里(Sebastian Barry)这样的作家经常在舞台上表演——利用对过去的表征来考察当代的政治认同和文化认同。[6]

英国剧作家考察了以前被边缘化的历史,以及它们与当代认同的关系,正如在马克·拉文希尔(Mark Ravenhill)的《克莱普母亲的茉莉之家》(*Mother Clap's Molly House*,2001)中所看到的那样。拉文希尔的戏剧探讨越界和界限问题,在1726年的一间男扮女装的妓院和2002年的一间阁楼的性爱派对之间切换。这种分解历史年代的使用方式是很常见的——在丘吉尔颇具影响力的剧作中有一场晚宴,由五位来自不同历史时期的女性出席宴会,并以此来反思撒切尔时代职业女性的崛起——这种做法是为了深入思考我们对过去的感知,以及现在进步的方式(尽管它是含糊不清的):

汤姆:这么多年,我都在家里听爸爸说:这他妈的狗屎,那他妈的狗屎。而我想:你已经成为历史了,你。因为我是个笨蛋，但我不想告诉你。哦，不。总有一天，我会起身离开。在冰箱上贴一张便条。"这个他妈的狗屎一样的家。"这个小小的丈夫和他的小小的妻子以及他们的小孩。那就是历史。而我是未来。这就是未来。人们做他们想做的事。人们成为他们想成为的人。那么，为什么……？你为什么要把它搞错？[7]

汤姆想要将性作为一种新鲜事物，扫除旧的偏见，不过该剧暗示，性几乎是一种永恒的东西，这仅仅是它被消费、被包装和被体验的方式的转变和改变："道德是历史/现在逐利是至高无上的。"[8]这部剧作将身体置入历史，并细致地思考具身化和认同等问题。

当代英国戏剧极具激进主义色彩——戴维·黑尔（David Hare）和哈罗德·品特（Harold Pinter）的作品对当代政治进行了精辟的评论；莎拉·凯恩（Sarah Kane）和马克·拉文希尔的作品为剧院引入了一种新的暴力；还有许多反映"9·11"之后的全球事件的剧作，包括从《与恐怖分子对话》（*Talking to Terrorists*，2005）到《黑色观察》（*Black Watch*，2006）。[9]然而，将历史运用到现代戏剧中，往往是为了通过名人来理解历史——正如戴维·黑尔的《阿尔贝特·施佩尔》（*Albert Speer*，2000）和对乔治·萧伯纳的《圣女贞德》（2006）的翻拍那样——或理解哲学。后一类戏剧的挑战在于它们对知识体系的戏剧化进行质疑。汤姆·斯托帕德的推理剧《阿卡迪亚》（*Arcadia*，1993）、《爱的发明》（*The Invention of Love*，皇家国家剧院，1997）、《乌托邦的海岸》三部曲（*The Coast of Utopia*，2002）和《摇滚》（*Rock and Roll*，2006），将历史作为一个实体来研究，而不是作为简单的背景或叙事内容。斯托帕德在《阿卡迪亚》中使用的道具——在1809—1812年和1989年都有变化——展示了这部剧真实呈现历史重叠的能力。剧中的动作是在同一个房间里进行的，只是在不同的时代，因此，在一个时期使用的道具就留给了另一个时期。这种过去与现在之间轻松自在的转换、互动，展现了表演的流动性，也优雅地展示了戏剧颠覆历史年代的能力。

迈克尔·弗莱恩的《哥本哈根》（*Copenhagen*，1998）是一部关于历史、客观性、具身化和不可判定性的辩论最为集中的戏剧。[10]这部戏剧将1941年物理学家维尔纳·海森堡和尼尔斯·玻尔在哥本哈根玻尔家有争议的会议戏剧化地呈现了出来。[11]这部戏剧因为敏感的材料和弗莱恩对海森堡的刻画吸引了大量的讨论。[12]史蒂文·巴菲尔德（Steven Barfield）认为，弗莱恩自己对他的剧本在各种附言中的历史有效性的关注，表明了他对这部戏剧主题的焦虑。事实上，巴菲尔德继续说，正是这些附言本身引发了争议，部分原因是，弗莱恩认为这部剧"是某种形式的历史，需要准确"。[13]他们认为，如果弗莱恩只是简单地展示他的戏剧作品，那么也就没有什么争议了。当他认为自己在进行某种"历史的"干预时，他的作品就会受到质疑和挑战。当然，弗莱恩对他陈述的真实性的担忧——在最新版本的剧本中，附言长达54页——表明了一种深深的不安，即把动机归之于人，对个人做出断言，并可能歪曲历史记录。然而，与此同时，弗莱恩对这件事复杂性的元文本式的讨论，只是增加了该剧的核心主旨，即模棱两可，以及对历史不确定性的担忧。尽管有大量的证据——信件、采访、录音谈话、回忆录、自传——这次会议的意义和参与者的动机（尤其是海森堡）仍然是有争议的。这些辩论的具体表现形式，通过戏剧化的表达方式，迫使观众去思考历史中的个体，以及通过表演来回忆、修订和复活过去的方式。

这部剧是关于科学与责任、道德与历史本身的不可知性的。《哥本哈根》提出了关于这次会议事件和会议意义的多种可能性。剧中的人物角色回顾了自己的欲望和动机,提及了自己未来的事件以及后来对自己行为的解释。他们按照自然规律互相环绕,形成了各种星座,他们之间的相互关系对于外人来说就像粒子的运动一样神秘。这种历史年代上的自我意识和对理解的辩论式尝试,将历史剧塑造成一个空间,它突出了一种特定类型的辩论,这种辩论集中于演员的身体上。海森堡的不确定性概念——一种现象(在他的例子中是电子)只能通过它对其他实体的影响来理解,而在试图观察它的过程中,我们影响并改变了它——是历史本身的一个优雅主题。玻尔给它赋予的特征是:

> 然后,在哥本哈根,在二十年代中期的那三年里,我们发现没有完全可以确定的客观宇宙。宇宙的存在只是一系列的近似值。只存在于我们与它的关系所决定的范围内。只有通过蕴藏于人类大脑内部的智慧才能理解。[14]

哥本哈根会议的结果多种多样,影响巨大,但对于发生了什么(在剧中,玻尔甚至不记得是哪一个月),会议的意义是什么,为什么会召开,谁在那里,没有人能达成一致意见。会议的事实是可以重构的,但是,就像海森堡的飞驰的电子一样,动机只能是假设和假定的——从来没有真正看到或理解其内在的本质。过去的物质性(physicality)——"演员"和"分子"——可以被观众观看(这可能会在观看过程中改变它们），但永远不会被人真正理解。

最终，这部剧为了戏剧牺牲了不可知性，并暗示了海森堡在玻尔的帮助下"虚张声势"——这次会议并不是一次会议，因为在玻尔问出那个他知道会让海森堡走上制造核弹的正确道路之前就结束了。如果说他问过——在剧中他也确实问过——海森堡是否对制造核武器所需的铀量做过一个简单的计算："一个非常不同、非常可怕的新世界突然开始成形"，因为以这种方式引入这一概念将迫使海森堡进行计算，并认识到他曾错误地认为需要大量的铀。[15] 这种戏剧性的困惑——在围绕着各种事件和会议动机的不断对话之后，它的实际意义是没有问题，是某种没有说出来的东西——造就了玻尔的天才和海森堡的有缺陷的英雄形象。这部剧中上演的不确定性，是对所有历史表演和文化生产的问题的一个优雅的隐喻——这种知识的基础是过去的经验在某种程度上是通过观察当下的行为来调节和影响的。舞台上身体的物质性和对过去事件的演绎，让位于理解观众的重要性和对当代的诠释。

音乐、表演和翻拍

本章发展了前几章的思想，分析了发生在一个非常不同的文化语境下的类似现象（重演历史、舞台演绎和再具身化）。[16] 虽然音乐复古主义（musical historicism）已经存在了好几个世纪，但对乐器的重复使用和有历史依据的表演则是一个相对较新的现象，至少在学术界和公共讨论会上是这样。[17] 基于历史知识的表演是与早期音乐翻拍的平等化实践相联系的，早期音乐翻拍试图利用口头和民间传统，削弱大多数现代古典音乐表演的刻板和形式。基于历史知识的表演同样否认了学院派作曲家的重要价值，是表演驱动和经验驱动的，与主流音乐学格格不入。这样的实践表明，回归到原始的乐器和表演风格，可以提高对比度，并强调音调的平滑和透明。正如约翰·巴特（John Butt）所认为的那样，基于历史知识的表演在某种程度上是一种先验文本，可以通过真实的表演来处理，而不是通过一种可以而且确实随时间而变化的文物来处理——这有时被称为"忠实于原作"（Werktreue）。[18] 这种风格通过研究和表演的结合，用道具、文化产品和体验来重演历史。音乐是一种短暂的物质现象，基于历史知识的表演的假设常常认为听觉本身是不具有历史意义的，它显然不是；重演历史的悖论是三重的，即表演者、表演、观众这三者是不真实的，而所有人在某种程度上都在追求或渴望历史性。就感官对刺激的反应而言，这是一种非常真实的消费；这就是实体的（bodily）历史性。这里的体验是多重事物的沟通——物质对象、转瞬即逝的声音、研究技术和观众的期望。聆听这样的表演既是"古老的"——因为它是"真实的"体验——显然也是在"当下"的。

基于历史知识的表演已经成为旅游体验的一个关键部分，譬如在教堂等地点的表演。这种追求一种更加真实体验的重构历史的动力，在伦敦班克赛德（Bankside）的莎士比亚环球剧院（Shakespeare's Globe）和山姆·沃纳梅克剧院（Sam Wanamaker Playhouse）的重建中也很明显。环球剧院建于1993—1997年，距离泰晤士河上的原始剧院仅225米，耗资约3000万英镑。场地内设有剧院、教育综合体和展览。因此，它既是旅游景点，同时又是文化中心、文化场所和教育设施。[19] 环球剧院不仅建在同一个地方——这再次证明了地点选择的不合理动机——而且以同样的风格建造，开放式茅草屋顶，内部礼堂尽可能接近复制品。[20] 沃纳梅克剧院（完成于 2014 年）是该综合体的一部分，模仿了最初的黑修士剧院（Blackfriar's Theatre）的内部部分。它是用几百支蜡烛而不是电灯来照明的。

观众在这两个地方"体验"戏剧的方式不同于其他类型的剧院（尽管伦敦西区和纽约百老汇的很多地方都被 19 世纪的剧院建筑所占据）。环球剧院周围环境的真实性，帮助学者和演员了解舞台演绎的动态，同时也给游客和剧院观众一种原汁原味的感觉，更加接近莎士比亚剧院自己的版本。[21] 当然，它具有时代超越性，它不是来自"某个时代"的莎士比亚崇拜，"而是来自所有时代"的莎士比亚崇拜；正如格雷厄姆·霍尔德内斯（Graham Holderness）所指出的，莎士比亚剧院比其他任何东西都更加吸引游客："（斯特拉特福德）是莎士比亚神话的精神核心，而莎士比亚崇拜和准宗教崇拜的制度是支撑这个神话的结构。"[22] 莎士比亚神话表明，建造环球剧场是国家财富的珍贵纪念碑；对于这位剧作家的逼真伪作来说，它就像一座博物馆。[23] 这是一种人造的体验，但在这种体验中，表演中的身体的现象仍然是核心。环球剧院本身已经成为一个剧院，除了上演莎士比亚的戏剧外，还上演新近受委托的戏剧。譬如，2012 年，他们首演了霍华德·布伦顿的《安妮·博林》，这是一个奇怪的混合———一部在古代舞台上表演的现代历史剧。与基于历史知识的表演一样，环球剧院的表演也是重演历史活动，但其动态是复杂而具有挑战性的。

环球剧院的位置紧邻泰特现代艺术博物馆，充分体现了纪念碑的当代再利用，以及与之相伴的文化体验和历史性的灵活性。环球剧院是在模仿都铎王朝，完全是在模仿一种古老的风格；泰特艺术博物馆是一个现代的展览空间，坐落在一个回收再利用的发电站里。泰特艺术博物馆的建筑更加真实，但没有被正确使用；环球剧院是不真实的，但它是为特定目的而建造的。游客和观众可以在两种模式之间愉快地移动，这一事实表明，他们与文化产品及其场地进行了复杂的接触。泰特艺术博物馆的新翼（2016年开放）是老建筑的超现代延伸，确保了在建筑风格和历史体验之间的转换。游览环球剧院使游客能够接触到一种"文化商品"，这种商品由于其地理位置和建筑而具有独特的重要性。[24] 然而，观看戏剧不仅使这种特定场域的文化商品得以生存，而且还能表演一些更为复杂的东西，类似于博物馆剧场和重演历史活动。这是一种与正在表演和演绎的过去的具身化接触。

随着纪念品的出售和标志性乐器的回收再利用，在流行音乐中有一种拜物教的等价物，但是这种通过重复练习来增强和改变音乐的方法，在仿作中找到了它的等价物，在关键主题的实际重复使用中找到了它的等价物，不管是通过模仿练习、翻唱版本、重复使用声音还是采样。复古音乐风格很常见，许多乐队被指责与他们的前辈有相似之处。譬如，大多数新的摇滚运动，在很大程度上要归功于一个特定的音乐时刻，而这也常常导致针对剽窃的法律诉讼。流行音乐的先锋派运动通常是再创造和革命（譬如朋克），但很多都严重借鉴了已经存在的传统（譬如迪斯科融入家庭音乐；蓝调融入灵魂音乐）。音乐体裁的发展，在很大程度上取决于传统与演变，以及在新的传统中对旧音乐体裁的认识。这种对流行音乐持久的创造力的感知是《忧愁河上桥》(*Treme*，美国家庭影院，2010—2013）关注的重心，这是一部历史题材的电视剧，关注的是"卡特里娜"飓风灾难（2005）后新奥尔良现场音乐场景的艰难重生。然而，还有一种感觉是，有时音乐可以在没有真正知识的情况下自行发展，就像詹姆斯·墨菲（James Murphy）所写的那样，这些乐队只是"借用不被人记得的 80 年代的怀旧情绪"。[25]

20 世纪 80 年代初，阿弗里卡·班巴塔（Afrika Bambaataa）和流行音乐节目主持人库尔·赫尔（DJ Kool Herc）率先使用了采样技术。这是一种创造基调强节奏的方式，以便说唱歌手可以在此基础上说唱；在这种表现形式中，它被用来创作新型音乐。采样技术是大胆的现代现象，因为它运用了一项关键的新技术——合成器或计算机——使用旧的音乐体裁来创造新的音乐体裁，尽管有一个关键的识别元素。自从它在 20 世纪 80 年代早期兴起以来，像魅影 DJ（DJ Shadow, *Entroducing*, 1996）、女生悄悄话（Girl Talk, *Night Ripper*, 2008）、马尔斯乐队（M/A/R/R/S, *Pump Up the Volume*, 1987）、野兽男孩乐队（Beastie Boys, *Paul's Boutique*, 1989）和勇士团队（Go! Team, *Thunder! Lightning! Strike!*, 2004）等嘻哈艺术家创作专辑或歌曲时，几乎完全是把样本编织在一起来创作新音乐。制作人危险老鼠（Danger Mouse）将披头士乐队的《白色专辑》和杰伊-Z（Jay-Z）的《黑色专辑》混合在一起，创造了一张全新的《灰色专辑》（2004）。采样、拼贴和剪辑是嘻哈音乐的重要组成部分（档案网站 WhoSampled.com 在其收藏中列出了超过 2 万个样本）。[26] 这是一种不真实的拼凑或拼贴，从既有文化的无数组织中构建出来的东西。然而，与此同时，历史文本被扭曲变形，成为某种前所未见的新事物的一部分，而不是一种模仿旧事物的实物。采样是部分地重演历史，部分地表演，回收而制造"新的"音乐；这标志着它与重新组合的混音明显不同。它与翻唱版相似，虽然没有以同样的方式强调回收利用的地位。

翻唱版显然是借鉴了它们的原始版本,只不过是简单地将历史文物折回到了自身。翻唱是流行音乐的核心信条,从歌手对爵士乐标准和"伟大的美国歌曲集"的重新定义,到参与实践式的卡拉OK。《X音素》(X-Factor)或《美国流行偶像》这样的电视真人秀节目的获胜者,通常会先发行翻唱版本,因为它们的认知度和即时的怀旧价值使它们拥有明确的缝隙市场。"新"版本从认可和更新中获得了合法性,但往往只是把过去的修辞变成了怀旧的商品,只具有表面价值,除此之外别无其他。然而,翻唱版本却将旧作置于新作之中——对现代性的诠释和旧的价值结合起来,共同创造出一些直接而具有创新性的东西。致敬乐队(tribute band)所做的是更加明显的改版和模仿。致敬乐队是一个大产业,已经流行了大约二十年。他们现在有自己的节日,拥有大量现场观众。致敬乐队再次证明,出于一种怀旧情绪,他们有意"虚假"地演绎事件和文化文本。[27]他们向我们展示了作为商品的过去的表演,作为一种盈利模式的历史事物的仿制品。这些乐队忠实地复制他们所选择的前辈的音乐和容貌。正如艾伦·摩尔(Allan Moore)所言,在音乐中,"真实性"观念至少是有争议的。[28]致敬乐队和翻唱乐队之间的主要区别在于,致敬乐队在某种程度上是在更加具体、更为真实地呈现关键文本。[29]致敬乐队与基于历史知识的表演运动有很多共同之处——尽可能忠实地重现歌曲的场景和表演,以恢复它们的活力。不过,他们也会模仿表演者,模仿他们的着装或特别时尚的表演。在这种情况下,历史信息元素是语境性的——与服装和态度有关,而不是使用古老的乐器——和技术性的,只要乐队在歌曲的表现上不进行创新(这样做就失去了练习的意义)。正如《披头士乐队全集》(The Complete Beatles)所宣称的那样:"表演完全是现场的——没有狡猾的背景音乐或小玩意儿,只是一个完全真实的声音,捕捉了那些披头士早期的氛围和兴奋!"[30] 这里的体验,既体现在表演中,也体现在"真实的声音"中,也就是一种基于历史知识的表演和短暂的"现场感"的结合。乐队已经从其作为"致敬"的实际表现形式中抽象出来,成为独立的实体。有几个乐队说,他们已经得到了原创乐队的正式认可,绿洲乐队的致敬乐队 No Way Sis 有一首前20名的单曲,并在他们取消现场演出时代表了"真正的"乐队在巴黎出演。[31] 阿巴乐队的致敬乐队"再一个比约恩"(Björn Again)于1988年成立,现在是一个由多支乐队组成的特许经营乐队,在世界各地巡回演出。他们也有各种各样的热门唱片。在这里,致敬乐队变成了"实际"乐队的替身;真正的音乐家相对来说是无关紧要的,重要的是产品——以一种真实的风格来表演。他们重新表演,对于观众来说,原创和翻唱之间的差异是不重要的。重演历史从内容(歌曲)和表演本身获得了真实性。

致敬乐队作为一种近期的文化再回收现象,与全球成功的怀旧音乐剧交织在一起,譬如,早期的例子包括《巴迪》(Buddy,以巴迪·霍利的歌曲为基础,1995—)、《生生世世》(Viva Forever!,辣妹组合,2012)、《迷人》(Beautiful,卡洛尔·金,2014)以及《泽西男孩》(Jersey Boys,2015—,2014年拍成电影)。这些演出现在是剧院的主要节目(它们也巡回演出),取代了"传统的"音乐剧。[32] 它们从最初的"讽刺剧"发展而来,也被称为"点唱机"音乐剧,尽管怀旧剧通常会在舞台上添加一个叙事性的故事情节。[33] 他们在用新的故事情节重新包装老歌方面取得了惊人的成功。《妈妈咪呀！》(Mamma Mia!)在全球巡演，观众达到数百万人，总票房超过10亿美元，并被拍成电影；《摇滚万岁》(We Will Rock You，皇后乐队，2012—)多年来一直在同一家剧院演出，并在世界各地上映。这些音乐剧的主要文本是《火爆浪子》(Grease!，1972；1978年拍成电影)，这是一部模仿之作，目的是唤起人们对20世纪50年代的怀旧之情。音乐剧是怀旧的载体，是一种"事件"，在这种"事件"中，想要听到的音乐文本是在现场和公共论坛中传递的，而不是在私下里独自聆听。一个类似的现象是乐队在一张有重大影响的专辑中进行了现场重播和巡回演出，其中包括Love乐队的《千变万化》(Forever Changes)、僵尸乐队(The Zombies)的《奥德赛和神谕》(Odessey And Oracle)和布莱恩·威尔逊(Brian Wilson)的《微笑》(Smile)。2007年，当鲁弗斯·温赖特(Rufus Wainwright)演唱了朱迪·嘉兰(Judy Garland)1961年的《朱迪在卡内基音乐厅》(Judy at Carnegie Hall)的全部作品时，对这种现象提出了质疑，尽管他谨慎地强调自己的表演是致敬，而不是拖腔（它本身就是一种表演和模仿的现象）。

　　这种循环利用和翻拍的冲动，在文化形态中普遍存在。在过去的十年里，翻拍已经成为一种明确的电影类型，导演重新拍摄和循环利用电影，从艺术影片《惊魂记》(Psycho，阿尔弗雷德·希区柯克，1960；格斯·范桑特，1998)到恐怖片如《得州电锯杀人狂》(The Texas Chainsaw Massacre，托比·霍珀，1974；马库斯·尼斯佩尔，2003)。翻拍恐怖片是一种常见的文化现象，既有从其他文化中引进电影（譬如，2002年戈尔·维宾斯基导演的《午夜凶铃》翻拍自中田秀夫 1998 年的《午夜凶铃》；2013 年斯派克·李导演的《老男孩》翻拍自朴赞郁 2003 年的《老男孩》），也有对经典电影的更新（2011 年马泰斯·范海宁根导演的《怪形前传》翻拍自约翰·卡朋特 1982 年的《怪形》）。超级英雄电影——以及詹姆斯·邦德等其他系列电影——得以"重新拍摄"，人们重新审视这些英雄的起源之谜。这方面的一个很好的例子是《蜘蛛侠》电影系列，它们互相替换，重新塑造了主角。

所有这些都表明，文化上的重演历史和对过去的重新加工是我们如何理解当代社会的关键。世界上最大的网站之一 YouTube 是一个视频分享网站，最初始于人们分享他们自己表演的经典音乐视频和电影。[34] YouTube 的早期用户先是"玩"，然后是分享文化产品，这种做法破坏了文化霸权。他们表现出对 DIY 内容的渴望，以及对充满当代生活的重新创作和重新加工的兴趣。在当代数字文化中，制作循环播放的 Vine 视频和破解模因，也体现了类似的愿望。弗雷德里克·詹姆逊（Frederic Jameson）认为，正是这种模仿——对已死的艺术形象的不断重新加工——才促成了后现代主义的完整表面，然而，他正在研究一种具体化的文化霸权模式，而这些 YouTube 模式挑战并发出不同的声音——它们破坏了文化，而且，正如米歇尔·德·塞尔托（Michel de Certeau）可能会辩称的那样，它们是迫使历史和文化成为日常生活（"宜居的"）一部分的战略，因此是不可抗拒的。如果文化和历史不是一臂之遥的东西，而是可以被利用的东西，它们的空虚被展示出来，那么在某种程度上，权力就会回到用户手中。当然，正如下一节所要讨论的那样，文化上的重演历史可能会为挑战霸权提供政治空间。

重演历史与表演艺术

装置艺术家和录像艺术家对重演历史性时刻越来越感兴趣，以用来审视社会互动和反思后现代媒介社会。视觉艺术家对重演历史的概念很感兴趣，这一事实说明了重演历史的概念是如何日益渗透到当代人的想象力中的。对有形的重演历史活动的兴趣与艺术家自己对纪录片的兴趣相结合，提出了与伦理、历史、身份和权威等相关的问题。在视觉艺术中，身体重演历史活动（bodily re-enactment）正在制度化。伦敦当代艺术学院（Institute of Contemporary Art）已经上演了一系列艺术重演历史节目，包括伊恩·福赛斯（Iain Forsyth）和简·波拉德（Jane Pollard）的作品，以及乔·米切尔（Jo Mitchell）在 2007 年对著名的德国工业乐团（Einsturzende Neubauten）1984 年演出的重新演绎（该乐队试图钻穿地板）。泰特现代艺术博物馆和包括海沃德美术馆（Hayward gallery）在内的其他画廊，在规划艺术家的回顾展时，已经开始使用表演，包括重演历史和编舞，让艺术体验身临其境，并被历史化。纽约现代艺术博物馆的 2010 年玛丽娜·阿布拉莫维奇回顾展览包括"重新表演"她的一些最著名的作品。可以说，阿布拉莫维奇的作品《七件作品》（Seven Easy Pieces，古根汉姆博物馆，2005）掀起了重新表演运动的高潮。在七天多的时间里，她重新演绎了她的行为艺术家同行的五件作品，并增加了两件她自己的老作品。[35] 这些事件表演（event performances）对艺术、记忆和存档的"现场"体验的本质提出了质疑。它们迫使观众去质疑艺术表现的本质和生活体验的时代性。因此，这些艺术上的重演历史对于更为普遍的重演历史活动以及我们现在对过去的体验具有深刻的意义。[36]

对事件进行再表演是波拉德和福赛斯十多年来一直在做的事，他们的作品反映了对表演、模仿的迷恋[*]，并把艺术家变成了模仿者。他们在这个系列中的作品《史密斯一家之死》(The Smiths is Dead, 1997)、《摇滚自杀》(Rock 'n' Roll Suicide, 1998)和《神圣音乐下的档案》(File Under Sacred Music, 2006)重演了重要的音乐表演：史密斯夫妇的最后一场演出，戴维·鲍伊（David Bowie）杀死他的"永恒之星"（Ziggy Stardust）角色，抽筋患者住在纳帕精神病院。[37]这些作品将历史事件视为文化上的现成的材料，需要重新概念化和重新加工〔它们也以类似的方式重新审视布鲁斯·诺曼（Bruce Nauman）等重要艺术家的作品〕。这些重新演绎的片段所纪念的事件，在公众的想象中已经被神化了。其他概念派艺术家则以多种方式重新演绎这些事件。莎伦·海斯（Sharon Hayes）的《共生解放军长文》(Symbionese Liberation Army Screeds)的第13、16、20和29页是对帕蒂·赫斯特（Patty Hearst）1974年4月的音频传输的重新演绎，反映了一种偶像的人格化以及一种与辛迪·谢尔曼（Cindy Sherman）一样的将艺术家作为变色龙或主题的意识。[38]罗德·迪金森（Rod Dickinson）重新创造了FBI的"精神电子战争"（Psychotronic Warfare），这是一种对韦科的大卫教派重复使用的声音的组合，目的是重新思考最初的暴力事件，并反思国家控制的残暴性（杰里米·戴勒也对此进行了探讨——两人都在考虑如何将暴力行为

---

[*] 原文为festishing，疑为fetishing之误。——译者注

转化为历史叙事）。为了探讨动机和人群动态，迪金森还重新演绎了其他创伤场景，包括米尔格拉姆（Milgram）服从实验和琼斯敦大屠杀（Jonestown massacre）。[39]他认为，艺术应该运用和质疑这样的修辞，就像"大众文化关注重演历史活动的形式那样，如电视上的犯罪重演活动，这是我们现在熟悉和理解的文化习俗"。[40]这一关键论点论证了观众的复杂性和明智地将重演历史进行概念化的能力；因此，它对当代文化中的"表演"概念有着深远的影响。

杰里米·戴勒 2001 年获得特纳奖的作品重新演绎了奥格里夫战役（Battle of Orgreave），这是一种带有明显政治色彩的艺术重演历史形式（图 7）。1984 年警察与举行罢工的矿工之间的冲突是矿工罢工的转折点。戴勒在原址上重新演绎了这场战役。这场重演战役是由霍华德·吉尔斯（Howard Giles）策划的，他曾是英格兰遗产委员会的事件导演，而这场事件的电影版是由迈克·菲吉斯（Mike Figgis）导演的；它在英国电视四台播出。一些参加该活动的人就是以前的矿工和警察，他们参加了最初的事件。这次的重演历史活动使劳工史上的一个标志性时刻成了一部艺术电影。它还表明，就历史的关键时刻来说，就社会、文化、政治发展而言，重演这个事件，与内战或第二次世界大战一样重要（实际上，它是另一场内战本身的一部分）。[41]这是一段没有被教授的历史，几乎是民间历史的复活和再现。与此同时，与该事件相关的正式问题凸显了矛盾、混乱和遏制。[42]这次重演历史活动是对当地社区的部分治疗和一个特定时间的重新唤起。戴勒认为："治愈伤口需要的不仅仅是一个艺术项目……（这是在）面对一些事情，不要害怕再次看到它并讨论它。"[43]戴勒在这里的尝试是创造性的重演历史——利用重新演绎的事件来进一步理解并与过去联系起来，而不是一种后现代式的模仿，目的是致力于解决陷入困境的历史问题。

图 7　带有纪念徽章的牛仔夹克，杰里米·戴勒的展览《奥格里夫战役档案（一人受伤就是所有人受伤）》（2001）的一部分。

© ukartpics/Alamy

"极限历史学家"：重新栖居在过去

然而，重演历史活动不仅事关服装和表演；它还有一个空间因素。某些类型的重演历史或历史化的表演强调他们的位置独特性，以推销自己的特殊性；某些类型的重演历史会重演"过去"，让观众们感受到真正的愉悦。譬如，自 1994 年以来，遗产型景区可以进行结婚登记，而婚礼通常在历史建筑和博物馆里举行（关于博物馆空间的经济再利用的讨论也可参见第十六章）。现在，情侣们结婚可以选择穿着中世纪式的服装漫步在文艺复兴集会上或者历史悠久的城堡里，或者在铁桥谷博物馆里，坐着马车来到会场。这里的关键，是老建筑赋予婚礼仪式的"真实性"（无论是从遗址的年代还是情侣找到独特场地的能力来看）。参加婚礼的男性成员通常穿着晨礼服，这是一种具有历史意涵的做作行为（historicised affectation），强调了婚礼的独特性和它所蕴含的历史寓意的严肃性。这里有一个关于社会的世俗化的简短的思考，在这种世俗社会中，教会已经被取代了作为圣地的场所。遗产型场所，由于其意识形态符号学的缺失（譬如工业场所或豪华古宅），仅仅因为它们的年代、遗产地位和建筑意义，就变成了具有历史文化庄严性的场所。

同样，将老建筑改造成住宅公寓，往往会忽视它们以前的用途，将它们隐藏在遗产的委婉语和"原始"特征的背后。改造老建筑的流行，标志着一种对历史环境的特殊介入。这里的历史类型在其建筑表现中增加了一个可以识别的属性类别；这是一种存在于当代的历史感。通过将老厂房、教堂或仓库改造成公寓来崇拜它们，会削弱它们的物质意义；它们成了中性的事物。然而，这种改造也反映了一种怀旧情绪，一种身体上栖居于过去的意愿（甚至暗示过去的建筑被拉入到了现在）。譬如，这与 20 世纪 80 年代模仿都铎王朝浮华的房屋装饰所表现出的虚假的外观风格形成了直接的对比。改造保留了"真实的"外壳，同时替换内部，而不是创建一个虚假的外观；公寓内部顺应了历史结构的意愿，而不是使用"假的"遗产符号来赋予品位和权威。模仿都铎王朝的建筑风格类似于弗雷德里克·詹姆逊的模仿概念，"戴上一种风格面具（stylistic mask），用一种死去的语言说话：但它是这种模仿的中性实践"。[44] 相反，建筑的改造标志着对历史建筑环境的社会投资，是一种辩证而非表面的建筑风格。这个中产阶级化（gentrification）的过程当然是完全基于阶级的，并且表明，一个富有想象力的建筑是有机地发展的，而不是取代。或者，像曼彻斯特的大庄园（Haçienda）或伦敦东部的盖恩斯伯勒工作室（Gainsborough Studios）这样的旧址的改建，仅仅是基于名字，而不是建筑本身（两者都被拆除了）。遗址是一样的，但这些建筑有意识地让人回想起一段理想化的历史。旧建筑物的重建是对过去的有形占用，但它们的用途改变了；它不是重演历史或重新具身化，而是对"古老"的一种估值，与它的实际意识形态基础或原始意义割裂开来。其中大多数建筑都是老工业遗址，再次反映了远离早期工业资本模式的运动，并表明过去在物质上是服务经济的一部分。那些生活在该建筑中的人，并不在乎它们的真实或最初的意义，只是它们现在有文化资本分配给它们，纯粹是因为它们的年代。

因此，具有历史意义的空间是给人安慰的"具身化"的关键社会场所，是一种允许低水平的住宅翻新的遗产商品。这种温和的经济遗产受到了一些社区的质疑。譬如，对旧工厂、废墟和荒地空间的艺术性使用或剧院性使用是一种常见的做法；它试图使这些地方充满活力，并将现代和古代融合成一种独特的和令人不安的体验。这是将过去被"传承"进公寓和为会议而设计的再生社区之前而追溯过去的一种方式。这种对废弃空间的利用，可以追溯到20世纪80年代初的纽约艺术界，如今，介入历史领域已成为一种标准做法。这既可以是官方的，也可以是非官方的。譬如，蜘蛛网（Cobweb）项目使用曼彻斯特的维多利亚浴场展示了在地性的作品，当时它正在修复中〔赢得了英国广播公司《修复》（Restoration）节目的竞赛〕。蜘蛛网项目对空间所经历的过渡时期很感兴趣。策展人艾莉森·克肖（Alison Kershaw）参与了维多利亚浴场项目，这让她认为这个空间具有局限性和潜力：

> 虽然这个空间是"半荒废的"，但它绝不是空的或被废弃的。它并没有像我们想象的那样被重新开发。这是一个介于两者之间的地方，在某种程度上仍然是一个可用的空间。很少有一个你可以用最少的限制去探索的巨大建筑。一旦维多利亚浴场被重新开发，它就不会再有那样的自由，那样的期望。[45]

废弃建筑中的艺术装置挑战了传统画廊的理念，创造出脆弱的、短期的作品。他们还试图利用空间的历史共鸣来创造一些新的东西，同时也意识到这些作品的脆弱性。他们利用历史空间，利用位置的混乱来破坏等级组织，利用新旧的不协调来发展一些特别的东西。

在对待建筑环境的态度上，类似的另一种选择是城市探险。在过去的十年里，人们对探索废弃和空旷地带的兴趣急剧上升。城市游客在荒废之地拍照，形成了一种庞大的亚文化："对我来说，这不是一项真正的'极限运动'，更像是一位极限历史学家……我们喜欢真正进入这个地方，真正感受里面的氛围。"[46]城市探险者对恢复遗产并使之焕然一新很感兴趣：

当周末来临，大多数人都在花钱或缓解宿醉时，你会在地下探索数英里长的废弃隧道或洞穴……或在一间废弃的精神病院牢房里阅读墙上潦草的字迹。[47]

这样的探险者往往拒绝现代生活，享受着与世隔绝的空旷空间。重要的是这种"极限历史"（extreme history）是自我界定的，避开了任何形式的权威和秩序系统；这是一种对历史空间的重新利用和对过去环境的直接接触的尝试："我想我这样做的动机很简单，就是我喜欢探索新的地方，探索过去。不仅仅是从博物馆沉闷的玻璃外面观看，还要亲身体验这些地方，并试图理解它们的故事。"[48]这些冒险家是第一批探索当代英国工业、后工业遗产的游客。探险者们并不特别关心这些建筑的年代和意义（尽管收容所、以前的医院、工厂和隧道很受欢迎）。他们的动机是寻找"任何荒废、被遗弃或废弃的东西。城市探险（Urban Exploration）就是去参观和体验这些通常被人们遗忘的地方，在它们永远消失之前给它们拍照"。[49]废弃建筑探索的吸引力在于未知和从未见过的东西，在于成为先驱者的想法，也在于尼古拉斯·罗伊尔（Nicholas Royle）所说的："我对废弃的建筑里可能发生的事情不太感兴趣，我更感兴趣的是我能想象出在我的另一个版本的现实里会发生什么。也就是我脑子里的那个故事。"[50]这是一种猛烈的赋权,一种对"官方"历史的回顾和一种对过去的理解。城市探险是在过去的废墟中开辟出一个可能的空间。这是一种回避传统的方式——避免历史被包装和商品化,并重新主张对历史的某种公共所有权。

历史色情作品

在光谱的另一端,色情作品在互联网流量中所占的比例最大,这也促成了这种具身化的、表现为用户享受的过去感。[51] 有大量的观众观看历史色情作品和怀旧色情作品。[52] 作为满足原始的、文化适应的欲望的一种修辞,这是对表演的历史的一种非常基本的运用,同时使用遗产、怀旧或复古的词汇来销售,把过去仅仅作为一组恋物特征的另一种特征。譬如,时间之罪(Sins of Time)网站宣扬"来自更加温和时代的历史性情色作品",表明这是一种对历史上的人体的怀旧营销。[53] 古董色情是一种可识别的、可用的、可消费的东西——简而言之,一个历史上的人体就像一个现代色情明星的商品一样,是一个可以购买、观看、出售或下载的产品(其"真实性"和周围关于怀旧和历史意义的论述为其赢得了一定的合法性)。历史色情作品似乎赋予了凝视的观众以力量,在性别和经济的关系中创造了一套(明显的)权力关系,使历史在其呈现中变得清晰,在其消费中遭到违背。网络历史色情作品证明了大众文化中历史化的盛行,以及它的表现形式、全球范围和日益重要的互联网扩张的后果。它还间接地表明,历史是一种修辞或一组意义,受各种欲望(性的和经济的)支配,这些欲望可能是自我实现的一种元素,更通俗地说,是一种以物质的(可怜的）方式进行有形消费、体验和使用的东西。尽管色情作品具有明显的社会和文化意义，但它也不容易被存档。[54]

1999年，英国电视四台播出了一部六集纪录片，色情和性的"过往表演"由此进入了历史主流。[55]事实上，收集具有历史意义的色情作品和古董色情作品是一个相对合法的行业——伦敦市中心一家名为"中心页"（Centre Page）的酒吧的墙上，装饰着爱德华七世时期的色情作品。阿姆斯特丹和纽约的性博物馆，可能是用来敲诈游客的陷阱，但它们也证明了了解历史上的性实践的重要性（同时也包括亲自参观它们），以及性和身体通常被历史主流所忽视这个事实。围绕着纪录片《深喉揭秘》（*Inside Deep Throat*，芬顿·贝利和兰迪·巴巴托，2005）的兴趣和《大名鼎鼎的贝蒂·佩奇》（*The Notorious Bettie Page*，玛丽·哈伦，2005）的发行相结合，使古老的性——或与之相关的视觉修辞——成为当代大众想象的一部分。[56]性化、具身化表演的另一个元素是滑稽剧（有时被称为"新滑稽剧"）在美国和英国的复兴。尤其是滑稽剧复兴主义者，他们以一种整体复古的外观和一套特别的配件，譬如特别的文身，以非常特别的方式看待自己："滑稽剧舞蹈团体把他们的受复古影响的活动，视为对商品化和消费主义的一种狂欢式的挑战。"[57]"复古行动"在这里体现了一种抵制当代特定政治话语的方式。这些例子很好地反映了本章的主要关注点——自我意识的重演历史和历史化活动的具身化（滑稽表演）、历史纪录片对大众文化中的"表演"的兴趣（《深喉揭秘》），以及历史电影和戏剧日益增加的混杂性和文本复杂性（《大名鼎鼎的贝蒂·佩奇》）。因此，这一系列围绕性而产生的文化元素，以及它作为"历史的"或被历史化的实践在当代社会中的表现、表演和表征方式，展示了过去在当下的复杂性和非凡的影响力，阐释了历史表演在当代生活中渗透的多种多样且往往令人困惑的方式。

注释：

1 见 G. Egan, "Reconstructions of the Globe: a retrospective", *Shakespeare Survey*, 52 (1999), 1–16。
2 1980 年的原版电影曾因道德活动家玛丽·怀特豪斯的"严重猥亵行为"而被秘密起诉。
3 R. Schneider, *Theatre and History*, Basingstoke: Palgrave Macmillan, 2012, p. 17.
4 R. H. Palmer, *The Contemporary British History Play*, London: Greenwood Press, 1998.
5 S. Watt, *Postmodern/Drama*, Michigan: University of Michigan Press, 1998. 另见 M. Vanden Heuvel, " 'Is postmodernism?' Stoppard among/against the postmoderns", in K. E. Kelly (ed.), *The Cambridge Companion to Tom Stoppard*, Cambridge: Cambridge University Press, 2001, pp. 213–229。
6 见 M. Llewellyn-Jones, *Contemporary Irish Drama and Cultural Identity*, London: Intellect Books, 2002。A. Arrowsmith, "Photographic memories: nostalgia and Irish diaspora writing", *Textual Practice*, 19:2 (2005), 297–322，在涵盖散文的同时，也对离散写作和当代文化中所表现出的怀旧的爱尔兰人特性进行了有趣的探讨。
7 *Mother Clap's Molly House*, London: Methuen, 2001, pp. 85–86.
8 同前注，p. 56。
9 G. Saunders: *"Love Me or Kill Me": Sarah Kane and the Theatre of Extremes*, Manchester: Manchester University Press, 2002.
10 该剧于 1999 年至 2001 年在伦敦公爵夫人剧院（Duchess Theatre）上演，并于 2000 年至 2001 年在百老汇上演。
11 见 V. Stewart, "A theatre of uncertainties: science and history in Michael Frayn's *Copenhagen*", *New Theatre Quarterly*, 15:4 (1999), 301–307。

12 见 Matthias Dörries (ed.), *Michael Frayn's Copenhagen in Debate*, Berkeley, CA: University of California Press, 2005, and D. C. Cassidy, "A historical perspective on Copenhagen", *Physics Today*, 53:7 (2000), 28–32。
13 S. Barfield, "Dark matter: the controversy surrounding Michael Frayn's *Copenhagen*", *Archipelago*, 8:3 (2004), 80–103.
14 Michael Frayn, *Copenhagen*, London: Methuen, 2003, pp. 71–72.
15 同前注, p. 88。
16 见 Reynolds, *Retromania*。
17 J. Butt, *Playing with History: The Historical Approach to Musical Performance*, Cambridge: Cambridge University Press, 2002.
18 同前注, pp. 54–55。
19 几个世纪以来，环球剧院一直是讨论真实性和研究的场所，参见 Egan, "Reconstructions"。
20 从东京、布拉格到罗马，全球共有 13 座环球剧院的复制品；在美国有 7 座。
21 正如学者们指出的那样，尽管环球剧院是用各种各样的假设建立起来的，但这些假设是可以被挑战的，参见 Egan, "Reconstructions", pp. 12–14。
22 G. Holderness, "Bardolatry, or, The cultural materialist's guide to Stratford-upon-Avon", in G. Holderness (ed.), *The Shakespeare Myth*, Manchester: Manchester University Press, 1988, pp. 2–16 (p. 11).
23 莎士比亚并不是唯一一位因与他有关而吸引人的作家，譬如，位于肯特郡的狄更斯世界（Dickens World），预计每年约有 30 万游客，但环球剧院以其积极的庆祝活动和对其作品的再创作而独具一格。
24 V. C. Pye, "Shakespeare's Globe: theatre architecture and the performance of authenticity", *Shakespeare*, 10:4 (2014), 411–427 (414).
25 J. Murphy, "Losing My Edge", from LCD *Soundsystem*, DFA Records, 2005.
26 J. G. Schloss, *Making Beats: The Art of Sample-Based Hip-Hop*, Middletown, CT: Wesleyan University Press, 2014.
27 见 S. Homan (ed.), *Access All Eras: Tribute Bands and Global Pop Culture*, Maidenhead: Open University Press, 2006。
28 A. Moore, "Authenticity as authentification", *Popular Music*, 21:2 (2002),

209-223.
29 即便如此，在过去的二十年里，原创艺术家们不断地这样做，譬如，麦当娜在 1985 年的"拜金女郎"（Material Girl）视频中，就下意识地模仿玛丽莲·梦露在《女孩最好的朋友是钻石》（*Diamonds Are a Girl's Best Friend*）中的形象。
30 http://www.completebeatles.com/ [accessed 2 October 2007].
31 这首热门歌曲是《我想教这个世界歌唱》（I'd like to teach the world to sing），这是新探索者乐队（New Seekers）的一首歌，在 1994 年的一起诉讼中，绿洲乐队被判定为他们的歌曲"Shakermaker"抄袭了这首歌。
32 O.-L. Monde, "Jukebox-musical: the state and prospects", *European Researcher*, 27:8-2 (2012), 1277-1281.
33 J. L. B. Gohn, "Jukebox", *The Hopkins Review*, 7:2 (2014), 267-277.
34 米歇尔·冈瑞（Michel Gondry）执导的电影《王牌制片家》（*Be Kind Rewind*, 2008）同样以 DIY 的方式重新演绎了经典电影。
35 这次演出的档案见 https://archive.org/details/ubu-abramovic_seven [accessed 19 October 2015]。
36 见 Schneider, *Performing Remains*。
37 http://www.iainandjane.com/work/index.shtml [accessed 1 October 2007].
38 http://www.shaze.info/sla.html [accessed 1 October 2007].
39 http://www.wacoreenactment.org; http://www.milgramreenactment.org [accessed 1 October 2007].
40 H. Sumpter, "Back to the future", *Time Out*, 14-20 March 2007, 26-28 (28).
41 见 J. de Groot, " 'I am not a trained historian. I improvise.' Jeremy Deller interviewed by Jerome de Groot", *Rethinking History*, 16:4 (2012), 587-595。
42 K. Kitamura, "Re-creating chaos: Jeremy Deller's *The Battle of Orgreave*", in McCalman and Pickering (eds), *Historical Reenactment*, pp. 39-49.
43 L. Buck, "Leaving Los Angeles", *Art Forum* (2002), http://findarticles.com/p/articles/mi_m0268/is_5_40/ai_82469489/pg_1 [accessed 28 September 2007].
44 F. Jameson, "Postmodernism and consumer culture", in J. Belton (ed.), *Movies and Mass Culture*, London: Athlone Press, 1996, pp. 185-202 (p. 188).
45 Email to author, 11 October 2006.

46 Email to author, 12 December 2004.
47 http://www.darkplaces.co.uk [accessed 5 May 2006].
48 http://www.abandoned-britain.com/about1.htm [accessed 5 May 2006].
49 http://www.abandonedpast.co.uk/index.cfm?sid=6605&pid=101184 [accessed 5 May 2006].
50 "Nicholas Royle: interview", http://www.bookmunch.co.uk/view.php?id=1394 [accessed 5 May 2006].
51 该领域已经被下述论著规划出来了：L. Williams, *Porn Studies*, Durham, NC: Duke University Press, 2004, and her *Screening Sex*, Durham, NC: Duke University Press, 2008。
52 见 B. Cronin and E. Davenport, "E-rogenous zones: positioning pornography in the digital economy", *The Information Society*, 17:1 (2001), 33−48 and J. Coopersmith, "Does your mother know what you really do? The changing nature and image of computer-based pornography", *History and Technology*, 22:1 (2006), 1−25。克罗宁（Cronin）、达文波特（Davenport）和库珀史密斯（Coopersmith）都认为，色情作品的隐喻、技术和经济模式不仅重要，而且从根本上影响着互联网的发展。另见 W. Kendrick, *The Secret Museum: Pornography in Modern Culture*, Berkeley: University of California Press, 1996，以及本书的书评，R. Liberman, *Porn Studies*, 2:1 (2015), 110−114。
53 http://www.sinsoftime.com/ and also Historic Erotica, http://www.historicerotica.com/ [accessed 19 October 2015]. 记录经典色情作品的销售热潮的是 K. Riordan, "The joy of texts", *Time Out*, 27 February 2008, 38−39。
54 S. Bull, "Digital archives and the history of pornography", *Porn Studies*, 1:4 (2014), 402−405 and J. Mercer, "The secret history: porn archives, 'personal' collections and British universities", *Porn Studies*, 1:4 (2014), 411−414.
55 *Pornography: The Secret History of Civilisation*, 1999. 见 J. Hoff, "Why is there no history of pornography?", in S. Gubar (ed.), *For Adult Users Only: The Dilemma of Violent Pornography*, Bloomington, IN: Indiana University Press, 1989, pp. 17−47。

56 A. Butler, "Re-vamping history: neo-burlesque and the historical tradition", *Canadian Theatre Review*, 158 (2014), 44-47.
57 M.-C. Cervellon and S. Brown, "All the fun of the fan: consuming burlesque in an era of retromania", *Advances in Consumer Research*, 42 (2014), 271-276 (271).

第八章　历史游戏

第六章和第七章关于重演历史的讨论表明，大量不同的群体出于不同的目的热衷于将"历史"具身化。对作为体验的历史（history-as-experience）的分析表明，这是一套脱离制度化框架的叙述，被各种社会团体以不同的、持异议的方式使用。本章通过对一些当代电脑游戏中历史"体验"的呈现方式进行思考，发展了重演历史的主旨。[1] 最初，这类游戏似乎提供了一种赋权，但往好了说，这似乎是矛盾的，往坏了说，这似乎是虚幻的。然后，本章将考察历史在其他一系列游戏中的"体验"，并考察过去所创造的有趣的史学研究的可能性问题。这些游戏有时是偶尔的休闲娱乐，它们不定期地进行，尽管对其他人来说，它们是业余爱好，而且极为重要。这些游戏的玩家群体遍及全球，包括所有年龄层和越来越多的男性和女性。它们代表了一组复杂的历史文化现象，需要一个特定的具身化——通常是第一人称，或者利用一个化身。这种具身化促进了一种体验历史的感觉。历史在如此广泛的游戏模式和类型中的表现，表明了用户交互的复杂性。全世界数以百万计的游戏玩家，通过沉浸在这些虚拟和戏谑的世界中与过去发生联系，通过积极参与过去的表征，获得了某种历史意识（尽管这种历史意识是扭曲的）。

第一人称视角的射击游戏历史

第一人称射击游戏（FPS）或视角游戏（point of view games）呈现了一种特定类型的可视化历史体验。[2] 因此，它们依赖玩家沉浸于历史事件之中，并与之进行发自内心的交流。这类游戏已经从最初的商业化类型，如《终极战区》（*Battlezone*，雅达利，1980）和《追踪炮》（*Tail Gunner*, Vectorbeam, 1979），发展到早期的成功游戏，如《黄金眼》（*GoldenEye*, Rareware, 1997）和《毁灭战士》（*Doom*, id Software, 1993），但它们的原理基本相同。视角游戏的内容很少是和平的，通常属于"射击游戏"的范畴，在这种游戏中，玩家唯一能看到的虚拟身体就是他们的武器。这类游戏没有明确的化身身体，而是使用屏幕作为视点。玩家被置于扮演一个角色的位置，同时又被一种视角所诱惑，去辨别这个角色的整个身体。这可能会使它的范围迷失方向——这些游戏的现代版本，使玩家可以同时拥有移动控制方向和视觉方向的能力。视角游戏的内涵可以告诉我们很多关于历史体验性（experientiality）的信息。[3] 在它们的网络表现中，它们也展示了很多关于当代历史体验的公共重演历史和具身化。

这里特别有趣的游戏是第二次世界大战第一人称射击游戏，特别是《荣誉勋章》（EA games，1999—2012）、《使命召唤》（Activision，2003— ）和《战地 1942》（EA games，2002）。《荣誉勋章》在 20 世纪 90 年代末发行时是比较独特的，因为它是一款成功的第一人称射击游戏，它避开了与游戏相关的幻想元素，而是依赖为游戏建立一个非常可信的背景。游戏的组织和构造邀请玩家以叙述的方式体验它。基于第二次世界大战期间的任务,《荣誉勋章》将玩家置于战斗的海军陆战队的位置,并邀请他们成为更大的军事框架的一部分:"你不是在玩游戏,你是正义的志愿者"成了广告的噱头。正如巴里·阿特金斯(Barry Atkins)评论的那样:"宏大的历史叙事在缩影中变得易于理解,个体被呈现为能够在结果如此不确定及还未完全由大量数字决定的情况下'有所作为'。"[4]《荣誉勋章》通过其景观和游戏玩法,营造了一种线性感和历史方向感。此外,这款游戏的兴趣在于,在更为广阔的历史长河中展示英雄的个性,这是一种存在主义的新自由主义观点,认为士兵比我们可能想象的更为自由。譬如,与下面讨论的更为自由的战略游戏不同,在这些游戏中,玩家可能会玩得很好,足以改变历史的进程,而这类"射击游戏"对事件的描述并不复杂。玩家可以追求他们自己的任务,去塑造或构建他们自己的历史——但至关重要的是互动或娱乐的元素消失了。他们的观点从来不是他们自己的,即使看起来是那样。然而,这些游戏仍然鼓励个人在这种冲突中的重要性的概念,以及对步兵重要性的认识。

这些游戏的视觉效果,在很大程度上依赖真实的纪实风格,鼓励游戏设置中的真实性。类似地,它们运用了许多战争影片中的修辞,在某种历史拟像(simulacra)的延续过程中进行虚拟互动。在这些第一人称射击游戏中,战争被有意识地转变为电影,同时既改变了历史,也成了电影隐喻中可识别的模式或语言的一部分:

体验第二次世界大战史诗般的战斗的电影强度,包括诺曼底登陆日,俄罗斯在斯大林格勒的冲锋和柏林之战——通过公民士兵和来自同盟国家的无名英雄的眼睛,他们一起帮助塑造了现代历史的进程。[5]

在这款游戏中,普通士兵可以发挥作用,但他们的这种能力在某种程度上受到了"电影强度"的影响——游戏变成了电影,变成了一种可控制的类型。的确,在与好莱坞的联系方面,这款游戏远远超出了它的前辈,《赤色风暴》(Crimson Tide)与《和平缔造者》(The Peacemaker)的编剧迈克尔·希弗尔(Michael Schiffer)发挥编剧才能,"让玩家进一步沉浸于游戏中,并捕捉第二次世界大战的电影强度……使玩家与游戏中的角色拥有更加紧密的个人认同感"。[6]然而,这种情感的强度与真实性相结合,因为游戏引入了军事顾问来帮助创建"真实的小队战术、阵型和战斗情况的描述"。[7]《战火兄弟连》(Brothers in Arms,育碧娱乐公司,2005—2014)赋予了"前所未有的真实性",并基于一个真实的故事(对于游戏社区来说,重演真实的战时经历是否符合道德标准,在重演历史演员看来并不微妙)。对细节的关注是非常丰富的:这款游戏包括"历史上精确和详细的战场、事件和设备,这些都是根据陆军信号部队的照片、空中侦察图像和目击者的描述而重建的"。[8]这种将真实性与电影的结合表明,游戏正在积极地蕴含一种"叙事"和历史事实(actuality)的观念,但"真实的"(factual)历史和电影修辞的混合,创造了一个有趣的模糊的身份空间。对历史的消费既是学术性的,也是虚构的。这款游戏的体验是叙事和模拟,是固定的能指集合(a fixed set of signifiers)的一部分,同时也是历史的一部分。玩家在同一时间参与到重演历史、模拟、游戏和历史之中。游戏期待玩家的理解和反应的复杂性,而当玩家在游戏平台中参与时,他们拥有多重身份和体验的能力被认为是理所当然的。

这些历史第一人称射击游戏感兴趣的是身临其境的身体体验,参与性的虚拟扮演。这些游戏运用了手柄的"震动"功能(当玩家受到轰击时,手柄会发出隆隆声和震动),创造出一种混乱、嘈杂、令人迷失方向的体验。游戏玩家必须要蹲下,跳跃,奔跑;断断续续的呼吸声不断传来,还有不断的轰击声和大声的指令声,玩家大部分时间都处于开火之中。然而,这些游戏组织严密,包括玩家以严格的顺序实现军事或地理目标(通过关卡移动并杀死敌人)。玩家很少被允许跳过关卡或决定放弃战斗。这很大程度上取决于游戏的"目标"版本——一系列最终会被克服的越来越困难的测试。游戏中还有一些累积性的进程,关卡也会变得更加困难。玩家必须演绎和推进故事进程,否则故事就不会发生;如果玩家不满足某些标准,不消灭正确的敌人并存活下去,这段历史就不会继续发展。因此,玩家被赋予了某种能动性,但它不是叙事史,而是模仿,尽管这种模仿模拟的是电影和纪录片等叙事史。这些历史第一人称射击游戏是一种模拟,它表明了一种交互性和控制性的体验,但却成功地在被动体验模型和控制错觉之间创造了一种平衡的动态。这种游戏体验的关键是获得赋权和叙事之间的平衡;控制的幻觉是游戏的关键所在——玩家既是一个强大的人物,同时也是一个可以被轻易摧毁的化身;既是军事机器上的一个小齿轮,同时又对战争至关重要。历史的体验同时与其他事物是相分离的,也是获得自由的(enfranchising)——战争发生在玩家周围和以外,但他们的历史体验是碎片的、本体论的和特殊化的。

在这些游戏的历史联系中，它们对个体的严格赋权与重演历史并无太大的区别。在历史第一人称射击游戏中，那个投射的自我是虚拟的，是一个不可见的化身，允许玩家参与并在某种程度上理解历史。事实上，这种体验是尽可能"现实"的。玩家被邀请成为历史的一部分，这只是走向现在的目的论的一小部分。在某种程度上，以寓教于乐的第一人称历史体验为主导，譬如重演历史和亲历历史，游戏和电视术语中的历史同时呈现出历史体验的复杂性，以及一个严密组织但不灵活的历史模型。这种类型的体验意味着对历史动态模型的一种投资，一种不可避免地将历史欲望引向"体验"和"真实性"之间的紧张关系的经济。"游戏"和各种相互作用的控制模式，构成了作为体验的历史的当代消费，即文化产品和经济体验。当这些游戏出现在网上时，无论是通过 PlayStation/Xbox 连接，还是在手机或平板电脑等移动设备上玩，这种情况就显得特别奇怪了。这种体验变成了集体性的，而不是个人的，玩家们组成了一个团队——要么是被邀请的，要么是从世界各地同时在线的玩家中随机挑选的。在线游戏玩法将玩家带入一个更为广泛的互动框架之中，因为个性化的历史体验成了公共任务的一部分。同时，不同程度的沉浸感——从 PlayStation 到你的 iPhone——表明了参与游戏的不同方式。

历史第一人称射击游戏建基于历史学编撰模板的叙事进展、任务和可实现的目标，这些目标处于一种走向胜利的逻辑运动之中。对于在无限世界、开放游戏玩法和在线社区中长大的玩家来说，这种游戏设计看起来非常过时。这可能就是为什么近年来历史第一人称射击游戏越来越不受欢迎的原因，因为具有更加开放的游戏玩法、更为复杂的研究结构以及更加灵活的环境和故事的游戏变得越来越重要。过去几年最具影响力的历史游戏是《刺客信条》(育碧娱乐公司,2007—),在这款游戏中,游戏玩家可以探索整个城市,执行各种任务,或者只是组建一支军队。《刺客信条》的设计深思熟虑,蕴含了以每个历史城市的建筑和生活为背景的教育信息。[9]《黑色洛城》(*LA Noire*, Rockstar, 2011) 和《红色死亡救赎》(*Red Dead Redemption*, Rockstar, 2010) 再次使用了化身,并"超越了仅仅将历史作为流行游戏的组成部分……原始的历史材料研究为游戏世界、机制和叙事提供了信息,并形成了历史空间"。[10]《使命召唤》是一个以充满潜力的未来而不是过去为背景的系列游戏,它主要是通过大量的沉浸式网络游戏来玩的,而不是通过最初游戏中更为"简单"的故事情节来玩。这些游戏已经开始在它们的体验设定中避开叙事,寻求创造一些"新的"东西,同时也期待着完整的世界"沉浸式"体验。更加开放的在线和非线性的游戏玩法,为玩家提供了更为复杂的东西。因此《侠盗猎车手》(*Grand Theft Auto*, Rockstar, 1997—) 的发展,特别是自迭代游戏《罪恶都市》(*Vice City*, 2002) 以来,为玩家提供了一个拥有无限可能性的城市。类似地,像《小小大星球》(*LittleBigPlanet*, 索尼,2008—) 和《我的世界》(*Minecraft*, Mojang/微软/索尼,2009—) 这样的沙盒游戏,以及像《第二人生》(*Second Life*, Linden, 2003—) 这样的虚拟社区,都允许玩家建立自己的世界。许多在线战斗游戏现在都允许玩家设计自己的在线环境和任务,以强调游戏世界的巨大潜力。第一人称射击的历史游戏似乎已经失去了吸引力,这正是因为它们结合了过去的一个具体版本,而不是一些可操纵和可以改变的东西。

《文明》与光盘内容：战略游戏 [11]

战略游戏在"作为体验的历史"的呈现上表现得更加理性，却缺乏具身表达，但在其后现代复杂性和质问式的史学方面却同样有趣。席德·梅尔（Sid Meier）大获成功的《文明》（MicroProse，1991—）系列游戏是最为成功的战略游戏。它们使用真实的历史、地理或事实背景来打造游戏。这些游戏中最受人尊敬的是《大战役》（Risk），最初于 1988 年数字化，是 1957 年棋盘游戏的一个版本。这款游戏的目标是直接的征服，而回合制游戏《文明》和实时游戏如《帝国时代》（Age of Empires, Ensemble，1997—）则强调通过贸易、学术研究和技术创新来进行扩张。[12] 还有黑手党游戏、军火商游戏和铁路大亨电脑游戏，从《全面战争：幕府将军 2》（世嘉，2014）到《十字军之王》（Paradox Interactive，2012），场景各异。像《领主与骑士——中世纪的策略》（Xyrality GbmH，2015）这样的游戏，展示了智能手机游戏的混合质量，将贸易、建筑和技术与战争和应用程序内购买结合了起来。这种幅度表明了长期策略模型的规模。[13] 越来越多的人在移动设备上玩这些游戏，并与大量的在线社区进行实时互动，这些游戏已经成为生活背景的一部分，而不是用来"特别"玩耍的东西。因此，它们既是身临其境式的游戏，又是超越体验之外的游戏。游戏的对手是来自全球的匿名玩家，就体验而言，则是无形的（而且最常见的对手是计算机模拟）。

战略游戏强调发展的目的论，即玩家的输赢取决于与技术、经济和军事实力相关的各种决策的结果。就直接的战争游戏而言，它们取决于战略和军事实力。这种目的论反映在游戏发展的结构中，在这种结构中，新的进展取决于已经在严格的结构中发明或发现了别的东西。[14] 这些游戏"在视觉上和听觉上都让玩家沉浸于历史之中"，因此它们对玩家的"过去感"的影响，要比前几代基于历史的游戏更为深远。[15] 正如凯文·舒特（Kevin Schut）所指出的，游戏景观的叙事往往是父权制的和系统化的，将历史呈现为"一种具有侵略性的力量"。[16]

《文明》能够让玩家创造世界"奇迹"来补充财政力量，并让社会变得更加快乐和更为先进。文化很重要，民族主义也很重要——通过将资金和资源转移到文化和民族主义上，两者都可以得到增强。[17]《文明》是一款简单明了的游戏，它将历史呈现为一系列的进程——除了你的对手（人工智能或人类）的游戏玩法外，没有其他任何东西是随机的，而普通玩家可以相对容易地走向成功（即"文明"）。即时游戏的可预测性较低，尽管它同样呈现了一种基于开发、进步和帝国统治建设的历史模型。这类游戏将历史（特别是前现代时代）呈现为一组展开竞争的帝国的保留地。《帝国时代》允许玩家通过石器时代、工具时代、青铜时代和铁器时代来发展他们的部落。在这些游戏中，过去是一个框架，一个系统，它有各种各样的偶发事件，但也有非常清晰的边界和边缘：用尼尔·弗格森的批评性话语来说，这是"对历史进程的一种粗俗的讽刺"。[18]

在这些场景中，玩家是统治者，对历史进程拥有全面的了解，走向成功的结果主要取决于经济决策和军事决策。特德·弗里德曼（Ted Friedman）认为，这类游戏的玩家看到的是整个游戏领域，游戏的乐趣和目的是像电脑一样思考。[19] 当然，参与的同时性——玩家看到整个游戏并扮演许多角色，有些角色是特定的（统治者或上帝），有些角色是转喻性的（玩家是他们决定扮演的任何部落或民族）——意味着互动的复杂性和界面具有多个角色。二进制编码的思维方式和历史框架的结合，表明了这样一种虚拟的历史，它改变了用户思考过去和参与过去的方式，鼓励他们把历史看作是一组任务、问题和议题，需要通过正确的决策来解决。此外，与这个游戏玩法相关的半机械性，说明了模拟不同于（譬如）重演历史，因为它们将游戏玩法与电子框架叠加在了一起。游戏的体验并没有以同样的方式体现出来，因此它被导向了其他智识性的和理性的方向。

在这些游戏中，历史进程是由技术发展和对稀缺资源的巧妙部署所驱动的。过去是一系列必须预见和克服的冲突。然而，尽管这似乎是确定性的，但这些场景拥有如此丰富的随机性，以至于历史几乎可以无休止地重演，结果也不尽相同。重玩价值（replayability）是这些游戏的目的和吸引人的地方之一，游戏玩家可能会反复玩这些游戏。不同的决策会产生不同的结果，历史进程被视为一个复杂的、多重的过程。这些游戏还强调合作，尤其是在它们的网络呈现方面。因此，这些游戏的史学研究由于其本身的形式而变得复杂，因为它们有一种内在的具有无限结果的重新配置。这些游戏表明了历史的混乱，同时邀请玩家在 3D 地图中记录世界的秩序（这本身就存在意识形态问题）。它们还要求玩家将历史发展概念化，即基于各种决定的可能结果——玩家必须考虑他们所做的事情的后果，并认识到还有各种各样的道路没有走；因此，从理论上说，它们是反事实性的，或至少（在走向进步的总体行动中）提出了不同历史时间线的可能性。

尼尔·弗格森认为，战争游戏之所以对历史学家来说是必要的，正是因为它们有反事实的成分。他还称赞了它们，因为它们具有更为广泛的社会影响，教育了"具有战略头脑的一代人"。[20] 这一点——游戏具有教育和社会意义，尤其是在排序和整理非结构化的信息方面——被史蒂文·约翰逊（Steven Johnson）提了出来：

> 对于非玩家来说，游戏与音乐视频有着表面上的相似之处：华丽的图像；图像、音乐和文本的分层混合；速度的偶尔爆发，特别是在预先渲染的开场序列中。但是，你在玩游戏时所真正做的——你必须采取的思维方式——是完全不同的。这不是容忍或美化混乱的问题；它是关于发现世界的秩序和意义，并做出有助于建立秩序的决定的问题。[21]

对于约翰逊和弗格森来说，游戏是一种考察多样性的方式，同时也是一种强加的结构和秩序。它们教导纪律和智力的灵活性，在历史游戏的情况下，有某种史学研究的矛盾性。它们还强调，与其他类型的"教育性"体验相比，沉浸式的游戏与过去的接触更为活跃。

正如设计师布鲁斯·谢利（Bruce Shelley）所认为的那样，《帝国时代》是一款专门为区别于其他基于幻想的即时游戏而开发的历史游戏：

> 玩家已经对将要发生的事情有了一些先入为主的想法，因此，对于如何玩游戏也有了一些想法。他们不需要学习伪科学的基本原理。历史给我们提供了一个框架，我们可以在这个框架上

继续我们的游戏。我们可以选择历史中哪些有趣的部分进行吸收或者抛弃。[22]

玩家会对历史上"应该"发生的事情有一个大致的概念,这种观点认为,这些游戏允许玩家重玩并重新安排现实。历史是一个"框架",一个用来投射游戏的模型(以及一些容易被窃取的东西)。在这些游戏中,真实性不是人们关心的问题:

> 对于大多数娱乐产品来说,广泛而详尽的研究是不必要的,甚至不是一个好主意。最好的参考资料往往是在儿童区,因为这是大多数游戏公众的历史兴趣水平。如果你构建了太多的历史细节,你便会面临让游戏变得迟钝的风险。玩家应该从中获得乐趣,而不是设计师或研究人员从中获得乐趣。我们正试图给人们带来娱乐,而不是用我们的学术研究给他们留下深刻印象。[23]

谢利在这里有效地宣称,大多数用户对过去的理解——或者更具体地说,对过去的"兴趣"——是在学校水平或以下。细节导致"迟钝"的体验。谢利诚实地承认,这种游戏中使用的历史梗概与《荣誉勋章》等第一人称射击游戏的呈现方式有很大的不同。这些游戏中的玩家,远没有战略游戏那么独立——他们的决定可能是错误的,而且他们(特别是从屏幕使用的角度来看)参与了游戏在更为基本和更为本能的层面上所扮演的历史过程。

战略游戏已被应用于中学教育之中,这体现了战略游戏的灵活性和吸引力。[24]然而,这本身就提出了关于史学研究的有问题的问题,而史学研究是通过游戏来展示（并由此来传授）的，尤其是根据谢利的评论所说的那样（尽管其他游戏以真实性为傲）。同样，游戏引擎《罗马：全面战争》（*Rome: Total War*, Creative Assembly，2004）是一款非即时战略游戏，但带有一些即时元素，曾在英国广播公司的《时间指挥官》（*Time Commanders*，2003—2005）和历史频道的《决战》（*Decisive Battles*，2004，重播于 2005—）中使用，两者都使用这种技术重现了著名的古代战争。《决战》只是简单地将虚拟模型与外景工作结合来展示所发生的事情——这本身就很有趣，因为电视历史的虚拟性正在受到侵蚀，观众需要视觉表征（以及他们对于呈现历史场景的游戏场景调度的熟悉程度）。在《时间指挥官》中，两支队伍就一个战斗场景展开竞争，专家给出自己的观点，并告诉观众"实际"发生了什么，以及为什么某些决策是昂贵的、幸运的或在战略上来看是好的。虚拟模型允许过去以可塑的形式呈现，突出特定决策的成本，并表明（目的论的、帝国的、基于战斗的）历史的偶然性。这种在历史编程中使用计算机生成图像和游戏技术的做法，一方面展示了电视纪录片的不断攀升的虚拟性，另一方面也表明了将历史引入电视游戏节目的能力，并表明视频游戏、"事实"和体裁之间的关系正在迅速变得模糊。

战争游戏和比例模型

计算机化的战略和角色扮演游戏，只不过是对较为老旧的舞台和拟人战斗模式的更为复杂的升级而已。静态模型和桌面作战游戏有着悠久的历史——至少可以追溯到 1913 年 H. G. 韦尔斯（H. G. Wells）

的《小战争》(Little Wars)，这是一本为玩玩具士兵的男孩以及"在玩玩具士兵方面更加聪明的女孩"准备的一套游戏规则书——而且同样对战略、重演历史、模式和组织感兴趣，同时也看到了这种追求中的教育价值："你只需要玩三四次《小战争》，就会意识到大规模的战争是多么愚蠢的行为。"[25] 20 世纪 60 年代和 70 年代，在阿瓦隆山公司（Avalon Hill）的推动下，娱乐性战争游戏广泛流行，尽管它们在很大程度上已被网络游戏取代。尽管如此，它们表现出一种愿望，即以一种知情的和程序性的方式来对待过去，并使这段历史受制于一套明确的规则和相对可预测的（尽管不一定是不可抗拒的）结果。

基于模型、纸牌和桌面的战争游戏仍然盛行，并用它们以多种方式去设想、执行和构思历史战斗。[26]《大战役》是最值得尊敬的游戏之一，但还有许多其他值得尊敬的游戏。《我们人民》(We the People, 阿瓦隆山公司，1993）是一款纸牌驱动的战争游戏，它重演了美国独立战争，并允许"美国"和"英国"玩家"在一款有趣且符合历史的游戏中模拟世界上第一次伟大的革命"；他们可以赢，可以输，也可以打个平手。[27]《外交》(Diplomacy) 或《战斗召唤》(Battle Cry) 等桌面游戏，通常使用骰子来确保机会成为场景中的一个因素，由此而添加一种随机元素。[28] 其他的战争游戏，譬如那些使用小雕像的游戏，并没有固定在桌面，而是引入了多种地形和复杂的规则（当然，许多桌面游戏也使用模型）。这些游戏现在已经作为智能手机应用程序进行了迭代，因此将在新一代中得到重生。这些手机和桌面上的游戏变得更加便携，成为玩家日常生活的一部分，而不局限于前屋的桌子或下雨的周日下午。游戏变得更加身临其境，更加体验化，更加日常化，而历史游戏就是其中的一部分。

作为战争游戏场景建造的一部分，制作士兵、坦克、飞机和船只的比例模型也是一种类似的爱好。这些活动是历史"游戏"的一部分，尽管如此，它仍然是非常严肃的。在它们最"严肃"的时候，这些休闲活动变得具有教育意义和身临其境感。然而，这种战争对家庭的入侵还是有些令人不安的，正如邪恶的角色弗兰克·安德伍德（Frank Underwood）在《纸牌屋》（奈飞公司，2013—）中对自己制作模型的爱好所表现出的兴趣那样。视觉艺术家雅各布·查普曼（Jacob Chapman）和迪诺斯·查普曼（Dinos Chapman）在他们的作品《地狱》（1999—2000）和《战争的灾难》（1993）中使用了5000个Airfix制作的模型士兵和相关硬件。后者使用玻璃纤维人物来模仿戈雅（Goya）的《战争的灾难》系列（1810—1820）中的形象。《地狱》中有大量的德国士兵犯下的暴行，尽管他们被融合成为可怕的人物。使用有效的游戏工具（或者是对许多人来说的玩具）来制作如此令人痛苦和不愉快的图像——被称为"下贱的艺术"——指出了战争在当代休闲文化中的潜在普遍性。[29] 这些作品进一步表明，我们对战争的理解同时被这样的表征所疏远——士兵只是当代文化中的小雕像，在戈雅的西班牙，他们被赋予了人性和解剖学上的正确性——并通过历史漫画（这些人物是通用的、批量生产的，是转喻性的，而不是个体）而不是实际的理解来体现。这些图像使用了休闲模型（玩具士兵）来呈现当代暴力的拟像（simulacrum）——一种没有经验的作品，一种看似基于原作（戈雅）但却脱离了"现实"的仿作。查普曼兄弟评论说，历史可以不假思索地渗透到社会中，并将创伤、战争和地狱等概念渲染为游戏连续体的一部分——仅仅是一套作为据称有序过程一部分的输赢符号。

获奖作品中的过去

当然，大多数消费历史的人，既不玩第一人称射击游戏，也不做模型士兵。然而，将过去视为可以用来玩、与之竞争、经受考验的东西的想法，在大众文化中颇为盛行。历史知识——无论是已知的内容，还是它是如何被建模的——以一种历史学家难以解释的方式进行传播，其中一个方式就是它作为一个范畴出现在问答游戏中。游戏节目、酒吧问答之夜、棋类游戏和问答应用程序等，将历史作为一组正确答案的事实呈现出来。这种戏谑的认识论将"历史"作为众多相互竞争的话语之一进行引入，掌握了这些话语就会带来文化资本。[30] 在这些表现形式中，历史"知识"是对一系列事实的掌握和回忆——通常是日期、领袖人物、事件或地点。在百万销量的《常识问答》(*Trivial Pursuit*，孩之宝，1982—)的原始版本《种类物》(*Genus*) 中，"历史"是六个范畴的问题之一。游戏的问题、答案和进展形式将知识呈现为基于询问的内容，并奖励单维事实和离散事实的存留和所有权，尽管这些信息被贴上了"琐碎"的标签。[31] 游戏的特殊版本，如《整个 80 年代》《婴儿潮一代》《银幕》《引入 90 年代》等，通常围绕一个特定的时间段创建一个完整的游戏。这些特别的版本是针对特定的人口群体的，结合了怀旧和将最近的和个人的过去进行历史化的愿望。传记历史的知识在某种程度上正在接受考验（玩家并没有了解这些事实，他们已经体验过了这些事实）。当然，现在全球都在网上和应用程序上玩《常识问答》，而且在美国和英国它也被制作成电视节目。

电视智力竞赛节目在20世纪90年代经历了一个繁荣期，在文化上变得更加可见和可行，这些节目把历史呈现为信息的一种范畴，再次成为个人智识回忆的主题。[32] 这种信息本身才具有目的——推动人们在节目中讲述故事。在某些情况下，譬如《你比五年级学生更加聪明吗？》（福克斯广播公司，2007—，全球播出）和《大学挑战》（*University Challenge*, BBC, 1962—1987, 1994—）节目中，历史材料是在教育框架内得以呈现的。与纪录片一样，游戏节目也受到了真人秀、放松管制、商业化以及获取、评估和解读信息的新文化模式的普遍压力。它们的知识体系和以奖励为基础的动态已经被哗众取宠的利用破坏、遭到怪罪文化（blame culture）的贬低，受到好斗的群体心理的兴趣和"无礼"的娱乐价值的刺激。[33] 知识仍然是它们体系的一个关键部分，但是格式的混杂性和新的娱乐主题的引入意味着了解事物的能力不如娱乐的能力重要。从根本上说，游戏现在是当代文化的基础，从数独到网络游戏和赌博的广泛流行，从电脑游戏销量到整个游戏和智力竞赛电视频道的大幅增长，都是如此。这种潜在的荒谬，与间接的认知话语相关联，将历史扔进一套复杂的互动之中——获得所有者的信任，并可能扩大他们的自我价值或实际价值，但同时也可能在（游戏）结构之外没有什么内在价值。因此，历史在这些游戏中的表现表明，作为知识的一个范畴，它可能被认为是不灵活的、有目的的，是个人为了获得文化价值和社会地位而保留的东西。

从第一人称射击游戏的具身化，到战略游戏的理性目的论，所有这些与历史有关的戏谑类型都展示了现代对过去的理解的复杂性以及玩家的想象力干预。这反过来可能表明，历史的想象比迄今为止所认为的更加多样化和复杂，受众在与历史产品打交道时极其老练。历史知识可以用来玩；历史第一人称射击游戏的体验可能会是思考或理解过去的一种方式。历史知识既是具体的（"正确的"答案），又是可以用来玩和操纵的东西。它是通过化身、游戏界面或在小测验和在线知识游戏中以表演的方式进行的。它让用户获得了庄严、文化资本和声誉。它能够让第一人称射击游戏的背景感觉良好，同时也会受到战略游戏的挑战。历史的故事与实践在大众文化中的这些不同的迭代，再次证明了"历史"可能是多么陌生和多样。

注释：

1 见 B. Rejack, "Toward a virtual re-enactment of history: video games and the recreation of the past", *Rethinking History*, 11:3 (2007), 411–425。
2 G. A. Voorhees, J. Call and K. Whitlock (eds), *Guns, Grenades, and Grunts: First-Person Shooter Games*, London: Continuum, 2012.
3 K. Schut, "Strategic simulations and our past: the bias of computer games in the presentation of history", *Games and Culture*, 2:3 (2007), 213–235. 另见 Kapell and Elliot (eds), *Playing with the Past*。它们有一个特别的关于揭示真相的部分，以引人入胜的方式推动了"历史的故事与实践"的边界。
4 B. Atkins, *More than a Game*, Manchester: Manchester University Press, 2003, p. 93.
5 同前注。
6 同前注。
7 同前注。
   http://www.brothersinarmsgame.com/uk/features.php [accessed 5 May 2005].
   见 E. Champion, *Critical Gaming: Interactive History and Virtual Heritage*, London: Ashgate, 2015。
10 D. Spring, "Gaming history: computer and video games as historical scholarship", *Rethinking History*, 19:2 (2015), 207–221 (212).
11 这个说法不是我提出的，是 K. Chen 提出的，"Civilisation and its disk

contents: two essays on civilisation and Civilisation", *Radical Society*, 30:2 (2003), 95–107。

12 《文明》是回合制游戏，玩家以一种结构化的方式与其他用户进行互动；《帝国时代》是即时游戏，所有内容都是同时进行的。

13 P. Sabin, *Simulating War: Studying Conflict through Simulation Games*, London: Continuum, 2014.

14 M. 卡佩尔批评了这些游戏的实证主义："Civilization and its discontents: American monomythic structure as historical simulacrum", *Popular Culture Review*, 13:2 (2002), 129–136。另见 R. Mir and T. Owens, "Modeling indigenous peoples: unpacking ideology in *Sid Meier's Colonization*", in Kapell and Elliot, *Playing with the Past*, pp. 91–107。

15 G. A. Voorhees, " 'I play therefore I am': Sid Meier's Civilization, turn-based strategy games and the cogito", *Games and Culture*, 4:3 (2009), 254–275.

16 Schut, "Strategic simulations", pp. 213, 222.

17 这些游戏的直截了当和意识形态化的文化理念受到了批评，参见 Chen, "*Civilisation* and its disk contents"。

18 N. Ferguson, "How to win a war", *New York Magazine*, 16 October 2006, http://nymag.com/news/features/22787/ [accessed 7 September 2007].

19 T. Friedman, "*Civilization* and its discontents: simulation, subjectivity and space", in G. M. Smith (ed.), *On a Silver Platter: CD-ROMs and the Promises of a New Technology*, New York: New York University Press, 1999, pp. 132–150.

20 Ferguson, "How to win a war".

21 S. Johnson, *Everything Bad is Good for You*, London: Penguin, 2005, p. 62.

22 http://www.microsoft.com/games/empires/behind_bruce.htm [accessed 29 August 2007].

23 同前注。

24 http://www.firaxis.com/community/teachers-spk.php [accessed 29 August 2007]，另见 http://www.insidehighered.com/news/2005/11/28/civ [accessed 29 August 2007], K. Squire and H. Jenkins, "Harnessing the power of games in education", *Insight*, 3 (2003), 5–33, and W. Wright, "Dream machines",

Wired, 14:4 (2006), 110-112。

25 *Little Wars* at http://www.gutenberg.org/dirs/etext03/ltwrs11.txt [accessed 7 September 2007].

26 譬如，每年有 1300 人参加棋盘游戏玩家协会世界棋盘游戏锦标赛。

27 *We the People* card game Rules of Play, Avalon Hill, 1993, 1.0.

28 见 B. Whitehill, "American games: a historical perspective", *Journal of Board Game Studies*, 2, available at http://www.boardgamestudies.info/studies/issue2/contents.shtml [accessed 6 December 2007]。

29 P. Shaw, "Abjection sustained: Goya, the Chapman brothers, and the *Disasters of War*", *Art History*, 26:4 (2003), 479-504 (490).

30 见 J. Huizinga, *Homo Ludens: A Study of the Play-Element in Culture*, Boston: Beacon Press, 1955 and C. Rojek, *Decentring Leisure*, London: Sage, 1995, pp. 184-186。

31 见教育哲学家 J. E. McPeck 的 "Critical thinking and the 'Trivial Pursuit' theory of knowledge", in K. S. Walters (ed.), *Rethinking Reason*, New York: SUNY Press, 1994, pp. 101-118。

32 J. Mittell, *Genre and Television*, London and New York: Routledge, 2004, p. 32.

33 J. Culpeper, "Impoliteness and entertainment in the television quiz show: *The Weakest Link*", *Journal of Politeness Research*, 1 (2005), 35-72.

第四部分　电视上的历史

在包装历史事实和创造作为休闲活动的历史方面，电视和对过去的视觉描述变得越来越有影响力，这一点已经开始变得清晰。尽管它可能力图成为"真实的"或"具有教育意义的"历史知识，但它所产生的是一个被建构的历史的主观性版本。本章及接下来的一章将着眼于讨论"历史"是如何在电视上呈现的，以便我们考察如何将过去视为一个文化实体。这几章讨论了电视历史中不同体裁的节目，以及新技术和新概念对这些体裁的影响。它们考察了叙事纪录片历史的关键元素，并将这种以名人为主导的节目与基于证词和现实的节目进行了比较。这些章节考察了证据的形式，尤其研究了"包容性的"大众文化的体验性使用，地点的重要性和证人对纪录片的重要性。电视纪录片使用的新技术，从计算机生成图像和重构历史到数字重演历史，展现了一种虚拟的历史，这种历史强调"真实"和虚构元素的蒙太奇手法在叙事中的呈现。[1] 历史纪录片在形式上的复杂性和范围，挑战了认为电视历史过于简单的轻率断言。这种具有多重意义的格式需要巧妙的回应。

为了应对《1990年英国广播法案》、全球化和竞争带来的放松管制的压力，纪录片做出调整的一个关键领域就是历史纪录片。廉价的节目形式和真人秀节目已经侵蚀了纪录片形式的边界，并催生了大量混合形式的节目，鼓励观众发挥个人性的、体验性的和积极的作用。随着常见的纪录片形式的演变，它的历史迭代也在演变。在许多方面，历史与现实的交汇，通过将现实性（actuality）与教育作为主要目标，来解决这种新纪录片产生的问题。对于当代历史纪录片来说，明确而关键的一点是，观众至少可以保持两种形式的头脑清醒。沙玛、斯塔基、麦卡洛克（MacCulloch）、休斯及其同类型的名人所呈现的传统，本质上可以追溯到 A. J. P. 泰勒和肯尼斯·克拉克（Kenneth Clark），而真实历史则更具创新性和动态性。

历史类电视节目拥有相对较好的市场份额，适合少数人的生活方式兴趣。大型电视节目拥有不错的观众，节目形式的激增也证明了这方面的需求。还有一些主要的电视频道：UKTV 昨日频道（UKTV Yesterday, UKTV 的一个分支，部分归英国广播公司所有）；历史频道（History Channel）；探索文明与历史（探索频道的分支）；尽管有一些专门的频道，譬如单纯的怀旧（Simply Nostalgia, Simply TV 的一部分），但它本质上是一种档案服务。这些频道代表了一个重要的市场份额，很少有其他的"生活方式"节目可以控制三个独立的频道（购物频道和旅游频道除外）。专门频道的收视统计数据始终显示，它们的市场份额约为 0.1%。鉴于 Freeview 和订阅服务上的电视节目的多元化，这一比例相对来说还是比较高的。然而，YouTube 订阅频道、按需观看、"节目回放"以及奈飞公司等服务,确保了历史纪录片的消费方式比以往要复杂得多。譬如,历史频道拥有的订阅者超过 100 万,浏览量超过 6000 万。向在线观看的转变既保证了节目的存档,也保证了消费的共时性。观众可以在纪录片类型、主持人类型和节目模式之间进行转换。他们可以分享他们最喜欢的节目,把它们存档,列出它们,观看回放,甚至如果他们拥有技术手段的话,还可以破解它们。观看变成了在线自我表演的一部分,而历史成了一套程序的一部分,这些程序以一种灵活得多的移动方式被人们消费。[2] 这种多元性反映在历史以越来越复杂和多样的方式呈现在我们可以称为"电视"的形式上——主要是纪录片。随着观看体验的断裂,呈现过去的方式变得多种多样。历史类电视节目的演变依赖变幻莫测的市场,因此与趋势和人口结构有关。纪录片实践的变迁,既展现了电视形式的发展,也展现了一种相对不受管制的电视文化的扭曲效应。随着在线观看技术和制作环境的出现,这种情况变得更加复杂。

本部分的第一章提出了一组与传统大众历史相关的论点——从 20 世纪 60 年代开始的纪录片,特别是由戴维·斯塔基、西蒙·沙玛、贝塔妮·休斯和迪尔梅德·麦卡洛克(Diarmaid MacCulloch)创作的纪录片。这一章探讨了他们如何呈现历史信息,他们的史学立场是什么,以及他们如何将自己视为教育传播媒介。然后,接下来的章节讨论了近年来电视节目中纪录片形式(包括真实历史)的发展和演变。电视真人秀节目对历史纪录片制作的影响,尤其是其"强调体验、个人和情感"的形式,对当代社会观看电视的方式以及它对过去的构想具有极大的启发意义。[3] 电视真人秀节目已经影响了电视的景观,以至于"纪录片和纪实电视现在既不完全是虚构的,也不完全是纪实的，也就是说，既不是虚构的，也不是纪实的"。⁴新式节目是混合型的，电视语法也在不断演变：正如安妮特·希尔（Annette Hill）所说，这是"电视为了生存而采取的自我蚕食的方式"。⁵"纯粹的"真实历史似乎是一个局限于1999—2006年的现象，尽管它对纪录片的影响更为广泛。然而，一股更为新颖的"职业现实"和名人主导的历史，似乎以混合而奇怪的方式发展了这种路径。这证明了希尔关于电视形式经历了激进演变的观点，并引入了与历史类电视节目相关的伦理和作者身份方面的新问题。

在研究所有这些纪录片材料时，一个关键的问题是，它在多大程度上促进了历史的表面民主化——无论是实体上的，还是想象中的——以及在前面几个部分的讨论中所暗含的历史主题的能动性的解放。譬如，西蒙·沙玛认为，电视促成了"往常的权威等级体制"的垮台，并引发了"知识民主"的到来。⁶类似地，真人秀电视节目在很多方面都是数字革命的一部分，这为一些批评人士提供了一种"隐性政治化"的形式的可能性，这种形式通过互动可能"重振建立于公民基础上的民主"。⁷电视真人秀节目理论家马克·安德列耶维奇（Mark Andrejevic）有时也会为电视真人秀节目的革命性可能性进行辩护，他认为，"集体参与文化商品的创造，挽救了他们对真实性的主张，这种观点引发了对与文化产业相关的自上而下的控制形式的批评"。⁸这表明，大众文化的不真实性是受众与制作过程本身的疏离造成的，而真人秀电视节目则提供了一种可能性，即"将他们的参与涵括进来，可能有助于文化产品重新获得一种真实性的元素"。⁹因此，在某种程度上，这种模式意味着一场革命，即产品的消费者也成了生产者。安德列耶维奇的概念在应用于历史类节目时具有启发性。

"观众"对历史类节目的参与，鼓励了一种对遗产和国族历史的共同所有权意识，而不是一种讲述给被动受众的历史。然而，越来越多的真实历史类节目变得过度受控（甚至到了"脚本化真实"的地步），这种节目形式所具有的革命性可能性似乎已经消失。[10]然而，"专业的"真实历史和名人主导的历史是一种较新的现象，它以一种奇怪的、在伦理上有趣的方式发展了这种节目形式。这里关于真实历史部分的内容，应当参照第三部分所讨论的关于重演历史和表演的活动来看待。它们是历史得到进一步具身化的方式，并因此表明了一种走向体验过去和表征那种体验的新方式的转变。

注释：

1 见 A. Hill, *Restyling Factual TV*, London and New York: Routledge, 2007。关于电视上的历史的发展，参见: Gray and Bell, *History on Television*, and R. Dillon, *History on British Television: Constructing Nation, Nationality and Collective Memory*, Manchester: Manchester University Press, 2010。

2 见 J. Holt and K. Sanson (eds), *Connected Viewing: Selling, Streaming, & Sharing Media in the Digital Age*, London and New York: Routledge, 2013。

3 Corner, "Backward looks", p. 470.

4 J. Dovey, *Freakshow: First Person Media and Factual Television*, London: Pluto Press, 2000, p. 11. 另见 M. Kavka, *Reality Television, Affect and Intimacy: Reality Matters*, Basingstoke: Palgrave Macmillan, 2008。

5 A. Hill, *Reality TV: Audiences and Popular Factual Television*, London: Routledge, 2005, p. 24. 希尔认为，观众本身对权威持怀疑态度，因此对这种演变持开放态度。另见她的 *Factual TV: Audiences and News, Documentary and Reality Genres*, London and New York: Routledge, 2007。

6 S. Schama, "Television and the trouble with history", in Cannadine (ed.), *History and the Media*, p. 28.

7 M. Andrejevic, *Reality TV: The Work of Being Watched*, Oxford: Rowman and

Littlefield, 2004, p. 13; 第二个短语是 Andrejevic 引用 Howard Rheingold 的话。

8 同前注，p. 13。另见 M. Kavka, *Reality TV*, Edinburgh: Edinburgh University Press, 2012。

9 Andrejevic, *Reality TV*, p. 13. 另见 H. Wood and B. Skeggs (eds), *Reality TV and Class*, London: BFI, 2011。

10 见 Kim Allen and Heather Mendick, "Keeping it real? Social class, young people, and 'authenticity' in reality TV", *Sociology*, 47:3 (2012), 460–476, and Faye Woods, "Classed femininity, performativity, and camp in British structured reality programming", *Television and New Media*, 15:3 (2014), 197–214。

第九章 当代历史纪录片

纪录片的形式：自我意识和娱乐

几十年来，主流纪录片理论和实践一直关注自我意识。研究纪录片的理论家们很清楚地意识到媒介在呈现"真相"方面的先天无能："纪录片是被建构的，但它们试图不经过思考而揭示真实。观看一部纪录片需要同时持有这两种相反的信念，这是一个否认的过程，在人类行为中并不罕见，但本质上是不稳定的。"[1] 批评家认为，在这种形式本身内，就是承认真相是虚幻的。[2] 很难将这两种观点统一起来——电视上的历史不够复杂，呈现的是简单的真相，或者它天生具有自我反思性和自我意识，因此显然不能宣称具有"真相"的地位。

事实上，自从第一部完整的影视纪录片《北方的纳努克》（*Nanook of the North*, 1922）问世以来，相机和拍摄对象之间的关系就一直是不忠实的。导演罗伯特·弗莱厄蒂（Robert Flaherty）改变了素材，安排了一些活动，扭曲了拍摄对象。纪录片的非真实性似乎就像戏剧一样，在于观众接受了出品人的偏见和对信息的"安排"。正如理查德·基尔伯恩（Richard Kilborn）和约翰·伊佐德（John Izod）所述："制作纪录片不仅仅是一种编年史行为；它也是一种转化的行为。"[3] 他们引用了电影制作人和理论家约翰·格里尔森（John Grierson）1946 年的观点，即纪录片是"对现实（actuality）的创造性处理"。[4] 格里尔森认为，纪录片具有教育价值，是社会进步的关键；它通过提供个人信息而使积极公民身份成为可能。在 20 世纪 60 年代以前，纪录片倾向于处理严肃的主题，以教育观众。然而，自 20 世纪 60 年代以来，与纪录片形式相关的表征问题一直是讨论、辩论和实践中最为重要的问题。这种合法性的危机与作为一门科目的历史所感受到的权威的动摇有明显的呼应，这是一种从毫无疑问的僵化向更为复杂、更有活力的表达立场所涉及的问题的转变；总体而言，纪录片的实践似乎是历史的一个很好的类比，因为它倾向于事实性，尽管它意识到了自己的不完整性。

纪录片理论家比尔·尼科尔斯（Bill Nichols）认为，历史电视在我们的观看意识中引入了一种必要的不协调性，它证明了所有电视媒体的非真实性：

> 正如我们所知，图像表现出来的始终都是现在时。它们的所指物，它们重新表征的东西，可能在别处，但这个缺席的所指物，似乎在当前的忧虑时刻被一次又一次地赋予了生命。这是否只会进一步抹去后现代性中逐渐消失的历史感，还是为书写文字之外的历史表征留下了开放的可能性？有些东西明显不同。历史意识要求观众认识到运动图像的双重或似是而非的状态，即现在与过去的事件是相关的。[5]

纪录片中历史形象的碎片性，导致了某种缺位，而作为观众，对观看过去的悖论产生了一种无意识而积极的鉴赏。观众被置于一个充满矛盾的情境中，这使得他们能够与过去进行更为复杂的接触，但同时也使他们与过去拉开距离。

在论述关于大屠杀的纪录片《浩劫》(Shoah)——该纪录片主要由对目击者的采访构成——时，托马斯·埃尔萨塞尔（Thomas Elsaesser）认为，

> 在《浩劫》中作证——这些证词，以不同的方式，只记录了缺席的证言——六小时后，人们会产生一种无法抗拒的想法，即任何历史都无法包含（更不必说代表或表征）如此众多的个体性的肉体死亡这一显而易见的现实。[6]

在这里，造成不协调的并不是纪录片的形式，而是这个事件本身；过去产生的沉重的影响令人无法承受。对埃尔萨塞尔来说，无论用什么媒介进行交流，《浩劫》都表明人们无法理解过去。事实上，与历史学专著相比，《浩劫》中所呈现出来的充满矛盾和引起反响的叙述，更加有效地证明了混乱的过去的复杂性。这里的复杂性表明，职业历史学家偶尔对纪录片感到不舒服，是因为他们误解了纪录片形式本身所固有的复杂性。

"既不完全是虚构的，也不完全是纪实的"：电视上的历史

早在 1976 年，历史学家就在讨论历史电视纪录片的问题。[7]电

视上的历史是非常强大的,对人们看待过去的方式产生了潜移默化的影响。譬如,艾德里安·伍德(Adrian Wood)认为,关于第二次世界大战的流行概念存在严重缺陷,因为它主要基于黑白画面;20世纪40年代的彩色电影虽然比较普及,但很少有人使用,而且当使用时,会产生一种不可思议的效果,让观众感到不安。[8] 这并不仅仅只是历史纪录片的效果问题:研究第一次世界大战的历史学家认为,英国广播公司的喜剧系列节目《黑爵士四世》(*Blackadder Goes Forth*)延续了有关西线的流行神话,这些神话已经在当时人的战争意识中根深蒂固。[9] 斯蒂芬·巴塞(Stephen Badsey)指出,在英国广播公司的纪录片《时间观察:黑格——无名战士》(*Timewatch: Haig – The Unknown Soldier*)中,《黑爵士》(*Blackadder*)的镜头与对历史学家的采访穿插在一起,目的是为了证明黑格的漫画形象广受欢迎。[10] 该节目被用作史学辩论的证据,表明大众文化对史学研究的影响越来越大。

由于这种影响,再加上一种有缺陷的看法,即认为媒介过于简单化,电视与历史之间产生了一种棘手的关系。[11] 历史学家们认为电视比较肤浅,认为它不能呈现出复杂性。汤姆·斯特恩(Tom Stearn)认为:"主流的历史节目把历史从资料来源和研究中分离出来——就像从史学争议中分离出来一样——并且依赖一个显然无所不知的主持人的讲述和演员的'重新演绎'。"[12] 这种媒介是平民主义的、有问题的、印象主义的,而不是清晰的,它太专注于叙事。伊恩·克肖(Ian Kershaw)认识到,"尽管它无疑具有强大的影响力,但它必然是肤浅的"。[13]《战争中的世界》的制片人杰瑞·库尔(Jerry Kuehl)很久以前就指出了即时性(immediacy)的问题:

电视作为一种传播媒介的一个特点就是,它几乎不给观众留下思考的时间。可以说,这是一个连续性的媒介,一集接一集地播放,让人没有喘息的机会。这显然意味着,这种媒介最适合讲故事和逸事,创造气氛和情绪,给人提供漫无边际的印象。[14]

制片人杰里米·艾萨克斯(Jeremy Isaacs)天真地报道了从20世纪50年代后期开始,将静态照片放在一起创造"逼真的现实(living reality)的幻觉"的常见做法,而对大多数历史学家来说,电视的关键问题就是将线性视觉叙事强加于(在这个例子中是错误的)根本混乱的事件上。[15] 德克·艾岑(Dirk Eitzen)的观点更具煽动性,他认为"历史纪录片的大众观众对历史的复杂性或对历史的解释都不是特别感兴趣。他们最想要的……是一种强有力的情感'体验'"。[16] 那些对历史真相的真实性感兴趣的人,嘲笑这种对历史知识的明显简化,把注意力集中在阐释所存在的错误和问题上。譬如,理查德·J.埃文斯(Richard J. Evans)认为:"向广大受众传播历史,必然会涉及某种程度的简单化,或者,就好莱坞电影而言,甚至是彻头彻尾的扭曲。"[17] "真相"太过复杂,无法传递给广泛的受众;与"广泛的"受众沟通的过程本身,就不可避免地简化了信息。大众媒体不具备呈现关于过去的准确看法的复杂性,它们必然是受限制的、简化的和直截了当的。[18] 有必要控制关于过去的制作和阐释(埃文斯声称,大众历史"建立在详细研究的基础上",存在一种涓滴效应)。[19] 重要的是,对埃文斯来说,问题在于,"真相"通过简化而遭到了扭曲。然而,这是根据错误的标准来判断的,误认为电视是一种看不出纪录片形式多样性的媒介。越来越多的情况是,电视历史被认为是拥有自己的史学研究和目的的东西。[20] 格雷和贝尔引用了西蒙·沙玛的观点，即电视历史"是一种不同的传播历史的方式，不应该直接与印刷品和学术小册子进行比较"。[21]

实践者在讨论他们的媒介的复杂性时是深思熟虑的。沙玛从个人的角度来讨论他的节目："从本质上讲，这完全取决于我这个讲故事的人和你这个看电视的人之间的关系。"[22] 特里斯特拉姆·亨特认为，"创造连贯性的叙事是电视历史的主要优点之一"。[23] 亨特对西蒙·沙玛的《英国史》和肯尼斯·克拉克的《文明》等节目的成就大加赞赏："不管人们是否同意这种意识形态议程，这些节目仍然构成了引人入胜的叙事，用它们的历史镜头吸引了数百万的观众。"[24] 这些节目以叙事性、连续性、进步性的方式呈现历史。在亨特对"引人入胜"和"吸引人"这两个词的自相矛盾的使用中，我们看到了电视作为一种教育媒介的固有张力。一方面，一个系列的节目可能会引起人们的兴趣；另一方面，它把人们吸进被动的享受之中。对亨特的观点来说至关重要的是电视可以增进人们对历史的理解。[25] 电视可以让人们更好地理解这个故事，并从这种进一步的理解中获得移情。

电视制片人泰勒·唐宁（Taylor Downing）声称："一个优秀的历史节目主持人，会通过自己的视角，带领观众回顾关于过去的一段历史。"他还说，电视历史学家是"我们这个时代的故事讲述者。是他们把研究成果带出了学术界，并提供给许多人"。[26] 把历史学家比喻成讲故事的人，这是人们看待大众电视历史学家的关键方式。唐宁还指出，前沿研究由此传播进入到了主流。然而，在他对电视历史叙事方面的颂扬中，有一种史学感和一种精英主义的观众观："因为有成千上万聪慧的、有思想的人对过去如何帮助我们成为现在的我们很感兴趣。"²⁷ "讲故事"的概念很明显与当前国族的故事有关；这些节目的重点是向我们解释"我们是谁"。从受众人口统计的角度来看，这一声明是有问题的，它具有独家性和排他性。唐宁还声称，学院派史学应该与大众历史进行互动：

> 电视历史学家最好是大众历史学家，能够将一些这类（学术性）著作转化成能够吸引数百万聪明观众的叙述，这些观众不想把宝贵的闲暇时间花在观看《谁想成为百万富翁》或《最薄弱的一环》(The Weakest Link）或者再看一集《伦敦东区》(East-Enders）上。²⁸

唐宁想象中的电视历史的受众是独立的、非平民主义的精英。他力图将电视历史与电视节目的平民主义取向区分开来。它在某种程度上比肥皂剧或游戏节目更加重要、更为有趣、更为高明。尽管电视历史和这些节目一样，都是电视节目的一部分，而且它吸引了大量的观众，而这些观众并不是第一次观看电视历史。电视历史的观众似乎很喜欢观看肥皂剧、游戏、纪录片。的确，在后来的电视历史游戏节目中，肥皂剧和纪录片的形式非常恰当地融合在一起。虽然电视历史在作为一种流派和频道内容的教育元素的一部分方面具有特殊性，但电视历史也是丰富的节目文化的一个重要元素，而不是与之分开。对于当前的讨论来说，另一个关键问题是唐宁的这种观点，即认为历史是在"宝贵的闲暇时间中"消费的东西。从某种意义上来说，对"过去如何帮助我们成为现在的我们"的兴趣是一种业余活动；它同时具有教育性和休闲性。

后现代史学理论家可能会认为，作为叙事的历史纪录片只是一种专业性的或制度性的实践的明确版本。海登·怀特令人信服地主张：历史学家应该认识到自己作品中的叙事冲动和策略。[29]当代史学著作强调这样一个事实，即与过去的接触充其量是印象主义的："既然关于'过去'的定义并不存在，那么我们当然只能通过表象来'认识'它。"[30]正如基思·詹金斯所指出的："所有历史都不可避免地要进行修辞、加以利用、加以规划，并从历史学家自身的立场出发进行论证……这不是作为一种认识论的历史，而是作为一种美学的历史。"[31]历史纪录片敏锐地意识到，它无法重构一个真实的过去，因此呈现出一个必然不确定和不完整的画面；同样，它有意识地将过去呈现为一系列的叙述和故事。观看历史纪录片的目的，就是要接触一系列的修辞、形式概念和技术元素，它们凸显了历史知识的非真实性。电视历史的认识论事实上是不完整的，带有偏见的，受叙事和讲故事影响的，传记性或虚构的；它展示了观众处理复杂性的能力。

此外，电视纪录片是一种混合类型，从各种其他形式的节目中引入观众期望和技术实践，并配置各种意义系统。历史纪录片的电视语法是复杂的，可以包括重演历史和重构历史、计算机生成图像技术、作者的陈述、档案文件、档案影像和剧照、目击者证词、文献来源、信件、日记、录音、剧情音和非剧情音、观众以多种方式参与、外景拍摄和专业人士的采访等内容。同样，创作历史节目的实践需要一套新的技能，鼓励主持人或制作人做出不同的智识选择：地点；剪辑；音乐；混音；脚本；数字和在线工作等。这种纪录片是制作团队的所有成员共同合作的成果，它也是在明确的界限内发展起来的，这种边界远远超出了学术界的标准限制。的确,历史纪录片非常正式的复杂性,挑战了认为电视历史过于简单的轻率断言。正如史蒂文·约翰逊所指出的那样,大众文化的非线性和复杂性具有认知效应,将观众转变为一种比迄今为止所认为的更为复杂的信息消费者。[32] 当代历史纪录片的多重形式需要一种复杂的回应。

"现代、生动而平等的历史节目":
沙玛、斯塔基、麦卡洛克、休斯

要考察这种复杂的节目形式,有必要求助于过去十年来电视纪录片历史的主要倡导者西蒙·沙玛和戴维·斯塔基。他们两人制作的节目都是史诗般的名人主导、面向广大观众和全球市场的平民主义叙事性历史,并采用了各种电视修辞和技巧,以分散和吸引观众的注意力。在他们的实践中,国内电视纪录片所借鉴的主要传统是那些史诗系列节目。最初,英国广播公司是播放大型系列纪录片节目的频道,并以《第一次世界大战》(1964)、《失去的和平》(1966)和《第二次世界大战大战略》(1972)为模板。[33] 这些作品有意识地展现宏大的规模,将战争事件的复杂性提炼成可以让人理解的片段。他们使用的素材主要来自帝国战争博物馆的藏品,但也使用重构场景、剧照、对目击者的采访、文献史料和报道等。[34]

《战争中的世界》(1973,泰晤士电视台)是第一部采用这种宏大的、范围广泛的风格的商业性节目。[35] 这部纪录片有意改变了英国广播公司的纪录片惯例,主要是通过强调"普通人的"故事,以及使用口头证词和连续镜头。该纪录片的联合制片人杰罗姆·库尔(Jerome

Kuehl)声称,他们试图避开官方的"官话历史",尽管他们确实为了国际销售而聘请了劳伦斯·奥利弗(Laurence Olivier)来配音。该节目还摒弃了以英国为中心的战争描述,转而囊括了德国、俄罗斯和日本的经历——事实上,它是第一个在黄金时段播放涉及大屠杀内容的节目之一,而"种族灭绝"这一集因为露骨的内容而受到了许多媒体和公众的抱怨。

当代纪录片制作者所借鉴的第二个关键传统,是主持人主持的纪录片或创作的纪录片。[36]这里主要的相似节目是肯尼斯·克拉克的艺术史系列节目《文明》(BBC,1969)和雅各布·布罗诺维斯基(Jacob Bronowski)的人类学节目《人类的崛起》(The Ascent of Man, BBC, 1973)。无论是在规模上还是在年代范围上,这些节目都是当之无愧的宏大系列,它们呈现的是目的论的(不过是个人化的)叙事。罗伯特·基的《爱尔兰:一部电视史》(BBC,1980)引入了沙玛特别采用的更为明显的解释性风格。这些"史诗"纪录片在自然史或经济学等其他学科中也有相似之处。它们是根据主持人的个性来销售的;正如沙玛所警告的:"请注意在这个节目中对不定冠词的谨慎使用……这是一段历史,因为毫不羞愧地说,它就是我自己版本的历史。"[37]然而,这些节目不仅仅是在屏幕上直播;他们还出版了有影响力的畅销书来配合这些节目。在这些人物之前,最著名的历史学家主持人是 A. J. P. 泰勒,他在1957—1967年以及1976—1984年的节目中有在演播室对着摄像机的即兴演讲。[38]泰勒的历史节目是叙事性的和平民主义的,他的演讲是"由故事和逸事驱动的","偏向于传记性的","几乎所有的演讲都是叙事性的和故事性的"。[39]这些节目主要在新兴的商业电视台 ATV 播出,而不是在英国广播公司的主流频道上播出。泰勒的演讲催生了大量与各种主题相关的书籍，获利颇丰。

这种由名人主导的节目制作在20世纪80年代失宠了。正如第一章所述，这种形式的节目在纪录片西蒙·沙玛的《英国史》中的复兴是21世纪初备受瞩目的大众历史大爆发的催化剂。因此，这一运动的先驱是一个系列节目，其形式具有这样的渊源，但在名人文化中得以重新创造。从2000年到2002年，英国广播公司第一台播出了15个小时长的剧集节目。这部节目有意用电影和史诗的手法来处理英国历史，讲述的内容从最早的起源一直延续到20世纪60年代，试图解释大不列颠认同的出现。它总是声称是一种相对主观的叙事，讲述重要的故事，试图吸引当代的观众。沙玛的动力集中在他的四项沟通原则上：即时性、富有想象力的移情、道德承诺和诗意的联系。这些想法构成了他创作"严肃的电视历史"的取向。[40]沙玛认为自己是"观众和主要人物之间的对话者"，正如贾斯汀·钱皮恩（Justin Champion）指出的那样，把历史学家描述成道德领袖、引导者，并在叙事中始终存在。[41]沙玛这样评价比德（Bede）："他不仅是英国史的奠基人，可以说他是整个英国文学中最完美的故事讲述者……正是这种对叙事的娴熟把握，使比德不仅成为一位真正的历史学家，而且成为早期教会的杰出宣传者。"[42]显然，沙玛自己讲述的历史也是敏锐的叙事，而且在他"对历史的道德功能的明确承诺"中，提供了一种特殊类型的人文主义历史；贝尔和格雷称之为"文明的凝视"。[43]

每一集节目都涵盖了一个时期——有的大约一百三十年，有的只有四十年——并使用一套特定的主要主题来解读特定的故事："王朝"，"国族"，"善意的帝国"。沙玛的剧本对影像和思想的重复很感兴趣，以讲述一种富有共鸣的历史。用同样的剖面图来强调不同的观点，或者用同样的陈词滥调来描述事件，在于强调英国历史上同样的事情在不断发生。它还热衷于强调，过去存在于当下，塑造和影响着事件的发展。这一点在《革命》一集中尤为突出，在这一集中，沙玛在犹太教堂戴着圆顶小帽，以强调他与后克伦威尔时代犹太历史的个人联系；这一集的结尾是对博因河战役的描述，上面覆盖着一幅纪念这场战役的当代壁画，并伴有工会主义者和共和派的演讲。[44] 该节目指出，历史并不仅仅是指过去的事情；它充满了重复、共鸣和回响。你无法逃避它，而那些逃避历史的人往往会犯错。因此，其主旨就是历史的教育性力量，它为我们树立了榜样。这是一个总结和学习历史教训的价值的机会。它在形式上和内容上都具有教育性和示范性。

当然，其呈现模式对史学产生了影响。《英国史》的观点之一是认为，这个国族的发展是一系列循环往复和不断进步的事件推动的结果。王朝、帝国、君主都是朝着"不列颠"和当下的英国积累过程的一部分。因此，沙玛在叙述中加入了"我们的"和"我们"这两个专有词汇——既让观众参与到国族的叙述中，也强调了过去和现在之间的联系。从本质上而言，该节目将历史呈现为宗教暴力、凯尔特叛乱、反欧洲情绪和政治权宜之计的循环周期，所有这些都与一群关键人物的能力和性格交织在一起——亨利八世、伊丽莎白、苏格兰玛丽女王、沃波尔、维多利亚等。其关键内容是英国自由民主的发展，国家间的联合和"不列颠"的创建，以及宗教冲突和资本主义的兴起。沙玛回溯了不列颠从一场战役向另一场战役的转变过程：从马斯顿荒原到卡洛登再到滑铁卢。这个国家反映在——甚至转喻性地表征了——一系列主要人物身上：克伦威尔、皮特、华兹华斯、沃斯通克拉夫特、科贝特等。很少涉及关于普通人或社会、经济和文化的转变经历的内容。相反，沙玛编织了一部名人的历史，从半虔诚的梦想家、半无情的政治家克伦威尔，到充满浪漫主义形象的邦尼王子查理，再到热衷于社交、嗜酒如命的沃波尔和"理性的"查理二世。在这两者之间还有一些"人性"元素——譬如，母亲们在托马斯·科拉姆（Thomas Coram）的育婴堂为孩子们留下的纪念品就被认为是一种详细展示 18 世纪早期社会弊病的方式。这些实物让沙玛能够将历史加以个人化，就像用一个"普通"人物，譬如玛丽·沃斯通克拉夫特（Mary Wollstonecraft）来评论和体验关键事件一样，让这些事件产生个性化的共鸣，让观众产生共鸣。这里的重要问题是认识和理解过去的经历。但归根结底，这部历史讲述的就是一些重要的人物所做的特定的事情——克莱武在印度，沃尔夫在加拿大，皮特的"自由帝国"，维多利亚的"姐妹"。这是一部叙事性的历史，一个带有人性元素的故事，但却有着清晰的情节主线。

在英国，历史被庄严地载入了英国通信管理局（Ofcom）为公共服务广播制定的指导方针。它是公共服务广播公司（PSB）教育职责的一部分。英国电视四台和英国广播公司都提供历史节目，以证明它们履行了对具有教育性质和教育价值的节目内容的义务。因此，这些电视台将历史视为教育内容的一部分。英国电视四台在其年度回顾中引用了一些受访者的话，将其历史节目的风格作为另一种看点，以提升其机构形象：

> 观众意识到英国电视四台对历史的处理路径不同，更加现代，更为生动，更为平等。"它使历史更容易被人理解……它不

是那种刻板严肃的历史节目"（女性 50—69 岁），"英国电视四台播放的战争是从一个士兵的角度讲述的。而在第二种情况下，则是从政客的角度讲述"（男性 30—49 岁）。[45]

该电视台的旗舰纪录片是由戴维·斯塔基制作的，它们强调的正是这种生动性。他的系列作品《伊丽莎白》（2000）、《亨利八世》（1997）、《亨利八世的六个妻子》（2003）和《亨利：暴君的心》（2009）讲述的是都铎王朝的历史；他的《君主政体》（2004—）通过历史年代来考察了君主制度。该节目以君主制为基础，关注的是名人政治，它们使用多种有问题的虚构手法，使它们更像论文而不像纪录片。这部作品在很多方面都力求"现代、生动和平等"，它的取向体现了约翰·科纳关于后纪实作品"消遣"（diversion）的观点。斯塔基的系列节目使用多种类型的证据，并以多种风格呈现它们的信息（从纪录片到讲座、音乐到文本证据），所有这些都力图保持观众的注意力，即供观众进行"消遣"。

《伊丽莎白》以简明扼要地总结他的讨论对象的重要性和吸引力开篇：

1559 年 1 月，伊丽莎白一世加冕为英国女王。她是伟大的都铎王朝的最后一位成员，是一颗耀眼的明星，让整个国家和世界为之倾倒。大多数明星的成就很快就会消失，但伊丽莎白的成就却持续了近四个世纪——原因显而易见。她统治了动荡的 45 年，她的船只打败了西班牙无敌舰队，环球航行。在她的时代，莎士比亚写作剧本，斯宾塞写作诗歌。英国的贵族和外国的王子向她求爱,但她,这位处女女王,却向观众中的忠诚者——英国人——求爱。[46]

斯塔基以其轻快而简洁的风格,把这位君主的成就与她的军队和人民的成就混为一谈,并立即呈现给我们至少三个关于伊丽莎白的关键陈词滥调事实:她的贞操,西班牙舰队,莎士比亚时代(尽管莎士比亚的生涯比她持续得长久)。这是一段风格直接而清晰的华丽篇章,因此它为整部节目提供了框架。《伊利莎白》是一部扣人心弦的历史纪录片,既有个人化的叙述,也有宏大的历史。斯塔基平衡了个人的和更为广泛的政治议题。

斯塔基的节目的呈现方式与沙玛的呈现方式形成了鲜明的对比。他穿着西装,打着领带,通常是远距离拍摄全身照,而不是沙玛喜欢的近距离特写。他不是观众的朋友,也不是他们的向导(对他来说,《英国史》不存在包容性的内容,也没有"我们"或共同的历史)。斯塔基的剧本里很少有笑话,他对这个主题的严肃态度是他表现出的庄重的关键。斯塔基不像沙玛那样经常出现在背景里。事实上,他在乡间房屋里大摇大摆地走来走去,用威严而有疏离感的口吻对着镜头说教。他在电视上呈现的是一位严肃的学院派历史学家的形象,而不是一位碰巧是历史学家的主持人。然而,他的史学与沙玛的史学一样具有主观性(虽然不是更加主观),而且他的作品在轨迹上更具有平民主义色彩。该节目是在实验性的英国电视四台而不是设施完善的英国广播公司播放的;沙玛身后有一家英国机构的声誉做支持,而斯塔基必须把自己的作品打好基础,以免被人指责为浮华肤浅。

虽然斯塔基避免了沙玛那样的做法,即将自己置入历史叙事之中（因此，他处理了一种不同类型的史学，在这种史学中，历史学家是真相的独立叙述者，而不是主观的解释者），但他的节目在选择访谈对象时，确实强调了将过去和当下联系起来的重要性。《伊丽莎白》再次避开了学院派纪录片的取向，通过让特定的关键人物的后代讨论他们的行为来评论他们。因此，威廉·塞西尔（William Cecil）的后代维多利亚·利塔姆（Victoria Leatham）夫人为我们提供了她对16世纪50年代塞西尔思想的洞察；圣保罗教堂现任院长朗读了约翰·诺埃尔（John Noel）院长的布道文，并推测了它可能产生的影响；一位天主教神父考察了修道院的破坏和玛丽·都铎的天主教的特点。贝丁菲尔德（Bedingfield）和西摩（Seymour）的后人在他们的乡间邸宅漫步，讨论他们的祖先。这些访谈对象不懂学术研究，却对他们的祖先（用他们的名字，自信地说出他们的动机）有一种让人耳目一新的熟悉感，他们得以让斯塔基的节目给人呈现出一种沙玛的节目所缺少的那种目击证人的感觉，这是一种集体性的叙述，而不是沙玛特殊化的解读。他们的叙述将政治事件和遥远的事件个人化，并将其与表演的顺序相吻合，以便与对历史的演绎编织在一起，然后通过斯塔基的权威性叙述进行重点强调。从某种程度上来说，这些人物的参与表明了已经发生的巨大的历史性转变——塞西尔曾经是国务大臣，他的后代则与这个国家无关；圣保罗教堂的院长曾经影响过政治政策，而他的后代却没有发挥全国性的作用。然而，在节目中使用这些"专家"也表明，名人是关键所在——尤其是宗教上和具有贵族气派的名人。这个节目表明，他们主观臆测的观点与学院派专家的观点一样具有见地。的确，这些人可能至少会对历史人物表示某种程度的共情，这种共情是专业人士所不具备的。

对每部节目的史学推动力来说，这种共情的观念是关键。他们两人都想利用这一媒介来鼓动一段能引起人们共情的历史。既然电视使用的工具可以用来建立一种联系，为什么还要用术语、脚注和大量的细节让受众与他们历史的过去感到疏远呢？这就是为什么剧本中使用了俚语、音乐和电视修辞的原因。通过使用人们熟悉的工具来呈现，通过将历史以人们可以甄别的形式——戏剧、纪录片、老生常谈——来呈现；这部节目让人感到熟悉，而不是疏远。虽然两人都使用了一种辉格主义式的"伟人"方法论，但他们都想让观众与自己讲述的历史产生一种关系。从形式上和一般意义上来说，这两部纪录片都是由名人驱动的"叙事"纪录片，但它们都是复杂的实体。它们使用谈话对象的头部特写、证人（或证人的亲属）证词、文本、转喻镜头、重构历史、音乐和一系列摄影技术来改变和包装他们的中心思想信息。这种复杂性指向了事实节目的新类型，即推动走向科纳所说的"消遣"。

纯粹就数据而言，沙玛和斯塔基取得了巨大成功。他们获得了牢固而稳定的观众。如第一章所述，他们以一种前所未有的方式成了英国文化生活的一部分。他们的节目表明，以名人为主导的叙事历史在英国和美国是有市场的。这些叙事系列节目的流行意味着紧随其后的是尼尔·弗格森的《帝国：英国是如何建立现代世界的》（英国电视四台，2003）和特里斯特拉姆·亨特的《英国内战》（英国广播公司第二台，2002），以及一系列个人纪录片。在史诗级的宏大系列节目和更具个性化的创新作品之间存在着分歧。沙玛和斯塔基的影响是广泛的，可以在以英语为母语的当代广播生态学中看到这一点。

以名人为主导的电视历史的史学研究日趋成熟，电视史学研究日趋丰富。这种情况可以从两个简单的例子中看出来。迪尔梅德·麦卡洛克的《上帝如何创造了英国人》(*How God Made the English*，英国广播公司第二台，2012)批判性地考察了英国人身份的构建。麦卡洛克特别强调宽容、命运观念和一种特殊的英国人"族裔"特性的观念。他的节目非常关注追溯当时和现在之间的联系，追溯当代身份和政治在早期辩论和冲突中的根源。麦卡洛克的修正主义论点是基督教的宿命感支配着英国的史学写作和集体认同。他认为，"英国文化遗产实际上比观众想象的更加多样化"。[47] 他深入研究了教会史和考古学，很快拼凑出一个复杂的论点，每一集中涵盖了一段很长的时期。这个节目是按主题而不是按时间顺序排列的。麦卡洛克的研究路径是将当代的素材、专家访谈、画外音、外景考察、遗产遗址的素材和作者面对摄像机的部分结合起来。他聪明、学究气十足、自信满满，因此将沙玛的个人风格与斯塔基使用的复杂的表象性词汇结合了起来。

贝塔妮·休斯的《古代世界》(英国电视四台，2002—2010)在跨度上更具史诗色彩，这是她的节目的一部分，关注的是古代文化和传统。在呈现风格和纪录片风格方面，休斯是博学多才的，她在这些高端节目和更具本土色彩的联合主持节目《大不列颠的秘密宝藏》(英国独立电视台，2012—)之间转换。《大不列颠的秘密宝藏》使用一种混合的方法来判断在全国各地发现的文物，并由便携式文物计划(PAS，见第十五章)进行记录。休斯的风格是充满热情、平易近人和健谈。休斯认为："毫无疑问，作为电视上的女性，你必须更加努力地工作才能得到严肃对待。"尽管第一章中提到了一些转变，但事实仍然是女性历史学家相对较少，而且对她们的评判方式往往也与男性不同。[48]休斯可以非常迅速地从微观转向宏观，她的风格是她的品牌的一部分，也是她的史学取向的一部分（图8）。

图 8　贝塔妮·休斯现身海伊音乐节，2015 年。
©Graham M. Lawrence/Alamy

这种"新潮"历史的一个有趣的例子是游记节目《海岸》（BBC，2005—）。一组专家沿着英国和澳大利亚的海岸线，考察历史对景观的物质影响，并参观特定的纪念碑或参加纪念活动。这是一种通过审视国家的边界和边缘来阐述、解释和思考国家的历史的节目。这里的历史学家与其说是指挥者,不如说是国家的叙述者。《海岸》是一项合作性的成果,它将过去视为互动性的和鲜活的东西,在今天仍然具有质感和物质性影响。如今,在英国广播公司的许多历史节目中,游记纪录片的理念都是其核心,这是沙玛对地理位置(location)兴趣的一种延伸。迈克尔·波蒂略的《英国铁路纪行》(英国广播公司第二台,2010—,六个系列)以维多利亚时代的布拉德肖铁路手册为指南,并以此来反思当时与现在的差异。该节目有大量的体验(波蒂略的旅行),但也是由名人制作和引领的。它认为过去与现在之间存在张力,但提出了运动的线性关系。

这些节目阐明了当代历史纪录片制作和取向的多样性,展示了沙玛和斯塔基开创的一种新风格运动的影响。休斯、麦卡洛克和他们的同行露西·沃斯利、迈克尔·伍德(Michael Wood)、特里斯特拉姆·亨特、玛丽·比尔德等人的工作表明,在过去几十年里,电视历史已经成为电视景观中的一个固定部分,它已经变得复杂而精致。电视历史生态很乐意支持多种不同类型的风格和取向,观众也乐于接受这种多样性。此外,特定的修辞和电视纪录片的呈现方面,譬如重演历史、当代的参照、专家证人和会话风格,已经变得如此熟悉,以至于成了权威。各种各样的节目,譬如尼尔·麦格雷戈(Neil MacGregor)的广播节目《大英博物馆世界简史》(*A History of the World in 100 Objects*,英国广播公司广播四台),与由主持人主导的叙事史——如伍德的《印度的故事》(英国广播公司第二台,2007)——和社会史、宗教史(沙玛的《犹太人的故事》,英国广播公司第二台,2012)、科学技术史、种族史一起被人消费。这些节目被卖给多家单位，在全球范围内销售，通过 DVD、流媒体、点播、重播和 YouTube 观看。它们被分享、评论、赠送、用于教学和反复观看。历史纪录片现在是一个令人难以置信的多样化的和复杂的实体，它的多样性显示了一种蓬勃发展的历史文化。[49] 可供选择的作品范围和方法的多种类型，表明"受众"具有一种健康的历史敏感性，即一种怀疑的、参与的、深思熟虑的和感兴趣的敏感性。[50]

注释：

1 J. Ellis, "Documentary and truth on television: the crisis of 1999", in A. Rosenthal and J. Corner (eds), *New Challenges for Documentary*, Manchester: Manchester University Press, 2005, pp. 342–359 (p. 342).
2 见 M. Renov, "The truth about non-fiction", in M. Renov (ed.), *Theorizing Documentary*, London and New York: Routledge, 1993, pp. 1–12, and B. Nichols, "The voice of documentary", in Rosenthal and Corner, *New Challenges for Documentary*, pp. 17–34。
3 R. Kilborn and J. Izod, *An Introduction to Television Documentary*, Manchester: Manchester University Press, 1997, p. 4.
4 同前注，p. 12。
5 B. Nichols, *Blurred Boundaries: Questions of Meaning in Contemporary Culture*, Bloomington and Indianapolis: Indiana University Press, 1994, p. 118.
6 T. Elsaesser, "Subject positions, speaking positions: from *Holocaust*, *Our Hitler* and *Heimat* to *Shoah* and *Schindler's List*", in Sobchack, *The Persistence of History*, pp. 145–186 (p. 178).
7 P. Smith (ed.), *The Historian and Film*, Cambridge: Cambridge University Press, 1976.
8 A. Wood, "The colour of war: a poacher among the gamekeepers?", in G. Roberts and P. M. Taylor, *The Historian, Television and Television History*, Luton: University of Luton Press, 2001, pp. 45–53.

9 见 E. Hanna, *The Great War on the Small Screen*, Edinburgh: Edinburgh University Press, 2009。

10 S. Badsey, "*Blackadder Goes Forth* and the 'two western fronts' debate", in Roberts and Taylor, *The Historian*, pp. 113-125.

11 关于历史纪录片的复杂性，参见这本书中的论文：Bell and Gray (eds), *Televising History*。

12 Stearn, "What's wrong with television history?", p. 26.

13 I. Kershaw, "The past on the box: strengths and weaknesses", in Cannadine, *History and the Media*, pp. 118-124 (p. 121).

14 J. Kuehl, "History on the public screen II", in Smith, *The Historian and Film*, pp. 177-185 (pp. 178-179).

15 J. Isaacs, "All our yesterdays", in Cannadine, *History and the Media*, pp. 34-50 (p. 35).

16 D. Eitzen, "Against the ivory tower: an apologia for 'popular' historical documentaries", in Rosenthal and Corner, *New Challenges for Documentary*, pp. 409-419 (p. 411).

17 R. J. Evans, "What is history? – Now", in David Cannadine (ed.), *What is History Now?*, Basingstoke: Palgrave Macmillan, 2002, pp. 1-19 (p. 15). 相反的观点见罗伯特·罗森斯通的 *History on Film/Film on History* 与 Alexander Lyon MacFie (ed.), *Fiction and History*。

18 Bell and Gray, "History on television" 精辟地分析了历史学家对电视历史的看法。

19 "What is history? – Now", p. 16.

20 见 de Groot, *Remaking History*, and McFie (ed.), *Fiction and History*。

21 Gray and Bell, *History on Television*, p. 74, 强调系原文作者所加。

22 "Tempus fugit" interview, *A History of Britain*, DVD box set, 2002, disc 6, no credits.

23 T. Hunt, "How does television enhance history?", in Cannadine, *History and the Media*, pp. 88-103 (p. 95).

24 同前注，p. 96。

25 也可参见他的关于真实历史的论文："Reality, identity, and empathy: the

changing face of social reality television", *Journal of Social History*, 39:3 (2006), 843-858。
26 T. Downing, "Bringing the past to the small screen", in Cannadine, *History and the Media*, pp. 7-20 (pp. 15, 16).
27 同前注, p. 17。
28 同前注。
29 H. White, *Tropics of Discourse*, Baltimore and London: Johns Hopkins University Press, 1978.
30 B. Chase, "History and poststructuralism: Hayden White and Frederic Jameson", in B. Schwarz (ed.), *The Expansion of England*, London and New York: Routledge, 1996, pp. 61-91 (p. 67).
31 Jenkins, *Refiguring History*, pp. 46, 49.
32 Johnson, *Everything Bad Is Good for You*.
33 关于这些节目, 见 E. Hanna, "A small screen alternative to stone and bronze: *The Great War* series and British television", *European Journal of Cultural Studies*, 10:1, 2007, 89-111。另见 A. Gray, "Contexts of production: commissioning history", in Bell and Gray (eds), *Televising History*, pp. 59-76。
34 Isaacs, "All Our Yesterdays", p. 38, N. Frankland, *History at War*, London: Giles de la Mare, 1998, p. 183, and J. A. Ramsden, "*The Great War*: the making of the series", *Historical Journal of Film, Radio and Television*, 22:1, 2002, 7-19.
35 J. Chapman, "*The World at War*: television, documentary, history", in Roberts and Taylor, *The Historian*, pp. 127-143.
36 见 Gray and Bell, *History on Television*, pp. 72-81。
37 "Tempus fugit"。
38 K. Burk, *Troublemaker: The Life and History of A. J. P. Taylor*, New Haven and London: Yale University Press, 2000, pp. 388-397.
39 Burk, *Troublemaker*, pp. 394, 395.
40 Schama, "Television and the trouble with history", p. 27.
41 引自 J. Champion, "Seeing the past: Simon Schama's *A History of Britain* and public history", *History Workshop Journal*, 56, 2003, 153-174 (159)。

42 *A History of Britain*, Episode 1: *Beginnings*, BBC1, 30 September 2000, 21:00 hrs.
43 Champion, "Seeing the past", p. 169; Bell and Gray, *History on Television*, p. 76.
44 *A History of Britain*, Episode 9: *Revolutions*, BBC1, 2001, 15 May, 21:00 hrs.
45 "Channel 4 Review of 2004" at http://www.channel4.com/about_c4/spp/c4review_04.doc [accessed 10 July 2005]. 相关讨论见 Gray and Bell, *History on Television*, pp. 77–79。
46 *Elizabeth*, Episode 1, Channel 4, 4 May 2000, 21:00 hrs.
47 *How God Made the English*, Episode 3, BBC2, 31 March 2012.
48 休斯的话引自 Gray and Bell, *History on Television*, p. 56。
49 关于历史纪录片的机会，见 J. Dovey and M. Rose, "We're happy and we know it: documentary, data, montage", *Studies in Documentary Film*, 6:2 (2012), 159–173。
50 关于受众问题，见 Gray and Bell, *History on Television*, pp. 158–185。

第十章　真实、专业真实、名人和实物历史

移情、真实性和身份

　　与主流纪录片的严肃风格交织在一起并或多或少带有明显的自我意识的形式不同的，是由于文化的和一般性的变化，各种各样的新形式和技术得以引进。约翰·科纳认为，整个电视真人秀节目，尤其是《老大哥》(Big Brother)，已经对纪录片的类型产生了审美影响和社会影响，转向了他所说的"消遣"节目："一种表演性的、好玩的元素在新型纪实作品中得到了强有力的发展。"[1]比尔·尼科尔斯等研究经典纪录片的理论家认为，电视真人秀节目预示着纪录片的消亡，因此，鼓励和动员观众"以更加强烈的知识意识，甚至更加详尽的社会结构和历史过程概念，在世界中行动"的模式也随之终结。[2]琳达·威廉姆斯(Linda Williams)同样认为，历史特性的弱化和平民主义的兴起，意味着社会"陷入了一种永久性的自反性的表征危机"。[3]纪录片的形式，在很多方面都依赖一种潜在的清醒意识，更不用说教育的严肃性了，但在"真实性"压力面前，这种形式已经开始瓦解。科纳提出了一种"后纪录片"的状态，并认为这种形式的节目正在经历一种"作为一套实践、形式和功能的重新定位"，因为"美学的、政治的和文化的协调帮助它维系在一起，但它们的力量

却在减弱,并转移开来"。[4] 他称其为"新的事实生态学",并认为,"当一部纪录片的格式,完全是根据其提供娱乐的能力来设计的时候,无论是表征形式还是观看关系,都会发生巨大的变化"。[5] 与节目上的这些形式转变相一致的是电视频道开始回避纪录片和历史节目的学院派取向,转而采用感性的、以体验为基础的节目取向。

这种廉价的、"有趣的"怀旧节目制作的例子,可以在"档案清单"节目中找到。美国和英国的电视频道,经常播放一系列廉价的"回忆"节目,包括存档镜头和谈话对象的评论。事实证明,英国广播公司的《我爱1970年代》(I ♥ 1970s, 2000)、《我爱1980年代》(I ♥ 1980s, 2001)、《我爱1990年代》(I ♥ 1990s, 2001)以及美国VH1电视台的《我爱80年代》(I Love the 80s, 2002)、《我爱70年代》(I Love the 70s, 2003, 2006)和《我爱90年代》(I Love the 90s, 2004, 2005)等节目是非常受欢迎的,并在黄金时段播出。这些节目是由英国广播公司开发的,几乎没有改动就被出口到美国。它们利用了文化怀旧和列表式纪录片的流行。这些节目的形式模仿了标准的纪录片实践,但带有平民主义元素和大众文化史学特征。它们使用了档案镜头和参与者的证词,以及介绍性的旁白和相关的边缘元素,如网站。然而,其关注的重点不是真实的或有新闻价值的事件。相反,"参与谈话的名人"被要求对电影、电视、时尚、玩具、体育和名人等各种文化现象进行评论和追忆。这些节目建立了一个文化档案和体验标准。二流名人们取代学院派学者被邀请来回忆和解释他们的经历,同时成为专家、目击者和观众的化身,他们在概念上成为回忆和认知的一部分。观众的体验旨在成为包容性的和联系的体验,是回忆和认知的体验。这些节目策划并构建了想象中的社区,这些社

区不受事实性事件的约束,而是由共同的文化体验所约束。正如比尔·尼科尔斯所说:

> 这些电影天真地认可有限的、选择性的回忆。这种策略把目击者变成了一系列符合台词的虚构木偶。他们的回忆更容易通过人格力量的不同而不是视角的不同来区分。[6]

它们借鉴了一种新兴的迷你类型节目,即纪录片的"列表"格式。这样的纪录片同样廉价,它们呈现了迈向"热门"事件、选材或人物的倒计时叙事,名人评论员会考虑每个条目的重要性或其他方面,并对它们进行评估。其例子包括《100个最精彩的电视时刻》《100个最性感的时刻》《100个最佳体育时刻》《100个最佳电视广告》等。作为一种评价历史文化的工具,这个节目是一个重要的现象,并提出了一种倾向于量化的安排或组织体验的方式;这是一种并行考察不同文化实体的方法。"100部最佳"系列节目都包括互动元素,因为它们通常是由所在频道的观众投票选出的,因此,这是一种文化史的民主化过程。观众在一定程度上被赋予了权利,而这些大众文化的实物受到了赞美和重视,这一事实可能会证明,这些节目是重要的崇尚平等的平台。这些节目允许对具有少数共同特征的事件进行比较,它们再次创造了一个被电视的共同体验联系在一起的想象中的社区或观众。越来越多的人参与到这些节目中来,这就赋予了投票者文化决策权。这些节目都是相似的,因为它们混合了档案镜头和二流名人的专业知识,当然,这些纪录片的概念略有不同。《我爱1970年代》这部作品中融入了集体的文化怀旧,而"列表"纪录片,无论是严肃的还是轻松的，都展现了一种历史学的竞争。其中一个范例就是，在这些节目中呈现给观众的档案版本，是一种向历史上的赢家迈进的过程。然而，与《我爱1970年代》相似，这些列表纪录片呈现了一个由文化构建的过去版本；社会变化通过电影、电子产品、音乐或电视节目等文化产品得到了体现。这些节目展示了证人纪录片形式的倍增，以及走向平民主义和消遣的趋势。

真实历史

在关于电视历史的辩论中，真实风格的节目扮演了某种边缘化的角色。[7]那些被最严厉地指责为"大众化"历史呈现的人，往往努力使自己脱离这种取向；而那些考察真实风格的人，并没有深入地研究它的历史呈现。[8]鉴于此，作为一种节目制作工具，它对大多数电视频道的历史描述做出了明显的贡献，这种距离感是很有意思的。真实历史是电视的最低共同点，电视重演历史节目邀请观众辨别主要角色的平凡——在很多方面，这与清晰连贯的叙事史相冲突；它肯定会给学院派历史学家或电视历史学家作为文化产品和历史事实的守门人的角色带来麻烦。真人秀电视节目假设人们对日常体验感兴趣，一般情况下要避免作者身份和权威。它聚焦于生活经验和人们的日常生活。真人秀节目的根源在于像《老大哥》和《X音素》这样的大众节目，但正如约翰·德维（John Dovey）所说的那样："娱乐的浪潮已经涌入了以前只保留给教育、信息和启蒙的话语区。"[9]它对纪录片的制作产生了深远的影响。而"真实历史"是指以某种方式让观众参与并赋予他们历史体验的一系列节目，这些节目要么通过游戏式的"房屋"

形式的重演历史活动来让观众参与历史（一群人被安排在一个特定的地点，在一定的时间内，被迫按照某个历史时期的风格行事），要么通过投票、提名或评论等多种形式的互动来让观众参与历史。真实历史已经演变为本节最后将要讨论的"专业性真实"，其中的"普通人"是名人和专业学者。这种演变实际上在某种程度上让这种现象重新回到了"专家"主导的节目，但这种新形式带有明显的真实创新的标志。

真人秀节目改变了观众的角色。当赖特（Reith）时代的英国广播公司设想电视作为信息传播者的教育性力量时，当代电视体验更加碎片化，对参与也更加感兴趣。更为强烈的选择意识、互动意识和控制意识是现在的电视频道呈现自己的根本方式。观众越来越自信。真人秀节目是这一点的终极表达，因为普通人通过改头换面或公众投票而变得与众不同。真人秀节目表明，任何人都可能成为《X音素》或《英国达人秀》(*Britain's Got Talent*) 的赢家。它还提出了某种精英体制，在这种体制下，观众被赋予了权利，这可能是整个过程的一部分，因此在结论中投入了至关重要的精力。对于许多评论员来说，真人秀节目非常重要，因为它具有这种重要的交互性。譬如，安妮塔·比雷西（Anita Biressi）和希瑟·纳恩（Heather Nunn）认为："普通人的知名度、他们的声音越来越多地被人听到，以及他们出现在电视上所带来的社会流动性的可能性，提出了关于在播放节目中为普通人及其生活的表征提供空间的重要问题。"[10] 艾斯特拉·廷克奈尔（Estella Tincknell）和帕瓦蒂·拉古拉姆（Parvati Raghuram）认为，"这个过程所产生的参与意识……可能因此增强了观众体验的主人翁感，并导致了与文本的密切接触"。[11] 另一方面，像马克·安德列耶维奇这样的批评者声称,电视真人秀节目只是一个新的自我商品化的资本主义制度的一部分,这个制度由"被观看的工作"组成。加雷斯·帕尔默(Gareth Palmer)认为,《老大哥》和《X音素》代表了"纪录片项目的情感化",因为新的混合形式节目将他们的注意力从公共的社会问题转移到了私人关切,转移到对个人的自我塑造而不是对社会的改善感兴趣的真实纪录片。[12] 也许对这种二分法最细致入微的思考来自贾斯汀·刘易斯(Justin Lewis),他认为,"尽管如此,电视真人秀节目仍然是真实和幻想之间连续统一体的一部分,它仍然是观看电视的惯常常识的一部分,它……仅仅反映了电视自身的模糊性:作为一个对象,它对我们的世界来说既是外在的,也是内在的"。[13] 后来的批评者认为,真人秀节目已经开始失去其理想主义的潜力:"因此,真人秀节目成了一个将表征、欲望和商品化相结合的名人创造逻辑的场所。"[14] 可以确定的是新的电视语法现实表明,"观众消费娱乐产品的方式正在发生重大变化"。[15] 这种新的形式对于纪录片,尤其是历史纪录片来说意味着什么?

西蒙·沙玛试图区分他所谓的"历史真人秀电视"和"电视历史":

> (历史真人秀节目)有时看起来好像是在同一种领域(电视历史),但实际上它们并非如此,因为我们与角色的互动依赖我们知道他们真的"像我们",或者说,只要他们能变得不像我们,这种转变的动力是社会性的和物质性的——用碱液清洗,绑束身衣。[16]

按照这种模式,"历史真人秀电视"并不是历史,应该与"学院派"

的电视叙事历史划清界限。观众和他们所看到的人之间的唯一区别是"社会性的和物质性的"。由于"像我们一样的人"在真实历史中的参与,观众的体验是非常显著地不同的。[17]本体论互动的概念应该从电视历史中分离出来。取而代之的是沙玛提出了一个神秘版本的"电视历史诗学",作为一种建立在与历史疏离的基础上的变革性体验:"诗意的重构,如果要想成功,就需要失去这些角色,而结果是我们这些正在观看他们的人,完全沉浸在他们自己的世界里,丝毫不知道他们回到当代的旅程。"[18]这种超越性模式涉及视觉体验与真实世界的分离,并以某种方式将电视历史置于历史之外。它还确保了一种作为远距离表演的历史——或者说"他们自己的世界"——模式,一种观看和脱离自身体验的东西。其主角是"这些角色",整件事都是戏剧性叙事的隐喻。在这里,历史的消费模式是被动的,观众是在观察,而不是在行动。

除了沙玛在阐述真实历史和"电视"历史之间的差异时涉及的各种政治和重大问题外,他似乎忽略了真实在当代历史消费和传播中的史学意义。在批评那些诋毁平民主义电视历史的人时,他自己也参与了一种霸权的创造,这种霸权将历史学家定位为过去的守门人角色。沙玛试图将他的实践与真实历史的混合形式区分开来,这表明他对历史学家作为叙事大师的角色存在某种焦虑。真实历史电视的根本意义在于,电视里的人是"和我们一样"的,而不是理想化的、极其主观的重构。虽然所有的历史呈现都是偶然的和主观的,但真实历史至少承认了这一点,并追求其解放议程,这令人耳目一新,摆脱了沙玛话语背后关于"真实性"的断言。以下是一些关于"普通人"如何参与历史表征的理念的概述,这些理念改变了人们对历史的看法。

真实历史往往是关于过去的有形体验和情感体验。英国广播公司第一台的《目的地诺曼底登陆：新兵》（*Destination D-Day: The Raw Recruits*，2004）训练一组志愿者来模拟诺曼底登陆。志愿者的日记反映了对这些重演历史节目来说至关重要的个人成就的修辞：

> 杰米·贝克（Jamie Baker）：今天练习海滩突袭，很容易想象我们要在登陆日前往诺曼底海滩。子弹会从船上飞过来，人们甚至在上岸之前就已经死了。这需要很多勇气才能完成。把注意力集中在这一点上，我就能正确地看待所有的个人问题。人们可以做出令人惊奇的事情。不可能的事也是可以做到的。[19]

英国广播公司第一台还制作了《战壕》（*The Trench*，2002），它再现了1916年东约克郡兵团第十营在西线作战的经历。来自赫尔和东约克郡的志愿者，在法国的一个战壕里待了两周，这个战壕是为这个节目而专门真实地建造的。当《战壕》的小队成员以他们在娱乐为由而拒绝做各种真实的事情时，电视真人秀节目和真实历史之间的差距就表露出来了。从那时到现在的开放空间和当时的体验一样有趣——事实上，历史差异的概念，或者也许是历史比较的概念，是吸引力的关键。《战壕》的制片人迪克·科尔瑟斯特（Dick Colthurst）说："我们想让新一代人能够看懂关于第一次世界大战的节目。我们从未想过这是一个真人秀节目，这是一种研究历史的新方法。关于第一次世界大战的问题是缺乏存档电影，所以，如果你想要讲述日常生活的故事，你必须找到新的方法。"[20] 在真实历史中，似乎正在以某种方式发生的事情，就是"设身处地为他们着想"的尝试，以及创造移情和体验。志愿者们接受了培训，然后被要求执行特定的责任和任务。这里没有赢家，这个节目的全部意义就在于重新创造环境，获得某种反常的体验。它试图强调与历史的"联系"，并通过这一姿态来更为深刻地理解关于过去的体验。

这些类型的节目具有全球性的吸引力，并因此参与了文化产品的更为广泛的全球化过程。正如西尔维奥·维斯博德（Silvio Waisbord）所言，电视节目模式（尤其是真人秀节目类型）在全球的普及，表明了"电视商业模式的全球化，以及国际和国内公司应对本土文化弹性的努力"。[21] 这种范式一旦得以确立——志愿者在过去的困顿中生存下来——它就可以映射到几乎任何一个国家。[22] 甚至在全球音乐电视台（MTV）上还有一个竞争性的游戏版本，即《70年代的房屋》，英国广播公司儿童频道（CBBC）在2006年推出了一个儿童版本，名为《撤离者》(Evacuees)，将12名城市儿童带到一个20世纪40年代风格的农场（这表明了这种形式的节目拥有广泛的受众范围）。英国制作公司 Wall to Wall 在英国和美国都拥有"房屋"（House）系列真实历史模式，制作纪录剧情片（docudrama），因此有助于解释这里讨论的大量内容——它还制作了《你以为你是谁？》(Who Do You Think You Are?)*，表明了大公司如何在放松管制的体制中产生重大影响。Wall to Wall 的成功表明了私人公司对英国广播公司和英国地面电视的影响，并且表明，这种模式在一些全国性的媒体环境中是可行的。Wall to Wall 系列节目的发展，进一步显示了真实历史作为一种节

---

* 又译《寻根问祖》或《客从何处来？》。——译者注

目类型的进化广度和潜力。

概念的全球同质化可以消弭国家间的差异，但它也可以用来强调一种特定类型的国家神话。美国、加拿大和澳大利亚版本的《1900 年的房屋》(*1900 House*，英国电视四台，1999）模板，往往集中在开拓者和奠基时刻的节目，如《边疆的房屋》(*Frontier House*，PBS，美国，2002，以 1883 年为背景）、《殖民地时期的房屋》(*Colonial House*，PBS，美国，2004，1628）、《内地的房屋》(*Outback House*，ABC，澳大利亚，2005，1861）、《得州农场的房屋》(*Texas Ranch House*，PBS，美国，2006，1867）、《殖民地》(*The Colony*，SBS，澳大利亚，2005，1800 年代）、《探索先锋：真实西部的一年》(*Pioneer Quest: A Year in the Real West*，Credo，加拿大，2000，1870 年代）、《寻找海湾》(*Quest for the Bay*，Frantic，加拿大，2002，1840 年代）和《克朗代克：对黄金的追求》(*Klondike: The Quest for Gold*，Frantic，加拿大，2003，1897）。[23]《内地的房屋》的推广说明了这些节目开始所要证明的保守史学类型："这是一个关于那些建设澳大利亚的男人和女人的故事。这些勇敢的创业者，在整个 19 世纪，带着发财致富的梦想，冒险进入了内陆未被开发的荒野。"[24] 这种极端的开拓性的和"未被人触及"的历史的观念催生了特定的国家神话。《探索先锋》让两对夫妇"像第一批定居者那样存活下来"，再次把他们放在了"未被人触及的土地上"。[25]《殖民地时期的房屋》的参与者，也采纳了这种国族构建的修辞："有人说，美国是建立在伟大的男人和女人的伟大成就之上的，但我们发现，它也建立在无数人的辛勤工作和劳动之上，这些人日复一日地做着这些令人无法想象的工作。"[26] 这对积极的公民身份的概念

产生了影响:

> 正如我所预料的那样,这个项目加深了我对这个国家的热爱,作为一个非洲裔美国人,我的祖先为了让我过上更好的生活而在这片土地上洒下了自己的鲜血……我更深刻地认识到,民主并没有得到保证,我的参与是保持和加强民主的必要条件。[27]

这种突出奠基性事件的意识,同样反映了《战壕》或《1940年代的房屋》(*The 1940s House*,英国电视四台,2001)中的志愿者的体验。这些节目有助于国家发展的目的论解释,特别强调了开拓者"建设"现代文明和驯服荒野边疆的观念。它们强调的是生活的简朴和宁静。

因此,真实历史往往参与创造一种怀旧的、需要纪念的共同的过去。然而,它也可以记录差异,容纳历史上的不同意见。譬如,《黑森林之家1902》(*Schwarzwaldhaus 1902*,SWR,德国,2001—2002)探讨了20世纪初制宪的不足之处,影片的中心人物是一位由已被归化的土耳其移民伊斯梅尔·博罗(Ismail Boro)"饰演"的农场主;参与《殖民地时期的房屋》的黑人,被认为是奴隶制出现之前的美国历史的一部分(值得注意的是无论是《边疆的房屋》还是《得州农场的房屋》,都没有黑人或亚裔人的参与);《内地的房屋》里有马尔·伯恩斯(Mal Burns),他是土著威拉德朱里(Wiradjuri)部落的一员,他想"体验一下我的祖先,还有你的祖先,当年是多么艰难"。[28]

这些节目最重要的元素之一,是它们作为纪录片的多样性和一般灵活性。它们通过多种媒体播出——电视、网络(聊天、论坛、普通网站、链接和其他资源)、后续书籍和杂志文章等。正如比雷西和纳恩所认识到的那样,它们以多种方式运作:"《战壕》被作为纪念和历史文献来呈现,试图构建和展示服兵役的创伤,这也是一个团体挑战。"[29] 这些节目采用了历史纪录片的标准修辞,如目击者描述、档案镜头、当时的照片和信件,同时还使用了具有创新性的真实技术,如视频日记以及它们的"真实"形式。尽管如此,《战壕》的纪录片手法要比各种各样的"房屋"系列节目更加复杂,因为它声称要讲述更多的历史故事,而不是简单地关注参与者的体验。

真实历史展示了历史认同的灵活性,同时也激发了历史的他者性意识。历史是一种支离破碎的话语,同时也是一种与我们的参与无关的话语,是一种游戏,而不是一个事件。与其他以普通人为主体的真人秀节目不同,真实历史节目呈现的是一部没有特定目的的精心编排的历史剧。真实历史可以挑战已被人们接受的观念以及强加于我们的关于过去和遗产的叙事,但取而代之的是一团混乱。在历史中有一种至关重要的"普通人"参与,观众对故事的投入不同于纪录片的观众。历史被呈现为活生生的体验,人们熟悉的诸多艰辛,某种不是虚构的和不同的而是在许多方面人们都熟悉的东西,由被观众认可的人所经历。正如朱丽叶·加德纳(Juliet Gardiner)所言:"这种形式的节目允许探索重大议题,不是将其作为争论点,而是认为它们可能会影响到人们的日常生活。"[30] 因此,真实历史在电视历史上呈现出一个独特的裂缝,它植根于重演历史运动。[31] 历史是活生生的体验,是一些凌乱的、肮脏的和令人痛苦的东西。

这些节目的核心是关注"普通人"及其历史体验的价值。这就是真实节目与历史学的交叉点。《战壕》的重点就是那些志愿者"像大战中的普通步兵一样"生活。[32] 它强调的是"体验",使用真人秀的"民主化"形式来创造一种共情的史学。正如参与该节目讨论的一位人士所言:"这种形式的节目允许探索重大议题,不是将其作为争论点,而是认为它们可能会影响到人们的日常生活。"[33] 通过认知和陌生感的结合(这是所有真人秀节目的基本反应——这些都是正常的人,他们在做不正常的事情),这些节目迫使观众在智识和情感上卷入历史。这是人民的历史,它们关切的是个人证词(目击证人、日记、信件)的重要性,对细枝末节的体验的强调,而不是更为宏大的历史议题。真实历史允许人们参与一种话语,即历史本身的话语,而普通人常常被排除在这种话语之外。这有一定的道德维度,就像对一位特殊的士兵的训练所表明的那样,他因为装病和擅离职守而被开除。在开除他的时候,排长提醒观众,这是正在进行的纪念活动:"你不像其他人那样演戏……你让我们本该代表的那些人的记忆消失了。"[34]

虽然这些节目是关于日常生活的体验的,但它们也是以任务为导向的叙事。行为受到严格的约束和组织,而这些节目让观众思考这与他们自己的生活有何异同。这些行为规则和准则看起来很奇怪,但这显然只是因为历史的后见之明。一方面,有人认为,这表明意识形态也可能在当代生活中(以不可见的方式)起作用,允许人民以持异议者的身份解读真实历史;与此同时,这些规则表明,从历史上来说,占主导地位的意识形态是武断的和偶然性的,这就引入了个体的实证目的论,这意味着一种从历史时期的限制走向自我在当代世界的实现和铭记的运动。与此同时,规则手册、战时内阁或

191 历史事实模板的使用表明，社会生活是一种角色。这些范式体现了历史的表演性；要想让你的生活显得"真实"，你必须遵循一套生活准则。

尽管《战壕》具备创造历史共情并因此有效地摧毁历史知识的等级制度的能力，但它仍然利用权威元素——叙述者、专家、目击者、真实性的残暴行为——来试图创建一个框架。在《爱德华七世时代的乡间别墅》里，参与者受到规则手册（适用于仆人）和礼仪手册（适用于家庭）的管理。他们的体验是有纪律的，既有历史真实性的纪律，也有行为的特殊性的纪律。在《战壕》这个事例中，当志愿者在模仿或重复某个历史上特定军团的经历时，他们必须遵守文献和历史文本所记载的规则（在这里指的就是战争日记或军队手册中的规则）。训练手册被用来重建"真实"的经历，但更为重要的是原始的第十营的战争日记。这不仅使得基本信息是真实的，它还通过设置事件的日程表（从准备战斗到侦察任务和搜寻伤亡者），来组织人们在战壕中的体验。这个模板，在战时体验中甚至比在一般的日常历史生活中更为真实，让这个节目展现了意识形态所起的作用。[35]

通过将惩罚权交给参与者，特别是殖民地总督，《殖民地时期的房屋》发展出了一种根深蒂固的等级制度。这些法律关注"社会秩序"、敬拜、与体育运动有关的王室公告、与印第安人有关的贸易和行为、主人和仆人、醉酒、亵渎和诽谤等。总督和他的殖民地居民收到了一本关于殖民地的法律书，以及迈克尔·道尔顿（Michael Dalton）1619年的《大法官》（Countrey Justice）的副本。因此，这个殖民地的行为是基于印刷的、真实的信息和对意识形态的戏剧化质询而展开的：

> 实际上，殖民者不会收到这样的文书，但那时所有的殖民者都会理解英国的法律，并知道这些法律是有效的。这些法律书籍提醒他们应该如何表现，以及对违反者的惩罚是什么。这些法律并不全面，但提出了一系列犯罪行为，为总督管理殖民地提供了一个框架。[36]

这种为了社会的正确运行而采取的"框架"是不顾史实而强加的，目的是让这些不真实的参与者正确地行动；他们所扮演的历史上的那些人应该"知道"如何行事。这个节目讲述的是惩罚的故事，并由此提出了一种思考 17 世纪生活的方式，即受特定法律的约束。这种强加的意识形态，以及法律如何作为这种意识形态的载体而得到运用的示范，是真实历史的一个关键内容。这些节目关注的是人们的行为，以及对这种行为的历史约束——而在这种意识形态中，这种历史约束就像没有洗衣机一样重要。[37] 事实上，在大多数这种节目中，对行为的约束与过去的匮乏一样是一个问题。这个节目表明，历史性同时是物质性的和社会性的。的确，这些节目的背景突出了意识形态对行为的约束，无论是战争（前线还是后方）、殖民地或阶级主导的庄园。历史是一套社会和行为规则，正如它是不同的服装或缺乏技术那样。

《1940 年代的房屋》也提出类似的议题——战时的体验——但它试图让这些议题比《战壕》更加贴近家庭。与《战壕》类似，这个节目也有一种纪念的意识："对于那些经历过战争的人来说，这将是微不足道的，我们也不希望以任何方式贬低他们的苦难。"[38] 制片人没有在法国建造战壕，而是找到了一处本身就有战时故事的地产——它曾被炸毁并被征用，在翻修过程中，人们发现了一本家庭《圣经》，里面有一张纸条，上面写着一名男子因心脏病发作而死亡，当时他正在扑灭房子里的火——因此，这个节目本身的场所是真实的，它就是一段历史。同样，节目的导入语表明了制片人注意到了这些家具、玩具、炊具和服装等历史细节。他们强调的是一些限制条件，即玩具更少，没有香烟或现代家用电器。[39] 这些参与者有一种清晰的感受，他们认为这项活动具有一种教育性力量："我们必须向战后一代展示它的真实面貌……因为我们的知识来自书本或电影，这就是它的不同之处。我们将成为体验这些困难的真实的人。"[40] 真实历史试图解决关于这种新纪录片的问题，以某种方式保持格里尔森关于这种形式的节目的教育力量的理想，同时创新和改变这种体裁的风格和科纳所说的"新的事实生态学"。

纪录片的这种新电视语法，在这里是一种适应性的或进化性的语法，它在后纪录片纪实节目中为教育目的找到了空间。事实上，密切参与制作该节目的朱丽叶·加德纳声称，与其说它是"真实"历史，不如说它是"亲历"历史的更为传统的形式："这将是一个实验，试图将'后方'的基本特征提炼成亲历历史，看看他们将如何应对战时家庭与战争的匮乏和限制之间的关系。"[41] 从这个角度看，新纪录片历史的后纪录片元素更多的是引入表演性的、教育性的历史元素，而不是运用真实性修辞。几十年来，博物馆和历史地点的"普通人"都参与了"亲历"历史运动。然而，通过使用视频日记、画外音（剧情之内的和剧情之外的）、专家探访和战时内阁的历史模板，可以看出这种节目既是真人秀，也是亲历历史活动的实验。对这个节目来说，其关键元素是移情反应。历史学家和专家组成的战时内阁认为，他们的教育使命不仅是实事求是的，而且是富有移情的："我想我们会发现人们在极端环境下的心理状态"；"这对观众来说是非常有启发的，因为他们会对自己说：'我怎么能经历这些情况？'"[42]

这些节目具有个人揭示的意义。比雷西和纳恩通过告解类电视节目或参与式电视节目将"自我的揭示"和"真实的自我"的创造进行概念化。[43]这些节目中的志愿者们正在寻找一个想象中的整体性，即一种被"现实"世界的焦虑所剥夺的群体："主人公的不满常常伴随着对真实社区的怀旧渴望意识"。[44]《殖民地时期的房屋》中的克莱尔·塞缪尔斯（Clare Samuels）就是这种联系的例证："我每天都会想起很多往事，我想念新朋友的亲密，想念分享的深度，想念生活的简单。"[45]在很多情况下，这种理想化的社区都是与个人的揭示相结合的，是一场走向希望中的自我的运动。在《1940年代的房屋》中，迈克尔·海默（Michael Hymer）的"少年梦想"就是回到20世纪40年代（尤其是建造一个安德森庇护所）。[46]林恩·海默（Lynn Hymer）在结尾部分承认，"我从没想过……它会对我们的生活产生如此大的影响。它让我用一种完全不同的眼光看待事物。"[47]与大多数其他节目不同的是《1940年代的房屋》和《1900年的房屋》的最后都有这样一集，在这一集里，志愿者们被邀请来反思那段经历如何改变了他们。对于海默夫妇来说，这段经历教育了他们，教会了他们努力工作的价值，改善了他们的健康——他们减轻了体重（身体脂肪），他们的身体素质提高了，血压也更好了。这段经历对孩子们和柯尔斯蒂（Kirstie）来说也都是"好的"，无论是物质上的差异（没有电视或游戏机），还是观念上的差异（她更有经验了，他们之间没有那么多争吵，他们在学校里学习更加努力，他们更加感激自己所拥有的东西）。林恩开始写作（信件和日记），她发现自己对语言的记忆又恢复了——总之，她和她的女儿过着一种不那么被动的生活。年龄最小的本（Ben）直截了当地说："自从我们从20世纪40年代回来以后，家里的生活变得更好了。"[48]雷娅（Reya）在《黑森林之家1902》中扮演的是一位女儿，她认为自己的生活变得丰富了，并声称这次经历给了她一个"辅助坦克"（Zusatztank）。[49]剥夺历史对自我来说可能意味着什么，给人一种非历史的感觉，譬如，《内地的房屋》中的丹（Dan）对治疗词汇的特殊使用：离开家人后，他感到"孤独和沮丧"，并认为这就是当时那些人的经历。[50]

电视真人秀节目已经侵蚀了纪录片形式的界限，并引入了大量的混合形式，这种形式鼓励对观众的个人的、体验性的和积极的作用（不管这意味着什么）进行投入。[51]《1940年代的房屋》和《爱德华时代的乡村房屋》的历史顾问朱丽叶·加德纳认为：

> 男人和女人创造他们自己的历史，但他们不是在他们自己选择的条件下这样做的。让人们生活在过去的条件下，带着各种各样的意识和问题，可以令人满意地接近于质问这个最为深刻的史学真理。[52]

亲身体验和更为广阔的情节发展或意义之间的这种明显的动态关系，是这一现象的关键因素。"真实"历史可以对人们参与和理解过去的方式产生深远的影响。这种节目风格并没有提供对事件的任何彻底的史学理解（尽管它也指出了这一点），而是提供了在各个不同的章节中所考察的"作为体验的历史"的最为深刻的例子。"真实"历史表明，当代文化与过去进行互动的主导模式，是通过具身化、参与和体验。通过评估他们自己的体验，并与他们对过去的亲身理解进行相互参照，"真实"历史承诺，通过对历史主题的思考来揭示当代的自我。

这里描述的那种历史真实节目正在迅速改变。正如希尔和卡夫卡（Hill and Kavka）所说的那样，这就是那种电视形式现在的运作方式，即一种高度加速的混合（hybridisation）和进化的发展过程。[53] 在历史节目中，这种情况发生的一种方式就是通过伸缩式体验（telescoping experience）。譬如，《时光倒流：商业街》（Turn Back Time: The High Street，英国广播公司第一台，2010）在六集的节目里，让一家人体验了六个时代的商业街生活。类似地，在《电力之梦》（Electric Dreams，英国广播公司第四台，2009）中，一个家庭在三集的节目里体验了三十多年的家用技术。这些纪录片所关注的更多的是关于新奇和变革的体验，而不是身临其境地理解历史差异。

另一个关键的发展是"专业真实"的重要性日益突出，因为"普通人"正逐渐被专业人士身临其境地体验过去所取代。这种重演历史活动将历史呈现为一种体验，一套可以学习和模仿的本体论技能。这类纪录片的第一部是《凶船》(The Ship，英国广播公司第二台，2003)，它讲述了"21世纪的船员在18世纪的一次冒险"，"志愿者、历史学家和科学家在'奋进'(Endeavour)号上重现了库克船长在澳大利亚东海岸史诗般的航行"。[54] 专业知识与平凡的结合在这里得到了突出体现。专家参与者之一伊恩·麦卡曼(Iain McCalman)指出，该节目将成为一种新的"混合体裁，将严肃的历史探究与偶然性的心理和社会事件的体验性追溯相平衡"。[55] 志愿者成了参与体验的学生，学术专家则成了他们的向导。专家地位的这种混合重要性在《绿谷传说》(Tales from the Green Valley，英国广播公司第二台，2005)中得到了进一步的体现。其参与者是历史学家和考古学家的混合体，他们按照17世纪20年代的风格经营了一年的威尔士农场。专家们"变得"平庸，他们的学术和理论知识被过去纯粹的有形困难所削弱。真实历史节目现在已经相当明确地转向了这种"专业真实"，在这种节目中，学术专家和历史学家参与历史活动，生活在一个社区，努力使事情顺利进行。他们听取当地工匠和专家的建议，寻找技术、休闲和技术创新，这些创新的效果"至今仍能看到"。[56] 这些节目围绕特定的家庭和社区空间展开，如英国广播公司第二台《维多利亚时代的农场》(2009)、《维多利亚时代的药房》(2010)、《爱德华七世时代的农场》(2010)、《战时农场》(2012)、《都铎王朝时期的修道院农场》(2013)和《城堡的秘密》(2014)等节目。它们传播真人秀节目中人们熟悉的日常社交体验，但同时也拥有一定的专业声誉和严肃性。

身临其境的历史身份与揭示名人真相:《你以为你是谁?》

纪录片的另一个重要发展是名人参与"真实"场景和历史场景。这是发生在"主流"真人秀节目中的事情,譬如《名人老大哥》(*Celebrity Big Brother*)和《我是名人,让我离开这里!》(*I'm A Celebrity, Get Me Out Of Here!*,英国独立电视台,2002—)。《过去的24小时》(英国广播公司第一台,2015)等节目的沉浸式真人秀,试图通过将维多利亚时代的匮乏强加给名人来羞辱他们,就像《我是名人,让我离开这里!》通过让名人在澳大利亚内陆生存下去所达到的效果那样。《过去的24小时》将名人纪录片与"专业真实"相结合,其中最知名的人物是主持人历史学家罗斯·古德曼(Rose Goodman),她是这些参与者的历史顾问。

在由名人主导的"真实"纪录片中,最具影响力的例子是谱系学系列纪录片《你以为你是谁?》(BBC,2004,图9)。为了研究有关谱系和社会史的历史论题,这个节目和它在全球的各种迭代节目在纪录片中使用名人替身的做法取得了巨大的效果。这是一个重要的真人秀纪录片,它结合了历史调查、纪实风格的叙事、真实沉浸(一个"普通人"的"真实"体验)以及哗众取宠的内容。该节目介绍的名人,既是观众的化身,也是真人秀的参与者(一个普通人寻找自己的出身,并亲历他们的历史),也是纪录片的作者兼叙述者。该节目的方法尤其混杂,它将个人揭示与更为广泛的历史理解联系起来。正如艾米·霍尔兹沃思(Amy Holdsworth)所指出的:"它试图通过对个人历史、记忆和身份的考察，来重新想象英国人的身份认同。"[57]因此，这个节目以其方法上的混合展现了史学上的趣味，同时也展示了历史探究如何对当代的身份模式产生影响。

图9　档案馆里的乡村歌手特丽莎·耶尔伍德（Trisha Yearwood），《你以为你是谁？》，第四季，第7集（TLC频道，2013）。
©TLC /Everett Collection/REX

该节目在利用著名主持人来开启对特定主题的理解方面，呼应了《修复》和《伟大的英国人》等节目的模式。作为一个多平台的活动，它也是由英国广播公司制作的，以鼓励使用最新的在线国家档案。《你以为你是谁？》揭示了大量关于当代社会家庭调查的动机和方法。它告诉我们很多关于历史调查在大众想象中所扮演的角色的方式，尤其是在证据的运用、历史的个人叙述和关键的揭示真相问题上的作用。它也揭示了历史技能和能力在大众文化和历史纪录片中是如何被概念化和呈现的。它提出了一些关于历史电视节目的发展和演变的非常有趣的东西，即一种叙述者主导、名人、真人秀和身临其境的风格和方法的混合体。

该节目的第二季最初在英国广播公司第二台播出，观众人数太多，所以后来的节目都在英国广播公司第一台播出。第一集的观众有580万，占24%；这是2004年英国广播公司第二台收视最高的数字。第一季的平均收视人数为470万。[58]这表明，这类纪录片拥有庞大而相对被忽视的受众群体。《你以为你是谁？》利用每位名人的经历，深入探究他们的家族史，探讨文化和制度变迁、社会道德和移民等议题。[59]该节目聚焦于名人经历调查性"体验"的同时，也通过一系列重要事件选择一个渠道（即家庭）呈现了一部社会史。该节目的历史学方法是经验主义的：档案管理员的侦探工作，发掘未知的真相和迄今沉默的故事。它显然也是平民主义的：该节目旨在鼓励观众采取行动，并使用完全相同的工具，以在自己的时代发现自己的过去。

虽然《你以为你是谁？》在许多方面都利用了本书第二部分描述的谱系兴趣的高涨趋势，但该节目是英国广播公司所做出的鼓励档案研究兴趣的一种真正尝试。该节目最初是由该公司网站上的谱系软件、一家杂志（2007年创办）以及与国家档案馆和地方历史组织的链接支持的。作为一种纪录片形式，这个节目是很重要的，因为它既能让观众获得权利（他们也能做到这一点），也能教育他们。这是一种寓教于乐的节目，让观众认识到自己被历史化的身份，并对它们进行调查。它以真人秀节目的最佳传统，制作了关于"普通人"的历史。它可能会对观众产生实质性的影响，无论是在鼓励历史调查方面，还是在增加对历史过程的理解方面。就此而言，它在推动力方面是真正解放性的，有助于人们寻求自我的揭示。因此，它的教学方法是包容性和协作性的，这与大多数其他纪录片的风格不同。比雷西和纳恩将电视真人秀节目的效果描述为给予人们一种"娱乐的必要性，并且削弱了公共领域和私人领域、普通公民和名人之间、媒体和社会空间之间的区别"。[60]《你以为你是谁？》完美地契合了这一分析，表明了电视、纪录片语法的转变，也表明了历史节目如何可能使真实历史范式变得复杂。[61] 在第一季节目中，戴维·巴德尔（David Baddiel）谈到了他的身份问题。在探索自己的家族渊源时，他惊呼道："随着时间的推移，我越来越像犹太人了，我使用的意第绪语也越来越多。"[62] 他的观点清楚地表明，所有那些利用谱系学来了解自己的人都意识到，在他们的家族构成中，隐藏着一些"真实的"身份。毫不夸张地说，对个人的过去的探索，涉及学习和使用一种不同的语言，这种语言向谱系探索者越来越深入地揭示他们自己。

在这些节目的调查中，他们使用了一套混合的证据。他们经常利用医生、谱系学家、社会史学家等专家来帮助推动故事的发展。这些专家不仅提出与某个特定调查有关的具体建议，而且往往以专家证人的身份做出断言和建议。同样地，档案镜头和剧照等正式元素以转喻的方式暗示了一个时间段，而不是指出具体的体验。在这里，专家权威被用作向导，而图像被用于进行概括。在第一季的每一集的结尾，一位谱系学家顾问解释了所进行的研究，对这些事件赋予了一种结论性的权威。这些节目还利用文本（死亡证明、调查资料、BMD[*]

---

[*] 出生、婚姻和死亡。——译者注

登记册、军队记录、照片）作为证据。这两种历史研究模式清楚地将历史呈现为一组线索的拼凑，以创造一种可以理解的过去的形象。参与和对文献的业余使用是非常突出的现象。直接证人的证词更为有用，但也更成问题。这通常以幸存家庭成员的故事的形式，来对人们过去的选择提出建议，或者仅仅是为了寻找信息。家庭故事和口述历史是非常有用的工具，但它们也具有戏剧性的意义。阿曼达·瑞德曼（Amanda Redman）的母亲拒绝在镜头前回答有关她父亲婚外情的问题，这种挥之不去的令人不安的个人遭受冒犯的感觉——以及有可能被发现所带来的真正的恐怖——弥漫于纪录片之中。

为什么要调查一个人的家族呢？该节目中的名人角色以多种方式回答了这个问题，所有这些都为研究当代与过去的互动提供了启示。他们也影响了这些节目的史学议程。第一集的主人公比尔·奥迪（Bill Oddie）为该节目定下了基调，他坦承，自己寻找家族的动机，是为了治疗近期的临床抑郁症。他的动机是寻找有关他的过去的信息，以便理解他现在的病理。奥迪自己说："这不是好奇，这是一次自救之旅。"[63] 于是，这个节目随即以一种自我揭露和反省的话语为基础，尽管是在一个公共论坛之内。这种揭示真相同时具有个体性（即对自己的进一步了解）和群体性（即对家族或社区有更为深入的了解）。莱斯利·加勒特（Lesley Garrett）在节目结束时表示："我在自己身上、在我不同的祖先身上发现了很多令我困惑的品质，这帮助我理解了自己……所有这些都是我真正认同的东西。"[64] 此外，她"不仅知道了她是谁，还知道她为什么会是她"。[65] 几乎所有的参与者都证实了这种探索自己起源的不为人知的一面的感觉："你永远无法完全确定自己是如何来到这里的"，戴维·巴德尔说。[66] 显然，这里有一种对历史的揭露,但也有一种对自我的洞察,这是迄今为止尚未被揭示的。人们可能进一步理解"某个人为什么会这样"的概念已经被证明是非常有吸引力的,并直接进入当代人对个人叙事的关注。因此,这种真实纪录片似乎预示着一种新的身份,一种新的自我意识的揭示。谱系学提供了参考点,有助于人们发现和定义自己。参与者通过对他们祖先的了解,走向了自我定义和实现。纪录片的这种追溯个人揭示的概念在真人秀节目中很常见,在这里,纪录片与技术性调查相结合,以产生真正的"历史真实"。

此外,该系列节目显示出对"不为人知的"故事的明显兴趣,从混乱的历史中恢复叙事。档案太多了,人们无法完全理解,但如果一个人选择了一条独立的道路,他就可以在通往某种真理和理解的道路上穿针引线;该系列节目讲述了恐怖的历史中的个人故事。对吉姆·莫伊尔(Jim Moir)来说,这种联系显然是实实在在的:"如果你能摸到他们可能摸过的一块木头,看到他们看到的同样的东西,那就太好了,这样你也许能感受到他们可能感受到的东西。"[67]然而,作为节目,《你以为你是谁?》足够明智,能够认识到"揭露"过去并不一定能解决问题。这在比尔·奥迪的那一集里再次得到了证明,在那一集里,尽管奥迪发现了关于他的母亲和一个死去的妹妹的真相,但他还是痛苦地希望自己能早一点知道。这一出乎意料的悲观结论在其他剧集中也得到了呼应:戴维·巴德尔被留在华沙犹太人区,他将原因归咎于他的祖先,在已知的事实中将此事虚构出来。他希望自己的祖先在没有证据的情况下参与了那场起义,于是强迫他们加入了一些依稀可辨的叙事线索(英雄主义、抵抗),以某种方式应对大屠杀的滔天罪行。[68]每一场以揭示真相结尾的节目都强调了历史的辛酸和不可知性。这些节目强调缺席、失去、悲伤以及与已不复存在的过去缺乏联系。这些节目希望能引起轰动,但不一定能做到,很多节目的结尾都缺少解释或结果(吉姆·莫伊尔总结道:"我不知道还有谁知道答案。")。[69]因此,它们往往像历史纪录片一样一反常态地具有忧郁气质。它们证明了历史研究的核心是一种悲伤。

观众对这些节目的迷恋是复杂的。首先,它们运用了一种清晰的纪录片叙事,这是一个迈向更为深刻的理解的旅程。在整个节目中,主角在火车上或开车前往该国偏远地区的大量镜头,突出了这种旅程主题。[70]这些节目表明了现代英国和美国是具有多种根源的复杂文化体,并因此培养了一种包容性和充满活力的民族主义。它们的运作方式与其他真实历史纪录片类似,通过与过去的接触,来讲述个体的改变,并提供了一个基于证据的顿悟和个人的"成长",这反映在巴德尔关于他的犹太人身份的话语中。《你以为你是谁?》的作用是向主角和观众揭示新的信息。这些节目同时具有传记性和自传性,因此,在形式上与其他真实历史纪录片形成了一个尖锐的视角。

名人与历史的这种交织,使这一问题变得更加复杂。吉姆·莫伊尔明确指出了一种暧昧的动机,这种动机可能是对他自己而言的,也可能是对观众而言的:"你自己的个人肥皂剧……我想每个人都想要看到一些丑闻……我想很少会有丑闻。"[71]他指出,即使是普通人,也会在他们的个人历史中追求名声和文化神话,不过很少能找到。莫伊尔确实发现了丑闻——包括一个不为人知的妹妹、重婚和前几段婚姻。在这里,其关键内容是名人揭露他们自己的某些内容,这是揭露文化的一部分,在这种文化中,名人的个性化满足了人们对进一步了解他们生活细节的渴望。该节目以多种形式讲述了家族进步的故事——其中移民是关键，阶级流动也是关键——最重要的是要理解，名人和其他人一样平凡，他们的家族也遭受着同样的困难和担忧。因此，名人化身的使用是以复杂的方式运作的——通过鼓励这样一种意识，即你作为观众也可以这样做，被观看者和观众之间的距离就会减少；作为一个化身，这些名人在某种程度上代表了我们所有人。正如莱斯利·加勒特的节目中的画外音提醒我们的那样："我们希望向你们展示，如何在你们自己的研究中使用类似的技术。"[72] 在这里，我们可以清楚地感受到，名人与观众是一个统一体，而不是以某种方式变得与众不同。历史似乎是在民主化，它允许观众进行甄别和参与。

这种所谓的扭转名人的不可撼动的地位的做法，也是其他文化现象的一部分，譬如推特、Instagram、《Hello！》杂志。所有类型的室内场景（婚礼、房屋、医院）都允许进行拍摄，《名人老大哥》中也是如此，这鼓励了对著名人物近乎激进的标准化。[73]《名人老大哥》展示了一种詹姆逊式的自我折叠——我们想成为的人（即名人）通过在现实游戏中扮演的角色再次变得平凡，这个游戏赞美的是日常生活中的琐事。他们和我们是一样的，但又具有至关重要的区别，当我们在一个熟悉的（对于《老大哥》的普通观众而言）但不正常的环境中观察他们的时候，他们发生了变化。正如安迪·拉文德（Andy Lavender）所言："最让人着迷的是我们可以看到那些在屏幕上扮演自己熟悉的角色的人，是如何在房屋和游戏的限制下，展现出他们'真实的'个性的。"[74] 平凡是《老大哥》和推特现象的重要内容，它在《你以为你是谁？》中随处可见，这也是它具有吸引力的一部分——名人们的自我遭到暴露，名人的非凡出众遭到削弱。[75] 尽管有那么多关于名人的争论表明,这种现象证明了"当代大众文化的不真实性",但这些节目显然削弱了这种动力,因为它们实际上是在支持名人,让他们变得有血有肉和正常;这些节目将名人欣赏视为一种准社会互动和新的社区关系的创造。[76] 在这种模式下,《你以为你是谁?》通过提出连接点和识别点,促进了个人与充斥于节目中的媒体创造的人物之间的新的互动。像《名人老大哥》和其他以名人为主角的真人秀节目一样,《你以为你是谁?》将电视真人秀纪实元素与名人相结合,表明了名人与日常生活是叠加在一起的。

然而,与此同时,名人不仅仅是化身,还是令人盲目迷恋的偶像。随着我们对他们生活的深入了解,他们的根源在某种程度上变得更加清楚。"流动性"是一个关键的叙事主题,大部分剧集都包含一种进步的意识,以及(总体上)逃脱贫困和苦难的意识。因此,这些节目包含了一个向后看的叙事轨迹,然后向前流动发展到现在享有特权的名人地位。每个人都有家族史,但只有名人的家族史才是有趣的——他们的家族史中的丑闻、恐怖、创伤和具体人数表明,他们在出生前就与众不同。同样,节目的多样性也被名人的参与所削弱,因为他们目前作为无阶级名人的身份,使得历史上各种混乱的事项变得毫无意义;《你以为你是谁?》展示的历史的进程,不是走向当前的现代个人的形成,而是走向卓越的人(uber-person)的创造。因此,这种历史进程的模式是目的论的,但这只是在当代社会的新焦点是名望的情况下才是如此;这可以被称为名人人文主义(celeb-humanism),其中自我定义的概念直接与自白的(confessional)模式和公众形象联系在一起。

观众的体验不仅仅是被动的,而是至关重要地互动性的。英国广播公司在策划《你以为你是谁？》时，考虑到了一体化的泛平台媒体战略。这一战略的关键是这样一个前提，即这些节目只是人们体验的开始。因此，互动元素从一开始就被设计进去了，也是该节目的组成部分。虽然这具有教育价值，但也有与之相关的品牌推广元素——希望代表公司在各个方面促进历史研究。英国广播公司在不断发展，其应对新媒体、互动和复杂参与的挑战的部分举措，是以多种方式调整后节目（post-programme）的体验。《你以为你是谁？》的第一季在每期节目结束时都有五分钟的"如何做"（How To）环节，在英国广播公司第四台有更多的关于实践的纪录片，130 万份传单在《广播时报》分发，还有一个专门的网站、一条电话线路、电台信息、互动电视（既是数字故事又是"如何做"的指南）和 48 场家族史路演，并与档案宣传运动（Archives Awareness Campaign）合作举办了 395 项活动。对这一套支持选项的响应是巨大的：29,375 通电话打进电话线，共发出 18,850 份传单；在杰里米·克拉克森（Jeremy Clarkson）那集播出后，该节目网站的用户达到 53 万，该系列节目的用户达到900 万；国家档案馆网站的访问量增加了 77%；4 万人参加了路演，而档案宣传运动活动的新参观者增加了 36%。

该节目继续以这种方式发展，在脸书上获得了 27.4 万个赞，在推特上获得了 2 万名粉丝，还有大量的年度大会和会议。除了这本杂志外，还有一套品牌书籍和指南。它是一个 360 度的纪录片体验，记录了社区讨论、合作研究和业余历史，同时也证明了一个品牌的历史体验和历史节目的重要性。这种持续的响应，表明了谱系学的受欢迎程度，同时也表明，它具有很强的"黏性"——在这些节目结束后很长一段时间里，观众还会继续参与其中，而且从"观众"向"用户"的转换率非常高。这些数字证实了英国广播公司的一体化战略的有效性，而且也表明，这种泛平台的路径，对历史纪录片的观众来说很有吸引力。档案的使用，不仅与个人历史有关；对房屋、场所和各种机构的历史的研究都受到鼓励和支持。因此，在这里，历史和档案馆以多种方式交织在一起，原因也有很多：理解，揭示真相，讲述个人故事。过去是可以解释的东西，是可以用正确的工具很容易得到理解的东西。该战略显示了这种真实纪录片在正常的观看范式之外的效果，让观众行动起来，推动他们开展自己的历史调查。这种转变是为了赋予观众选择权和参与其中。从某种程度上说，这就是现在所有纪录片的目的，包括讨论、话题标签、众包、辩论和评论等在线策略。然而，这些通常都是按照该节目本身的方式来运作的，而《你认为你是谁？》战略的重要品质，是让观众意识到，他们会独立开展自己的工作。

该系列节目模板的成功已经导致它的版本正在以下17个国家得到开发：加拿大（2007，2012）、美国（2010— ; *Finding Your Roots*, 2012—2013）、澳大利亚（2008）、法国（*Retour aux Sources*, 2010）、爱尔兰（2008）、波兰（*Sekrety rodzinne*, 2007）、瑞典（*Vem tror du att du är?*, 2009）、南非（2009），挪威（*Hvem tror du at du er?*, 2011）、荷兰（*Verborgen Verleden*, 2010—2013）、丹麦（*Ved du hvem du er?*, 2010）、德国（*Das Geheimnis meiner Familie*, 2008）、以色列（*Mi Ata Hoshev She'ata*, 2010）、俄罗斯（*Моя родословная*, 2009—2012）、芬兰（*Kuka oikein olet?*, 2012）、捷克（*Tajemství rodu*, 2013）和葡萄牙（*Quem É que Tu Pensas Que És?*, 2013年至今）。这一范围表明了这种节

目形式的流行程度，以及历史纪录片节目的国际化。它表明了历史调查如何被认为是一种通用语，可能是一种具有某种跨国性质的认知模式。它表明了纪录片风格向著名主持人的转变，但同时也试图赋予观众以权利。

正如第四章所讨论的，DNA 测试在过去的十年里推动了谱系学调查研究。DNA 测试已经被用于《你以为你是谁？》节目，譬如，在科林·杰克逊（Colin Jackson）那一集。DNA 进入了大众的想象，也出现在各种平民主义混合纪录片系列节目中，如紧随英国广播公司日间系列节目《基因侦探》(Gene Detective, 2007)的成功之后，《解密——DNA 故事》(Secrets Revealed—DNA Stories, 2007)在独立电视台的日间时段播出。在《基因侦探》系列节目中，主持人梅勒妮·赛克斯（Melanie Sykes）和谱系学家安东尼·阿道夫（Antony Adolph）调查了公众成员的遗传背景；在《解密——DNA 故事》节目中，洛兰·凯利（Lorraine Kelly）通过 DNA 测试帮助普通人发现关于他们家庭人员组成的重要信息，包括从历史到亲子关系等信息。标题显示了《基因侦探》的主旨，即一种发现过去的渴望。在节目中，DNA 测试成了身份的最终仲裁者。该节目的轨迹是自我揭露和新身份的发现（一位顾问在场，帮助主角适应新的现实）。《解密》具有更多的揭示真相的目的，揭露信息是为了重新安排参与者的生活。《解密——DNA 故事》节目的主持人洛兰·凯利称："我们通过该节目将发现的结果，可能会改变参与者的生活，让这个节目变得非常特别。"[77] 谱系学纪录片在这里成了具有揭示真相意义的真实体裁的一部分，普通人通过电视和科学的介入而变得非凡。其主持人与日间节目联系在一起，特别是凯利也是早安电视（GMTV）的代言人。

《解密——DNA故事》直接揭示了一种自白式生活方式节目的风格，类似《杰瑞·斯普林格秀》(*Jerry Springer*)和《特丽莎》(*Trisha*)。这两档节目都在日间播出，而且都是关于"普通人"的，这一事实表明，在某种程度上，它们属于不同于那些更为正式、更受欢迎的节目的类型，譬如《你以为你是谁？》。这些都是历史"纪录片"不断融合的证据。

英国大众节目中对DNA和群体遗传学相对较低层次和大众化的运用，与美国的做法形成了鲜明对比。重要的使用DNA测试的系列节目是《非洲裔美国人的生活》(*African American Lives*, PBS, 2007)和《寻根》(PBS, 2012)等主要干预节目。由著名学者小亨利·路易斯·盖茨主持的这个系列节目，将标准的谱系学与DNA测试结合起来，调查了八位有成就的非洲裔美国人的背景。与《你以为你是谁？》相比，这个群体并不完全是由文化名人组成的，事实上，其多样性是显而易见的：他们包括奥普拉·温弗瑞、演员克里斯·塔克（Chris Tucker）、音乐家昆西·琼斯（Quincy Jones）和女演员乌比·戈德堡（Whoopi Goldberg）等著名人物，但也包括宇航员梅·杰米森（Mae Jemison）、外科医生本·卡尔森（Ben Carson）、主教T. D. 杰克斯（T. D. Jakes）和教育家萨拉·劳伦斯-莱特福特（Sara Lawrence-Lightfoot）。这个节目里的名人都取得过显著的成就，这种能力范围是该系列节目称赞非裔美国人社区的卓越表现的一部分。启用重量级人物盖茨担任主持人表明，这是一部享有声望的电视节目，他还宣布了它的重要性："这是自17世纪以来，我们第一次推翻了中程航道，至少在象征意义上来说是这样。"[78] 在这种谱系调查节目中，自我揭露的叙事更为明显，通过家族史来定义自己的能力具有深远的影响,超越了简单的自我转化。女演员乌比·戈德堡说得好:"我们是唯一违背自己意愿而被迫来到这里的人,所以所有的故事、所有的生活、所有的历史都消失了。"[79] 因此,《非洲裔美国人的生活》使用科学和历史调查来重新书写历史,给予那些被过去边缘化的人一个存在、一个声音和一个在当代的共鸣。

电视上的古董

这里讨论的电视历史的多样性以及纪实电视和可能被称为"纪录片"节目的杂糅的最后一个例子,就是日间节目古董秀。就像谱系学节目一样,这些节目允许对与过去有关的自我进行业余性的"策展"。它们不是主流,可能几乎不被认为是"历史的"节目,但它们在阐明一种与过去的关系、跨越过去与现在之间距离的一种方式方面具有重要意义。古董是一种与"历史"进行连接的有效方式,也是一种观察这种关系如何经常被商品化和货币化的方式。虽然成千上万的人收集和购买古董和旧物品,但更多的人仍然通过电视间接地追随这一爱好。对电视上古董的地位的考察表明,它们是如何赋予历史文物随机浮动的经济价值的(以及这种做法如何增加了文物所有者的文化资本)。这种历史类的电视节目形式,使得观众能够表达他们想要融入收藏者的世界的愿望,同时能够使自己与这种现象保持距离,并清晰地表达出自己对这种现象的理性反应。最受欢迎的《巡回鉴宝》(*Antiques Roadshow*)节目,自 1979 年就开始在英国广播公司播出。模仿节目也在美国(1997 年以后)、瑞典(1989)、荷兰(1984)和加拿大(2005)播出。在这个节目中,普通人带着他们的文物去参观一个特定的地方，然后，专家会对这些文物进行以下分类：瓷器、家具、图画、珠宝、银器、钟表、军械、书籍或对其他种类的物品进行鉴定。[80] 这些文物被鉴定、确定年代、认证，被赋予一段简短的历史，最重要的是获得估值。最好的或最有趣的案例会在每周的节目中进行呈现。

《巡回鉴宝》为观众提供的东西是复杂的。它将经济欲望（想要发现某物的价值）和对过去的商品化以戏剧化的方式呈现出来。然而，这种商品化的过去是学院派知识（专家说这件文物毫无价值）、随意性（这件文物往往不是收藏品的一部分，只是被发现的某种东西）和市场（这件文物可能是独一无二的，但可能没有任何价值）的牺牲品。在这里，文物的历史价值与品味和文化价值相互作用——一件文物可能具有重大意义（包括历史意义和个人意义），但没有货币价值。这个节目让传家宝和家族历史变得很有价值；然而，这是机缘巧合，对个体来说，历史的经济价值取决于机遇。通常情况下，人们带来的物品被认为是不重要的，没有任何价值，这使得它们从经济上来看是中性的，从历史角度来看则是没什么意义的。与此同时，许多有价值的收藏品，只是通过稀有性或某种偶然的吸引力而获得了相对的价值。

参加路演的体验与电视直播略有不同，它参与性更强，而且有时还会出现问题。[81] 路演的效果是将真实性戏剧化，其中文物的所有者对物品的价值或历史有效性（validity）的推测会得到专家的证实或否定。专家和个人之间的这种关系，表明了一种有趣的动态。物品的所有者通常与物品具有某种关系（传家宝、一个亲戚的礼物、个人收藏的一部分或已经在家里保存了很多年的东西），这种关系由物品的历史性所决定，但也为物品创造了自身特殊的意义。让它的价值——历史价值或货币价值——得到鉴定和验证的动机是什么？通常情况下，鉴定结果会否定对物品的基本假设——因此，它可能是焦虑的来源——同时，也有可能揭示真相，并将这个物品转化为新的、有用的东西。[82] 该节目的巡回路演元素，使得对具有个性化的物品（个人拥有的古董）的调查，成为对过去进行国有化估值的一部分。因此，"纪录片"将历史与普通人的生活联系了起来，通过专家的分析将两者呈现在屏幕上。不过，有时候，"所推测的"某件物品的历史是错误的，所以，这种电视节目具有一种揭示真相的特质，可能会揭露一个谎言。

《巡回鉴宝》节目是成功的，但在取向上被认为是古板而学究气的。[83] 在过去的几年里，公司推出了一系列对商品价值的短暂性（ephemerality）感兴趣的节目，而且它们更多地是基于物品的公共价值。这些日间节目取得了巨大成功，而且很容易成为收视率最高的历史类电视节目。《家中的宝贝》（Flog It!，英国广播公司第二台，2002—）、《阁楼里的现金》（Cash in the Attic，英国广播公司第一台，2002—2012）、《汽车赃物》（Car Booty，英国广播公司第一台，2004—2010）和《淘便宜货》（Bargain Hunt，英国广播公司第一台，2000—）与《巡回鉴宝》（英国广播公司第一台，2000—）一起，一直是英国广播公司收视率最高的历史类节目；《典当之星》（Pawn Star，历史频道）、《仓库淘宝大战》（Storage Wars，A&E，2010—）、《拍卖猎人》（Auction Hunters，Spike，2010—2014）和《集装箱战争》（Container Wars，TruTV，2013）等节目在美国也同样很成功。[84] 这些节目在播出时贡献了超过10%的收视率，这对于广告宣传不足的低成本电视节目来说意义重大。[85] 它们是"日间"节目，所以就原始数据而言,它们的观众人数并不多,但它们仍然很重要;它们也经常在各种频道被重复播放,包括那些制作它们的频道。白天观看电视的通常是老年人、妇女和社会地位较低的群体。这些节目可以让我们猜想,在社会上存在着一种对历史更加有趣和更为复杂的共鸣。它们是廉价的、哗众取宠的节目,经常被重复播放,尽管如此,它们仍然是日间播放的历史类节目现象的一部分。这样的节目也非常复杂,表明了从传统的教育性节目《巡回鉴宝》向这种古董题材的节目的演变。正如艾瑞斯·克莱内克-贝茨(Iris Kleinecke-Bates)所言,这些节目"在记忆、历史和怀旧之间进行了协商",这意味着它们是对自我和"个人的自我发展"的极其重要的思考。[86]虽然它们不是"主流",但它们是电视上呈现的一系列接近过去和体验过去的方式的一部分,因此,在促使特定的史学问题甚至认识论问题得到考察方面,它们具有非常大的影响力。尽管它们没有"历史"地位,但它们值得进一步研究,并与"主流"纪录片一起,被视为观众对自己与过去的关系进行概念化的重要方式之一。

《家中的宝贝》遵循了一种受拍卖行戏剧性影响的传统的叙事之旅;《淘便宜货》是一个竞技性的游戏节目;而《阁楼里的现金》则是一场变装秀,在这个节目中,普通的家用物品变成了有价值的商品。在日常生活的物质文化中,装饰性古董提供了一个历史文物的实例,成为世界日常结构的一部分。《巡回鉴宝》和其他有关古董的电视节目扭曲了这种关系,尤其是那些强调迄今在家庭空间内被忽视的物品的价值的节目(《阁楼里的现金》)或者强调发现了别人没有发现的有价值的文物的能力的节目(《淘便宜货》,以及更为强劲、经济更加不景气的《拍卖猎手》)。《集装箱战争》及其竞争对手,如

《仓库淘宝大战》，让人们与过去的关系变得更加短暂而随机，但同时也更加忧郁。这一行动由几支队伍组成，他们相互竞价，竞买待售的集装箱和仓库存储的物品，这些物品往往是由于业主死亡或破产而被拍卖的。这些物品以一种潜在的状态存在，其假定的价值与其当时世界的商品价值相关。它们通常也非常私人化，就像一个时间胶囊，存储着一位不为人知的前主人的信息。[87]《家中的宝贝》将个人和物品之间的关系公然地用财务术语表达出来。

《家中的宝贝》作为观众收视方面最为成功的日间节目，是对《巡回鉴宝》的模仿，并将其延伸到其逻辑结论，从而论证了原始节目的财政紧迫性。人们把旧物品带到活动中，它们在那里被估值，然后选出最有趣的物品进行拍卖，并对拍卖过程进行监控。该节目依赖个人的愿望，即希望他们的物品被鉴定为是有价值的，从而试图出售它。它还表明，该节目对物品的品位、固有的艺术价值或情感联系不感兴趣，而是对它们与其他事物之间的货币价值感兴趣。该节目标题的祈使语气，为专家鉴定个人物品提供了一个有说服力的方面。国族构建的路演元素，通过主持人保罗·艾伦（Paul Allen）对地方文化的采样而得到强调。相比之下，《淘便宜货》则是将《巡回鉴宝》与以营利为导向的节目相结合，是英国广播公司的《大古董搜寻》(*The Great Antiques Hunt*, 1994—1999）节目的升级版。它有两个团队，在拍卖中竞争筹集最多的资金。他们的拍卖品包括与专家咨询后从二手市场购买的物品。这两个团队首先在专家的指导下参观一个古董交易市场，选择三个特定金额的物品（通常在300英镑左右），然后带着它们在更为正式的场合出售。该节目中还有一个教育环节，在这个环节中，主持人会去参观豪华宅邸或博物馆。该节目戏剧化地展现了

第十章 真实、专业真实、名人和实物历史 *333*

人们寻找便宜货的过程，在随机安排的二手古董中发掘出一些有价值的东西。这两个团队可以保留任何利润，这使得该节目成为较为新颖的、活跃的、在固定时间播出的以赚钱为目的的节目的一部分。这些文物只有在特定的情况下才有价值——在出售时它们毫无价值，而在拍卖时它们（通常）会获得价值。这样获得的价值并不能得到保证，而且通常被认为是银行家未能卖出的物品。该节目展示了物品在拍卖会上的"浮动价值"。[88] 这里展示的升序拍卖模型本身就是一个价格谈判的场所，它展示了历史文物是如何从二手商品发展成为有价值的商品的。[89]

在《阁楼里的现金》中，为了寻找在拍卖会或汽车后备厢里售卖的东西，个人或整个家庭在他们的阁楼和房子里到处搜寻。专家会为他们提供建议，告诉他们哪些传家宝或闲置的物品可能会增加最多的财富。他们筹集的资金是有目的的——最常见的用途是度假和装修房子——所以不像其他节目，物品最高的货币价值是唯一的意义，他们则有一个目标要实现。这个节目是关于废弃物和过剩物品的一种展示——参与活动的人拥有的物品太多，他们想要用他们的旧物品交换新的服务。该节目戏剧化地展示了物品的囤积，然后将其转化为当代人对这些商品和服务的消费。可以理解的是参与活动的人往往喜欢各种各样的物品，但为了眼前的利益，他们会被说服卖掉这些物品。这些节目展示了拍卖或拍卖领域的兴奋感和不可预测性，同时也展示了看似日常的家居用品的价值，这些物品仅仅因为稀有或年代久远而被赋予了价值。

《淘便宜货》具有《巡回鉴宝》所具有的教育价值，专家冷静地描述每件文物的功能、用途和可能的价值。他们甚至可以向团队提供一件物品，让他们与自己认为不太可能获得太多利润的物品进行"交换"。然而，专家的观点往往被认为与市场脱节，这削弱了他们的权威，而且，由于推动节目游戏模式的是市场，这里的专家只是一个被商品经济学束缚的人物，而不是历史价值的崇拜者。《淘便宜货》的影响力超越了日间节目，包括名人版和儿童版。这种形式的节目的流行，表明了古董如何渗透到大众文化中，但同样也表明了人们对节目中的游戏节目元素的兴趣。节目里的"赢家"成功地从过去的废弃物中挑选出具有价值的物品；输家则没有那么精明，并且因为投机不当而蒙受损失。节目形式的复杂性表明，即使在这个层面上，这种纪录片也是混合性的，并在快速发展。

英国广播公司特别喜欢用丰富多彩的人物来使这些节目生动起来。其古怪的专家利用了各种各样的形象：绅士、花花公子或业余专家〔《淘便宜货》中的旺纳科特（Wonnacott）或《改变房间》（*Changing Rooms*）中的花花公子劳伦斯·卢韦林-鲍文（Lawrence Llewelyn-Bowen）〕，充满热情的年轻的老顽固或学院派〔《修复》中的托勒密·迪恩（Ptolemy Dean）〕，以及深藏不露的钻石王老五〔《淘便宜货》中的戴维·迪金森（David Dickinson）是以电视角色洛夫乔伊（Lovejoy）为榜样的〕。这些主持人与电视厨师和设计师一样，也获得了一定程度的知名度。最有名的是戴维·迪金森，他有很高的公众知名度，包括一句口头禅和在《这是你的生活》（*This Is Your Life*）、《你以为你是谁？》和《我是名人，让我离开这里！》等节目中的形象。他有自己的拍卖历史节目《迪金森的真实交易》（*Dickinson's Real Deal*，英国独立电视台，2006—）。与那些设计师和厨师类似，这些人物都是名人，他们最初因为自己的专业知识而被人发现具有重要意义，但后来却被抽象出来，形成了更为广泛的意义联系。他们与纪录片历史学家更为冷静的一面形成对比，强调了这种历史调查风格的游戏节目元素。著名主持人生动地讲述了回到过去的旅程，鼓励观众去享受它。

这些节目表明，过去可以为以休闲为主导的日间电视节目提供题材，但一般来说，这是它们与竞争和经济价值因素结合在一起的时候。它们以最为原始的方式——也就是最直接、最廉价的方式——展示了纪录片形式不断变化的一般性需求。它们告诉观众，过去可能是有价值的，专家可以指导你，任何人都可以参与。这样的节目有助于推动历史的民主化，伴随着知识和能力从精英阶层转移——可能作为古董专家、鉴赏家和收藏家的方式进行呈现——和强调"普通人"介入以前被隔离的舞台："我们已经到达生活在一个追求民主的阶段：商店会对电视和杂志上的内容做出即时反应。不再由少数人给大多数人设定品味。"[90] 撇开民主与电视之间存在的问题不谈——尽管这是一种暗示——这一评论表明，节目制作者对这种智识和品味创造领域的等级划分保持着警惕。带有个人驱动内容元素的大众日间历史节目，同样表明了一种民主化——对历史的理解可能是普通参与者的专利。诸如此类的电视纪录片似乎对参与者进行了历史化的改造，将他们转化为具有能动性和能力的主体。就像真实历史和名人历史一样，他们试图赋予观众更多的权利。与此同时，那些拥有更多文化资本的人——专家、主持人——仍然被视为节目最重要的元素和最重要的焦点。此外，就古董节目而言，参与者的选择（以及专家的建议）完全受制于市场的变幻莫测和功能，因此，他们的特殊干预可能被证明是毫无价值的。因此，被赋予权利的历史主体，只能通过电视节目的运作,而不是通过他们的实际知识或行动来发挥作用。他们感知到的地位变化纯粹是暂时的,是结果驱动的。

销售历史

那么,电视节目(越来越多的人在线观看)之间的那部分内容又如何呢?拉斐尔·塞缪尔的"复古"理论考察了过去渗入当下的方式,为"日常生活中的历史主义幻想创造了空间"。[91]作为这种复古欲望幻想的经济和身体投射,电视广告包含了过去在当代文化中表现出来的许多方式。它在其多面的类型学中包含了与过去接触的多种方式:作为一种怀旧的方式;作为一种与现在相关的方式;作为自我认识和自我定义的一种形式;作为一组易于识别的文化修辞,它们没有任何真正的能动意识或真正的"意义";作为一组指称"他者"的具象修辞;作为一种受经济影响的史学;作为某种——有时指的就是其字面意义——被消费、商品化和身体体验的东西。这一系列可能的——或然的——"意义"的复杂性表明,历史的心理学,或历史想象,是一种不断演变的现象。就认识论而言,当代历史化的题材是多样的。广告也使用怀旧作为一种特殊的模式来表达观众的情感反应,就像唐·德雷柏(Don Draper)在电视连续剧《广告狂人》(美国经典电影有线电视台,2007—2015)中为柯达的新的拍照滑动旋转功能做广告时所说的那样:

技术是一个闪闪发光的诱饵,但公众能参与到闪光之外的层面的情况非常罕见。他们与产品之间有一种情感纽带……与产品之间有一种更深的纽带,那就是怀旧。它很精致,但很有效力……在希腊语中,怀旧的字面意思是"旧伤之痛",它在你的心中产生的刺痛感,比单纯的记忆要强烈得多。这个装置不是宇宙飞船,而是时间机器。它向前,向后;它把我们带到一个我们渴望再次去的地方。它不叫轮子,它叫旋转木马。它让我们像孩子一样旅行,一圈又一圈,然后回到家,回到我们知道自己被爱的地方。[92]

对于德雷柏在20世纪50年代的角色来说,怀旧是最纯粹的营销形式,是一种直接与消费者建立联系,并与他们建立情感联系的方式。他利用记忆的文本——图像——为他的产品与观众建立联系。作为一个节目,《广告狂人》的基础在于,广告的制作可以让观众洞察一个历史时期,让观众以一种特定的方式来看待文化。

广告越来越成为文化结构的一部分。[93]重要的是要理解这类文本的消费者与它们互动的中介方式,要看到"广告体验……与年轻人'生活'的其他方面的相互关联性"。[94]在大众的想象中,商业广告创造并延续着品牌,它是一种直接的方式,在这种方式中,历史被体验为一种可以被消费的东西,尽管它与产品而不是商品本身有些许联系。广告活动是如此有效,以至于很难将产品的消费与该产品的中介推广分离开来。这里的一个重要的原创例子,是由雷德利·斯科特(Ridley Scott)执导的霍维斯(Hovis)"骑自行车"广告(1973年,一直到1979年)引发的怀旧情绪。该广告在2006年被选为全国最受欢迎的广告,并在当年5月重新播出。[95]这些广告呈现了英国人性格的理想化版本(其中一个广告的历史背景设定在战后,强调了再次拥有真正黄油的意外惊喜),用一种较为年长的声音,讲述了自己年轻时吃霍维斯面包的经历;正如拉斐尔·塞缪尔所言,他们让"软聚焦怀旧成了电视广告的主题"。[96]"骑自行车"的场景设定在一条铺着鹅卵石的乡间小路上,似乎是在19世纪(当然,包括茅草小屋和服装在内的场景调度看起来就是这样;这则广告也是用一种棕褐色的色调来拍摄的)。其口号——另一个更具作者风格、反传统的画外音——反映了这段被历史化的文本:"无论是今天还是过去,它对你来说始终都有好处。"[97]这则广告最初的怀旧情绪被折叠成对文本本身的记忆,因此它有两种发挥功能的方式:起初是将某些怀旧的隐喻(童年、英格兰田园、德沃夏克的伴奏音乐)加入到产品中,然后是商业本身成了一种怀旧,它渴望一种与广告的原始体验相联系的理想化的过去(以至于在某种程度上,这段文本的多塞特背景已经成为一个旅游景点,而这种音乐现在被称为霍维斯音乐)。

利用历史修辞来销售商品——从20世纪80年代李维·斯特劳斯(Levi Strauss)对经典灵魂音乐的运用,到时代啤酒(Stella Artois)对法国电影《恋恋山城》(*Jean de Florette*)系列的模仿(持续进行的活动)——说明了关于过去的某些版本在文化想象中是多么根深蒂固,不管它们是否发生过。[98]李维的广告主要取材于50年代和60年代的最新文化版本(《美国风情画》《火爆浪子》或《快乐时光》)的基调,而时代啤酒显然将自己与一部复杂的艺术片来源联系在了一起。[99]其他品牌则将自己与理想化的"慢"时间(杰克·丹尼威士忌)、"复古"(Diesel)或经典的"英国"军事史(庞巴迪啤酒)联系在一起。这些广告也表明了真实性是无关紧要的,因为它是对已被接受的过去的感觉和外观的利用,或者是已经建构的现成的想象的模拟。同样,有些品牌也试图将自己打造成怀旧的产物。索尼在 2013 年推出新的 Playstation 4 游戏机之前,就发起了"playstationmemory"标签运动,这件事就证明了这一点。这个话题标签引发了大量的回应,形成了一个即时的"产消合一的"内容存档,用来回忆和纪念旧的游戏机操控台。同样是在 2013 年,微软的 IE 浏览器发起了一项名为"你长大了,我们也长大了"的视频活动(带有与 90 后相关的标签),该活动的目标是特定人群对 20 世纪 90 年代的记忆(游戏、新闻、文化事件)。更加适应不断演变的消费资本主义体制的广告,已迅速利用模仿和怀旧情绪,从而使一些历史上的文物失去活力。[100]

拉斐尔·塞缪尔认为,在后现代主义中,"只有当历史不再重要的时候",才会出现准恶搞式的"复古",而这类文本的"超然和讽刺的距离"对其目的来说极为重要。[101] 这些广告不是真实的,也不是叙事性的,它们显然是一种互文文化的一部分,在这种文化中,历史是可以用来推销商品的众多迷信话语之一(时代啤酒模仿的电影来自法国,啤酒来自比利时,广告则在欧洲各地播放)。作为一套广告产品的修辞,过去通常是一套可能性的简写:真实性、品质、英国风格和高雅。然而,它也很容易意味着肮脏、无知、疾病和战争。重要的是,毫不夸张地说,过去被认为是观众可以在经济层面上进行连接和消费的东西。使用过去来清晰地阐明一个品牌,必然意味着,有一些关于过去性的东西是有市场的,普通观众也会乐于购买。这种联系的概念在健力士"啤酒广告"(noitulovE,2005)等关键文本中得到了证明,在这个广告中,三个饮酒者在屏幕上变成了弹涂鱼(完美的一品脱啤酒需要一段时间才能形成),而在标致汽车 207CC 的"改变"广告(2007)中,一对恋人在 1934 年进入他们的汽车,过去在他们周围发展成了现在。两则广告都强调延续性和品质。约翰·刘易斯（John Lewis）百货商店150周年纪念广告（2014）聚焦于来自不同时代的一系列镜头，来庆祝零售品牌的悠久历史。[102] 上文提到的2013年Playstation 4的宣传活动，包括一部名为《献给1995年以来的玩家》的电影，讲述的是一个小男孩长大后玩各种类型的索尼游戏机的故事。[103] 这里时间的伸缩把历史看成是某种线性的东西，其中恒定不变的则是产品。健力士的广告创造了一种商品的目的论叙事（所有的进化都朝着"美好的事物"的方向发展，而"等待的人"则会得到"美好的事物"），而标致汽车则暗示，尽管历史变幻莫测，但他们的汽车始终是一个永远存在的方向点。约翰·刘易斯百货商店的广告同样暗示了品牌的永恒性，以及它无处不在、令人欣慰的存在感。Playstation已经以某种方式"为玩家服务"了近二十年，在这个不断变化的世界里，它再次成为一个永恒的东西。

广告是日常文化生活不可分割的一部分——西方成年人平均每天能看到150到3000个广告。历史广告作为一种广泛的准文化现象，往往没有什么特别重要的历史性。从现在的广告场景切换到1930年的广告场景，观众应该会觉得很舒服（事实上，很多广告都是在不同的历史时期之间愉快地切换，譬如2006年喜力啤酒的"过去经历"广告，就是基于一个回到20世纪20年代的男人的故事；他周围的世界在他眼前发生了变化，但啤酒却令人放心地"完全一样"，因为它"自1873年以来就没有改变过"。再一次，产品是恒定不变的，甚至是与历史无关的）。历史成了背景，但也成了日常文化的一部分——以某种方式受到崇拜，但失去了成为他者的能力。这一点在越来越常见的广告中体现得尤为明显。在这些广告中，名人被插入到重要历史时刻的著名镜头中。[104] 这始于 20 世纪 90 年代喜力啤酒的系列广告插播著名电影明星的镜头，并在 1998 年水星（Mercury）one2one 广告中延续，在该广告中，名人谈到了他们最想与之交谈的历史人物。在天空电视台 2015 年的足球广告中，蒂埃里·亨利（Thierry Henry）在过去几十年的重要足球时刻四处游荡，包括出现在他自己年轻时的镜头中。在这些文本中，有一种史学模式在起作用——向当下前进的步伐，以及对权威的和人们熟悉的历史的自觉引用。然而，这种对历史记录的贬低和破坏——将过去本质上变成一个让当代著名人物参与其中的愿望清单——强调了一种联系（与过去沟通的愿望，以了解过去和人们自己）和一种距离（这是不可能的）。名人通过对过去的理解而变成一个更加全面的人，而观众通过购买品牌，与他们产生联系，并通过他们与历史产生联系——通过经济交易变得完整。将名人带入过去——通常是通过将他们添加到镜头中——抹平了历史，消除了历史的他者性。这种情况也以相反的方式发生，档案和老电影片段被篡改，加入了现代产品，譬如史蒂夫·麦奎因 1968 年的电影《警网铁金刚》（Bullit）在 1997 年被福特彪马（Ford Puma）用作广告，2005 年，吉恩·凯利（Gene Kelly）的《雨中曲》的数字版本被大众汽车加上"原创，更新"的宣传语为自己做广告，2000 年，《绿野仙踪》被用来为联邦快递做广告，而在迪奥 2011 年的"真我香氛"（J'Adore）广告中，查理兹·塞隆（Charlize Theron）与玛琳·黛德丽（Marlene Dietrich）、玛丽莲·梦露、格蕾丝·凯莉（Grace Kelly）拼接在了一起。[105] 随着广告中的数字技术成为标准，这种拼接变得越来越普遍，而这种技术使得拼接变得不像以前那样容易被人发现。

复古、怀旧主导的市场营销和复古风是充满历史感的文化的关键部分，是一套不断演变的（经济）关系，以多种方式定义特定的过去。视觉上的过去是当代（全球）消费实践的一部分，是用来鼓励品牌认知度和随后的经济投资的许多特殊修辞之一。历史在这里被作为服务业的一部分，目的是鼓励消费者；它本身不是商品，而是营销和商品化的一部分。因此，在这种情况下，"消费"历史这种说法和实践阐明了许多东西，从产品与一段历史时期的品牌联系，到把过去描绘成只是用来表现和销售商品的许多修辞之一，以及过去在一系列消费行为中的地位，使其在经济欲望的联结中具有一定的力量。

注释：

1. J. Corner, "Performing the real", *Television and New Media*, 3:3, 2002, 255−270 (263). 另见 L. H. Edwards, "Chasing the real: reality television and documentary forms", in Rhodes and Parris Springer, *Docufictions*, pp. 253−270 and J. Corner, "Archive aesthetics and the historical imaginary: *Wisconsin Death Trip*", Screen, 47:3, 2006, 291−306。
2. Nichols, *Blurred Boundaries*, p. 47.
3. L. Williams, "Mirrors without memories: truth, history, and the new documentary", in Rosenthal and Corner, *New Challenges for Documentary*, pp. 59−75 (p. 60).
4. Corner, "Performing the real", p. 267.
5. 同前注，pp. 265, 263。
6. Nicholls, "The voice of documentary", p. 28.
7. *Film & History*, 37:1, 2007 的特别版本开始纠正这一点，并收录了关于英国、美国和澳大利亚真实历史节目的文章。
8. 坚持这种形式的新可能性的一个实践者是特里斯特拉姆·亨特，参见"Reality, identity and empathy", 他认为这些节目提供的移情和普通人参与历史的模式,是社会史的史学研究的一个重要发展。另见 de Groot, " 'I feel completely beautiful for the first time in my life' "。

9　Dovey, *Freakshow*, p. 7.
10　A. Biressi and H. Nunn, *Reality TV: Realism and Revelation*, London and New York: Wallflower Press, 2005, p. 2.
11　E. Tincknell and P. Raghuram, "*Big Brother*: reconfiguring the 'active' audience of cultural studies?", in S. Holmes and D. Jermyn (eds), *Understanding Reality Television*, London and New York: Routledge, 2004, pp. 252–270 (p. 264).
12　G. Palmer, "*Big Brother*: an experiment in governance", *Television and New Media*, 3:3, 2002, 295–310 (297).
13　J. Lewis, "The meaning of real life", in L. Oullette and S. Murray (eds), *Reality TV: Remaking Television Culture*, New York and London: New York University Press, 2004, pp. 288–302 (pp. 290, 294).
14　Kavka, *Reality TV*, p. 147.
15　Kilborn, *Staging the Real*, p. 15.
16　Schama, "Television and the trouble with history", p. 29.
17　见 R. McElroy and R. Williams, "The appeal of the past in historical reality television", *Media History*, 17:1, 2011, 79–96。
18　同前注。
19　http://www.bbc.co.uk/dna/ww2/A2584208 [accessed 4 February 2008].
20　http://www.bbc.co.uk/history/programmes/trench/chat_230302.shtml [accessed 4 February 2008].
21　S. Waisbord, "McTV: understanding the global popularity of TV formats", *Television and New Media*, 5:4, 2004, 359–383 (360). 有些国家抵制了这种电视节目模式,譬如,可以参见:Dauncey, "French reality TV"。
22　见 J. Chalaby, "The making of an entertainment revolution: how the TV format trade became a global industry", *European Journal of Communication*, 26:4 (2011), 293–309。
23　L. H. Edwards 讨论了这种迷思的经久不衰:"The endless end of frontier mythology: PBS's *Frontier House* 2002", *Film & Television*, 37:1, 2007, 29–34。

24 http://abc.net.au/tv/outbackhouse [accessed 17 August, 2006]. 参见 M. Arrow 讨论的澳大利亚史：" 'That history should not have ever been how it was': *The Colony, Outback House*, and Australian history", *Film & History*, 37:1, 2007, 54-66。

25 http://www.historytelevision.ca/ontv/titledetails.aspx?titleid=22029 [accessed 17 August 2006].

26 http://www.pbs.org/wnet/colonialhouse/meet/meet_tuminaro_craig.html [accessed 18 August 2006].

27 http://www.pbs.org/wnet/colonialhouse/meet/meet_tisdale_danny.html [accessed 18 August 2006].

28 http://www.abc.net.au/tv/outbackhouse/txt/s1376105.html [accessed 18 August 2006]. 见 Agnew, "History's affective turn"。

29 Biressi and Nunn, *Reality TV*, p. 14.

30 J. Gardiner, "The Edwardian country house", *History Today*, 52:7, 2002, 18-21 (21).

31 A. Scharz, " 'Not this year!' re-enacting contested pasts aboard the ship", *Rethinking History*, 11:3, 2007, 427-446.

32 *The Trench*, Episode 1, BBC2, 15 March 2002, 21:00 hrs.

33 Gardiner, "The Edwardian country house", p. 21.

34 *The Trench*, Episode 1, BBC2, 15 March 2002, 21:00 hrs.

35 参见 J. Bignell 关于真实历史和意识形态的讨论：*Big Brother: Reality TV in the Twenty-first Century*, Basingstoke: Palgrave Macmillan, 2005, pp. 80-85。

36 http://www.pbs.org/wnet/colonialhouse/about_rules.html [accessed 18 August 2006].

37 后来的节目，如《边疆的房屋》，避免使用这样一套历史规则，采用了更现代的、游戏竞赛类型的节目规则，见 http://www.pbs.org/wnet/frontierhouse/project/rules.html。

38 *The 1940s House*, Episode 1, Channel 4, 2 January 2002, 20:30 hrs.

39 D. 斯科特·迪夫里恩特（D. Scott Diffrient）讨论了这种匮乏："History as mystery and beauty as duty in *The 1940s House* (1999)", *Film & Television*, 37:1, 2007, 43-53。

40 *The 1940s House*, Episode 1, Channel 4, 2 January 2002, 20:30 hrs.
41 J. Gardiner, *The 1940s House*, London: Channel 4 Books/Macmillan, 2000, p. 40.
42 *The 1940s House*, Episode 1, Channel 4, 2 January 2002, 20:30 hrs.
43 Biressi and Nunn, *Reality TV*, p. 99.
44 同前注，p. 107。
45 http://www.pbs.org/wnet/colonialhouse/meet/meet_samuels_clare.html [accessed 18 August 2006].
46 *The 1940s House*, Episode 1, Channel 4, 2 January 2002, 20:30 hrs.
47 *The 1940s House*, Episode 5, Channel 4, 25 January 2002, 21:00 hrs.
48 *The 1940s House*, Episode 5, Channel 4, 25 January 2002, 21:00 hrs.
49 "Es ist, als ob ich jetzt immer einen Zusatztank in mir hätte, der bis zum Rand mit Energie gefüllt ist, und aus dem ich Kraft tanken kann, wann immer es nötig ist", http://www.swr.de/schwarzwaldhaus1902/familie/reya.html [accessed 17 August 2006]。
50 *Outback House*, Episode 2, Sky 3, 29 March 2007, 19:00 hrs.
51 见 M. Rymsza-Pawlowska, "*Frontier House*: reality television and the historical experience", *Film & History*, 37:1, 2007, 35−42。
52 Gardiner, "The Edwardian country house", p. 21.
53 Kavka, *Reality TV*, p. 178.
54 http://www.bbc.co.uk/history/programmes/archive.shtml [accessed 5 February 2008].
55 "The little ship of horrors: reenacting extreme history", Criticism, 46:3, 2004, 477−486 (477).
56 *Victorian Farm*, Episode 5, BBC2, 13 February 2009, 21:00 hrs.
57 A. Holdsworth, *Television, Memory and Nostalgia*, Basingstoke: Palgrave Macmillan, 2011, p. 94.
58 资料来自 C. Sumpner et al., "*Who Do You Think You Are?* 360 audience feedback", report for the National Archives and the BBC, 非常感谢国家档案馆的露西·富尔顿（Lucy Fulton）提供了这份报告的副本。
59 C. Lynch, "*Who Do You Think You Are?* Intimate pasts made public", *Biogra-*

phy, 34:1, 2011, 103–118.
60 Biressi and Nunn, *Reality TV*, p. 2.
61 关于纪录片的变迁，参见：J. Ellis, *Documentary: Witness and Self-Revelation*, London and New York: Routledge, 2012, pp. 45–53。
62 *Who Do You Think You Are?* 1:7, BBC2, 23 November 2004, 21:00 hrs.
63 *Who Do You Think You Are?* 1:1, BBC2, 12 October 2004, 21:00 hrs.
64 *Who Do You Think You Are?* 1:8, BBC2, 30 November 2004, 21:00 hrs.
65 同前注。
66 *Who Do You Think You Are?* 1:7, BBC2, 23 November 2004, 21:00 hrs.
67 *Who Do You Think You Are?* 1:10, BBC2, 14 December 2004, 21:00 hrs.
68 这个特殊的经历在一个后续纪录片中被进一步个性化了，在这个后续纪录片中，戴维·巴德尔探讨了对其家人进行赔偿的可能性，并考虑了与此类赔偿相关的问题：*Baddiel and the Missing Nazi Billions*, BBC1, 15 November 2007, 22:40 hrs。
69 *Who Do You Think You Are?* 1:10, BBC2, 14 December 2004, 21:00 hrs.
70 我对这部分内容的讨论要归功于 A. Holdsworth, "Moving pictures: family history, memory and photography in *Who Do You Think You Are?* and *Not Forgotten*", unpublished conference paper。也可参见她的重要论文 "*Who Do You Think You Are?*: family history and memory on British television", in Bell and Gray (eds), *Televising History*, pp. 234–247。
71 Holdsworth, "Moving pictures"。
72 *Who Do You Think You Are?* 1:8, BBC2, 30 November 2004, 21:00 hrs.
73 参见 A. 马威克（A. Marwick）的著作关于这些老套的现象的讨论：*Status Update: Publicity and Branding in the Social Media Age*, New Haven: Yale University Press, 2013。
74 A. Lavender, "Pleasure, performance, and the *Big Brother* experience", *Contemporary Theatre Review*, 13:2, 2002, 15–23.
75 G. Turner, *Understanding Celebrity*, London: Sage, 2004, pp. 4–5, 23–25. 另见 M. Ekman and A. Widholm, "Twitter and the celebritisation of politics", *Celebrity Studies*, 5:4, 2014, 518–520。
76 Turner, *Understanding Celebrity*, p. 5, p. 6, citing Chris Rojek.

77 http://www.smgproductions.tv/content/default.asp?page=s2_3_22 [accessed 15 March 2007].
78 Henry Louis Gates, *In Search of Our Roots: How 19 Extraordinary African Americans Reclaimed their Past*, New York: Random House, 2009, p. 10.
79 http://www.pbs.org/wnet/aalives/about.html [accessed 4 April 2007].
80 每年圣诞节还有"儿童路演"节目，目的是出售玩具和纪念品。
81 R. Bishop, "Dreams in the line: a day at the Antiques Roadshow", *The Journal of Popular Culture*, 35:1, 2001, 195–209.
82 见 A. Clouse, "Narratives of value and the *Antiques Roadshow*: 'a game of recognitions'", *Journal of Popular Culture*, 41:1, 2008, 3–20。
83 根据广播公司观众研究委员会（BARB）的资料信息，该节目一直是英国广播公司第一台收视率最高的 15 个节目之一。
84 Angela Piccini and Don Henson, *Survey of Heritage Television Programming 2005-2006* 所使用的 BARB 的统计数据，这是为英格兰遗产委员会所做的报告，感谢唐·汉森（Don Henson）提供的这份文件的副本。
85 《家中的宝贝》贡献的收视率是最高的，占到了 17%；《阁楼里的现金》的收视率是 14%，《淘便宜货》的收视率是 13%，说明它们对这类节目的收视率的贡献一直很高。收视率最高的非古董相关的节目是《英国海岸》（*Coast*），为 4%；耗资百万、广受好评的电视剧《罗马》（*Rome*）的收视率仅为 3%。皮奇尼和汉森选择不考虑古董节目，因为他们的目的是考察更为传统的"遗产"在电视上的表现，他们从分析中删除这些节目的决定表明，当公众想象中的"历史"被人们讨论的时候，这种低俗节目（pulp programming）几乎没有被人考虑过。
86 I. Kleinecke-Bates, "*Flog It!*: nostalgia and lifestyle on British daytime television", in Bell and Gray (eds), *Televising History*, pp. 221–234 (p. 222).
87 我对这部分内容的有些讨论，要归功于克里斯蒂安·狄克逊（Christian Dixon）。
88 C. Eddie Palmer and C. J. Forsyth, "Antiques, auctions, and action: interpreting and creating economic value", *Journal of Popular Culture*, 39:2, 2006, 234–259 (239).
89 P. Klemperer, "Auction theory: a guide to the literature", *Journal of Economic*

Surveys, 13:3, 1999, 227-286 (228, 273-274), 另见 E. S. Maskin and J. G. Riley, "Auction theory with private values", *The American Economic Review*, 75:2, 1985, 150-155。

90 Llewelyn-Bowen, 引自 D. Philips, "Transformation scenes: the television interior makeover", *International Journal of Cultural Studies*, 8:2, 2005, 213-229 (217)。

91 B. Guffey, *Retro: The Culture of Revival*, London: Reaktion, 2006, p. 17.

92 *Mad Men*, series 1, Episode 13: "The Wheel", dir. Matthew Weiner, 2007. Weiner Bros et al./AMC. 见 J. de Groot, " 'Perpetually dividing and suturing the past and present': Mad Men and the illusions of history", *Rethinking History*, 15:2, 2011, 269-285。

93 R. Goldman, *Reading Ads Socially*, London: Routledge, 1992; R. Grafton Small and S. Linstead, "Advertisements as artefacts: everyday understanding and the creative consumer", *International Journal of Advertising*, 8:3, 1989, 205-218.

94 S. O'Donohoe, "Raiding the postmodern pantry: advertising intertextuality and the young adult audience", *European Journal of Marketing*, 31:3/4 1997, 234-253 (245).

95 C. Byrne, "Ridley Scott's Hovis advert is voted all-time favourite", *The Independent*, 2 May 2006, http://news.independent.co.uk/media/article361342.ece [accessed 16 August 2007].

96 Samuel, *Theatres of Memory*, p. 93. 另见 M. Pickering and E. Keightley, "The modalities of nostalgia", *Current Sociology*, 54:6, 2006, 919-941 (935)。

97 http://www.youtube.com/watch?v=CFLBvLxLJMI [accessed 16 August 2007].

98 见 S. Brown, "Retro-marketing: yesterday's tomorrows, today!" , *Marketing Intelligence and Planning*, 17:7, 1999, 363-376。

99 *American Graffiti*, 1973, George Lucas; *Grease!*, 1978, Randal Kleiser; *Happy Days* TV series, 1974-1984.

100 C. Marchegiani and I. Phau, "Away from 'unified nostalgia': conceptual differences of personal and historical nostalgia appeals in advertising", *Jour-*

nal of Promotion Management, 16:1-2, 2010, 80-95.
101 Samuel, *Theatres of Memory*, p. 95.
102 https://www.youtube.com/watch?t=27&v=OAxO6KEbTiI [accessed 21 October 2015].
103 https://www.youtube.com/watch?v=wZkMdi3XBhw [accessed 21 October 2015].
104 见 G. Withalm, "Commercial intertextuality", in S. Petrilli and P. Calefato (eds), *Logica, dialogica, ideologica*, Milan: Mimesis, 2003, pp. 425-435 and "Recycling Dorothy, dinosaurs, and dead actors: digi-textuality in the TV-commercials of the 1990s", *Semiotische Berichte*, 27:1-4, 2003, 297-315。
105 格洛丽亚·维塔尔姆（Gloria Withalm）还将1991—1992年的可口可乐广告也加入讨论的清单，在广告中，宝拉·阿巴杜（Paula Abdul）和艾尔顿·约翰（Elton John）与吉恩·凯利（Gene Kelly）、詹姆斯·卡格尼（James Cagney）、亨弗莱·鲍嘉（Humphrey Bogart）、路易斯·阿姆斯特朗（Louis Armstrong）一起表演和跳舞，John Wayne, "Recycling Dorothy", pp. 303-304 也讨论了 Coors Lighs 啤酒系列使用的广告；她还指出，这种镜头交切通常是一种美国式的修辞。

第十一章　世界各地的电视上的历史

215　　在本部分的最后，比较法国、德国、加拿大和美国电视上的历史纪录片很有启发意义（澳大利亚的"创造历史"计划在第一章已经讨论过）。[1] 正如伊莎贝尔·韦拉-马森（Isabelle Veyrat-Masson）所说："电视在构建一个共享的国家叙事方面扮演着重要角色，并影响着公共空间和文化领域之间关系的性质。"[2] 全国性电视文化表征和阐述过去的方式表明了每个国家内电视景观的特殊性。但是，我们也应该注意到共享价值、跨国研究路径、标准技术和对占主导地位的全球具象方法的侵蚀。[3] 电视上的历史可以让我们洞察其他国家和大陆（以及时代）的他者性。它也可能会突出强调历史研究路径和历史表征的冲突。[4] 尤其值得注意的是在一个联系日益紧密的世界里，在线纪录片的兴起，可能会带来更多的机会，通过国内纪录片来分享史学洞察力和意识（不过纪录片通常是由国际资助的）。

　　在法国，电视历史最初被用作一种被严格控制的公共电视系统的政治辩论手段。[5] 1953—1965年的历史剧（有47部）是被这样使用的："在法国电视上避免政治讨论之际，法国大革命期间丹东和罗伯斯庇尔之间的辩论尤其受到观众的欣赏。"[6] 尽管持续的审查意味着某些议题没有被考虑，譬如德雷福斯事件或维希时期，但历史纪录片在上映时常常被用作工作室讨论的动力。在 20 世纪 70 年代末和 80 年代，娱乐变得越来越重要，以至于现在"历史类节目不再是节目策划者的必备节目"。这些节目现在被认为充其量是一种文化责任，一种私有频道不会支持的公民义务。[7] 因此，法国的电视历史的发展轨迹，在某些方面模仿了英国——20 世纪 80 年代的萧条，以及向娱乐的转变——但缺乏权威性元素，节目最初更加关注更为广泛的议题和辩论，而不是英国的电视节目那种史诗般的全面而学术性的风格。法国电视台最初并没有引进英国和美国常见的真实历史类型节目，这可能是出于对正当性（propriety）的执着承诺。[8]

可以理解的是德国电视台发现了表征刚刚逝去的过去的问题。1978 年，美国全国广播公司（NBC）虚构的迷你剧《大屠杀》（*Holocaust*）上映，引发了一场大规模的公众辩论，打破了朱迪思（Judith）所说的"讨论纳粹暴行的 35 年禁忌"，并直接导致了当时西德的政治变革。[9] 虽然《大屠杀》在美国因其耸人听闻的手法和虚构而受到批评，但该剧在欧洲引起的效果则是迫使瑞士人、法国人和德国人"面对欧洲犹太人在其所有暴行中遭到毁灭的过程"；这个过程是痛苦的，也是公开的。[10] 托拜厄斯·艾布莱希特（Tobias Ebbrecht）对当代德国的戏剧和有关第二次世界大战的文献纪录片的调查研究认为，德国制片人以一种特殊的方式运用了戏剧化和数字重构等技术。与他所认为的同时期更为传统客观的英国文献纪录片形成对比的，是德国电影"将纪实和虚构的表征方式结合起来，创造出一种特殊的紧张感和魔幻氛围，为德国观众提供一个感性的和情感的空间，让他们与作恶者产生共鸣"。[11] 这些节目"为广大观众煽情地讲述历史"，其风格显然与英国人的取向截然不同。[12]

在美国，最具影响力的历史纪录片是由肯·伯恩斯（Ken Burns）制作的。他制作了长篇"事件"电视纪录片，如美国公共广播公司在1990年连续5个晚上播放了12小时的《美国内战》；观众人数（首次播出时有1400万观众，重播和发行视频后预计又多了数百万观众）确保了它可能是"有史以来所编写或制作的最受欢迎的历史节目"。[13] 他的《罗斯福家族百年史》（*The Roosevelts*, 2014）是一部关于1858—1962年的、长达14个小时的系列纪录片，是美国公共广播公司网站上最受欢迎的流媒体纪录片。伯恩斯采用的方法是相对混合的。他使用的资料来源广泛：1930年、1934年、1938年退伍军人的镜头，包括谢尔比·富特（Shelby Foote）和其他许多历史学家的头部特写、档案图像、战役现场的电影胶片、音乐、画外音、报纸报道、平版印刷等。他使用的美学方法是动态而庄严的：摄像机模仿运动画面——平移、横跨、旋转；图像串在一起形成一种视觉叙事。一个关键的问题是画外音——从道格拉斯到林肯，许多当时的资料都被朗读出来，由一系列名人配音，这些名人包括杰森·罗巴兹（Jason Robards）和斯塔兹·特克尔（Studs Terkel）——这给整个事件增添了可信度，但也增添了名人效应和"品质"。这些电影以小而独特的故事开始，并拓宽了它们的视角；史诗般的广度才是该片的重点。他声称，在这些材料中，存在一种历史移情和扣人心弦的叙事：

在这部电影的很多时刻，你会怀疑这张照片是在葛底斯堡战役发生三周后拍摄的。你会有身临其境的感觉。当这种情况发生时，历史正在全速前进。我们已经完成了我们开始要做的事情；

让材料讲述自己的故事。[14]

《美国内战》，以及他的另外两个重要节目《棒球赛》(*Baseball*)和《爵士乐》(*Jazz*)，都是在记忆和目击者证词的驱动下对美国种族问题的探索。伯恩斯的电影确保了美国历史纪录片的范围达到史诗级水平，反映了一种（尽管存在冲突）国家共同体意识，是"优质"的事件节目。[15]

加拿大纪录片花了很长时间从1992年加拿大广播公司的三部系列电影《勇猛与恐怖》(*The Valour and the Horror*)引起的争议中恢复过来，这部纪录片考察了发生在欧洲和东南亚的战争。该节目声称，加拿大在指挥层面无能，指出加拿大士兵在1944年的诺曼底战役中犯下了未被起诉的战争罪行，并强调了加拿大空军参与了对德累斯顿和慕尼黑的残忍而报复性的燃烧弹袭击。加拿大退伍军人协会以诽谤罪起诉这部纪录片的制片人布莱恩·麦肯纳（Brian McKenna）和特伦斯·麦肯纳（Terrance McKenna）。[16] 随后，加拿大参议院退伍军人事务小组委员会举行了有关该节目的听证会（它对其中两部电影进行了批评），加拿大广播公司监察员撰写了一份报告，声称该系列影片存在严重缺陷。1996年，最高法院裁定，退伍军人的诽谤诉讼不能成立。[17] 这个系列节目使用了重演历史（由日记和信件撰写）来突出几个事件，老兵们抨击了这些特殊的后续事件。这些影片在历史纪念、公共广播责任和调查性新闻等方面引发了持久的争议。这一事件表明，修正主义的电影制作可能会受到极端公开的攻击，尤其是那些在英国背景下看起来熟悉而没有问题的技术，可能会因为缺乏历史真实性和准确性而受到攻击。

注释：

1. 此类比较研究虽然不多，但很有用，譬如可以参见：A. Dhoest, "Identifying with the nation: viewer memories of Flemish TV fiction"and S. de Leeuw, "Dutch documentary film as a site of memory: changing perspectives in the 1990s", *European Journal of Cultural Studies*, 10:1, 2007, 55–73, 75–87。另见 Bell and Gray (eds), *Televising History*。
2. I. Veyrat-Masson, "Staging historical leaders on French television: the example of Napoleon Bonaparte", in Bell and Gray (eds), *Televising History*, pp. 95–106 (p. 97).
3. 见 de Groot (ed.), *Public and Popular History*。
4. 见 Gotelind Müller-Saini, *Documentary, World History, and National Power in the PRC: Global Rise in Chinese Eyes*, London and New York: Routledge, 2013。
5. I. Veyrat-Masson, "French television looks at the past", in Roberts and Taylor, *The Historian*, pp. 157–160, and *Quand la télévision explore le temps: L'histoire au petit écran 1953–2000*, Paris: Fayard, 2000.
6. I. Veyrat-Masson, "French television looks at the past", p. 157.
7. 同前注，p. 159。
8. H. Dauncey, "French reality TV: more than just a matter of taste?", *European Journal of Communication*, 11:1, 1996, 83–106. 不过，参见韦拉-马森的书 *Télévision et histoire, la confusion des genres: Docudrama, docufiction et fictions du reel*, Brussels: De Boeck, 2008。
9. J. Doneson, *The Holocaust in American Film*, Philadelphia: Jewish Publication Society, 1987, p. 193. 收看该节目剧集的观众在32%至41%：J. Kuehl, "Truth claims", in A. Rosenthal (ed.), *New Challenges for Documentary*, Los Angeles and London: University of California Press, 1988, pp. 103–110。
10. Doneson, *The Holocaust in American Film*, pp. 192–193.
11. T. Ebbrecht, "Docudramatizing history on TV: German and British docudrama and historical event television in the memorial year 2005", *European Journal of Cultural Studies*, 10:1, 2007, 35–53 (49). 见他的"(Re)constructing

biographies: German television docudrama and the historical biography", in Bell and Gray (eds), *Televising History*, pp. 207–221。
12 Ebbrecht, "Docudramatizing history on TV", p. 50.
13 D. Harlan, "Ken Burns and the coming crisis of academic history", *Rethinking History*, 7:2, 2003, 169–192 (169).
14 *The American Civil War*, DVD, 2002, 见与 DVD 配套的小册子上的说明，p. 7。
15 G. Edgerton, *Ken Burns's America*, Basingstoke: Palgrave, 2001.
16 要了解历史学家对原始资料及随后引起的争议的讨论，参见 S. F. Wise and D. J. Berkuson (eds), *The Valour and the Horror Revisited*, Montreal and Kingston: McGill-Queen's University Press, 1994。
17 尽管如此，这个系列节目还没有能重播，http://www.waramps.ca/news/valour/96-04-03.html [accessed 15 November 2007]。

第五部分
作为文化类型的"历史"

以下章节将考察历史作为一种修辞或具象性语境在大众文化中的普遍性,并因此考察它作为一种通用形式的动态性。本部分的几章内容尤其关注历史电视剧、历史小说和历史电影。罗伯特·罗森斯通在其影响深远的著作《历史电影/电影历史》中提出,要理解"电影是历史思维的一种新的形式",本部分认为,电影、电视和小说为对过去进行概念化提供了一个富有想象力的空间。[1] 为了理解过去是如何在当代人的想象中运作的,我们必须研究它在大众文化中的表现。路德米拉·乔丹诺娃认为"专业的历史学家需要了解它们(电视和小说),并理解它们的复杂影响"。[2] 对过去的文化表征,在当代社会的历史想象中至关重要。贝弗利·索斯盖特(Beverley Southgate)指出,"历史和小说是密不可分的孪生兄弟",很明显,这两种模式分别独立发展出了理解和认识世界的方式。³这种历史想象的广度——从畅销的浪漫故事到电影大片，从小范围的漫画小说到经典的古装剧——展示了历史知识对文化制作的掌控。

这些体裁也坚定地把"历史"列为某种可能破坏和扰乱主流的东西。亚历山大·麦克菲（Alexander Macfie）认为："我们可以顺便说一下，小说提供了一种非比寻常的富有成效的方式，来挑战关于自我、历史进程和客观性的固定观念，动摇文化霸权，挑战常态。"⁴这一点在本部分所讨论的历史小说的例子中可以清楚地看到。但与此同时，"历史"可能会成为一个被动的消费者，呈现出一种对过去的保守性的描述，力图限制可能性和潜力。这一点可以在关于一些古装剧和改编剧的讨论中看到。在这种节目和吸引力的多样性中，我们可以看到历史对大众文化的影响及范围。历史电视节目面向的观众范围表明，"历史"的广度、规模和影响范围都值得关注。下面讨论的文本，通过文化产业将历史转化为可以消费的产品，表明了对历史的拜物化和过去的商品化。正如这些章节所论述的，社会消费这些类型的小说，购买这些类型的文本，观看这些类型的电影或争相观看这些节目的方式，无可辩驳地证明了社会对关于过去的各种版本的迷恋。我们需要了解这些"历史体裁"以及它们的运作方式，以理解观众如何概念化、参与、想象和思考过去。

历史的盛行已经到了饱和的程度。一直以来，人们都在探讨历史，探索关键事件，改编经典小说，而"历史知识"在当代文化中已经变得司空见惯。⁵这些章节考察了这种文化解释"历史"、参与"历史"和使"历史"变得复杂的方式，以至于"历史知识"本身成为一种被挑战和颠覆的体裁。然而，一直以来，过去表面上的过去性是关键,因为这些格式和媒体试图通过真实性的修辞来获得合法性。就呈现断裂、破裂或替代而言,主流历史剧和电影相对很少进行形式上的或风格上的实验(我们将会看到,这在小说中就不是这样了)。那些在这方面做过实验的人,仍然倾向于坚持某些规则(譬如利用现实主义)来呈现过去。电视上的历史力求展现一种超真实性,即一种无声的、公认的真实或不真实。[6] 以小说资料为基础的戏剧,和那些仅仅以历史时期为基础的戏剧,努力以真实的方式呈现过去的"实际情况",因此它们的产品在某种程度上是真实的。[7] 当历史模式被用来呈现对过去的虚构性叙述时,真实和虚构都是有问题的。"真实性"显然是一个空洞的范畴,但这些节目都在努力追求它,并运用了各种各样的修辞来达到它的表面效果。只有在喜剧中,真实性的面具才被证明是真实的,即一种夸张的幻觉。在这些节目中,过去是一组在通用框架上重叠的修辞和姿态。

用历史小说理论家格奥尔格·卢卡奇(György Lukács)的作品来解释"历史"文本在读者心目中产生的那种隐含的、被理解的间离效果(Verfremdungseffekt)是很有启发意义的:

> 因此,沃尔特·斯科特(Walter Scott)的"必要的时代错误",只是让他的角色以比当时真实的男人和女人更为清晰的方式表达对真实的历史关系的感受和想法。但是,这些情感和想法的内容,它们与真实对象的关系,从历史上和社会上来说总是正确的。[8]

换句话说,在这样一部作品中,人物说话的方式是与时代不合的,但对作品来说是必要的，而且是被读者心照不宣地理解的。历史文本作为一种建构不断地引起人们的注意，但读者很愉快地忘记了这一点。在这里，贝托尔特·布莱希特（Bertolt Brechts）的"间离效果"——戏剧文本不断地让人们注意到它本身就是戏剧文本——是创造这种"历史"模式的奇怪过程中的一个基本元素。历史小说比当代小说更为复杂，因为它具有历史性质（historical quality）——它不断地向读者说明它是错误的，同时又努力追求真相和真实性。[9]这似乎清楚地描述了与"历史"文本打交道的体验，只要读者、听众、观众不断地意识到叙事的"不同"，同时理解这种过去本身是一种伪造。把所有这些东西都记在脑子里的能力同时表明，历史产品的消费者具有一种比"当代"文本更高或更为复杂的参与的复杂性。"解读"一篇既可甄别，同时又有意识地与现在不同的文本的过程，需要这种复杂的反应。就其历史性而言，"历史"文本是自觉地戏剧化的，但就其对过去的呈现和对过去的表演方面来说，它同时是"真实的"，就好像它可以忽略它作为现在某物的地位一样。[10]这种悖论表明，在这样的文本中，存在着一种不断变化的状态。这和在重演历史活动或真实历史中发现的兴奋感是一样的——表现过去的现代主体，以某种方式既能表现它们的当代性，也能表现它们的历史性。

　　从这个角度来看，文献电视片越来越受欢迎是值得人们注意的。[11]通过利用演员来对纪实材料进行纪实模拟，可以像使用重演历史的演员一样直观地再现过去。在纪录片实践被人们重新讨论的时候，约翰·埃利斯（John Ellis）认为，这"清楚地证明了一个观点，即通用的价值观是建立在观众、电影制作人和机构之间的共同假设之上的"。[12] 德里克·佩吉特（Derek Paget）呼应了这种合作模式，他认为，纪实电视片赋予了"观众作为意义的积极谈判者"的权利。[13]《血色星期天》（Bloody Sunday，英国独立电视台，2002年）、《希尔斯伯勒》（Hillsborough，英国独立电视台，1996）、《造就美国的人》（The Men Who Built America，历史频道，2012）等主要影片都展示了电视剧与历史之间的不稳定联姻关系。它们表明，观众乐于接受关键事件的戏剧化处理，乐于看到对标志性历史时刻的重构和虚构性重现。纪实电视片既是真实的又是他者的，同时也是虚构的和真实存在的，而这种形式上的悖论，是几乎所有与历史文化产品接触的基础。与此同时，在"虚构"文本中加入"历史"文献的现象越来越普遍，譬如，在《海明威与盖尔霍恩》（Hemingway and Gellhorn，菲利普·考夫曼，2012）中嵌入的对 20 世纪 40 年代镜头的蒙太奇使用。事实与虚构之间的界限越来越模糊，虚构作品在塑造历史意识、想象和情感方面有着深远的影响。

关于电影和电视等历史题材，人们已经做了大量研究，但它们持续性的、不断变化的和持续演进的形式，以及被指定为"历史"的文化产品的绝对数量，使得对其进行概括成为问题。对于包括喜剧、严肃的戏剧和奇幻剧等在内的一系列电视和电影体裁来说，历史作为来源、舞台背景、灵感、历史背景或主题都是丰富的；它允许对现代世界的思考，某些文化霸权的延续，或对持不同意见的性身份进行研究。接下来的章节提出了一些建议，认为这些历史体裁可能会影响历史想象力，甚至影响历史鉴别力（historical sensibility）。这些文本——电影、小说、电视剧——对想象、描绘、概念化和理解过去的方式有着巨大的影响。它们有助于提高历史意识，但同时也只是一种娱乐。我们需要根据它们自己的术语来研究它们，而不是像书籍或文章那样把它们当作历史文献，但要注意这样一个事实，即对它们的体验可能与任何学术文本一样重要，或者比任何学术文本具有更为深远的作用或影响。

注释：

1 Rosenstone, *History on Film/Film on History*, p. 163.
2 Jordanova, *History in Practice*, p. 166.
3 Southgate, *History Meets Fiction*, p. 20. 另见 A. Munslow, *Narrative and History*, Basingstoke: Palgrave Macmillan, 2007。
4 A. Macfie, "Introduction", in A. McFie (ed.), *The Fiction of History*, London and New York: Routledge, 2015, pp. 1–11 (p. 6).
5 见 D. Cartmell, "100+ years of adaptations, or, Adaptation as the art form of democracy", in D. Cartmell (ed.), *A Companion to Literature, Film, and Adaptation*, Chichester: John Wiley & Sons, 2010, pp. 1–13。
6 见 N. 佩里（N. Perry）讨论 *The Singing Detective* (1986) 的章节及其"拒绝视觉上和音乐上的完美融合"，这种融合使得怀旧式的认可和颠覆成为可能，*Hyperreality and Global Culture*, London and New York: Routledge, 1998, pp. 24–35 (p. 34)。
7 C. Rojek, "After popular culture: hyperreality and leisure", *Leisure Studies*, 12:4, 1993, 277–289.
8 G. Lukács, trans. Hannah and Stanley Mitchell, *The Historical Novel*, London: Merlin, 1962, p. 63.
9 相关讨论见 J. de Groot, *The Historical Novel*, London and New York: Routledge, 2009, pp. 109–139。
10 见 Schneider, *Performing Remains*。
11 J. Ellis, "Documentary and truth on television: the crisis of 1999", in Rosenthal and Corner, *New Challenges for Documentary*, pp. 342–359 (p. 353), 另见 D. Paget, *No Other Way to Tell It: Dramadoc/Docudrama on Tele-*

vision, Manchester: Manchester University Press, 1998。
12　Ellis, "Documentary and truth on television".
13　Paget, *No Other Way to Tell It*, p. 126. 佩吉特在 2011 年出版了这本书的最新版本，讲述了纪录剧情片如何成了电视制作和电影的核心。

第十二章　历史电视：改编剧、原创剧、喜剧和时间旅行

历史电视剧通常与受过教育的中产阶级观众联系在一起，被评论界认为是一种保守的类型。[1] 这类产品一直饱受批评，因为它只吸引中产阶级观众，对肤浅的服装和阶级的诡计感兴趣。在这种模式下，诸如经典改编剧等"遗产"产品，其观众主要是女性，倾向于文化保守主义，并将关于历史身份的特定错误神话奉为神圣。英国电视上的这种经典连续剧，一般都遭到过这种批评，被认为是向世界兜售英国风格的传统的一部分。然而，正如克莱尔·蒙克（Claire Monk）所说，遗产剧的"整体批判"是"一种特定于历史的话语，根植于特定的文化条件和事件，并对其做出回应"。[2] 虽然这些文本的潜在保守主义是显而易见的，但蒙克和其他人认为，与此同时，为了对观众进行教育，它们可以调用历史主观性的复杂模型，混淆预期，并考察关于过去的关键政治议题。[3] 因此，正如这里将要讨论的，这些文本不是枯燥的、保守的神话创造者，在它们后来的表现形式中，它们是灵活的和新颖的。戏剧性地表征过去，可以强调一套令人舒适、容易甄别的"遗产"修辞；同时，它也可能是有问题的或具有挑战性的。[4] 后现代怀旧文本重新界定形式并囊括复杂性和可能的异议的能力，被弗雷德里克·詹姆逊归纳为"后怀旧"理论，在这种模式下，文本的

多元性和自我意识，在许多方面允许它通过自觉意识和模糊性进行批判。[5]

在本章中，对古装剧的经典形式，即改编剧的考察，不仅要考虑到它本身的语境，还要考虑到它与其他类型的历史电视剧结合的语境。这种以戏剧的形式——或作为文化电视产品——来研究历史的更为广泛的路径，使人们看到古装剧和历史喜剧之间的联系得以延续，并因此促进了人们对正在提供和消费的过去模式更加细致入微的理解。[6] 历史剧的关键是真实性问题，这一问题是通过文化霸权或是在日益增加的场景调度的形式下被赋予的。这一章的重点越来越多地集中在挑战古装剧的正统文化，最后讨论一下平民主义戏剧质疑和削弱历史合法性的方式。本章的后半部分特别展示了电视历史剧的复杂性和杂糅性、适应性和奇异多样性。

改编剧和古装剧

经典历史剧或小说改编剧具有一种即时的文化价值，这种价值是由它们的原始素材所赋予的。[7] 它们传递了一种英国文学史的深度和丰富性——对非英语或非小说的改编仍然相对罕见。经典作品的电视改编剧，首先致力于建立电视台（通常是英国广播公司）的文化霸权和地位，随后成为其全球战略的一部分，以销售特定类型的"英国"经典产品。[8] 正如莱兹·库克（Lez Cooke）所指出的那样，20世纪90年代昂贵古装剧的复兴，是出于这样一种需要，即创造出一种可供销售的产品，一种将在英国以外的市场进行销售的民族文化品牌。[9] 约翰·考伊（John Caughie）认为，在美国和澳大利亚，推动有关过去的营销节目意味着，该产品是为特定受众而量身定制的；他认为，经典作品的改编剧将"讽刺和智慧"简化为了"英国的离奇古怪的故事"。[10] 英国广播公司尤其从美国、澳大利亚、荷兰、法国和芬兰获得资金，资助并发行经典作品的改编剧。在美国，公共广播公司播放英国广播公司的作品，并冠以"经典剧场"（Masterpiece Theatre）的总称，强调改编剧与经典作品和戏剧之间的联系。如今，它们越来越多地作为完整的 DVD 和可下载的盒装系列来销售，将"剧集"作为一个有机的整体来重新包装，与最初的电视背景无关，并从更为复杂的起源中抽象出来。[11] 遗产电视产业给"英国特性"这种概念赋予了商品价值，但其代价是削弱了这些节目的优势，也削弱了漫画艺术的发展；与此类似，关于怀旧的问题，以及观众对这些电视剧中想象的历史的态度，也被瓦解成一种具有市场价值的国家认同。[12] 然而，正如下面所要讨论的，这种经典作品改编的连续剧有可能包含不同的立场，混淆过去和现在之间的和谐关系，甚至在表面上看起来是陈词滥调的和毫无问题的历史版本。

自 1990 年以来，英国地面电视已经制作了 50 多部经典作品改编剧。其中绝大多数已经在英国广播公司（以及美国公共广播公司）播放过，包括《米德尔马契》（Middlemarch, 1994）、从《马丁·翟述伟》（Martin Chuzzlewit, 1994）到《远大前程》（Great Expectations, 2011, 以及一些翻拍）等八部狄更斯作品的改编剧；简·奥斯汀的四部改编剧《傲慢与偏见》（1995）、《傲慢与偏见》（2014），以及《包法利夫人》（2000）、《德伯家的苔丝》（2008）和《波尔达克》（2015）等多部作品的翻拍。从 1996 年的《爱玛》到 2006 年的《曼斯菲尔德庄园》，英国独立电视台已经制作了四部改编自奥斯汀作品的影视剧，还有一系列经典作品的改编剧，从 2002 年的《日瓦戈医生》到 2007 年的《看得见风景的房间》。在过去的二十五年里，出现了这么多成本相对高昂的电视剧，这表明了这种体裁的影视作品对主流频道的吸引力、韧性和重要性。这些作品的权威作者往往是 19 世纪的英国人（例外的外国作家是托尔斯泰、福楼拜和帕斯捷尔纳克），的确，他们在这一时期几乎完全占据主导地位：狄更斯、奥斯汀、特罗洛普、斯科特、哈迪、加斯克尔和艾略特等人已成为重磅作者。

英国广播公司还制作了一些经典小说（通常是奇幻小说）的儿童改编剧，包括《机枪手》（1983）、《快乐的盒子》（1984）、《纳尼亚传奇》（1988—1990）、《汤姆的午夜花园》（1989）、《寄居大侠》（1992—1993）、《凤凰与地毯》（1997）和《绑架》（2005）等。[13] 这些影视剧同样是与美国制片公司共同出资，并在国际上销售。它们规模庞大，依赖与成人演员类似的"优质"模式：文学资源、高制作价值、优秀的表演天赋（尤其是使用才华横溢的知名演员饰演成人角色）。它们呈现了一种离奇古怪的英国人特性（一般追溯到 20 世纪初）。在儿童电视剧《绑架》中，经典作品改编的电视剧和虚张声势的风格，在充满动作场面的史诗系列《罗宾汉》（BBC, 2006—2007）和更为奇幻的《梅林传奇》（Merlin, 2008—2012）中都有相似之处，只是程度稍低一些。

因此，古装剧已经成为英国广播公司重要电视节目的一部分，是推动英国广播公司追求"优质节目"的基石，也是其节目排期的核心。独立电视台不像以前那样定期播放改编自"经典小说"的连续剧，但会有策略地使用它们，以再次获得对它们所展示的"优质"素材的好评。[14] 这种"优质"的概念一般指的是表演的水准、服装和一般的制作价值以及剧本。其他"优质指标"包括作为"遗产出口"的潜力、原始素材和投资于该连续剧的多余资金。[15] 这些改编剧的绝对数量和它们在 DVD 及流媒体套装视频、世界联合重播和一般文化中的重复播放表明，作为一种与（被神化的）过去打交道的方式，以及通过文化和文学关注历史的方式，它们的广度和重要性，超过了它们作为纯粹的娱乐的地位。

"经典小说改编的连续剧"通常要求观众谨记两个不同的概念之间的紧张关系——真实性概念和虚构性概念。它们期待观众应该会感到很高兴，因为他们看到的是一个发生在真实的历史表征框架下的故事或叙事。经典小说通常不会以任何方式更新或调整。它们发生在自己的文化时刻，因此从视觉上向观众呈现了历史，而它们的叙事虽然明显是虚构的，但却给人一种时代的味道。莎拉·卡德威尔（Sarah Cardwell）指出，改编自经典小说的影视剧通过"对过去的仔细重构"而获得"优质"的地位；从很多方面来说，人们对古装剧的投入，是由人们对真实性的需求所驱动的。[16] 卡德威尔认为："尽管观众认为故事是虚构的，但它接受了这种节目对过去的真实表征。"[17] 因此，这些连续剧和电影的视觉美学，渗透进了大众对过去的概念化。改用卡德威尔的话说，观众可以很好地理解叙事是虚构的，而同时历史背景则是"真实的"。这种以如此复杂的方式对过去进行概念化的能力，如小说、真人表演、一种熟悉的美学修辞和某种真实的历史，再次证明了电视观众的活力，以及他们从多个角度参与文本的能力。然而，当文本偏离"现实"时，这种对唯美和虚构的过去的能够令人接受的反应，可能会令人不安——譬如，如果它们是基于历史小说，或者如果媒介不是古装剧，而是一种通过利用同样真实的场景调度来获取可信性的连续剧〔譬如，就像《老爸上战场》（*Dad's Army*）所采取的做法那样〕。[18]

就某些方面而言，电视古装剧驳斥了这样一种批评，即认为它是一个保守的类型；与此同时，在最糟糕的情况下，这种连续剧以直截了当、缺乏想象力、精英主义的风格呈现了历史。事实上，这种共时性是它们作为文本而发挥作用的一部分。《米德尔马契》（1994）是第一波改编剧之一，在微观世界中展示了这种类型的关键元素：一本令人印象深刻的权威著作，其作者是一位著名的英国作家；由安德鲁·戴维斯"编剧"；高制作价值；昂贵的定位拍摄镜头；唯美化历史的光辉；庄严的音乐；优美的英式表演；史诗般的广度和长度（6集375分钟）。[19]该剧的开场表现的是一幅牧羊的乡村田园风景画，这似乎证实了人们对这种剧作的批评。然而，这种画面被一辆驶过的马车扰乱，这是一种通过古老的乡村道路来推动进步的隐喻，这与利德盖特（Lydgate）和他的朋友们在文本中提出的在充满抵抗精神的地方推行改革和变革的尝试相呼应。第一行里有个滑稽的笑话，当利德盖特（道格拉斯·霍奇饰演）走近一列蒸汽火车正在经过的一条尚未完工的铁轨时，他指着说："看——这就是未来。"[20]这种将迷人的现代维多利亚观与当代观众对非常过时的蒸汽火车的解读的结合，明确把这部连续剧定位在过去，这种过去既是朝向现在的目的论进步观的一部分，也是一种陌生的、未知的存在状态。话虽如此，这部连续剧的内容审视了进步和改革在面对英国乡村的狭隘思想时的脱轨——包括充满迷信的农民对铁路建设者发起的攻击。对于伊恩·麦基洛（Ian MacKillop）和艾莉森·普拉特（Alison Platt）来说，古装剧的核心问题是一个众所周知的时代错误问题——而作为"历史剧",这部连续剧必须是可识别的,这是"有严重问题的"。[21]对他们来说,对改编剧的选择本身就表明,英国广播公司在认真地质疑这一体裁——《米德尔马契》不是一部可以随意选择的小说,它本身就在与历史和呈现的概念进行对话。它并不顺利,也不容易,其复杂性经得住批评。因此,在这个非常早期的例子中,我们可以看到,这种体裁比我们想象的要更具挑战性、更有自我意识、更有思想性。

这部连续剧在结尾部分指出,利德盖特所渴望的改革和现代化模式——伟人们采取的伟大行动——表现出极度的傲慢,最终以痛苦和失败告终。当这部小说的最后几行被朗读出来的时候(给人一种第一人称作者无所不知的严肃感,与这部改编剧的其他部分不一样),它清楚地提醒读者,要记住那些被遗忘的微小善举:"世界不断增长的福祉,在一定程度上依赖无重大历史意义的行为"。[22]这里表现出来的史学动力是朝向地方的,也是丰富多彩的,而不是迈向进步的步伐。女性的地位——受压迫的、受控制的、堕落的——是经典小说改编的连续剧的一个重要关切,她们的历史被另一种方式(这一套陌生的行为)改变,历史认同被证明与意识形态约束和秩序有关。一种理想化的、保守的英格兰愿景在《米德尔马契》中遭到了破坏,而其中的田园风光被多萝西娅(Dorothea)试图帮助的垂死的和暴躁的穷人所填满。当詹姆斯·切特姆(James Chettham)爵士送给她一只无用的宠物作为爱情信物时,她的台词是"我们都应该被赶出家门",这破坏了场景调度的辉煌画面,而她拒绝佩戴母亲的珠宝,同样表明了她对服装的痴迷是很肤浅的。[23]多萝西娅自己拒绝了这幢乡村住宅,选择为了爱情放弃金钱,并"露宿街头"。[24]从它们更加现代的表现开始,经典改编剧就呈现出严肃的、在道德上来看复杂难懂的文本,并以质疑性的、具有挑战性的方式呈现它们。

在安德鲁·戴维斯的下一部连续剧《傲慢与偏见》(1995)之后,经典小说改编的连续剧在文化上得到了特别的普及。[25] 这部连续剧大受欢迎,在最初播出的一年内被反复播出,并登上了《广播时报》的封面。该剧展示了它意想不到的生命力——并在此后改变了改编剧的范式,确保它们在最初播出后能在 DVD 和视频上得到大力推广——它在两小时内就被售出了 1.2 万份,上映的第一周就售出了 7 万份。这部连续剧与奥斯卡获奖影片《理智与情感》(李安,1995)一起,证实了改编自奥斯汀小说的影视剧大受欢迎。[26] 奥斯汀已经成为旅游业和电影的主角,她的作品仍然非常畅销。[27] 电视剧《爱玛》(1996)在独立电视台播出,《劝导》(1995)在英国广播公司播出之后,电影版《爱玛》(道格拉斯·麦格拉思,1996)、《曼斯菲尔德庄园》(帕特里夏·罗泽马,1999)、《傲慢与偏见》(乔·怀特,2005)和宝莱坞改编电影《新娘与偏见》(顾伦德·查达,2004)也相继播出。此外,繁荣兴盛的奥斯汀产业也产生了一些衍生作品,包括《奥斯坦兰》(*Austenland*,杰鲁莎·赫斯,2013)、恐怖喜剧《傲慢与偏见与僵尸》(布尔·斯蒂尔斯,2016)、犯罪片《彭伯里的死亡》(英国广播公司第一台,2013)和传记片《成为简》(*Becoming Jane*,朱利安·杰拉德,2007)。这些以奥斯汀的作品为基础所做的或更具有创新性或更为打破传统的重复改编剧,把她当成了一种呆板的修辞,被人嘲弄或物化。譬如,《奥斯坦兰》中有这样一幕,即让片中的一个角色前往一个主题公园寻找她自己的"达西"。这部电影对奥斯汀本人进行了物化,但也主要集中在 1995 年电视剧版的《傲慢与偏见》,

这表明了这部电视剧的影响力,以及它在大众文化中如何代表"奥斯汀"和"历史"。

尽管罗泽马的《曼斯菲尔德庄园》受到爱德华·萨义德作品的影响,试图采用后殖民理论对文本进行阐释来强调奴隶问题,但总的来说,这些改编自小说的电影和电视剧都很直截了当,都以奥斯汀的大众形象为基础。[28] 在这些改编影视剧中,奥斯汀是特有的英国人气质的典范:端庄、聪明、含蓄、自我牺牲、机智、浪漫。[29] 影视里的背景是郁郁葱葱的山水和富丽堂皇的宅邸,演员才华横溢,服装华丽,对白犀利;没有什么令人讨厌或意想不到的场面,没有真正的贫穷,也没有令人痛苦的历史现实(不过,《曼斯菲尔德庄园》确实试图展示那个时期"真实"生活的经济恐怖)。[30] 奥斯汀的小说一直被描述为"为中产阶级白人提供了一种不让人讨厌的体验,他们倾向于认为自己具有敏锐的眼光和对文化资本的良好品味"。[31]

《傲慢与偏见》的巨大成功,使一种特定类型的古装剧占据了优势地位,并使人们产生了一种与"优质"文学改编剧相关的文化霸权的假设。戴维斯的《傲慢与偏见》以高超的技巧回应了古装剧类型,并符合这一清晰的修辞。这部连续剧利用了一种理想化的怀旧情绪,这种怀旧情绪与这种类型的剧作以及奥斯汀的整体作品有关,这就是对"优质"影视剧的明确定义。它传递了一种影视版的英国特性,它的广泛流行,以及奥斯汀产业的其他部分,证实了这个经过修饰的奥斯汀式的过去和国家认同的概念化,是被更为广泛的公众所渴望看到的。然而,它比这种解释所考虑的要复杂得多。《傲慢与偏见》引入了肥皂剧的元素,考察了19世纪早期的性动力学,并引入了一个极度充满色情的场景,浑身湿透的科林·费斯(Colin Firth)从一个湖里探出水面。[32] 这种对奥斯汀的优雅风格的翻新，是当代学术界对她的作品的重新思考的产物，强调了她写作中的讽刺、尖锐的挑战和她的自我戏剧化（self-dramatization）。

因此，在经典小说改编的影视剧中，可能会做出一些改变，也可能会标记出差异，尽管通常都不成功。譬如，人们通常认为18世纪是贺加斯风格的，而不是庚斯博罗风格的。这种将18世纪看作是一个流氓和罪犯横行的时代的认知，通过古装剧得以延续。譬如，西蒙·伯克（Simon Burke）的《汤姆·琼斯》(*Tom Jones*, BBC, 1996) 中的场景调度和风格就反映了这部小说的本质，在其戏谑的漫画性、流畅的叙事、夸张的人物形象和毫不掩饰的"嬉闹"地位上，它明显不同于其他改编自更为庄严的作品的经典连续剧。与《米德尔马契》等主流电视剧类似，该剧以一幅英国风景画开场，然后镜头转向叙述者亨利·菲尔丁〔Henry Fielding, 约翰·塞森斯（John Sessions）饰〕，他很快被一辆马车撞倒。这部连续剧发展了这个闹剧，包括在教堂外玩泥巴摔跤的女人、放屁的乡绅和吵闹的流氓。它运用了起伏不定的剪辑和有趣的脚本。《汤姆·琼斯》与《摩尔·弗兰德斯》(1996)、《范妮·希尔》(2007) 和《波尔达克》(2015) 一样，都有粗俗和浮华艳丽的性感（sexual flamboyance）的一面。与严肃的、内在化的、有思想深度的19世纪小说世界相比，这种将18世纪看作是欢快的和喧闹的世界的看法，首先延续了关于道德的严肃性和小说的质量（认为一部小说越复杂，它就越好）的旧的文学批评立场，其次，创造了一种18世纪的视觉美学，它与19世纪的视觉美学形成了鲜明的对比。它可以通过比较来提升奥斯汀这样的作家的地位——她的作品是以一种严肃的、优质的方式得到对待的。与此同时，改编自 18 世纪小说的影视作品，却削弱了改编自奥斯汀、艾略特、狄更斯等人的小说的影视作品的庄严感，这表明，"经典"连续剧作品可能来自其他小说、其他时期，并以不同的风格进行处理。譬如，这两部电视剧对性别角色的处理显示出明显的差异——《汤姆·琼斯》中的女性在性方面是贪婪的，而且通常可以自由行动（除非被她们的父亲关起来）。在后来改编自奥斯汀的小说的影视剧中，许多女性注定要么在窗边等候，要么因独自行走而被批评，要么因身体虚弱而被关在室内。与之相比，索菲亚被允许到户外参加狩猎活动，在狩猎期间，失去宅邸的不是她，而是汤姆。[33]《汤姆·琼斯》所呈现的两性关系，与后来的时期一样墨守成规，但它邀请观众对此进行批判，而不是参与其中成为同谋者。更普遍地说，改编自经典小说的连续剧被认为削弱了公认的规范性性别模型；当然，像《白衣女人》（*The Woman in White*, BBC, 1997）和《呼啸山庄》（英国独立电视台，2009）这样更具哥特式风格的改编影视剧，对女性气质和家庭生活的固有观念进行了审视。[34]

《汤姆·琼斯》中叙述者角色的运用与许多连续剧不同，它在观众和故事之间进行了某种干预，而菲尔丁既在文本（叙述）之外，又在视觉效果中扮演一种剧情角色，这一事实使这种距离更加复杂。就像他在原著小说中所做的那样，他徘徊在两者之间，在复制这个声音方面，这部连续剧是忠实于原著的。这种忠实于叙事风格的尝试相对少见。在迈克尔·温特伯顿 2005 年拍摄的改编自《项迪传》的电影《一个荒诞的故事》中，同样使用了这种观众和文本之间关系的元文本前景化，这一点在更加主流、更为直接的影视剧中通常是不存在的（尽管有些作品确实使用了画外音）。后来的电视剧往往不那么粗俗，而是更加关注通过服装、剧本、音乐和表演来建立一种威严和权威。然而，到目前为止所考察的各种例子表明，主流古装剧内部存在很大程度的多样性，而试图概括它们的目的、执行和效果，往往忽略了这种多样性。正是改编自奥斯汀的小说的那些影视作品，让古装剧给人一种舒适的、资产阶级的和政治上谦逊的感觉；充其量，改编自小说的影视作品涉及社会问题（加斯克尔和狄更斯），讽刺人际关系（特罗洛普和艾略特），并迫使观众面对一种关于过去的愿景，在这种愿景中，人们不再按照墨守成规的方式行事。

无论从形式上还是内容上来说，改编自小说的影视作品也具有自我意识。譬如，《荒凉山庄》(*Bleak House*, 2006) 就具有标准的英国广播公司改编剧的特征——一个"真正的"肮脏的场景调度，一个权威作家，著名的舞台演员——但它挑战了优质影视剧的正常庄严的呈现方式，每周播放两次，每次 30 分钟，模仿的是肥皂剧的规律和时段，而不是经典连续剧的规律和时段。[35]《另一个博林家的女孩》(*The Other Boleyn Girl*, BBC, 2003) 使用了现代拍摄角度和技术，以及部分即兴创作的剧本。通常，这些决定都是基于审美方面的考虑——《荒凉山庄》的设计反映了原著小说铺天盖地的肥皂剧味和以连载形式出版的过程，而《摩尔·弗兰德斯》(*Moll Flanders*, 英国独立电视台, 1996) 采用了直接对着镜头的方式，来重现丹尼尔·笛福在小说文本中那种扣人心弦的叙述者风格。英国广播公司 2006 年出品的《简·爱》(*Jane Eyre*) 是由简·里斯 (Jean Rhys) 1966 年创作的同名小说的前传《藻海无边》(*Wide Sargasso Sea*) 改编而成。里斯的书削弱了原著小说中的殖民冲动，讲述了罗切斯特的克里奥尔第一任妻子的故事，他不公正地将她抛弃，给她改了名字并将其监禁；这部小说是著名的女权主义者对19世纪作家采用的"阁楼里的疯女人"模式的批驳。[36] 小说《藻海无边》是对某种特定类型的小说创作的一种批判，因此，由此改编的影视剧则是对电视剧《简·爱》的一种批判。两个版本的吻合建立了一种动态的关系，在这种关系中，经典小说改编的连续剧中呈现的理想化的、想象的过去受到了有力的挑战，并被认为是错误的；事实上，叙事本身（即既是同名小说文本，也是电视剧的《简·爱》）被视为一种试图忽视当时现实的急切的虚构。与此同时，《藻海无边》并没有在黄金时段播出，而是在英国广播公司第四台播出，这表明，以小说和经典改编剧为代表的文化霸权仍然稳固，这实际上进一步暗示了异议的声音很容易遭到遏制和边缘化。

开发改编剧：性和暴力

莎拉·沃特斯1998年的小说《南茜的情史》(*Tipping the Velvet*)，讲述了19世纪90年代南茜（Nan King）发现自己是女同性恋的故事。这部小说是一种回应，将边缘化的声音嵌入主流历史。英国广播公司制作的改编剧《南茜的情史》(2002) 呈现了这部改编自经典小说的电视剧在模仿和审美氛围方面所具有的自我意识，蔡尔兹（Childs）称之为"双重挪用"。[37] 这是一部改编自历史小说的影视剧，而不是一部以第一人称写作的历史小说，它本身试图模仿维多利亚时代晚期小说的煽情风格。因此，与经典小说改编的连续剧相关的一些关键因素——权威的和"真实"的文本所赋予的庄严和文化价值——被削弱了。然而，这部电视剧的背景与《傲慢与偏见》是一样的，可以看出来是被作为一部"古装剧"拍摄、上演和销售的。采取这种拼贴式的口技（ventriloquial）形式，并像严肃对待任何经典小说一样对待它的决定，为历史剧开辟了一个新的空间。[38] 由此产生的连续剧，在其制作价值和呈现方式上都是"经典"的，但与此同时，其固有的不真实性以及小说的主题问题则意味着，这是一部削弱了其所声称的体裁的连续剧。[39] 同样地，故事的目的是重新书写被历史和文化边缘化的迷失的女同性恋的声音，这在这部连续剧的怪异体裁中也得到了模仿——通过颠覆一种霸权主义的体裁，《南茜的情史》给了这部经典连续剧一个机会，让它可以表达不同意见和非主流的声音。

该剧的开场镜头拍摄的是画外音，带领观众进入主角南茜出生的牡蛎屋。画外音很有包容性，它向观众问道："你去过惠特斯特布尔吗？有没有看过那里的牡蛎店？……也许，你推开了门，走进了那间昏暗、低矮、芳香四溢的房间？"[40] 画外音的使用，可以让原作者的第一人称声音得到呈现，但这种包容性，进一步让节目邀请观众以某种方式参与到非主流身份的非边缘化中，参与到对经典连续剧的重构，并进而参与到作为文化类型的历史知识的重构之中。该节目对性和女同性恋关系的表达相对直白，这引起了媒体和公众的某种愤怒。[41] 这些抱怨的预期效果是双重的——首先是一种促使小说文本中所阐述的女同性恋身份的再次边缘化，同时也是一种暗示，即这种模糊的、碎片化的历史呈现方式并不是"优质"的。那些认为这部电视剧冒犯了某些人的观众，其实是在悼念一种特定类型的保守的、文化上单维的"经典"电视剧，而《南茜的情史》的事实恰恰证明，这种电视剧是一种虚构；保守的批评家们所期望的历史，是没有女同性恋者的历史，这种历史本身就是一种建构，而不是一个真实的实体。英国广播公司在呈现这部剧的画面时，相对而言比较具有挑衅性，在某种程度上引发了争议，这样做既是为了宣传，也是为了制造这种不协调性。因此，《南茜的情史》可能代表了一个转折点，即电视改编剧变得具有自我意识并政治化，从而演变成一种关于可能性的空间，而不是一种文化霸权。

《美丽曲线》(The Line of Beauty, BBC, 2007)改编自艾伦·霍林赫斯特(Alan Hollinghurst) 2004年的小说，该剧在很多方面都更为传统，但同样表现出了将历史虚构作品作为经典古装剧素材的兴趣。[42]这部剧标志着古装剧进入了对过去的回忆，因为它把背景设定在1983—1997年。[43]《美丽曲线》是一部反传统的改编剧，就像《南茜的情史》是一部破坏了自己体裁的电视剧那样。《美丽曲线》出现在遗产电影的高峰期；剧中的几个人物讨论说要去观看《看得见风景的房间》。这部剧直接给《故园风雨后》(Brideshead)投下了阴影，天真无邪的叙述者爱上了一个富有但有缺陷的家庭，并首先通过儿子（在牛津大学），然后通过女儿与他们建立了联系；家长变成了一个拖累整个家庭的怪物。这部小说本身也提到了古装剧："马丁有点惊讶地说：'我觉得现在太无聊了，一切都发生在过去。'"[44]这部电视剧避开了这个部分的内容，但保留了元文本的主题，在这个主题中，主人公尼克和他的情人瓦尼成立了一家公司，为亨利·詹姆斯(Henry James)的《波因顿的珍藏品》(The Spoils of Poynton)电影的制作提供资金。詹姆斯的讽刺效应显然在这部剧中发挥了作用；作为观众，我们被邀请和尼克一起，在我们看到他们的恐惧之前爱上他们的家庭。当尼克漫步在那些美丽的房屋和地方附近时，他就是我们观众，迷恋着乡间别墅，进而迷恋着与之相伴的生活方式。同样地，观众也会被吸引爱上那个时代背景,享受它的怀旧价值和真实性,然后才会被提醒,20世纪80年代代表的不是成功和奇迹,而是艾滋病、内幕交易、同性恋恐惧症和死亡。然而,关于所有这些改编剧,人们都有争议;除了狄更斯(尽管如此,他还是一位犀利的社会和政治评论家)这个可能的特例之外,最经常被选中的作家往往都是那些痴迷于讽刺的人,从奥斯汀的原始女权主义,到特罗洛普的温和讽刺,再到艾略特对浮华现象的清晰剖析。

其他的改编影视剧,譬如《无赖俱乐部》(The Rotters' Club,BBC,2005)、《白牙》(White Teeth,英国电视四台,2002)、反事实惊悚片《大天使》(BBC,2005)和《狼厅》(BBC,2014)等,都以一种更加自觉的风格运用了历史连续剧的形式。《狼厅》特别倾向于呈现一种肮脏、黑暗的真实性,它与关于都铎王朝时代的许多版本形成了鲜明对比。它的强度是史学信号的一部分,它的目的是试图传递亨利的统治和当时的政府的复杂性和奇异性。关键的一点是,这些剧模仿了古装剧的风格和制作价值——音乐,对历史细节的关注,包罗万象的叙事,在个人体验中对历史时刻的个性化,当然,它们都是改编自小说。

《美丽曲线》与《南茜的情史》的共同之处,在于关于性的露骨描写,以及对非主流、被边缘化的性身份的探索。两部剧都以观众的反应和对中心人物的认同为主题。《南茜的情史》使用了友好的画外音,在观众和主人公之间创造了一种关系。《美丽曲线》展现了尼克对乡间别墅的迷恋——观众们也有同感——这也包括他的性漫无目的的癖好,尤其是在一次聚会的镜头中,他漫步时一边看着男孩,一边看着画像。他从纯真到富有经验的觉醒,观众与他也有共同的经历,这在很多方面都与他对自己性取向的不断了解有关。该剧所探讨的性认同，在标准的历史模型中并不存在。它们重新为那些被边缘化的人进行辩护，首先认为，这些性关系是在过去发生的，并认为，他们可能受到欢迎，也可能是同性恋。因此，素材的直言不讳与非规范的性行为联系在了一起。与此同时，这两部剧都书写了一段关于性身份的特殊历史，它与异性恋规范的目的论（heteronormative teleology）不一致，也不属于异性恋规范的目的论的一部分。女同性恋者和男同性恋者都被视为历史结构的一部分，同时又自觉地置身于历史之外，从一种尖锐的视角审视了主流的性取向和历史性。与《南茜的情史》和《美丽曲线》类似的是，改编自安德里亚·列维（Andrea Levy）的作品的电视剧《小岛》（*Small Island*，英国广播公司第一台，2009），继续使用当代历史小说作为古装剧的原始文本，探讨英国历史上被边缘化和人们很少谈论的认同问题（在这个例子中，探讨的是第二次世界大战后牙买加侨民的经历）。

此类创新和复杂性如今已经成为主流影视剧的一部分，但也有很多改编影视剧呈现出一种不那么微妙、更加直接的一组身份。《夏普》（*Sharpe*）改编自伯纳德·康威尔的小说，自 1993 年以来，已经在英国独立电视台播出了 15 集的长篇连续剧。与《南茜的情史》类似，改编为《夏普》的影视作品，也表现了对模仿作品的接受，因为它们所改编的小说，书写的是关于过去或模仿过去的故事。《霍恩布洛尔船长》（*Hornblower*）改编自 C. S. 福里斯特（C. S. Forester）的小说（出版于 1937—1957 年），在 1998—2003 年被拍成 8 部长篇电视电影，并在英国独立电视台播出。这些改编剧在一定程度上满足了"经典"小说的要求，因为它们把福里斯特喜爱的经典书籍搬上了银幕，但考虑到原著是历史小说，它们也同样把问题复杂化了。它们不是连播节目，因为它们是作为一次性的长篇剧集放映的，但它们让我们对电视剧处理历史和具有历史意义的小说的方式有了更为深入的理解。这些剧并没有试图获得英国广播公司历史剧的"优质"标签，但它们仍然追求真实性，并吸引了不同的观众，尽管如此，它们仍然有兴趣看到虚构的故事在历史框架中发挥作用。这两部剧也都在海外市场推广，尤其是在美国和澳大利亚。它们与英国广播公司的经典小说改编的连续剧所呈现的更为保守的英国特性形成了鲜明对比。这些节目与改编自奥斯汀的小说的影视剧一样，具有很高的制作价值，以及对细节、地点和阶级等级等问题的关注。在这两部剧作中，英国气质中的坚韧、正派、尚武的形象与英国广播公司的古装改编剧所呈现的诙谐、孤僻的风格格格不入。它们呈现了两种不同类型的人——一名军官和一名普通士兵——在某种程度上，他们在忠于职守、坚韧不拔和机智方面可以成为这个国家的代名词。拿破仑战争并没有引发令人不安的政治问题，不像此后的大多数战争，因此，这部剧是对一个确定的时代的怀旧。同样地，它们运用了一套关于男性气概和坚韧不拔的词汇，这些词汇虽然类似乡间别墅古装剧的词汇，但在预计观众和与更有声望的剧作相关的真实性和质量模型方面，与它们存在相当大的差异。

　　肖恩·宾（Sean Bean）扮演的夏普的放荡不羁和阳刚之气，与乡间别墅里的主人公们形成了鲜明的对比。在《夏普的步枪队》（*Sharpe's Rifles*）的开头，夏普在一条河里战斗，浑身湿淋淋的，就像《傲慢与偏见》中的科林·费斯一样，但浑身是血；在这个例子中，费斯的性化（sexualisation）是由伊丽莎白·班纳特（Elizabeth

Bennet）的出现，而夏普的裸露时刻是由同性交际、责任和暴力构建起来的。然而，费斯的出现是一个毫无防备的开放时刻——这部剧想要表达的，是他们真正"看到"对方的那一刻，也是在社交场合暴露自己的时刻——宾却不断地流血、打斗、咆哮、变脏。他朴实的肉体，与散发香味的、衣冠楚楚的费斯相比，有效地将受控的、庄严的"优质"改编剧与大众的、更为直接的节目形成了对比。费斯是贵族中的保守派，宾则是建立和保护达西所享受的帝国的自耕农："我只知道如何战斗。"[45] 正如改编自奥斯汀的小说的影视剧所表现出来的社会等级制度让现代观众难以理解一样，"夏普"系列也介绍了一些人们不熟悉的礼仪、阶级差异和军事纪律。在这两部改编剧中，历史主观性的模式都是相似的——主角是被加工过的，而不是自我创造的独立物种。

这些节目，以及类似的反对高卢人的《红花侠》（*The Scarlet Pimpernel*, BBC，1999—2000）和《波尔达克》（英国广播公司第一台，2015），都属于在20世纪50年代和60年代更受欢迎的"侠盗"类型片，关注的是历史上的英雄主义和粗糙的动机。它们赞美壮观的场面，并常常大胆地暗示，男子气概是在同性交际斗争空间中形成的，尊重与社会地位同等重要。它们为文学改编剧的模式提供了一个有益的停顿，削弱了英国广播公司古装剧的呆板。夏普自己的反权威立场，譬如，他的粗俗和忽视他的社会优势的倾向，把他塑造成一个才华横溢的特立独行者，攻击他所处的墨守成规的等级社会；言外之意乃是令他困扰的社会就是奥斯汀的小说所描述的社会。"夏普"系列剧表明了"优质"古装剧在文化上的破产，它既展示了奥斯汀描写的乡间别墅的当代价格，但也通过对过去的戏剧化表征，让观众的参与变得更加复杂。尽管如此,《夏普》也强调责任、秩序和稳定——而且,与古装剧不同,它很少包含异议或复杂性的内容(尽管夏普具有特立独行的地位)。这里的一个关键例子是《夏普》和《霍恩布洛尔船长》的性别政治:女性在最坏的情况下是问题所在,在最好的情况下也是无关痛痒的,很少被人重视或得到呈现。《夏普》认为,军队是一个任人唯贤的体制,但你需要通过纪律来晋升;同样,《霍恩布洛尔船长》的海军社会也因等级和秩序而四分五裂。因此,尽管这些节目直接削弱了经典改编剧的文化保守主义,但它们却没有考虑到那些看似更主流的电视剧可能存在的细微差别或对体裁和表征的后怀旧质疑。

历史改编剧适用于所有体裁,在这种混合体裁中,英国独立电视台通常比英国广播公司更加灵活。它的节目范围包括从爱情片〔从 1989 年开始,凯瑟琳·库克森(Catherine Cookson)18 部非常受欢迎的作品被改编为影视剧〕到侦探片〔《大侦探波洛探案传奇》(*Agatha Christie's Poirot*),英国独立电视台,1989—2014;《卡德法尔》(*Cadfael*),英国独立电视台,1994—1998〕、冒险片〔《北海的诅咒》(*Beowulf*),英国独立电视台,2016〕和社会喜剧片〔《和谐主仆》(*Jeeves and Wooster*),英国独立电视台,1990—1993〕等各种体裁。同样,这里的关键问题是,这些影视剧都是以小说为基础,取材于已经确立很久的人物和典型的英国人特性,它们为人所熟知,并且具有很大的文化影响力。它们也是奢华的"优质"作品,呈现出一定的英国人特性。

这些影视剧所表征的观众群体,在历史剧的讨论中几乎没有被考虑到,与主流改编影视剧的观众群体在人口统计学上是不同的。改编剧和古装剧不仅仅是乡间别墅和保守价值观的问题。对古装剧的标准批评建立在其固有的保守主义基础上，而这通常与英国广播公司"令人尊敬的"制作联系在一起；显而易见的是历史剧、改编剧和"经典"连续剧不一定非得是这种高品质电视的一部分；事实上，英国广播公司制作的影视剧似乎很享受这种文化上的另类，它讲述了一个关于电视剧与历史联系的扭曲故事。英国广播公司的改编剧是更为广泛的、引人注目的、受欢迎的"历史"界面的一部分。我们需要小心，不要忽视历史在戏剧想象中的盛行，以及它可能被用来改变体裁、吸引观众、建立声望和打开市场的方式。

原创古装剧

以20世纪60年代末为背景的警匪剧《心跳》(*Heartbeat*)*在20世纪90年代中期达到顶峰，成为在电视上播放的最大的非肥皂剧节目，持续吸引着1000万至1500万观众。[46] 它产生了更为广泛的文化影响，因为其拍摄地约克郡地区现在以"《心跳》之乡"向游客进行推销。[47] 它还衍生出了一部医院题材的电视剧（医务剧）《皇家医院》(*The Royal*)，证明了将朴素的历史时期背景与平民主义戏剧体裁（医务剧、警察剧）融合在一起是能产生非常优秀的作品的。与目前讨论的改编影视剧不同，《心跳》是为适应市场的需求而策划的，而不是为了响应英国独立电视台放松监管的要求而有机地构思出来的。[48] 它通过暗示过去比现在更加和平、直接和舒适，反映了一种对

---

* 又译《心伤疗者》。——译者注

呈现怀旧感而感兴趣的节目；这与希格森（Higson）对怀旧电影的定义相吻合："一个关于遗失的故事，描绘了一个从稳定到不稳定的虚构的历史轨迹。"[49] 受托人策划的《心跳》在一定程度上表明了观众对历史节目的渴望，这些节目通常都是大家很熟悉的，而且对人们的历史知识的要求并不高。因此，在这种情况下，怀旧起着安慰（事情曾经更好）和转移注意力的作用。像《心跳》和《夏普》这样的节目表明，怀旧和资产阶级特性之间的联系并不是全面的；它们使人们关于过去影响大众想象力的方式的理解变得复杂化了。

《心跳》这个例子所提出的是关于非改编自小说的古装剧问题。在这种讨论中，"基于"历史时期的电视剧的兴起——具有可识别的人名〔《博尔贾家族》(*The Borgias*)，美国 Showtime 电视网，2011—2013〕、地域〔《印度之夏》(*Indian Summers*)，英国电视四台，2015〕、机构〔《塞尔福里奇先生》(*Mr Selfridge*)，独立电视台，2013—〕或类型〔《潘妮的恐惧》(*Penny Dreadful*)，天空电视台，2014—〕——就为我们引出了一个有趣的问题。由于使用了原始素材，改编影视剧因而声称具有一种"真实性"。这些原创剧，其中最著名的是《都铎王朝》（美国 Showtime 电视网，2007—2010），因其强调娱乐而非准确性而饱受批评。一方面，有些有可能被称为半改编的影视剧，具有类似的制作价值和舞台感、文学气质，包括《彼岸是天堂》〔*The Paradise*，最初源自埃米尔·左拉（Emile Zola）所写的书，但后来成了一部连续剧，英国广播公司第一台，2012—2013〕、《三个火枪手》(*The Musketeers*，半改编剧，英国广播公司第一台，2014）和《奋斗》〔*Endeavour*，《摩斯探长》(*Inspector Morse*) 前传，英国独立电视台，2012—2014〕。这些连续剧都有一种改编剧的味道，其改编方式相似，其方法也是通用的。然而，事实情况是，越来越多的电视公司对制作原创古装剧更感兴趣。这主要是因为英国独立电视台的《唐顿庄园》（2010—）大获成功。[50]《唐顿庄园》在全球大卖，为原创古装剧的制作手法带来了翻天覆地的变化。它是非常有利可图的，而且可能会在全球开辟新的市场。同样，《广告狂人》（美国经典电影有线电视台，2007—2015）也提高了此类原创电视剧的重要性、品质和国际营销的门槛。[51]

这些电视剧表明它们对主要的历史题材采用了新颖的打破传统的和修正主义的手法。它们表明，制作优质历史剧，不仅仅是一个事关真实性的问题——尽管这两部剧都强调一种特殊的活生生的现实，以打破以往的表征——而且还要克服共同的期望。凭借其代表作《黑道家族》（The Sopranos，1999—2007），美国家庭影院频道凭借其错综复杂的、史诗般的、道德上模棱两可的剧集，赢得了声誉和观众。这成了原创历史剧的标准。美国家庭影院与英国广播公司联合制作的《罗马》（2005—2007）讲述的是公元前49—前31年的故事，其花费也极其高昂（1亿美元的预算）。它在世界各地联合发行。乔纳森·斯坦普（Jonathan Stamp）是这部连续剧的顾问和联合制片人，他认为，最重要的事情就是"避免好莱坞罗马剧（HollyRome）的陈词滥调，所有的柱子和外袍都是白色的"。[52]他问道："你是如何让一个如此神秘、如此被层层发明和再发明所笼罩的世界变得鲜活起来的？"[53]通过集中关注丑闻、性和暴力，该节目表明，电视历史现在对传达一些粗俗而"真实的"东西很感兴趣，同时避免标准的具象性修辞。

更具有争议的是《朽木》（Deadwood，美国家庭影院，2004—

2006）更新了西部片。《朽木》的故事背景设定在1876年的蒙大拿州，生动地呈现了西部的拓荒故事。这个名义上的小镇"没有法律"，因此把西部描述成无法无天的、罪恶的、淫秽的和道德败坏的地方。剧中人物言语粗俗、吸食毒品、种族主义和品行不端的行为随处可见——这是为了强调历史差异，并赋予这部连续剧真实的分量。[54] 大部分情节发生在镇上的客栈和妓院，剧中的人物阴沉灰暗、个性复杂，并且善于妥协。剧中的场景调度暗淡而肮脏，意在强调故事的真实性和非当代性。与《罗马》一样，剧中的"泥土和渣土"意在表明与干净、清洁以及不那么真实的现代世界的不同。这部剧强调了它的目的论意义，同时也暗示了使这一历史背景得以突出的东西——暴力、咒骂、死亡、露骨的性爱——两者都反映了这部剧的时代性（这些事情发生在现在）和它的历史差异性（观众愿意认为，这些事情现在不会以如此肮脏的方式发生了）。[55] 剧中呈现的暴力——包括身体上的暴力和概念上的暴力（以模糊的道德性方式呈现出来）——与在《罗马》中的呈现方式不谋而合，并提出了一种呈现原始历史（raw history）的方式，即一种对我们祖先的愚蠢行为的修正主义看法。

这部剧的创作者戴维·米尔奇（David Milch）声称，他想要制作一部与他所理解的西部片类型背道而驰的电视剧，这种类型的西部片"向美国人呈现了一种经过净化的英雄主义理念，即美国到底是什么样子的……一个不被毒害的、纯洁的美国"。[56] 他继续说道："在我看来，在我的研究中所遇到的西部……与西部片毫无关系，这是显而易见的。"米尔奇对自己的作品《朽木》的描述表明，一种文化修辞如何能够成为一种历史假设，并清楚地表明，他将自己的电视剧定位为更加"真实"的,因为它不是模仿和夸张的描述,而是接近真实的西部。[57] 这部剧是反传统的,因为它就像《罗马》一样,抨击了关于过去的经过净化和清理的文化版本,咄咄逼人地破坏和挑战了人们公认的历史题材。

《都铎王朝》的制片人迈克尔·赫斯特(Michael Hirst)称,他们只是在制作一部"娱乐影视作品,而不是历史剧……我们希望的是人们来观看这部电视剧",这与米尔奇的修正主义观点相呼应,但更像是一种打破传统的风格。[58] 这种对"真实性"的挑战,有时被艺术家们描述为更加"真实",就像《罪恶之城》(City of Vice,英国电视四台,2008)的制作者们提出的建议那样:"我们想要创作一部历史题材的作品,它与大多数其他电视古装剧的庄重与得体毫无关系,这些古装剧通常是对人们熟悉的、深受喜爱的小说的温和再改编。"[59] 在这些剧中,"彼时彼地"(then)往往不是理想化的,而是一个令人感到恐怖的地方;是一个让人想要逃离的地方,而不是让人充满怀旧地向往的地方。该剧制片人罗布·珀西(Rob Pursey)表达了一种挑战观众看法的愿望:"我相信观众会对我们乔治王朝祖先的行为感到震惊,但伦敦街头的恶习绝不是一种新现象。"[60] 这种类型的节目反对将过去视为一个美好时代的观点,挑战了标准改编影视作品的怀旧情结;它呈现了历史上一段黑暗、危险和令人不快(并且需要控制)的时期。

然而,赫斯特的评论也表明,制作这些节目的关键目的是"娱乐"。《都铎王朝》从过去汲取灵感,对事件进行耸人听闻般的解读,强调的是性、权力和暴力。这是对过去的一种印象主义的叙事,传递的是某种不确定但肯定是值得疑问和不那么恭敬的东西。在这一点上，强调暴力和剥削性的剧作，譬如《斯巴达克斯》(*Spartacus*, Starz，2010—2014）和《维京人》(*Viking*，历史频道，2013—），也属于同一类型。这种越来越脱离历史的取向的结果，可能会被认为是《权力的游戏》（美国家庭影院，2011—）取得惊人成功的原因。《权力的游戏》改编自乔治·马丁（George R. R. Martin）的小说，这些小说本身也大致改编自莎士比亚的历史剧，故事发生在一个名为维斯特洛（Westeros）的奇幻国度。然而，这里的场景显然是一种肮脏、冷酷、非理性的中世纪话语的一部分。它是一部奇幻历史剧，将中世纪和近代早期的具象性修辞与魔幻元素结合在一起。它也充满了反叛的、暴力的和极具性意味的内容。像《都铎王朝》一样，它结合了暴力和裸体来追求轰动效应。《权力的游戏》是当代中世纪奇幻剧的一部分，这种现象也曾出现在《纳尼亚传奇》（2008—2010）、《指环王》（2001—2003）和《霍比特人》（2012—2014）等影片中。[61] 这些影片不是"历史剧"，但它们模仿了一种历史娱乐话语，在想象过去的方式方面具有深远的影响。它们也日益成为全球化的电视文化的一部分，在这种文化中，对历史的具体描述是没有必要或多余的。它们的历史性是它们表面上的世界主义的一部分，是一种非特定的民族特性，仍然寻求西方的、理性主义的秩序体系的霸权。

喜剧历史

在结束本章之前，我们先不谈史诗级影视作品，而是考察一下小型节目——喜剧、轻松剧情片、奇幻剧——可能也会为持不同意见的另类模式提供新的模式,并为思考过去提供新的方式。将历史用作舞台背景和历史背景的喜剧和轻松剧情片是一种次要的但具有影响力的电视节目类型。轻松喜剧和平民主义取向的剧作应被视为对历史事件的参与和表征,有助于人们的历史想象。这些节目表明,历史可以用来搞笑,可以被用来严肃地反思关于自我的定义,也可以成为电视体裁结构的一部分。这些节目具有创造和维持历史时期被公认的想法、夸张的描述和视觉想象力的能力。本部分讨论的所有这些电视剧都在全世界的电视上播放。像原创剧一样,历史题材的喜剧和轻松剧情片,比改编影视剧或严肃的纪实影视作品更具有影响力;它们的影响范围更广,受众范围更广,它们的未来命运也不那么明确。这些节目获得了人气,比短命的古装剧积累了多得多的文化资本,观众人数也多得多。它们在其他媒体中得以延续——现场戏剧表演,捆绑销售的书籍,甚至是音乐发行(捆绑销售的单曲和配乐)。

重要的是轻松剧情片和喜剧片为古装剧提供了一个机会,去研究那些相对不为人知的历史。在这一点上,它们有着对《南茜的情史》相似的史学推动力——渴望揭露迄今为止一直被"主流"历史和历史作品忽视的故事。这尤其导致了对各种表现形式的妇女历史的强调。这种对妇女历史的关注导致了喜剧片〔关于妇女选举权运动的《雄起吧,女人!》(*Up the Women!*),英国广播公司第四台,2013—2015〕或新颖的犯罪片〔《布莱切利四人组》(*Bletchley Circle*),英国独立电视台,2012—2014〕的出现。后者通过塑造一组受《官方保密法》约束、不得提及她们在战时从事间谍活动的人物形象,诠释了女性对历史的隐性贡献。她们的"秘密"技能帮助她们破案,但她们不能谈论自己的能力，也不能实施任何逮捕行动（因为她们是女性）。因此，这个节目巧妙地将当代社会的僵化与女性被边缘化的史学洞察力结合了起来。大获成功的《呼叫助产士》（BBC，2012—），同样揭示了20世纪50年代和60年代在伦敦东区工作的女性的历史。尽管有人批评《呼叫助产士》过于感伤和简单化，但它再次聚焦于女性的经历。它是与家庭有关的社会史，并表明电视剧并不必然与重大事件有关。

对于历史的讨论和辩论来说，喜剧片是一个更加复杂的领域。《法国小馆儿》（'Allo' Allo!，BBC，1982—1992，2007，同样是在国际范围内的舞台上进行表演）以战时的法国为背景，每一方代表（法国人、意大利人、德国人和英国人）的成员都用夸张的口音讲话，以表示他们的不同国籍。他们还穿着非常夸张的服装（尽管大部分服装都与制服有关）。这部剧根植于对过去的严肃或直接的表征，同时也是历史喜剧片的起源的一部分。它以《老爸上战场》（1968—1977）和《啊！妈妈贵姓》（It Ain't Half Hot Mum，1974—1981）为题材，讲述英国广播公司制作的历史情景喜剧片，利用特定的刻板印象来考察阶级和英国特性。此外，该剧还直接模仿了反抗剧《秘密军》（Secret Army，BBC，1977—1979）。显然，这个连续剧中的"历史"只是其目的的一小部分，但它在为观众构建战争的视觉表征、将假定的历史和国家行为模式强加于主角身上方面具有影响力。

《法国小馆儿》法语化的英语，引用战争片和滑稽的情节线，可以说体现了弗雷德里克·詹姆逊的后怀旧理论；作为权威和事实的历史和遗产在这里遭到削弱，被证明只是伪装。这尤其适用于赫尔·弗里克（Herr Flick）这个盖世太保的角色，他的雅利安秘书和对皮革的嗜好都是为了取乐——他就是那个变成了颓废的、性压抑的傻瓜的纳粹理论家。这种对这个大恶棍的破坏，正是这个连续剧反抗主旨的重要组成部分——可能是对战争恐怖的揭露——但把它变成粗俗的喜剧片，则削弱了这里的象征的有效性，战时纳粹主义的创伤被低俗的闹剧掩盖了。盖世太保军官援引希姆莱（Himmler）的笑话，以及嘲笑烧毁村庄的笑话——所有这些都伴随着刺耳的笑声——把第二次世界大战的暴力变成了一套陈词滥调和修辞，这些行为不受"事实"或后果的影响。历史变成了戏仿（parody）和仿作（pastiche）——正如该剧明显地借鉴和嘲弄了《秘密军》那样——一个关于自身的笑话，没有真正的中心参照点。

糟糕的服装和口音首先是一个笑话，然后迅速占据优势，以至于当那个冒充法国警察的英国卧底走进来时，他糟糕的、顽固的"错误"口音暴露了他的身份（并引发观众大笑）。"呻吟好"*是这个剧中的流行语；剧中的人物不断试图掩盖他明显的非法国性（除了他那被滑稽地放大了的英国特性之外），可笑的情节削弱了这个节目的历史性。在朱迪思·巴特勒（Judith Butler）的变装理论的滑稽演绎中，剧中的这些人物显然"表演"出了法国风格，但他们显然不是法国人（他们不会说这种法语，只是一种老套的近似说法）："如果表演者的解剖结构已经与表演者的社会性别不同，而且两者都与表演的社会性别不同，那么表演就暗示了一种不协调性，这种不协调性不仅存在于自然性别与表演之间，还存在于自然性别与社会性别之间，以及社会性别与表演之间。"[62]《法国小馆儿》为喜剧效果

---

* Good moaning，即"早上好"的错误发音。——译者注

证明了国族是表演，而在"历史"模式下的认同，同样是以严格的意识形态界定的空间内的服装、手势和动作为基础的。过去就像主角的法国口音一样不真实，他们不断重复关键的短语和情节，显示出观众对容易定位和理解的历史人物的渴望，同时也通过展示他们内在的虚假来削弱他们。通过该节目与过去进行接触，就像剧中的英国人角色试图讲法语一样混乱。

这一趋势在《黑爵士》（BBC，1983—1989）中被赋予了更大的力量，它非常恰当地攻击历史真实性，同时仍在努力追求某种"真实性"。黑爵士作为一个角色出现在四个不同的历史时期（中世纪、伊丽莎白时代、乔治王朝时期、第一次世界大战时期），每个剧集都讲述了他为自己创造更好的生活所做的阴险狡诈的尝试。在这些节目中，对"历史"的讽刺是观众应该立刻认出正在被歪曲的历史，同时尊重通过可识别的修辞（服装、音乐、布景设计）所表达的一种"真实性"。该剧为了在粗俗滑稽的喜剧中表演作为背景的历史，让演员们穿上糟糕的戏服，用口语化的手法讲述了过去。[63] 然而，《黑爵士》中的许多笑话都是以一些历史知识为基础的——要么是关于这个时期的事实，要么是更像这个时期的主观印象——这促使人们认为，在一定程度上，"历史笑话"可能不仅仅是发生在虚构的历史空间中的俏皮话。《黑爵士》对历史的理解要比《法国小馆儿》对历史的理解更为复杂，因为过去是与人物角色和叙事交织在一起的，而不是简单的异装和闹剧背景。事实上，《黑爵士》已经开始融入历史性，而该剧也因其传播粗俗滑稽的讽刺行为的能力受到批评，从而影响了公众对历史的理解。[64] 譬如，它在学校里被用作教学辅助工具，它对人们理解过去的方式产生了巨大的影响。[65]

时间旅行与梦想过去

与这种呈现过去的后怀旧方式相反，另一种主流节目则以强调历史差异的方式，戏剧化地呈现过去与现在之间的运动。《晚安甜心》(*Goodnight Sweetheart*, BBC，1993—1999)、《火星生活》(*Life on Mars*, BBC，2006—2007; ABC，2008—2009)和它的续集《灰飞烟灭》(*Ashes to Ashes*, BBC，2008—2010)是非常受欢迎的电视节目，讲述的是主人公们惊讶地发现自己时间不够用的故事。他们以过去和现在的关系为玩乐对象。这种时间的转移（time shifting）是电视剧的一个重要主题，譬如在犯罪剧《白教堂血案》(*Whitechapel*，英国独立电视台，2009—2013)中，当代犯罪似乎重复了历史上的谋杀，在《铁证悬案》(*Cold Case*, CBS，2003—2010)中，一个特殊的警察部门调查了未被侦破的案件。

就如何生动地描述一个人如何与历史接触而言，这两部剧都表明了一种流动性——我们和过去之间的障碍比我们想象的更容易渗透，无论是想象中的障碍还是现实中的障碍。然而，它们也表明，过去可以感染一个人。一个很好的关于对比的例子是《量子飞跃》(*Quantum Leap*, NBC，1989—1993)，在这部影片中，主人公被空降回到过去，"把曾经出错的事情纠正过来"，或者将时间线改得更好。类似地，儿童连续剧《时空错位三重奏》(*Time Warp Trio*, NBC，2005—2006)也派出一组孩子回到过去了解一个时期，并确保那段历史能够正确地发生。那部重要的模拟电影（film analogue）《回到未来》(*Back to the Future*)三部曲（罗伯特·泽米吉斯，1985—1990）关注的是在时光中前后穿梭,以确保关键事件仍然发生,并确保所有人都有一个幸福的结局。显然,这些节目要特别感谢《神秘博士》(Doctor Who,英国广播公司,1963—),《神秘博士》对时间旅行强加了一套道德绝对原则,但一般不考虑不同时代之间的移动,而只考虑向特定时期的移动;同样地,该剧关注的是某个特定时刻的特殊性,而不是它与其他任何事物之间的关系——《神秘博士》中的过去只是一个背景,将特定剧集的叙事投射到其中,而不是与正在展开的事件不可分割地交织在一起。《晚安甜心》和《火星生活》在道德方面的复杂性,使得这些相对简单化的时间旅行概念太过于直白。它们对过去和现在之间的动态感兴趣的是戏剧化地呈现历史差异,并把它作为一般性的娱乐。这些剧中还有一个元素是对"现在"的干扰感兴趣——两个中心人物对他们在"现在"的生活都怀有相对矛盾的态度。

在《晚安甜心》中,主人公加里·斯派洛(Gary Sparrow)发现,他可以在现代生活和20世纪40年代战时的伦敦之间穿梭。他发展出了两种生活(两种生活同时进行),并从现代世界的历史资料和档案(供应证、文件)中获得支持,以帮助他在过去生活。斯派洛在现代世界把过去的文物作为古董进行售卖;当他第一次不知不觉地进入20世纪40年代时,他决定第一个参观的地方是一个遗产主题酒吧。因此,该剧温和地讽刺了当代社会对历史的迷恋,同时也表明了过去在当下社会的无处不在,无论是在物质上还是在文化修辞上("主题"休闲遗产空间)都是如此。该节目在伦理道德方面声名不佳,这给这个节目带来了精微的玄妙之处——在这两个时期,加里都有恋爱关系,并与他的两个伴侣结婚;他试图通过预言赚钱,并把披头士乐队的歌曲冒充成自己的作品。[66] 这些伦理问题完全是由过去和现在之间的紧张关系所造成的,这是剧中的中心人物生活在这两个维度的直接后果。在《晚安甜心》中,对一个历史时期有实际的、身体上的移情——实际上有时生活在那里——会导致不良行为。

《火星生活》是《心跳》的反向版故事,因为侦探总督察（DCI）山姆·泰勒（Sam Tyler）发现他自己所处的时代——由于被一辆汽车撞倒,所以他认为自己沉浸于1973年的印象可能是一种幻觉——与现在形成了可怕的对比,而不是令人怀念的回忆。泰勒回到过去这件事首先是从视觉上呈现出来的——他检查自己的钱包、衣服、周围的汽车——然后是从行为上呈现出来的。他不理解过去的人们的态度、使用的短语和生活方式的环境,这种理解力的缺失,将历史真实性视为一组表演性指标。现代性和同时代性的指标要么是一些小玩意儿——一部手机、一辆吉普车——要么是一套行为准则（不带有性别歧视、种族主义和恐同行为）。他和当代的自己在同一个警察部门工作,但他不喜欢那里的氛围和程序,包括从偶尔的种族主义、同性恋恐惧症和性别歧视,到他的大老板侦探总督察吉恩·亨特（Gene Hunt）对嫌疑犯使用的暴力。对这部剧的效果来说,这种不协调性是很重要的,正如《火星生活》的标题所表明的那样,它反映了泰勒对生活在20世纪70年代早期所感受到的矛盾心理,同时这也是戴维·鲍伊1971年的一首歌曲名。这是一种精神状态和一段历史。

20世纪70年代被认为与现在大不相同,几乎无法辨认。然而,一支接一支不停地抽烟和喇叭裤让人产生一种怀旧的悸动。这种怀旧的悸动在某种程度上是一种认知,但它绝不是一场关于无害的、不连贯的过去的舒适的"复古"节目。该节目还用戏剧性的讽刺来反思我们失去了什么,又得到了什么——尤其是现代世界中社区的缺失(在第三集中,团队调查了一家倒闭的工厂的工会,泰勒认出了这栋楼就是他居住的公寓;在第五集中,可以预见到,足球流氓的暴力行为会导致足球观众的分裂)。[67]《火星生活》表明,总体来说,泰勒的方法更为有效——当然,他可以通过不击中那么多的人而获得更好的结果。他具有一种历史方面的自命清高,这一点加里·斯派洛也有,这是一种后见之明和实证主义思维的结合,但它被个人关系削弱了,这种关系迫使两人都考虑永远停留在过去。那种认为现在是最好的去处的假设——并不知道现在本身将如何被取代——构成了一个虚伪的历史道德制高点。

压力团体抱怨说,该节目中"真实的"20世纪70年代的个人语言风格,包括性别歧视、恐同和种族主义式的侮辱,不适合英国广播公司的电视剧,可能会导致盲目模仿者的欺凌行为。[68]这表明,有一些东西似乎不适合在黄金时段播出的电视节目中出现,譬如语言偏见。《火星生活》与《罗马》和《朽木》有着内在的相似之处,因为它认为过去的生活充满更多的暴力、更加坚韧不拔、更为顽固守旧。这些节目的怀旧动力,并不是追求过去更为简朴的生活,而是渴望重新想象过去,并以一种更为复杂的方式审视过去。然而,《火星生活》是一个日常生活类节目,因此其动力略有不同——它以戏剧化的方式探索意义,最终实现对真理和对各种事物的理解。即使在过去,其动力也是从混乱走向有序。《火星生活》使20世纪70年代在道德上变得毫无生气——使其成为一个调查动机和发现直接真理的场所。与此同时,"过去"很可能是不真实的——它是一个由昏迷引起的梦——因此,一个1969年出生的人对过去的记忆是以电视警察节目〔譬如

《除暴安良》(*The Sweeney*)〕和音乐原声带为基础而构建的。简而言之，这是一个虚构的故事，是用一堆墙纸和喇叭裤对20世纪70年代的生活所做的一种讽刺。

《灰飞烟灭》(英国广播公司第一台，2008—2010)是《火星生活》的续集，它扩展并复杂化了《火星生活》关于过去的看法。侦探总督察亚历克丝·德雷克(Alex Drake)中了枪，这颗子弹的作用是莫名其妙地把她送回到了1981年的伦敦，巧合的是，吉恩·亨特已经开始清理伦敦东区。过去仍然充斥着恐同现象和性别歧视，但亨特的真实男人特质和粗鲁的直率又一次受到人们的崇拜。格伦尼斯特(Glenister)饰演的亨特给观众带来了一种有罪恶感的快感，他咄咄逼人的不坦率(non-PCness)与德雷克矫饰的拘谨形成了鲜明的对比。人们显然怀念那个更为淳朴的时代，那时男人都是男人，可以随心所欲地粗声粗气地说话。与泰勒的效果形成鲜明对比的是，德雷克有点神经质，说话总是含糊不清，而且她的直觉通常都是错误的。这部连续剧是具有极强的自我意识而且是以自我为参照的。德雷克是研究山姆·泰勒案件的专家，第一集的开头是她的女儿大声朗读他的笔记——朗读的正是他在《火星生活》的每一集的开头所用的文字。她女儿的反应——"无所谓"——可能会削弱前两季精心设计的可信性，但很快观众就会被邀请经历另一个时间旅行的时刻：1981年，德雷克在泰晤士河上的一艘船上醒来。[69]与泰勒不同的是，德雷克立刻认为她所经历的是一种幻觉，是对被枪击所造成的创伤的心理反应。看到泰勒的报告后，她立刻了解了情况，认为这是她自己对过去的幻想。有时她会为她认为是自己编造的事件而道歉："我不知道这些东西是从哪里来的。"[70] 同样，她也假定，由于这是她的幻想，她可能会控制局面。她对亨特说："我将不得不重新认识你。"[71] 这种自我意识使得该剧从概念上来说相当脆弱，但也充满了史学上的可能性。德雷克认为，她在过去的经历，是对她现在处境的一种虚构的反应。该剧表达了戴维·洛温塔尔的观点，即遗产只不过是一种认识现在而不是理解过去的方式。《灰飞烟灭》把过去描绘成一个幻想世界，也许可以用来解决当前的问题。德雷克亲身经历的一个场景，她认为这是她的想象版本的过去（她对这种幻想的触觉深度表示惊讶，但也担心自己想象中的卡路里可能会产生身体上的表现："嘴上痛快一时，身体受罪一世"）。[72] 这段经历让她理解了自己的当代生活。对德雷克来说，这些都是表面现象，是对过去的模仿，是一种认知体验，而不是对历史的他者性的沉浸式心理理解。[73]

山姆·泰勒生活在一个奇怪的悲惨世界（netherworld），一个由昏迷引发的历史之梦。在《火星生活》中，拥有过度活跃的历史想象力会让人变得疯狂——在该剧的最后，泰勒似乎因为自己的幻想而要自杀。该剧通过一系列虚构的修辞、视觉符号、古怪的行为模式，以及主要是对当时发生的事情的神秘化，阐述了当代观众（以作为普通人的泰勒为例）如何与过去进行互动并将过去进行概念化。这种历史想象是真实的，但却被扭曲了。亚历克丝·德雷克认识到了她对历史的幻想，表达了对她所创造的细节的惊奇和惊讶，并将过去清晰地加以概念化，将其作为沉思当下的一种方式。对她来说，20世纪80年代是一个需要逃避的时代，是一场她会从梦中惊醒的噩梦，是一系列她必须解决的问题，然后才能回归常态。她的历史想象中的自我意识，将过去呈现为一套隐喻和表演，这种隐喻和表演既无深度又无目的。这些相互关联的连续剧所呈现的二元关系，表明了本章所讨论的主题，即大众历史剧在与过去互动方面的潜力和多样性。

注释：

1. E. Seiter, *Television and New Media Audiences*, Oxford: Clarendon Press, 2002, p. 4.
2. C. Monk, "The heritage-film debate revisited", in C. Monk and A. Sargeant (eds), *British Historical Cinema*, New York and London: Routledge, 2002, pp. 176-198 (pp. 177, 178). 关于她对接受和理解的分析，也可参见 *Heritage Film Audiences*, Edinburgh: Edinburgh University Press, 2011。
3. 关于对古装剧的修正派解释，参见 J. Leggott and J. Taddeo (eds), *Upstairs and Downstairs: British Costume Drama from the Forsyte Saga to Downton Abbey*, London: Rowman and Littlefield, 2014。
4. 譬如，可以参见 E. Braun, " 'What truth is there in this story': the dramatisation of Northern Ireland", in J. Bignell, S. Lacey and M. Macmurraugh-Kavanagh (eds), *British Television Drama*, Basingstoke: Palgrave, 2000, pp. 110-121 (p. 111)。
5. 关于这个概念的应用方面的讨论，参见 S. Cardwell, *Adaptation Revisited*, Manchester: Manchester University Press, 2002。
6. 相关讨论见 L. Hutcheon, *A Theory of Adaptation*, London and New York: Routledge, 2007, 尤其是 pp. 2-27。
7. S. Cardwell, "Literature on the small screen: television adaptations", in D. Cartmell and I. Whelehan (eds), *The Cambridge Companion to Literature on Screen*, Cambridge: Cambridge University Press, 2007, pp. 181-197.
8. J. Sanders, *Adaptation and Appropriation*, London and New York: Routledge, 2005.
9. L. Cooke, *British Television Drama: A History*, London: BFI, 2003, p. 166.
10. J. Caughie, *Television Drama: Realism, Modernism, and British Culture*, Oxford: Oxford University Press, 2000, pp. 208-209.
11. D. Kompare, "Publishing flow: DVD box sets and the reconception of television", *Television & New Media*, 7:4, 2006, 335-360 and M. Jenner, "Is this TVIV? On Netflix, TVIII and binge-watching", *New Media and Society*,

doi: 1461444814541523, 2014, 1−17.
12 Caughie, *Television Drama*, p. 208.
13 见 A. Home, *Into the Box of Delights: A History of Children's Television*, London: BBC Books, 1993。
14 譬如，2002 年的《福尔赛世家》(*The Forsyte Saga*) 就试图与英国广播公司的"高质量"电视剧进行较量，参见 I. Kleinecke, "Representations of the Victorian age: interior space and the detail of domestic life in two adaptations of Galsworthy's *The Forstye Saga*", *Screen*, 47:2, 2006, 139−163 (149−150)。
15 C. Brunsdon, "Problems with quality", *Screen*, 31:1, 1990, 67−90 (86).
16 Cardwell, Adaptation Revisited, p. 114.
17 同前注。
18 R. Nelson, "They do 'like it up 'em': Dad's Army and myths of Old England", in J. Bignell and S. Lacey (eds), *Popular Television Drama*, Manchester: Manchester University Press, 2005, pp. 51−68 (pp. 54−55).
19 S. Cardwell, *Andrew Davies*, Manchester: Manchester University Press, 2004.
20 *Middlemarch* (1994) [DVD], Episode 1.
21 I. MacKillop and A. Platt, " 'Beholding in a magic panorama': television and the illustration of *Middlemarch*", in E. Sheen and R. Giddings (eds), *The Classic Novel: From Page to Screen*, Manchester: Manchester University Press, 2000, pp. 71−92 (p. 74).
22 *Middlemarch* (1994) [DVD], Episode 6.
23 *Middlemarch* (1994) [DVD], Episode 1.
24 *Middlemarch* (1994) [DVD], Episode 6.
25 关于这方面的内容，见 E. Sheen, " 'Where the garment gapes': faithfulness and promiscuity in the 1995 *Pride and Prejudice*", in Sheen and Giddings, *The Classic Novel*, pp. 14−30 and Cardwell, *Adaptation Revisited*, pp. 133−159。
26 见 G. Preston, "*Sense and Sensibility*: Ang Lee's sensitive screen interpretation of Jane Austen" and K. Bowles, "Commodifying Austen: the Janeite culture of the Internet and commercialization through product and

television series spinoffs", in G. MacDonald and A. MacDonald (eds), *Jane Austen on Screen*, Cambridge: Cambridge University Press, 2003, pp. 12–15 and 15–22。

27 M. Crang, "Placing Jane Austen, displacing England: touring between book, history and nation", in S. Pucci and J. Thompson (eds), *Jane Austen and Co: Remaking the Past in Contemporary Culture*, New York, NY: State University of New York Press, 2003, pp. 111–132, and A. Higson, "English heritage, English literature, English film: selling Jane Austen to movie audiences in the 1990s", in E. Voigts-Virchow (ed.), *Janespotting and Beyond: British Heritage Retrovisions since the Mid-1990s*, Stuttgart: Gunter Narr Verlag, 2004, pp. 35–51.

28 S. Fraiman, "Jane Austen and Edward Said: gender, culture, and imperialism", *Critical Inquiry*, 21:4, 1995, 805–821.

29 C. M. Dole, "Austen, class, and the American market" and A. Collins, "Jane Austen, film, and the pitfalls of postmodern nostalgia", in L. Troost and S. Greenfield (eds), *Jane Austen in Hollywood*, Kentucky: University Press of Kentucky, 1998, pp. 58–78 and 79–89.

30 L. Troost and S. Greenfield, "The mouse that roared: Patricia Rozema's Mansfield Park", in Troost and Greenfield (eds), *Jane Austen in Hollywood*, pp. 188–204.

31 H. Margolis, "Janeite culture: what does the name 'Jane Austen' authorize?", in MacDonald and Macdonald (eds), *Jane Austen on Screen*, pp. 22–43 (p. 28).

32 见 L. Hopkins, "Mr. Darcy's body: privileging the female gaze", in Troost and Greenfield (eds), *Jane Austen in Hollywood*, pp. 111–121。

33 见 J. Pidduck, "Of windows and country walks: frames of space and movement in 1990s Austen adaptations", *Screen*, 39:4, 1998, 381–400。

34 H. Wheatley, "Haunted houses, hidden rooms: women, domesticity and the female Gothic adaptation on television", in Bignell and Lacey (eds), *Popular Television Drama*, pp. 149–165.

35 2007年的《雾都孤儿》采用了同样的半小时模式,但连续播出了五个晚上，进一步强调了该节目类似肥皂剧的质量。
36 这方面的经典著作有 S. M. Gilbert and S. Gubar, *The Madwoman in the Attic: The Woman Writer and the Nineteenth-Century Literary Imagination*, New Haven: Yale University Press, 1979, and Gayatri Chakravorty Spivak, "Three women's texts and a critique of imperialism", *Critical Inquiry*, 12:1, 1985, 243–261。
37 P. Childs, "Cultural heritage/heritage culture: adapting the contemporary British historical novel", in P. Nicklas and O. Linder (eds), *Adaptation and Cultural Appropriation*, Berlin: Walter de Gruyter, 2012, pp. 89–101 (p. 90).
38 这是有先例的——约翰·福尔斯的《法国中尉的女人》是在20世纪80年代拍摄成电影的，而历史小说作为一种类型经常为电视和电影提供素材。这里的不同之处在于原著小说的自我意识及其在"经典剧"话语中的呈现。英国广播公司延续了这一风格，在2006年制作了菲利普·普尔曼（Phillip Pullman）的轰动一时的维多利亚时代的作品《雾中的红宝石》(*The Ruby in the Smoke*)。
39 在《南茜的情史》之后，2005年又有了一部改编自沃特斯的小说《指匠情挑》(*Fingersmith*)的电影，具有类似的制作价值和营销方式。
40 *Tipping the Velvet* (2002) [DVD], Episode 1.
41 广播标准管理局（Broadcasting Standards Authority）拒绝了35起有关该剧的投诉: http://news.bbc.co.uk/1/hi/entertainment/tv_and_radio/2712133.stm [accessed 2 July 2007]。
42 P. Swaab, "*The Line of Beauty*", *Film Quarterly*, 60:3, 2007, 10–15.
43 这当然是一部古装剧，因为它是改编而成，而不是对过去的戏剧性思考，譬如 Alan Bleasdale's *GBH*, Channel 4, 1991, and Peter Flannery's *Our Friends in the North*, BBC1, 1996。
44 A. Hollinghurst, *The Line of Beauty*, London: Picador, 2005, p. 214.
45 *Sharpe's Rifles*, ITV, 5 May 1993, 19:00 hrs.
46 Cooke, *British Television Drama*, p. 163.
47 T. Mordue, "*Heartbeat* country: conflicting values, coinciding visions", *Environment and Planning*, 31:4, 1999, 629–646.
48 R. Nelson, *TV Drama in Transition*, Basingstoke: Macmillan, 1997,

pp. 75-78.
49 A. Higson, *Waving the Flag: Constructing a National Cinema in Britain*, Oxford: Clarendon Press, 1995, p. 47.
50 关于对《唐顿庄园》的深入讨论，参见 Katherine Byrne, *The Edwardians on Screen: From Downton Abbey to Parade's End*, Basingstoke: Palgrave, 2015。
51 见 de Groot, " 'Perpetually dividing and suturing the past and present' "。
52 http://www.hbo.com/rome/watch/season2/episode22.html [accessed 17 August 2007].
53 同前注。
54 A. Landsberg, "Waking the deadwood of history: listening, language, and the 'aural visceral' ", *Rethinking History*, 14:4, 2010, 531-549.
55 http://www.hbo.com/deadwood/ [accessed 10 September 2007].
56 H. Havrilesky, "The man behind *Deadwood*", 5 March 2005, http://dir.salon.com/story/ent/feature/2005/03/05/milch/index.html?pn=2 [accessed 22 August 2007].
57 D. Lavery, "*Deadwood*, David Milch, and television creativity", in D. Lavery (ed.), *Reading Deadwood: A Western to Swear By*, London: IB Tauris, 2006, pp. 1-11.
58 引自 B. Glynn, "The conquests of Henry VIII: masculinity, sex and the national past in *The Tudors*", in B. Johnson, J. Ashton and B. Glynn (eds), *Television, Sex and Society: Analyzing Contemporary Representations*, London: Continuum, 2012, pp. 157-175 (p. 162)。
59 http://www.channel4.com/history/microsites/C/city-of-vice/producer_interviews_extended.html [accessed 23 January 2008].
60 http://www.channel4.com/history/microsites/C/city-of-vice/producer_interviews.html [accessed 23 January 2008].
61 相关文章见 A. Bernau and B. Bildhauer, *Medieval Film*, Manchester: Manchester University Press, 2009。
62 J. Butler, *Gender Trouble*, London and New York: Routledge, 1990, p. 137.
63 见 S. Badsey, "The Great War since the Great War", *Historical Journal of*

第十二章　历史电视：改编剧、原创剧、喜剧和时间旅行　　*405*

Film, Radio and Television, 22:1, 2002, 37–45。

64　Badsey, "*Blackadder Goes Forth* and the 'two western fronts' debate" and E. Hanna, *The Great War on the Small Screen*, Edinburgh: Edinburgh University Press, 2009.

65　例如，见 M. Dobson and N. J. Watson, *England's Elizabeth: An Afterlife in Fame and Fantasy*, Oxford: Oxford University Press, 2002, and S. Doran and T. S. Freeman (eds), *The Myth of Elizabeth*, Basingstoke and New York: Palgrave Macmillan, 2003。

66　关于电视剧中时间穿越的伦理问题的讨论，参见 K. Mckinney Wiggins, "Epic heroes, ethical issues, and time paradoxes in *Quantum Leap*", *Journal of Popular Film and Television*, 21:3, 1993, 111–120。

67　*Life on Mars*, Episode 3, BBC1, 23 January 2006, 21:00 hrs; Episode 5, BBC1, 6 February 2006, 21:00 hrs. 类似地，《灰飞烟灭》的续集探索了经济发展对社区的破坏：*Ashes to Ashes*, Episode 3, BBC1, 21 February 2008, 21:00 hrs。

68　"Mars drama could spark bullying", 12 April 2007, http://news.bbc.co.uk/1/hi/entertainment/6549163.stm [accessed 11 September 2007].

69　*Ashes to Ashes*, Episode 1, BBC1, 7 February 2008, 21:00 hrs.

70　*Ashes to Ashes*, Episode 2, BBC1, 14 February 2008, 21:00 hrs.

71　同前注。

72　*Ashes to Ashes*, Episode 3, BBC1, 21 February 2008, 21:00 hrs.

73　这反映在使用戴维·鲍伊 1980 年的《灰飞烟灭》（Ashes to Ashes）歌曲和标志性视频作为一种互文文本（intertext）。这首歌本身就是对鲍伊 1969 年的《太空怪人》（Space Oddity）主角的一种极度自觉和令人厌烦的反思。参见 S. Waldrep, *The Aesthetics of Self-Invention: Oscar Wilde to David Bowie*, Minneapolis and London: University of Minnesota Press, 2004, p. 124。

第十三章　历史电影

国家电影、国际观众与历史电影

247　　除了在电视上，与想象的、建构的过去进行视觉化接触的重要形式就是电影。罗伯特·罗森斯通认为，电影"在很大程度上是对传统历史话语的一种评论和挑战"。[1]换句话说，它们是一种文化现象的一部分，这种文化现象提供了一套不同的思考过去、呈现历史体验和享受的方式。电影涵盖了各种各样的类型，而这些类型本身就需要特定的史学研究方法：传记片（《万物理论》，詹姆斯·马什，2014）、战斗片（《铁拳》，罗伯特·菲茨杰拉德·迪格斯，2012）、恐怖片（《吸血鬼猎人林肯》，提莫·贝克曼贝托夫，2012）、历史片（《国王的演讲》，汤姆·霍伯，2010）、改编片（《疯狂佳人》，托马斯·温特伯格，2014）、冒险片（《侠盗罗宾汉》，雷德利·斯科特，2010）、翻拍片（《诸神之战》，路易斯·莱特里尔，2010）、圣经史诗片（《诺亚方舟》，达伦·阿伦诺夫斯基，2014），喜剧片（《加勒比海盗》，2003—），这样的例子不胜枚举。每一种类型的体裁都需要从观众那里获得一套特定的方法，并因此呈现了一种思考和参与过去的新方式。正如在"引言"中所讨论的，罗森斯通认为：

> 历史电影不仅挑战了传统史学，而且帮助我们回到了原点，即一种我们永远无法真正了解过去的感觉，我们只能不断地把玩它，重构它，并试图从它留下来的痕迹中寻找意义。[2]

在这一点上，他指出，电影既是恢复性的（restorative），也是认识论的。它能使观众认识到，他们可能会以一种带有偏见的方式接触过去。[3]

M. 奈特·沙马兰（M. Night Shyamalan）的《神秘村》（The Village，2004）展示了历史遗产电影中普遍存在的有问题的隐喻。这部电影呈现了19世纪早期以来一个与世隔绝的社区的故事。只是在故事的最后，才揭示出一个转折：这个社区实际上是由当代人组成的，他们从城市恐怖的现代生活中逃到了这里。这部电影削弱了观众的假设，即这是一部历史电影，也削弱了他们随之而来对这种模式所怀有的慰藉。剧情的转折取决于与历史电影的一般形式相关的假设。与这种巧妙地运用历史隐喻形成对比的，是像《比尔和泰德的奇异冒险》（Bill and Ted's Excellent Adventure，斯蒂芬·赫里克，2001）这样的喜剧片表现出对过去表征的不尊重，这可能导致草率的模仿（《黑骑士》，吉尔·约格尔，2001），恐怖的表现〔山姆·雷米（Sam Raimi）的《鬼玩人》（Army of Darkness），1992〕，以及在诸如《骑士传奇》（布莱恩·海尔格兰德，2001）或《了不起的盖茨比》（巴兹·鲁赫曼，2013）等故事时代错置的电影中破坏整个类型的严肃尝试。[4] 历史电影在呈现过去方面，以及在建议需要用符合伦理的方法来研究历史方面，具有极大的可塑性和复杂性。《少年时代》（理查德·林克莱特，2014）以这种方式激发了人们的灵感，这是一部由演员艾拉·科尔特兰（Ellar Coltrane）主演的电影，他在影片中真实地展现了自己从 6 岁到 18 岁的成长过程。这部电影迫使观众思考时间的流逝，荧屏上对过去的表征，以及电影和纪录片叙述历史的方式。然后，本部分将考察电影可能维持特定的史学研究模式以及发展对话语的批评的方式，并展示如何通过视觉手段传达和呈现记忆、过去和历史真实性。

虽然将国家历史电影作为一个整体来考察是很重要的，同样重要的是要记住，观看它的观众会将它与其他历史电影作品进行比较，譬如从《好家伙》（*Goodfellas*，马丁·斯科塞斯，1990）到《生死朗读》（斯蒂芬·戴德利，2008）等电影；电影是跨国性的和全球性的。[5] 事实上，这两个例子表明了历史电影的范围和复杂性。《好家伙》是一部高度复杂、自觉、扭曲的作品，呈现的是从黑帮的视角来审视生活。该片在某种程度上借鉴了《教父》三部曲（弗朗西斯·福特·科波拉，1972，1974，1990），接下来推出的是一系列以 20 世纪 70 年代为背景的黑帮和毒品电影，包括《美国毒枭》（泰德·戴米，2001）、《美国黑帮》（雷德利·斯科特，2007）和《美国骗局》（大卫·O. 拉塞尔，2013）。《生死朗读》是对大屠杀类电影所做的持续性回应的一部分，这类电影还包括《辛德勒的名单》（史蒂文·斯皮尔伯格，1993）、《美丽人生》（罗伯托·贝尼尼，1997）和《穿条纹睡衣的男孩》（马克·赫尔曼，2008）。斯皮尔伯格的《慕尼黑》（2005）使这一套修辞更加复杂，它是一部历史惊悚片，讲述的是 1972 年 9 月以色列奥运会运动员被暗杀后，摩萨德展开的复仇反恐行动，该片明确质疑以色列政府的决定，反思犹太性以及"9·11"后美国的反恐战争。由于这种多样性和范围，这里没有足够的篇幅来真正深入地考察历史电影。这种体裁的电影数量巨大，而且是全球性的。[6]

历史电影和寓言被电影制作者用来处理刚刚逝去的过去的许多问题，尤其是与暴力和国家认同有关的问题。[7]在这些电影中，"历史"成了一组参照点——"事实"是已知的，或者有时是未知的——和一个竞技场，同时与现在联系在一起，但在概念上又是不同的，在这个地方，事情以抽象的方式发生，但可以通过理解或重新思考而发生改变。下面的讨论重点介绍了几个国家最近的一些趋势，以讨论人们对过去的各种反应，以及历史电影在激发全世界观众的想象力方面所采取的多种方式。

在过去的几年中，美国电影已经开始讲述一些非常复杂的历史，其中有三部重要的影片在反思奴隶制问题。昆汀·塔伦蒂诺（Quentin Tarantino）执导的《被解救的姜戈》是一部品味很差的复仇奇幻片，认为奴隶制的惨状需要从这个世界上铲除。人们对这部电影"真实的"语言和暴力的反应表明某些议题至今可能仍然是存在问题的。史蒂夫·麦奎因执导的《为奴十二载》（2013）以史诗般的现实主义和严肃的风格，赢得了奥斯卡的几项大奖和评论界的好评。这部电影试图传达一些关于美国内战前的暴力的深刻内容。这部电影的目的和取向的严肃性与塔伦蒂诺卡通式的恐怖片形成了强烈的对比，这些电影表明，文化作品可能会以多种方式参与并表征过去的经历。史蒂文·斯皮尔伯格执导的获多项大奖的影片《林肯》（2012）通过传记式的镜头，探讨了奴隶制问题，让人们意识到林肯卷入这个问题的重要性。类似地，性少数群体的历史也开始得到好莱坞"主流"的拍摄和探索，譬如《断背山》（李安，2005）、《米尔克》（格斯·范桑特，2008）和《单身男人》（汤姆·福特，2009）。

同样，德国电影也开始涉足棘手的现代历史，譬如通过塑造希特勒的形象的方式〔《帝国的毁灭》(*Der Undergang/Downfall*)，奥利弗·西斯贝格，2004〕。《帝国的毁灭》是根据希特勒的秘书特劳德·琼格（Traudl Junge）的回忆录改编的，它为传记电影的创作做出了贡献，同时也通过对琼格的采访展示了它的主观性。结果，它既更加真实，也不那么真实，这种不确定性，以及渴望对棘手的、更为广泛的问题的理解和回避的想法，成为许多关于重要的"邪恶"人物的历史传记片的特征。[8]《帝国的毁灭》最著名的一幕是希特勒面对战败时的咆哮，在网上出现了许多种恶搞版本，以各种有问题的方式流传了下来。[9]最令人困扰的涉及战争的德国电影实际上是有预期的。迈克尔·哈内克（Michael Haneke）的《白丝带》（2009）以20世纪初德国一个乡村小镇为背景。镇上的孩子们似乎设置了一系列的恶作剧和诡计，使整部电影显得更加残酷和令人不安。这部电影暗示了孩子们身上固有的暴力倾向，在即将到来的20世纪30年代，当他们长大成人时，这些倾向将会爆发。因此，哈内克制作的这部让人感到不安的历史电影，实际上讲述的是即将发生的故事，它是一部恐怖电影，但其恐怖故事并没有发生在荧幕上。其他电影，如《伪币制造者》（斯戴芬·卢佐维茨基，2007）以复杂和模棱两可的方式探讨了大屠杀问题，并表明德国电影仍在努力解决如何才能以最佳的方式讨论和表征这个令人毛骨悚然的事件。[10]

来自民主德国的导演们已经开始审视柏林墙倒塌前的生活，要么呈现的是对那个世界的滑稽怀旧（《再见列宁！》，沃尔夫冈·贝克，2002），要么就是以最愚蠢的斯塔西行动为中心叙事反思人性（《窃听风暴》，弗洛里安·亨克尔·冯·唐纳斯马克，2006）。[11]特别是，最后这部电影在结尾部分反思了重新书写历史的问题。在影片的结尾，斯塔西行动的主角德雷曼（Dreymann）在一份新公开的档案中查阅了他1989年后的斯塔西文件。这个场景通过让档案管理员花一些时间浏览收藏文献，来强调这部电影的主题，将观众的注意力集中在那里归档的证据上。然而，他读到的文件是该行动的领导人伪造的，目的是保护德雷曼和他的情人。让斯塔西官员成为英雄是一个有问题的举动，而且这部电影简化了当时的生活。[12]另一部理想化地呈现斯塔西的官员的后1989年电影是《丽塔传奇》（*Die Stille nach dem Schuss*/*The Legend of Rita*，沃尔克·施隆多夫，2000），认为有必要对过去的创伤进行浪漫化的呈现。《窃听风暴》中的"东德情结"（Ostalgie，对共产主义的怀旧情绪）及其对斯塔西方法和东德镇压的简单化呈现，使其失去了除了叙事价值和某种物质真实性之外的任何东西；从历史角度来说，这个故事和人物的行为并不真实。在与该片一同发布的一份声明中，这位导演表示："我并不想讲述一个真实的故事，而是想探究一个人可能会如何表现。这部电影更多的是对人性信念的一种基本表达，而不是对实际发生的事情的叙述。"[13]这部影片呈现的根本不是真实的故事，而是对一种理念的表征；这个故事只有通过将一个政权人性化到不可能达到的程度，才能让人原谅它。

对于20世纪八九十年代所谓的"第五代"电影导演来说，中国历史是审视国家认同和文化的有效途径。张艺谋的《菊豆》（1991）和陈凯歌的史诗巨作《霸王别姬》（1993）利用历史的框架来探讨制度、妥协、政治和艺术之间的关系。这些电影赢得了世界各地的奖项和观众,并使它们的主演成为明星。20世纪90年代初,中国的历史史诗片遵循的是一种严肃的政治模式;它现在的意义则非常不同。一些"第五代"电影导演转向了对奢侈生活的呈现,并赢得了大量对中国历史和文化迷恋的观众(不过打开这个市场的突破性电影是由一位美国人拍摄的,即李安2001年的《卧虎藏龙》)。譬如,张艺谋已经从分析性别和权力关系的早期历史影片如《大红灯笼高高挂》(1991),转向了神秘的武侠史诗片《英雄》(2002)、《十面埋伏》(2004)和《满城尽带黄金甲》(2006)。[14]陈凯歌曾利用历史来反思这个国家,这些电影却是逃避现实的半神话性的奇幻片,不过在香港(电影产业的主要基地)回归之后,对这个国家荣耀的过去的概念化运动,在一定程度上受到了审查制度的影响。[15]在《叶问》系列电影(叶伟信,2008—2013)中,功夫与历史交织在一起,产生了有趣的效果。《叶问》系列电影聚焦于李小龙的师父叶问的生活。譬如,在该系列的第一部影片中,叶问在20世纪30年代的中日战争期间的佛山挣扎求存;他的武打风格最终使他摆脱了日本人的压迫,他逃到香港,成立了咏春拳学堂。

由本土电影产业制作的电影往往具有论辩、政治或净化的目的。带有历史元素的当代西班牙电影,试图参与并理解最近发生的事件(特别是西班牙内战、第二次世界大战和佛朗哥统治时期),不过这是一段时间之内电影行业的主题。[16]一些关于西班牙的电影,如佩德罗·阿尔莫多瓦尔(Pedro Almodóvar)的《回归》(*Volver*,2006)和《吾栖之肤》(*La piel que habito/The Skin I Live In*,2011),以及吉尔莫·德尔·托罗(Guillermo del Toro,尽管他是墨西哥人)的《潘神的迷宫》(*El Laberinto del Fauno/Pan's Labyrinth*,2006),尽管相对黯淡或不肯妥协，但都为这种民族宣泄找到了国际市场。上述讨论中提到的大多数电影的情况都是如此——它们中的大多数也都获得了奖项——这就引出了一个关于历史电影观众的重要问题：这些电影中发生的历史事件对非本国观众来说重要吗，还是说过去真的变成了异国他乡？[17]

探讨国家创伤时刻的电影，往往与广受欢迎的取悦大众的作品格格不入，或者与之并驾齐驱。一部政治化的电影，譬如意大利的《再见，长夜》(Good Morning, Night，马可·贝洛基奥，2003)中关于红色旅(Red Brigade)谋杀阿尔多·莫罗(Aldo Moro)的故事，可以与《天堂电影院》(Cinema Paradiso，朱塞佩·托纳多雷，1988)等更舒适的影片有一些共同之处，这一事实表明，"历史"电影或体裁既可以是政治上的审视，也可以是对想象中的历史事件表现出的一种热烈的怀旧情绪。两部电影所设想的过去，在某种程度上都是理想化的，但前一部电影分析了一个对于国家政治发展来说至关重要的隐蔽的恐怖事件，而后一部电影表现的显然是一种放纵的怀旧行为（该影片以一位老人的回忆为背景，在这部作品的形式中，一种忧郁而又理想化的对快乐时光的回忆是如此根深蒂固）。此外，其关键的区别在于，其中一部电影是基于"真实"的事件，而另一部电影呈现的是一种情绪，是一种对过去的印象，而不是重构过去。

法国电影通常在更为现代的背景下〔譬如迈克尔·哈内克2005年的《躲藏》(Caché/Hidden)——不过哈内克是奥地利人〕与刚发生的过去进行接触——通常是与殖民历史有关。然而，《陆军上校》(Mon Colonel，洛朗·埃尔比埃，2006)、《光荣岁月》(Days of Glory/ Indigenes，拉契得·波查拉，2006)和《亲密的敌人》(Intimate

Enemies/L'enime Intime，弗朗罗·埃米里奥·斯利，2007）都表达了探讨阿尔及利亚战争的行为和后果的愿望。法国电影业对过去的描述更类似于英国，即着重于奢华的古装剧，如《玛戈王后》(La Reine Margot，帕特里斯·夏侯，1994）、《莫里哀》(Molière，洛朗·蒂拉尔，2007），不合时宜的喜剧，如《时空急转弯》(Les Visiteurs，让-马里·普瓦雷，1996），以及文学改编剧，如《萌芽》(Germinal，克劳德·贝里，1994）或《大鼻子情圣》(Cyrano de Bergerac，让-保罗·拉佩诺，1990）等。[18] 法国历史电影在《恋恋山城》(Jean de Florette，克劳德·贝里，1986）和《甘泉玛侬》(Manon des Sources，克劳德·贝里，1986）这两部（在国内和国际上）大获成功的双连戏中找到了怀旧的标准，这相当于双人组合电影公司莫昌特·伊沃里（Merchant Ivory）。[19] 这两部电影都表现了一种对更为淳朴的乡村社区的保守的悲哀感，并且——随着《天堂电影院》的上映——在国内市场之外广受欢迎并大获成功（不过在国外是以文艺片的形式发行，而不是像在国内那样以主流史诗片的形式发行）。[20]

2012—2013年度电影中的历史

要洞悉历史模式在西方、英语国家的大众电影中的流行程度，我们不必追溯太远。可以将2012—2013年度作为一个案例进行研究，这一年，美国电影以自我反思的方式，通过最近和不太近的过去的事件来思考和激励国家认同。2013年奥斯卡最佳影片奖的提名就清楚地证明了这一点:《林肯》(史蒂文·斯皮尔伯格，2012）、获奖片《逃离德黑兰》(本·阿弗莱克，2012）、《猎杀本·拉登》(凯瑟琳·毕格罗，2012）、《被解救的姜戈》（昆汀·塔伦蒂诺，2012）。加上音乐剧《悲惨世界》（汤姆·霍伯，2012）——这部电影在一定程度上是对一场未遂的革命事件的改编——最佳影片的评选在很大程度上偏向于历史题材的影片。

另一部获得奥斯卡最佳影片奖提名的影片《爱》（*Amour*，迈克尔·哈内克，2012），在很大程度上关注的是西方晚期资本主义的主要健康焦虑：遗忘（以戏剧的方式呈现中风的后果）。后来更为主流的电影《依然爱丽丝》〔*Still Alice*，理查德·格雷泽（Richard Glatzer）和沃什·韦斯特摩兰（Wash Westmoreland），2014〕讲述了由老年痴呆症导致的遗忘的故事。[21]《躲藏》（2005）和《白丝带》（2009）的电影导演哈内克，表达了他对国家和个人的过去可能对现在产生的破坏性影响的关注，他用中风来反思认同和自我。在电影《爱》中，由于缺乏记忆，也就没有过去，就会有一种非人性的影响，使这些人物边缘化和被排斥在社会之外。哈内克对疾病的真实性的关注是不同寻常的——尽管这是与老年角色（譬如，男主角回家乡去探望健忘的母亲）有关的陈词滥调，尽管它显然是当代人焦虑的一个重要问题，但很少有人探讨这个问题。

在2013年奥斯卡最佳影片奖入围名单上的这种关注的聚集有时也会与获奖小说的名单一致——著名的一次事件，是在2009年（那一年希拉里·曼特尔凭借《狼厅》获奖）的布克奖（Man Booker）决选名单中，有六本书以过去为叙事背景，其中有五本入围。这个事例表明，人们对使用历史小说来概念化和生动地呈现思想和关键问题的可能性重新产生了兴趣；2013年的奥斯卡获奖名单似乎也同样表明了一种历史的自我反身性，即通过电影这一媒介对美国认同进行了极为多样的探索。除了《林肯》和《悲惨世界》,没有一部是传统意义上的"古装"剧。[22] 这些电影通过不同的类型(传记片、西部片、惊悚片、纪实片、音乐剧)以不同的方式列出了对过去所进行的概念化,尽管它们在某种程度上都围绕着类似的主题:暴力和国家共同体;种族和认同;宗教和公民义务。这并不是说这是历史电影的黄金时代,只不过是说,利用这种模式可以探究的可能性范围,被一个奇怪的同步性揭示出来了。评论人士认为,这种反省可能是人们感知到的美国弱点(经济的、金融的、全球的、政治的)和对认同的焦虑造成的后果。然而,这些电影具有全球性的影响力,因此,当在不同的语境下考察这些电影时,这种关注变得曲折和复杂了。

这不仅仅是奥斯卡金像奖的问题。2012—2013年度票房收入最高的电影《复仇者联盟》〔乔斯·韦登(Joss Whedon),2012〕有各种各样的方式处理过去性的问题。这部影片的中心人物本质上是一个时间旅行者(美国队长,20世纪40年代就被冰封了),片中有一个神盾组织,成员特工们有一堆"几乎全新的"老式美国队长纸牌,足以证明他们是美国队长的狂热的粉丝。大多数角色都被他们不同的过去所困扰,因此,他们需要一个"推动力",从而成为一个超级团队,联合在一起,摆脱他们的内疚感和自我身份,以此来拯救世界或宇宙。这个故事本身就是一个"起源",深受超级英雄电影的喜爱。漫威影业已经开始探索"真实的"具有历史意义的超级英雄电影,包括以20世纪40年代为背景的《美国队长》(乔·约翰斯顿,2011)、《X战警:第一战》(*X-Men: First Class*,马修·沃恩,2011)前传和穿越时空的《X战警:逆转未来》(*X-Men: Days of Future Past*,布莱恩·辛格,2014)。奇怪的是这些超级英雄是不受时间限制的,这是

第十三章　历史电影

有意为之的（尽管有明显的语境意义），而且他们的部分构造在某种程度上是非人类的、理想化的，与"正常"社会格格不入。

《007：大破天幕杀机》（*Skyfall*，萨姆·门德斯，2012）是全球票房第二高*的电影，它关注的是过去对现在造成的破坏，包括起源、年龄和"时光倒流"，清理旧的事物（实际上是烧毁主人公的家庭别墅）。正如前一部分所述，乡村别墅是英国历史文化影视作品的中心主题。詹姆斯·邦德把自己的家庭别墅（也就是电影的名字Skyfall）烧成灰烬——"反正我从来就不喜欢这个地方"——象征着他作为一个现代（尽管在道德上存在问题）的人物，拒绝多愁善感和怀旧，他更喜欢待在熠熠生辉的上海，或者从屋顶上眺望伦敦，而不是从感情上做出承诺，或者成为一名普通的社会成员。朱迪·丹奇（Judi Dench）的评论，即认为"孤儿是最好的特工"，把邦德看成一个后现代男性，他没有祖籍，没有背景，没有社会联系，没有情感，没有过去，因此，对于需要用暴力来捍卫自己的国家来说非常有用。在影片中，门德斯对乡村别墅遭到摧毁感到幸灾乐祸，这似乎是对某种怀旧式的扭曲的民族主义的驳斥；镜头徘徊在庄园的各个象征物上，从枪械贮藏室到枝形吊灯，从楼梯到巨大的镜子，然后迅速就把它们烧成了灰烬。英国电影和现代人类毫发无损地出现在另一天的战斗中，从时代错误的灰烬中重生。我们现在是全球化的和后现代的社会，而不是狭隘的社会，摆脱了刻板的物质限制或我们的过去，进入到了一个更加光明的未来。

在结束讨论2012—2013年度的电影之前，我们继续讨论超级英雄、超人类、现实主义科幻片。2012年票房第三的电影是《蝙蝠侠：

---

*　2012年的票房数据。——译者注

黑暗骑士归来》（克里斯托弗·诺兰，2012），它讲述的是蝙蝠侠的故事。众所周知，他童年时目睹父母的死亡，饱受折磨，并永远在治安维持中寻求复仇；试图从当下消除关于过去的记忆来抚慰过去的创伤。在诺兰的电影中，蝙蝠侠看到自己没有选择，没有未来（被过去的恐怖所否定），因此，他寻求一种看似虚无的殉难。这三部电影中的每一部，都通过消灭当下的某些东西来描绘一个不同的未来：纯真、童年、现代性都在电影中遭到摧毁，超能力者和间谍等角色也变成了没有历史感的人物。

在此要强调的是2012—2013年度的这些电影涉及了不同的问题，包括过去性、记忆、回忆、起源、国家身份、认同和记忆的创伤等。它们通过对过去和不同版本的历史的叙述，表现出一种反思的愿望。一旦我们开始在一个有历史思维的框架下解读它们的意义，并试图确切地了解这些文本在做什么样的"工作"，就会清楚地看到，大众文化中充斥着过去发挥作用的模式，以及它是如何传播的。历史想象力有数百种不同方式的来源，而这些电影表明了大众文化中史学辩论的丰富性，其丰富的复杂性和多样性，其潜力和有问题的品质等问题。它们指出了历史在解释和弥补当下方面所能发挥的关键作用；以及以某种方式在提供慰藉，也可能是宣泄情绪方面所起到的关键作用。

遗产辩论和英国电影

因此，在这种复杂的全球联系中，英国的历史电影既是一种独特的国家表征模式，同时也是一种可能强大到足以演变出针对不同意见和保守主义质疑的策略的东西。[23] 在 20 世纪 80 年代,电视和电影上的遗产作品在很多方面被认为是一个整体,一些评论家认为,英国的"遗产电影"作为一种类型已经在 80 年代得到了界定。[24] 这种历史电影或电视连续剧的文化现象的特殊叙事的重要作品是《故园风雨后》(*Brideshead Revisited*,格拉纳达,1981;2008 年由朱利安·杰拉德拍摄),电影《烈火战车》(*Chariots of Fire*,休·赫德森,1981),以及制片公司莫昌特·伊沃里在 1985 年的《看得见风景的房间》和 1993 年的《告别有情天》(*The Remains of the Day*)两部影片之间拍摄的一组影片〔包括 1987 年的《莫里斯》(*Maurice*)和 1992 年的《霍华德庄园》(*Howard's End*)〕。这种类型的其他电影还包括《伦敦落雾》(*Where Angels Fear to Tread*,查尔斯·斯特里奇,1991)、《鸽之翼》(*The Wings of the Dove*,伊恩·索夫特雷,1997)、《疯狂的乔治王》(*The Madness of King George*,尼古拉斯·海特纳,1995)以及戴维·里恩(David Lean)的《印度之行》(*A Passage to India*,1984)。"古装剧"遗产制作公司被指责迎合"失落的或消失的英格兰乡村别墅"的愿景,带着渴望回到一个生活不知何故变得更好、不那么复杂的时代。[25]

这种批评的关键在于,这些电影呈现出一种怀旧的英国特性,意在向文化上保守的精英阶层致敬。安德鲁·希格森(Andrew Higson)、帕特里克·赖特(Patrick Wright)和罗伯特·休伊森都认为,遗产文化产品体现了一种对特殊形式的不列颠特性的渴望。[26] 希格森认为它们是"中产阶级的优质产品,介于艺术片和主流影片之间……巧妙而壮观地展现了人们对这个国家的过去的一种精英的、保守的愿景"。[27] 它们通过兜售小说、豪华宅第和服饰等"正统文化财产"来支持右翼的国家愿景；此外，它们还保证了各种文本和文物在界定国家共同体和遗产方面的特权地位。[28]帕特里克·赖特将"贵族反动"支配社会的现象，归咎于"故园情结"，认为遗产只是一种反动的时尚。[29]休伊森认为，遗产电影代表着一种对豪华宅邸的封建式假笑的回归。[30]拉斐尔·塞缪尔在回应时指出，遗产早在20世纪80年代之前就已经存在了，但电影古装剧与保守的、右翼的和中产阶级的议程之间的联系很难撼动。它们一直被认为有助于通过质量和真实性的双重透镜，来呈现一个同质的、阶级分明的、视觉丰富的关于过去的版本。

当我们再次审视这些遗产电影时，我们可以清楚地看到，尽管中产阶级看待英国特性的独特视角正在被清晰地表达出来，但这些文本比人们所想象的要复杂得多。[31]《故园风雨后》表达了一种英国因战争的来临而遭受损失的感觉，并试图唤起人们对一个慢慢衰败的贵族家庭的同情。它创立了遗产电视剧的标准惯例，有著名的演员的名字、音乐、华丽的历史娱乐活动、过多的服装和典型的怀旧风格。[32]然而，它也是忧郁和堕落的。即使在原著小说中，人们所向往的已经衰落的英格兰也是一种怀旧的、苦涩的、难以企及的东西。这种苦乐参半的元素弥漫在整部电视剧中，它本身表现了人们无法回到过去，以及记忆的非真实性——戏剧化和批判性地表达了对历史的怀旧之情的担忧，而这种怀旧之情正是这部电视剧的批评者们所指出的。在这部剧的结尾，查尔斯·赖德（Charles Ryder）离开了故园，前去参加战争，对他来说，故园所代表的一切都是腐败和腐朽的。他，作为画外音，因此也是观众的化身和某种作者的形象，在文本开始的时候，他面带稚气，天真无邪，到最后却是苦涩而孤独的；观众与他同行，看到了那些表面上闪闪发光的美丽事物（塞巴斯蒂安·弗莱德、马切曼勋爵、茱莉亚·弗莱德）的腐烂和死亡。在这部剧中，怀旧是为了青春和纯真，而不是为了一种生活方式。和查尔斯一样，观众也会陷入知识和讽刺的深渊。使问题变得更加复杂的，是在这部剧的最后，查尔斯找到的救赎是天主教教会的坚贞，这是一种怀旧和保守的东西，但对一个世俗的、通常是新教的不列颠国家来说同样具有挑战性。

同样，莫昌特·伊沃里制作的电影不是更为保守，而是更为复杂。在它们的电影中，有一部是很明确地关于性侵犯的（即根据福斯特生前未出版的一本关于同性恋的小说改编的《莫里斯》），而其他几部则在内容中清晰地表达了关于阶级和国家认同的争论问题（《霍华德庄园》将阶级冲突尤为残酷地生动呈现了出来）。[33] 使用 E. M. 福斯特（E. M. Forster）来确定一种特殊的英国人特性本身就增加了这种国家定义的复杂性，就像《印度之行》的矛盾之处所表明的那样。这部电影和这部小说都是基于对一个特定时刻的解读，以此来剖析英国人对印度的态度。在《甘地传》（理查德·阿滕伯勒，1982）上映两年之后，这部电影对帝国主义的影响进行了反思。[34] 这些小说在表现认同的问题上多半并不是直来直去的。这些电影确实经常呈现出一种保守的场景调度，但它们的内容是复杂的。它的范围包括从《看得见风景的房间》中赤裸裸的同性恋社会，到《霍华德庄园》中支离破碎的叙事，其结论是别墅的继承者是桀骜不驯的中产阶级施莱格尔（Schlegel）家族，但他们又不完全是英国人，而最终的继承者是伦纳德·巴斯特（Leonard Bast）的私生子。朱丽安·皮达克（Julianne Pidduck）认为，莫昌特·伊沃里制作的电影"也可以被解读为唤起人们对女性欲望和越轨性行为的戏剧化表现"。[35] 该系列的最后一部电影《告别有情天》与其他电影的不同之处在于，它是根据一部历史小说改编的，而不是根据某种"经典"文献；此外，石黑一雄（Kazuo Ishiguro）写作的这部小说将共谋与已接受的观念、刻板印象、规则和文化行为进行了概念化的呈现。[36] 这部小说和它的电影版本对共犯和一种遭到人们批评的英国特性很感兴趣。作为它们系列遗产电影的结尾，这似乎是以一种特别苦乐参半和持不同意见的方式来思考乡村别墅、国家认同和自我。

因此，一方面，英国的电影产业可能会被视为通过聚焦于这个国家的过去来制作一个关于这个国家的版本，利用过去来考察怀旧和君主政体；有时会提出质疑，但通常不会有什么变化。这种保守性的解读可能会指出，英国的历史电影为何会痴迷于传记片〔譬如，《特纳先生》（迈克·利，2014），或《模仿游戏》（莫腾·泰杜姆，2014）〕，尤其是关于王室的传记片。[37] 从《国王的演讲》（汤姆·霍伯，2010）、《倾国之恋》（W. E.，麦当娜，2011）、《年轻的维多利亚》（让-马克·瓦莱，2009）到《公主夜游记》（A Royal Night Out，朱利安·杰拉德，2015）等影片，都可以看到这些近乎圣徒般的故事。这一系列电影制作从舞台古装剧（《疯狂的乔治三世国王》，尼古拉斯·希特纳，1994）中展开，通过对谢卡尔·卡普尔（Shekhar Kapur）的《伊丽莎白》（1998）和《伊丽莎白2：黄金时代》（2007）等更具创新性的现实政治分析，延伸到《布朗夫人》（Mrs Brown, 约翰·马登，1997）等情感片。[38] 斯蒂芬·弗雷斯（Stephen Frears）对英国王室对戴安娜之死的反应的电影《女王》（2006）的分析，也同样关注通过王室人物的视角解读政治、文化和历史事件。这些电影是英国电视剧传记历史片的同类作品，如《亨利八世》（英国独立电视台，2003）、《伊丽莎白一世》（英国独立电视台，2005）、《查理二世》（BBC，2003）、《都铎王朝》（BBC，2007）、《童贞女王》（BBC，2005）和《无敌舰队》（BBC，2015）等。

然而，也有许多英国电影在挑战这一点。20世纪90年代和21世纪头十年的许多具有创新性的古装电影，都明确反对遗产系列影片的古旧形象，并通过引入现实主义、性、种族、支离破碎的叙事和道德复杂性来予以应对。那些遵循这种路径的作品，譬如那些处理时代错误、持不同政见者或额外讲故事的作品——简·坎皮恩（Jane Campion）的《淑女本色》（Portrait of a Lady，1996）、莎莉·波特（Sally Potter）的《奥兰多》（Orlando，1992）、德里克·贾曼（Derek Jarman）的《爱德华二世》（1991）、帕特里夏·罗泽马（Patricia Rozema）的《曼斯菲尔德庄园》（1999）、亚历克斯·考克斯（Alex Cox）的《复仇者的悲剧》（2002）、简·坎皮恩的《明亮的星》（Bright Star，2009）和阿马·阿桑特（Amma Asante）的《美人》（Belle，2013）等——尽管获得了评论界的好评，但并没有在市场上取得特别的成功。[39] 然而，它们证明了有一股与遗产电影制作持不同观点的电影作品存在。在过去的二十年里，许多另类的、反遗产电影的或后遗产电影的英国历史电影，主要关注的是分析阶级、国家认同本身和边缘群体。以这种方式对近代国家历史进行概念化的电影包括音乐剧《跳出我天地》（Billy Elliot，斯蒂芬·弗雷斯，2000）和《骄傲》（Pride，马修·沃楚斯，2014），这些电影以矿工罢工为背景，还有叙述种族主义的电影，譬如《这就是英格兰》（西恩·迈德斯，2007）和《东就是东》（戴米恩·奥唐纳，1999），或者是悲喜交加的喜剧片《光猪六壮士》（The Full Monty，彼得·卡坦纽，

1997），它讲述的是撒切尔时代英国的失业问题。

257　　很明显，在考察《赎罪》(乔·赖特，2007) 的时候，可以看出经典片、古装片、历史剧情片可以在多大程度上发展成一种复杂的剧作，而《赎罪》是一系列对遗产电影的隐喻感兴趣的电影之一（其他类似的例子还有罗伯特·奥特曼的《高斯福庄园》，2001 年）。《赎罪》既是关于观看过去，也是关于回顾过去的主观感受的电影。在把这些关切生动地呈现出来的过程中，这部电影和原著小说对古装剧和历史电影进行了评论，认为这些作品把过去的人们（尤其是战争中的人们）变成了偶像，把事情的本来面貌进行了夸大和浪漫化。这部电影从一个富有想象力的孩子（布里奥妮）的角度讲述了某个晚上的故事，她后来承认自己在说谎。动作通常会被展示两次，以说明事件的意义是如何依赖不同的视角的，在对回顾过去进行评论的时候，这是一个元文本的元素〔有可能在第二次展示动作的时候更好地理解那些事情吗？目前还不清楚——参演的角色（罗比和塞西莉亚）肯定不清楚，之后他们也会对彼此说同样的话〕。

这部电影在开场就表明了它的自我意识，布里奥妮也在为她的最新剧本做最后的润色。玩偶之家的特写镜头进一步表明了这部电影的类型意识，表明这一动作即将成为乡村别墅模式的一部分，同时也只是一件小事。[40] 这种自觉的开篇——乡村别墅、小说——让位给了这个家族的女儿和管家的儿子之间的一种标准的、似乎是跨越轨道的激情。然而，它更加黑暗——这里真正的秘密是恋童癖。温柔的乡村别墅类型是断裂的，而这种类型的电影受到了压力。

罗比被捕后，影片场景切换到了 1940 年敦刻尔克之前。在一个关键的场景中，他到达了敦刻尔克海滩，有一个 5 分钟的稳定跟踪镜头,跟踪拍摄罗比及现场周围的人们,还拍摄到了海滩、船只、酒吧和海滨步行大道。有数百个临时演员,马匹被射杀,唱诗班在演奏台上唱歌(有 1600 人参与)。这是一个阴森可怖的地方,荒凉而充满了绝望。镜头四处交错,有时漏掉了关键人物,而把焦点放在了正在撤离的部队的其他成员身上。每个人都有自己的故事,观众对罗比的兴趣与他周围发生的事情无关。个人被设定在历史之中,但并不比历史更为重要。这部电影关注的是某个人的叙事,但这里有数百个故事。此外,观众也意识到这个特别镜头的虚假性——虽然它在技术上给人留下了深刻的印象,但一个未经审查的镜头的陌生感,以及它得以具体表达的明显的灵活性,实际上把人们的注意力吸引到了它自己身上,视其为一件杰作,而使我们作为观众免于参与其中。这个镜头在拍摄范围和宏伟程度上过于真实,试图囊括一切,在这么做的时候,表明了它的虚张声势,打破了观众和影片之间的联系。过于逼真的镜头削弱了影片的真实性。

然而,这部电影的结尾并不和谐,现在已经老态龙钟的布里奥尼作为一位著名小说家接受了采访,而这部电影就是根据她的小说改编的。她承认,虽然这本书是自传式的,但小说电影中的一些事件从未发生过。她曾采访过处于类似处境的证人,并做了一些弥补自己良心的事情。叙述者向观众承认她在撒谎,就像她在最初的事件中撒谎一样,但同时也在削弱已经过去的一切的价值的问题上撒了谎。那些与观众产生联系的角色,只不过是她想象出来的虚构性人物;而那种过去,只是这位作者——这位小说家和电影制作人——认为可能发生的事情。[41] 不可靠的叙述者是小说创作中常见的手法,但在电影中却很少使用,其影响则是对作为一个整体的历史电影的真实性提出了质疑。这又一次削弱了现实主义——这部电影是以一种吸引观众进入"真实"场景的方式拍摄的（运用人们熟悉的修辞、道具、地点和服装，以及标准的真实元素）。

更具争议的是，肯·洛奇（Ken Loach）的《风吹麦浪》(The Wind that Shakes the Barley, 2006)，故事背景设定在1920年至1923年的爱尔兰，在英国和爱尔兰引发了关于爱尔兰独立战争的解释和表征的全国性辩论。影片以一个普通的"地方色彩"镜头开始，男孩们戴着帽子，穿着老式服装，喧闹地打着曲棍球，并伴着典型的"爱尔兰"民间音乐；片中还有庄严的远景镜头，镜头还在地形风景上停留。在接下来的镜头中，这种田园牧歌式的定场顺序就被残酷地破坏了，这种对古装剧隐喻的破坏，正是这部电影政治目的的主旨。首先，这些男孩因为携带攻击性武器被士兵逮捕，然后其中一人因为拒绝用英语说出自己的名字而被殴打致死。"爱尔兰"音乐的运用意在表现人们的反抗，而"服装"的真实性成了残忍的理由。这部电影不断挑战遗产电影的简单假设，提出关于忠诚、帝国和共谋等难题。这部电影的拍摄日期表明，虽然英国遗产电影戏剧化地表达了对自我的担忧和帝国的终结，但实际上，以这种帝国之名发生的事情则是邪恶的。"乡村别墅"的价值受到了剧中主要角色的攻击，当共和军团伙在地方绅士农场主的图书馆将农场主逮捕时，就意味着它真的遭到了入侵。影片遵循了一般的规则（地形风景，音乐，舞蹈场景，地道的口音、服装和盖尔语的使用等），但展示的却是那些曾经在农场劳作或为英国遗产电影中的角色修建道路的人物角色。

这部电影坚定地呈现了当时爱尔兰各种各样的政治派别（甚至连

片名都来自一首与1798年叛乱有关、被爱尔兰共和军使用的歌曲），并暗示英国人有能力制造巨大的恐怖事件。虽然有人试图为洛奇辩护——一名英国上尉提到索姆河，并暗示战争的创伤影响了他的部队——但英国人的残暴程度导致一些人攻击洛奇，因为洛奇表现出了支持爱尔兰共和军的情绪。然而，《风吹麦浪》的残忍场景首先通过达米安〔Damien，基利安·墨菲（Cillian Murphy）饰〕在枪口下的雄辩演讲得以展现，他要求英国人"滚出我的国家"，其次是通过影片真正的主题，即与英国签订条约后各派系之间的自相残杀这个事实得以展现。洛奇探讨了国家是如何从暴力行为中产生的，开场的"曲棍球游戏"成了兄弟间争斗的隐喻。当达米安在他的兄弟泰迪〔帕德莱克·德莱尼（Pádraic Delaney）饰〕的命令下被处决时，这就变成了字面意思。在电影的开头，达米安清楚地表达了他的处境的恐怖，因为他准备处决一个他从小就认识的叛徒："我学了五年的解剖……现在我要向这个人的头部开枪……我希望我们为之奋斗的爱尔兰值得我这样做。"[42] 与《土地与自由》相似，这部电影揭开了浪漫时刻的神秘面纱（光荣的反叛者，在反抗英国的过程中诞生的国家），而展现了它们是混乱的、恐怖与恐怖之间的偶然斗争。这是一部阴郁、阴森的电影，表明遗产史诗片在呈现对历史的理解的不确定性的同时，也可以充满激情地触及它们的主题。

注释：

1 Rosenstone, *History on Film/Film on History*, p. 8.
2 同前注，p. 164。
3 de Groot, *Remaking History* 做了进一步的讨论。也可参见 J. Stubbs, *His-*

torical Film: A Critical Introduction, London: Bloomsbury, 2013; Hughes-Warrington, *History Goes to the Movies*; A. Higson, *English Heritage, English Cinema: Costume Drama since 1980*, Oxford: Oxford University Press, 2003。

4 C. James Grindley, "Arms and the man: the curious inaccuracy of medieval arms and armor in contemporary film", *Film and History*, 36:1, 2006, 14–19.

5 见 T. Miller, N. Govil, J. McMurria and R. Maxwell, *Global Hollywood*, London: BFI, 2001, and with T. Wang, *Global Hollywood 2*, London: BFI, 2011。

6 譬如，可以参见 Rosenstone and Parvulescu (eds), *A Companion to the Historical Film*; R. Brent Toplin, *Reel History*, Lawrence, KS: University of Kansas Press, 2002; Monk and Sargeant (eds), *British Historical Cinema*; M. Hughes-Warrington (ed.), *The History on Film Reader*, London: Routledge, 2009；以及本章所引用的文本。

7 参见劳特利奇出版社"民族电影"（National Cinema）系列（2001—2008），涵盖了德国、英国、澳大利亚、意大利、法国、南非、巴西、墨西哥、中国、爱尔兰、西班牙和加拿大。也可参见 R. Stone and P. Cooke (eds), *Screening European Heritage*, Basingstoke: Palgrave, 2015 and R. Burgoyne, *Film Nation: Hollywood Looks at U. S. History*, Minneapolis, MN: University of Minnesota Press, 2010。

8 关于纳粹主义正常化的讨论，参见 Gavriel D. Rosenfeld, *Hi Hitler*, Cambridge: Cambridge University Press, 2014。

9 这里有这些不同版本的集合：http://www.telegraph.co.uk/technology/news/6262709/Hitler-Downfall-parodies-25-worth-watching.html [accessed 26 May 2015]。

10 见 D. LaCapra, *History and Memory after Auschwitz*, Ithaca, NY: Cornell University Press, 1998。

11 见 S. Hake, *German National Cinema*, London: Routledge, 2007。

12 S. Zizek, "The Dreams of Others", http://www.inthesetimes.com/article/3183/the_dreams_of_others/ [accessed 3 January 2008]. 齐泽克（Zizek）认为，在这两部电影中，《再见列宁！》呈现出来的"东德情结"是更为严重的，并认为两部电影都回避了对东德真实状况的描写。

13 引自 A. Funder, "Tyranny of terror", 5 May 2007, http://books.guardian.co.uk/review/story/0,2072454,00.html [accessed 11 February 2008]。
14 张艺谋也是陈凯歌 1984 年的电影《黄土地》（基于 1938 年的故事）的摄影师，这是第一部"对整个中国社会主义实验进行独立思考的文化批判"：J. Silbergeld, *China into Film*, London: Reaktion Books, 1999, p. 16。
15 《大红灯笼高高挂》《霸王别姬》和《菊豆》都曾被禁止在中国发行，至少暂时禁止了：Silbergeld, *China into Film*, p. 55。
16 在 *Contemporary Spanish Cinema*, Manchester: Manchester University Press, 1998 中，B. 乔丹（B. Jordan）和 R. 摩根·塔莫苏纳斯（R. Morgan-Tamosunas）指出了怀旧的关键因素，并"恢复了"在 1976 年后西班牙电影制作中"被否认、扭曲或压制的基于历史事实的过去（historical past）", p. 11；也可以进一步参见 J. Hopewell, *Out of the Past: Spanish Cinema after Franco*, London: BFI Books, 1986。
17 见 O. Evans, "Border exchanges: the role of the European film festival", *Journal of Contemporary European Studies*, 15:1, 2007, 23-33。
18 见 S. Hayward, *French National Cinema*, London: Routledge, 2005，尤其 pp. 293-332 and H. Radner, "The historical film and contemporary French cinema", in A. Fox, M. Marie, R. Moine and H. Radner (eds), *A Companion to Contemporary French Cinema*, Chichester: John Wiley & Sons, 2014, pp. 298-313。
19 见 P. Powrie, *French Cinema in the 1980s: Nostalgia and the Crisis of Masculinity*, Oxford: Oxford University Press, 1997, pp. 13-28。
20 I. Vanderschelden, "Strategies for a 'transnational'/French popular cinema", *Modern and Contemporary France*, 15:1, 2007, 36-50。
21 2012 年，世界卫生组织宣布，阿尔茨海默病和老年痴呆症更为普遍地被证明是一项全球性的健康挑战。
22 参见 *Rethinking History*, 19:3, 2015, pp. 459-536 关于《林肯》的论文和思考。
23 关于对 20 世纪 30 年代以来英国历史电影的发展的讨论，参见 J. Chapman, *Past and Present: National Identity and the British Historical Film*, London: I. B. Tauris, 2005。
24 Higson, *Waving the Flag*, pp. 26-27. 对这种遗产辩论的政治主张进行的出

色的分析和解构的讨论，参见 Monk, "The heritage-film debate revisited", pp. 177, 178。

25 I. Baucom, "Mournful histories: narratives of postimperial melancholy", *Modern Fiction Studies*, 42:2, 1996, pp. 259-288.

26 Hewison, *The Heritage Industry*; A. Higson, "Re-presenting the national past: nostalgia and pastiche in the heritage film", in Lester Friedman (ed.), *British Cinema and Thatcherism: Fires Were Started*, Minneapolis: University of Minnesota Press, 1993, pp. 109-129; Wright, *On Living in an Old Country*.

27 A. Higson, "The heritage film and British cinema", in A. Higson (ed.), *Dissolving Views: Key Views on British Cinema*, London: Cassell, 1996, pp. 232-248 (pp. 232-233).

28 Higson, *Waving the Flag*, pp. 26-27.

29 见 Samuel, *Theatres of Memory*, p. 242; P. Wright, *A Journey through Ruins*, London: Radius, 1992, pp. 45-67 的完整论证以及 *On Living in an Old Country*。

30 Hewison, *The Heritage Industry*, p. 51.

31 J. Hill, *British Cinema in the 1980s*, Oxford: Clarendon Press, 1999.

32 Cardwell, *Adaptation Revisited*, pp. 108-133.

33 关于《莫里斯》，见 T. Waugh, *The Fruit Machine: Twenty Years of Writing on Queer Cinema*, Durham, NC: Duke University Press, 2000 and W. Rohan Quince, " 'To thine own self be true...': adapting E. M. Forster's *Maurice* to the screen", *Literature/ Film Quarterly*, 17:2, 1989, 108-112。关于《霍华德庄园》，见 Lizzie Franke, "*Howard's End*", in *Sight and Sound*, 2:1, 1992, 52-53。

34 除了《甘地传》、电视剧《皇冠上的宝石》(*The Jewel in the Crown*, 1982) 和《热与尘》(*Heat and Dust*, 1981)，戴维·里恩的电影也被视为"帝国电影"晚期的、充满疑问的怀旧之作。

35 J. Pidduck, "Of windows and country walks: frames of space and movement in 1990s Austen adaptations", *Screen*, 39:4, 1998, 381-400，另见她的 *Contemporary Costume Drama*, London: BFI, 2004。

36 见 H. K. Bhabha, "Anxious nations, nervous states", in J. Copjec (ed.), *Sup-

posing the Subject, London: Verso, 1994, pp. 201-217。

37 K. McKechnie, "Taking liberties with the monarch: the royal bio-pic in the 1990s", in Monk and Sargeant (eds), *British Historical Cinema*, pp. 217-236.

38 例如，见 Dobson and Watson, *England's Elizabeth*, Doran and Freeman, *The Myth of Elizabeth* and S. Massai (ed.), *World-wide Shakespeares: Local Appropriations in Film and Performance*, London and New York: Routledge, 2005。

39 J. Pidduck, "Travels with Sally Potter's *Orlando*: gender, narrative, movement", *Screen*, 38:2, 1997, 172-189.

40 这种刻意的服装主题在《疯狂的乔治王》的开场镜头中同样明显，这个镜头围绕着国王为议会正式开幕所穿的服装，而事实上，像李尔王一样，国王不断地扔掉自己的衣服，恰恰证明了他的非理性和疯狂。

41 见 J. de Groot, "'Who would want to believe that, except in the service of the bleakest realism?' Historical fiction and ethics", in E. Sutherland and T. Gibbons (eds), *Integrity and Research: Recreating and Representing History*, London and New York: Routledge, 2011, pp. 13-28。

42 *The Wind that Shakes the Barley*, 2006, Ken Loach.

第十四章　想象的历史：小说、戏剧和漫画

历史小说

在过去的几十年里，历史小说取得了令人难以置信的成功。罗斯·特里梅（Rose Tremain）1989 年的小说《复辟》（*Restoration*）证明了文学历史小说的受欢迎程度和可能性，以巨大的销量赢得了多个奖项。希拉里·曼特尔的《狼厅》（2009）和《提堂》（*Bring up the Bodies*，2012，这两本书都已在第十三章中讨论过*）获得了多个奖项，并被改编成电视剧和舞台剧。此外，作为一种不那么大众的文学形式，历史小说的销量甚至超过了以往，包括从米尔斯与布恩出版社**出版的"历史爱情小说"系列，到菲利帕·格雷戈里（Philippa Gregory）、凯特·摩斯（Kate Mosse）和艾莉森·威尔的全球畅销小说。[1]历史小说已经逐渐成为历史学家喜欢的一种作品形式。它们在《今日历史》中被评论，被主要的历史学家讨论，事实上，它们也是由历史学家写作的。历史小说既有机会对小说实践进行审视，也有机会对历史认识和历史体验进行审视。下面的讨论考察了历史小说的几个变种，以及它们对当代历史消费提出的建议。本部分集中讨论小说形式的潜力，以

---

* 第二本没有讨论。——译者注
** Mills & Boon，英国著名的言情小说出版社。——译者注

阐明以新的视角理解和思考历史的可能性,即理解一种不同的情感。本部分内容认为,历史小说富有挑战性、不同寻常、多种多样、不协调——尽管它也很可能是民族主义的、规范性的、保守的和被动的。

在所有的历史"类型"中,历史小说是历史最悠久的一种,它声称是一种从根本上影响了情感和想象力的历史模式。[2]这是一个非常广泛的体裁,可能包括类型写作,如犯罪作品或浪漫作品,以及后现代实验主义或富有创造力的回忆录。历史小说是一种为作家提供对国家共同体、历史和自我的经历进行概念化和挑战的形式。至少从沃尔特·斯科特爵士开始,作为一种形式,小说可以让作家们探索知识、国族和时代(这里的重要人物可能是,譬如,列夫·托尔斯泰、维克多·雨果、弗吉尼亚·伍尔夫、乔治·艾略特等)。[3]这是一种实验性的和政治性的写作模式,囊括了詹姆斯·乔伊斯的《尤利西斯》(*Ulysses*, 1922)、齐诺瓦·阿切比(Chinua Achebe)的《分崩离析》(*Things Fall Apart*, 1958)和君特·格拉斯(Günter Grass)的《铁皮鼓》(*The Tin Drum*, 1959)等作品。历史小说在其漫长的发展过程中经历了多样化和演变,但它通常是被用作反思经验、本体论和认识论的一种方式;正如张思敏(Hsu-Ming Teo)所写的那样,"如果说历史虚构作品并不总是历史……那么它总是史学"。[4]正如著名作家菲利帕·格雷戈里所言,它也是一种试图挑战正当性(legitimate)、破坏"正统"的形式:

> 把故事的顺序强加在历史事实上,难道不是在制造谎言吗?我不是从那一年的大量事实中挑出了能串在一起讲述,甚至证明我想写的故事的少数几个事实吗?(……)这是一种带有偏见的

观点——就像任何一本历史书一样。[5]

这种令人棘手的记录和创造一些虚构事实的意识，就是卢卡奇所说的"必要的时代错误"。他把它看作是功利主义的东西——它是"必要的"——但是，把它看作是写作历史小说时不可避免的东西可能会更好。过去的他者性不断地得到凸显，而小说家写作手法的不真实性、明显的偏见和主观性，为它们呈现的历史创造了一种流动的状态。

历史小说形式的作品为世界各地的作家提供了一种对认同、群体、社会性别和自我进行实验和思考的手段。譬如，如果将诺贝尔文学奖作为衡量国际写作重要性的一种相对武断的标准，过去十年的情况是有重大历史介入（historicised interventions）的作家获得了这个奖项：帕特里克·莫迪亚诺（回忆录小说作家，2014），爱丽丝·门罗（她的许多短篇小说都以过去为背景，2013），莫言（《红高粱》是第一本关于20世纪30年代发生在中国的战争的重要作品，2012），马里奥·巴尔加斯·略萨（写作了许多关于秘鲁的历史小说，2010），让-玛丽·古斯塔夫·勒·克莱齐奥（最著名的小说《沙漠》描述的是从19世纪晚期到20世纪50年代的历史，2008），多丽丝·莱辛（《金色笔记本》是一部不按时代顺序对生活所做的一种叙述，2007），奥尔罕·帕慕克（《我的名字叫红》考察了1591年东西方之间的关系，2006）。它是一种可以被认为是"全球本土化"（glocal）的形式，也就是说，是国内、本土和主流文化话语模式之间的一个空间或地带。[6]它可以被认为是一种将现实主义、理性主义的西方史学思维强加于地方文化的方式，或者是一种模仿和抵制那种史学思维的方式。因此，譬如乔伊斯的《尤利西斯》既遵循文学传承和来世的模式,又挑战英国殖民统治和秩序。这部作品打破了《奥德赛》的叙事模式,呈现出一种支离破碎的叙事模式,充斥着各种不同的元素和奇怪的情节。[7]

历史是他者,而当下是人们所熟悉的。历史学家的工作通常就是将他者解释为人们所熟悉的内容的过程。历史小说家同样探索的是过去与现在之间的不协调性,让过去既可被人们辨识,又不为人们所熟悉。历史小说家集中关注的是已知的事实历史与为各种目的而存在的历史之间的差距。学者们所不知道的空间——可证实的事实之间的鸿沟——是虚构历史作家的领地。正如卢卡奇所指出的那样,历史小说是一种运用了"必然的时代错误"的形式——它本质上是错误的,并不断地引起人们对它的他者性的关注。虽然历史小说一般采用现实主义风格,但它是一种具有自我意识和自我反省的形式,向读者含蓄地传达了它的不合理性和不真实性。它遵守现实性(actuality)和真实的事件,同时承认小说必须否认这种真实。观点的多样性削弱了单一历史的概念;这显然是大多数历史小说的主流,它为过去各种各样的胡言乱语引入了另一种虚构的声音。

证明历史小说多样性的最佳方式,就是观察作者在各种注解、致谢、参考书目和增编中阐明自己的史学实践的方式。譬如,戴维·皮斯(David Peace)复杂难懂的《GB84》提供了一份长长的参考书目,其中有一句简单的评论:"这本小说是基于事实写就的虚构作品。这一事实可以在以下文献中找到。"[8] 皮斯指出,他的小说与事实有关系,并认为文献可以为那种事实提供依据。菲利普·科尔(Philip Kerr)也以类似的方式用"这本书是一部基于真实历史事件的虚构作品"介绍了他在《希特勒的和平》中的"作者注",并将我们的注意力吸引到一些看似不可信的事情上:"书中描述的许多比较隐晦的事件确实发生了,我想如果我在这里列出一些,读者可能会很感兴趣。"[9]这两位作家都试图以一个假定的"真实"事件为依据,而其他人在他们的作品中更有意识地制造恶作剧:

> 在整个故事中,我把虚构与真实生活的细节以令人发指的方式混合在一起。我使用了真实的姓名,真实的文件,现有的证据。而这一直是我计划的一部分。真相和想象并不是对立的……正如历史学家理查德·霍尔姆斯在谈到传记作者及其主题时所说的那样,我希望小说和历史能够跨越时间的界限。[10]

帕特丽夏·邓克尔(Patricia Duncker)主张将小说和历史进行某种程度的融合,承认两者都是叙事的方式,都试图理解一些永远不可能被人所知的东西。她认为,这两种模式有一种被隐藏的亲和力,这种亲和力作为"历史小说"将它们彼此置于二元的张力之中;它们应该互相影响与融合。詹姆斯·埃尔罗伊(James Ellroy)则从另一个角度提出,历史学看不见的东西,或许可以通过小说来理解:

> 时间使个人意识丧失。我们的探索在来世的空白页结束。我们生活在公共事件和未被记录的内心戏剧中。我们是历史的秘密人类基础设施。
>
> 我们的行为以不可察觉的方式影响了历史。我们未被记载的真相和心碎构成了历史。最终,我们拥有锻造历史的与生俱来的权利。[11]

埃尔罗伊认为，小说可能会触及传统史学看不到的"未被记录的内心戏剧"。相反，这种隐藏的戏剧有助于成为"历史"，因此，对这些事情的法医式检验既是一种史学研究行为，也是一种认识论的表达。埃尔罗伊考察了乔治·艾略特所描述的"非历史性的行为"，认为揭示这些看不见的时刻的真相，可能使我们对所谓的"历史"具有更加敏锐的洞察力。[12]

在这些注解中，我们可以看到历史小说可能生成的各种意义和意指，以及它所使用的模棱两可的和有问题的话语。因此，历史小说在其中清晰地表达了一种对过去的复杂而模棱两可的要求———种真实性的尝试，一种真实的（现实主义的）表征，一种纪念性的尝试，一种展示历史的他者性的尝试，在事实网络的限制下运作。它是一种奇怪的混合形式，包含了一系列实践。正如海登·怀特所说，"召唤过去需要艺术和信息"，我们经常可以看到，虚构的作品就处于这两者的结合之中。[13]这种对历史叙述的"权威"的清除，或者更确切地说，对虚构作品的赞美的增加，表明了认识论和史学研究的某种深刻转变。如果小说能够产生某种影响（毫无疑问，它确实产生了影响），那么这种影响是什么？它如何改变了人们思考、推测、想象和参与过去的方式？

"保持自由的无法改变的恐惧"：
品钦和沃特斯作品中的线性和未来意象

托马斯·品钦（Thomas Pynchon）的不朽之作《梅森和迪克逊》（1997）讲述了查尔斯·梅森（Charles Mason）和杰里迈亚·迪克

逊（Jeremiah Dixon）在勘测和绘制梅森–迪克逊线之前和之后的合作关系（涵盖的时间范围大约是1761—1786年）。伊丽莎白·简·沃尔·海因兹（Elizabeth Jane Wall Hinds）认为，"通过词汇的退化、时间的漂移和阶级的焦虑，它解构了18世纪关于制图和划分区域的科学研究项目"。[14] 该书的大部分内容都是关于现在被称为梅森–迪克逊线的边界的研究，因此对把测量的主题叠加到人类生活、历史和体验方面非常感兴趣：

> 站在标记西部的路标旁，然后转身面向西部，这对那些多愁善感的人，以及附近的每一个人，都是一种考验。你完全有可能感到未来没有消失的每一秒形成的纵向射击的力量，每一根尚未拉紧的锁链，每一件等待着去完成的未知的事情，这是一种无法改变的恐惧，因为你要保持自由。[15]

因此，这部小说将地理学和几何学与哲学结合起来，暗示了对未来知识的极度恐惧。这里的"纵向射击"（Enfilade）援引的是军事战术，暗示着向前冲的时间在某种程度上正在与现在的个体进行交战。这种对紧迫的未来恐惧被一语双关地文本化了，尽管是通过这种不受语言约束的方式（unmodified 有一个次要的语法意义，即限制或描述一个短语的意义）。

《梅森和迪克逊》涉及天文学、空心地球理论、重大阴谋论、可能的外星人造访地球、种族灭绝、科学、奴隶制、地缘政治冲突和许多其他内容。这是一个令人难以置信地复杂和随心所欲的文本，其核心是关于通过"边界线"来讨论测量、秩序、强加边界和表达意识形态（州的地位、占有领地、财产）等问题。他们所从事的工作开始将意义强加于地球的混乱之中，但是，尽管这部小说流露出来了这种线性的欲望，但还是忽略了逻辑和连贯性，而且是杂乱无章的、不断重复的；事实上，它否认了时间、空间和逻辑的清晰性。哈罗德·布鲁姆（Harold Bloom）认为，这部小说几乎达到了"令人赞叹的崇高地位"，这种无法被人理解的感觉在某种程度上是关键所在——就像小说的主人公通过他们的工作努力寻找某种意义一样，这部小说表明这是不可能的。[16]

梅森和迪克逊的工作就是以某种方式让这片奇怪的荒野变得有意义，在即将到来的革命战争之后，这里将变成美国：

> 我希望你对这种可能性做好了准备，正在觉醒的费城和这里的任何东西一样神圣，迪克逊，——当我们向西部行进的时候，请不要注意，沿海城市已经学会把这些越来越多的势力赶走，把它们留给后方的居民，——闪电、冬天、对痛苦的漠然，更不用说烈火和鲜血，等等，这些都是在离费城人很远的地方测量出来的，而我们和我们的皇家使命，我们的一套昂贵的仪器，都不过是跳蚤马戏团里的跳蚤。我们每一天都越陷越深，进入了一个对任何事情的约束都越来越少的世界——那里没有法律，没有对人们应当如何生活的任何一致的看法。（第608页）

可以看出，品钦是以仿作的风格进行写作的，读起来和理解起来都非常困难。他的句法是扭曲的，句子太长，词汇极其广泛。他使用的词经常是古语，晦涩难懂。令人感到反常的是这种"真实的"风格看起来像是后现代主义的，并且有让读者远离文本的效果。它让读者在一个故事的句子中寻找"意义",这个故事既能解释问题,又最终让人没有"获得"任何知识。梅森和迪克逊确实都觉得他们的工作毫无意义,他们并没有环绕地球,只是以一种神秘的方式揭示了事物核心的混沌状态。他们的工作实际上强加了一种错误的、不人道的、可能会导致可怕的未来的意义:

没有什么比在人民中间画出一条线,特别是一条正确的线,画出轻蔑的形状,从而在他们中间造成一种区别,更直接、更残酷地造成不好的历史的了,这是第一个打击。所有其他的一切都将如期而至,像预定的一样,走向战争和毁灭。(第 615 页)

品钦也避开了传统的叙事运动。叙事情节是梦幻的和离奇的,不受逻辑发展或连贯性的限制。这部小说围绕着"创造"方向、规划生活和建设一个国家的理念展开。《梅森和迪克逊》经过了缜密的研究,大多数修辞都是"真实的",并痴迷于测量和清晰易懂。作为一部历史小说,它既极端现实,又充满幻想,因此它表明了历史与小说的结合,这也是小说的形式所要求的。这部小说表明了小说在与"历史"打交道的过程中,是如何具有令人难以置信的启发性和延展性,从而为思考和认知历史提供了新的方式的。

莎拉·沃特斯的《守夜人》(*The Night Watch*,2006)在较小的范围内表明了历史小说家如何处理时间性(temporality)和未来性(futurity)。在她的前三部关于维多利亚时代的小说,尤其是《南茜的情史》获得巨大成功之后,《守夜人》的故事背景设定在 20 世纪 40 年代,具体来说是 1942 年至 1947 年。沃特斯本人是一位历史小说理论家——尤其是关于女同性恋历史小说的理论家。[17]对于沃特斯来说，历史小说可以为她提供一个空间，让她能够清晰地讲述一部与众不同的女同性恋的历史。她的书重塑了被边缘化的人物的故事："我认为，关注那些你可能认为是失落的或被边缘化的历史声音，不可避免地会让你的书产生政治共鸣；你的小说有效地表达了以下观点：'这些人值得书写和被人阅读；这些人值得人们关注。'"[18]《守夜人》对揭露女同性恋的历史不太感兴趣，而是对人们如何体验战争感兴趣。沃特斯没有使用正常的第一人称声音，而是使用了多种声音，有同性恋的声音，也有异性恋的声音。这部小说讲述的是由一个偶然事件联系起来的两组人物的故事。一个叫薇芙的人，在堕胎失败之后，得到了另一个名叫凯的人的治疗和帮助，凯是一名救护车司机，正是这次简短的会面和凯对薇芙无私的举动构成了这部小说的中心时刻，所有其他事件都由此发展而来。然而，这部小说的方向是复杂的，因为它是倒叙的（"1947 年""1944 年""1942 年"）。这是沃特斯在 2005 年的《灵契》(*Affinity*)中试验过的一种技术，但在这里它特别有针对性和目的性。多恩（Doan）和沃特斯认为，女同性恋小说模仿历史编纂的异序模式是有问题的，而这种反向线性关系是一种反对和扰乱正常历史知识等级的方式。这种结构不断地将读者向后拉，而不是向前拉，这种脱离了固有观念的拉力，现在使得这本书的体验变得复杂。读者对意义的探索被微妙地削弱了——他们被引导着去揭示那些已经被看到的可怕结局的事物的开端，并不断地以预知的方式进行阅读。因此，这本书模仿了历史的经历——某种总是在事后才被理解的东西。《守夜人》也对废墟感兴趣，即对曾经令人难以置信地熟悉的事物的消失感兴趣——它仔细查看了重新绘制的伦敦地图，研究炸弹对房屋造成的影响（作为救护车司机的凯，以及另一个角色茱莉亚，她正在帮助她的建筑师父亲调查半毁的房子，让沃特斯得以探索令人熟悉的毁灭所带来的震惊）。这又是一种历史编纂，因为理解关于过去的证据的毁灭，是理解我们与之接触的短暂性的关键。那些被毁坏的房屋，代表着一种已经失去的有规律的事物（regularity）。

戴维·皮斯的《GB84》也采用了类似的不和谐的叙事技巧，这本书从多个角度讲述故事，中间被两种往往是身份不明的声音打断。这部小说指出，历史正在分裂和碎片化，而时间在自动流逝：

> 恐惧和痛苦。恐吓和威胁。
>
> 快来看，快来看。犹太人带领着狂欢节队伍穿过黑社会小巷——
>
> 突然，尼尔·方丹猛踩刹车。他突然转向一边——
>
> 骑士们在与破碎的车轮搏斗。穿紫色衣服的人在雨中和泥水中发出命令。他们的脖子上戴着十字架。他们手上戴着戒指——
>
> 尼尔·方丹眨了眨眼。他发动汽车。他瞥了一眼后视镜——[19]

皮斯在这里介绍了各种各样的声音、回声和另一个历史时期入侵现在的真实梦想。这种实验是当前这种形式的基本组成部分。在过去的几十年里，文学小说家们以各种各样的方式质疑和挑战历史，从珍妮特·温特森（Jeanette Winterson）的《给樱桃以性别》（*Sexing the Cherry*, 1989）到托妮·莫里森（Toni Morrison）的《宠儿》（*Beloved*, 1987），玛格丽特·阿特伍德（Margaret Atwood）的《别名格蕾丝》（*Alias Grace*, 1996），再到阿里·史密斯（Ali Smith）的《如何两者皆是》(How to be Both，2015)。史密斯的实验性的、双面叙事的小说介于当代时刻和鬼魂的声音之间。这本书出版时，两种叙述都是随机排列的。我这本特殊的副本的结论指出了历史小说所表明的知识的碎片化：

> 颧骨的曲线
> 那些还没出生的人
> 所有的新骨头，大家好
> 所有的老年人，大家好
> 所有事物，大家好
> 既可以
> 被创造
> 也可以毁灭
> 两者[20]

史密斯的写作在这里几乎变成了诗歌，因为她的主人公的声音扭曲而分裂。这部小说以"既可以/被创造/也可以毁灭/两者"的方式来表达意义，而它最后不间断地降为"两者"，可能暗示着一种流动性或一种无止境的开放性。这是一部在语言层面上具有实验性的历史小说，它的权威性几乎分崩离析。

历史中的自我

在过去的几年里，国际上关于写作的一个重要发展是具有创新意义的回忆录，即一种源自普鲁斯特和其他半自传体作家经验的历史小说。帕特里克·莫迪亚诺（Patrick Modiano）的《缓刑》（*Suspended Sentences*）开篇是这样的："1964年春天，我19岁时遇到了弗朗西斯·詹森（Francis Jansen）。今天，我想把我对他的一点了解告诉大家。"[21] 这部中篇小说将对艺术和摄影本质的体验、记忆和沉思交织在一起。W. G. 塞巴尔德（W. G. Sebald）的小说《奥斯特利茨》（*Austerlitz*, 2001）通过对一位不知名的叙述者和一位名叫奥斯特利茨的男人（他是一个对童年和过去没有真正记忆的人）之间一系列遭遇的描述，同样反思了记忆和理解的缺失。这位犹太人奥斯特利茨是"难民儿童运动"（kindertransport）的成员，他的父母在战争中被杀，这部小说叙述了他试图强加某种秩序或理解事件。塞巴尔德复制的照片和地图，以某种方式挑战了我们对证据和真相的理解。[22] 在这方面，最为大胆的一套书是挪威作家卡尔·奥韦·克瑙斯加德（Karl Ove Knausgaard）的《我的奋斗》（2009—2011）六本书系列。这些书以法医的方式详细叙述了克瑙斯加德生活中的事件，试图以某种方式呈现活着的人的体验。他提出了关于记忆的关键点，关于通过对过去的参照来理解自己，以及经历的运作方式，试图写一些不像小说那样有道德问题的东西："如果说小说毫无价值，那么这个世界也毫无价值，因为如今我们是通过小说看到这个世界的。"[23] 与此同时，这些书非常详细和精确，关注生活的细枝末节。克瑙斯加德的小说阐明了以某种方式揭示自我和获得某种"真理"的重要性。他描述了自己在艺术上的重大突破：

在我面前的窗户里，我能模糊地看到我的脸的影像。除了发光的眼睛和下面的部分，它的整个左半边都是阴影。额头上有两道深深的皱纹，两颊上各有一道深深的皱纹，仿佛都被黑暗填满了。当你的眼睛严肃地瞪着，嘴角朝下时，你不可能不认为这张脸是阴沉的。

是什么在你身上刻下了印记？

第二天我继续这样。我的想法是尽可能地接近我的生活。[24]

对于这样一位"现实主义"作家——一个毫不畏惧地讲述自己生活细节的人——来说，这是一段难以置信地精雕细琢的篇章。那个几乎是陈词滥调的"形象"——窗户上的影像——表明，即使在这种危机时刻，他也在构建某些东西。他的脸上有某种东西"蚀刻"在里面——这是被文本化的。这是"写下来的"，因此，这是作者毫不夸张的自我反思。克瑙斯加德似乎非常诚实，但他总是在展示自己，呈现一个版本——并向我们证明，情况就是这样，过去的现实是完全不可接近的。这些类型的小说—回忆录—创作实践表明，这种形式的作品仔细考察了身份、理解和知识；它们既是对历史"事件"的叙述，也是对认识论的陈述。

然而，历史小说也是类型小说的一种形式，可能遵循主要的模板（混合了浪漫、犯罪、惊悚等形式）。每年都有成百上千部类型小说出版，关于都铎王朝的作品仍然霸占着小说排行榜。从 C. J. 桑森（C. J. Sansom）到苏珊·邓恩（Susannah Dunn），不同的作家在同一时期都有不同的写作目的。关于新维多利亚时代的小说也变得非常流行。[25] 事实上，正如历史小说协会网站上的小说目录所显示的（https://historicalnovelsociety.org）那样，每一个可以想到的历史时期都被涵盖了。现在，大学里的创意写作系定期教授历史小说写作，关于这方面的指导手册数不胜数。西莉亚·布雷菲尔德（Celia Brayfield）和邓肯·斯普洛特（Duncan Sprott）在介绍其中一本书时表示："无论作家们拥有什么样的雄心抱负，历史小说都面临着同样的挑战：如何在准确性和可信度之间取得平衡；如何让你的角色发出自己的声音；需要做多少研究；有多少研究可以忽略。"[26] 对这种文本写作方法的反思表明，每一种路径都是独特的，关键是要"在准确性和可信度之间取得平衡"。

这些例子表明了历史小说的各种可能性，从简单的类型小说到更加动态的历史性模型（models of historicity），从形式创新到小说写作，再到表达被边缘群体的认同。历史小说阐述了各种相关和相互关联的问题，从材料创新到营销和读者期望等问题。事实上，历史小说具有挑战性和自我反思性，为读者提供了相互关系的复杂性和历史的复杂性。正如索斯盖特所言："当历史的整体仍然难以捉摸的时候，就会做出恰当的选择，以达到被认为是恰当的目的；然后马上就会出现问题，即谁做出了选择，谁决定了什么被认为是合适的。"[27] 通过揭示这一点和分析认同，历史小说允许读者反思关于历史的建构，关于过去的写作和关于现在的形成等问题。

漫画小说和混合类型

历史漫画小说呈现给我们的是一种"历史类型"的表现形式，它在某种程度上超出了主流阐释的轨道；它们很有影响力，但被学术界忽视了。正如弗雷（Frey）和诺伊（Noys）指出的，它们仍然"不被普遍认为是正当的文化分析对象"。[28] 这种形式通常被认为是地下的、无用的和过分简单的,因此任何讨论都会受到严格的限制。[29] 有趣的是如今漫画小说被普遍用于教育(参见第二章关于恐怖历史的讨论)。这种教学上的使用指出了这类作品在传播过去的关键元素方面的价值。[30] 漫画小说的混合特性,允许它对历史的思考能够挑战和质疑已经被人接受的观点,在阿特·斯皮格曼(Art Spiegelman)的作品中,《鼠族》(*Maus*)引入了一种全新的处理历史恐怖事件的方法。

虚构的"连环画"(sequential art)——漫画小说或漫画——传统上回避历史,更加关注奇幻〔尼尔·盖曼(Neil Gaiman)的《睡魔》(*Sandman*),1989—1996〕、平行世界〔沃伦·埃利斯的《超级大都会》(*Transmetropolitan*),1997—2002〕或现实〔詹姆斯·德拉诺的《驱魔神探》(*Hellblazer*),1988—〕。[31] 艾伦·摩尔是将漫画小说重新塑造为一种小说形式的关键人物,尤其是他的复杂作品《守望者》(*Watchmen*,1987)。这部作品设定了这样一个世界:战后的麦卡锡主义政治迫害针对的是共产党人和蒙面治安队员。摩尔以一种全新的方式思考了漫画类型作品的局限,并对"英雄主义"进行了更为复杂的诠释。[32] 他随后的作品,《非凡绅士联盟》(1999—),选取了一批维多利亚时代小说中的人物(艾伦·夸特曼、霍利·格里芬、米娜·默里、尼莫船长、爱德华·海德),并将他们一起放在 1898 年。[33] 这本集子是一个虚构的"如果……将会怎样"(what-if)的仿作,连同令人窒息的《男孩读物》的系列冒险故事,再一次思考了英雄主义和偶像主义问题。摩尔将他笔下的人物置身于一个可被甄别的维多利亚时代的伦敦,并将虚构的故事当作真实的故事来对待。在创作文学英雄漫画人物的过程中，摩尔对文化霸权提出了质疑。他对历史题材的模仿——而不是将历史作为题材——巧妙而新颖，因为他所使用的符号和比喻本身就已经是虚构的。摩尔在他 1999 年的作品《来自地狱》(From Hell) 中扩展了这种模糊的"事实"，用各种方式戏剧化地描述了这个世界，这本书讲述了开膛手杰克 (Jack the Ripper) 谋杀案。这种心理地理学的作品是真正的混合性的，在讲述连环主题艺术时，用学术性的脚注来支持主要故事。摩尔从一系列事件中看到了现代国家的诞生：被认为是凶手的威廉·维西·古尔 (William Withey Gull) 爵士告诉他的马车司机："开始了，内特利。只是刚刚开始而已。不管是好是坏，20 世纪。我已经把它送来了。"[34] 这本书既是对维多利亚社会的描述，又是一部侦探小说，既是一场学术辩论，又是对伦敦物质秩序的解释，又是一篇惠斯勒式 (Whistleresque) 的大杂烩。这种视觉上的和真实的历史的融合表明，读者能够接受不同层次的信息和意义。《来自地狱》承认找到开膛手是不可能的，并小心地把它的解决方案作为许多可能或可能的结果之一。

　　与电影很像，漫画小说也依赖历史的视像 (visuality)。作家们用这种形式来反思体裁和对过去的视觉表征。马克斯·艾伦·柯林斯 (Max Allan Collins) 具有自我意识的《毁灭之路》(Road to Perdition, 1998—2004) 系列将冷酷的黑色电影与标准的漫画和侦探手法结合在一起，讲述了大萧条时代芝加哥的救赎和牺牲的故事 (2002 年由萨姆·门德斯拍摄成电影)。这个系列是最接近历史题材小说的连环画，不过它是对黑帮和犯罪惊悚片的大众文化比喻，就像历史主题一样。《300 斯巴达勇士》(1998) 是颇具影响力的喜剧作家弗兰克·米勒（Frank Miller）对温泉关战役的复述，这是一个血腥而英勇的版本，讲述了英勇的斯巴达人保卫希腊的文明和自由，对抗疲惫不堪、伤痕累累的波斯帝国军队的故事。米勒认为斯巴达人的消耗战阻止了非欧洲人的大兵入侵。这本书强调了英雄美德和同性社会关系，充满了浮夸的修辞和傲慢的演讲。《300斯巴达勇士》是在2006年拍摄的，主要采用了"图像"风格的数码实景拍摄，直接复制了原作的样子。这种技术使电影的画面生动起来，通过所谓的角色捕捉，将真人演员迁移到计算机生成图像效果中。演员们以蓝色屏幕为背景，以数字方式添加背景，模仿了原始图像柔和的灰色调。这也是漫画书的一个简单版本，表明了连环画风格对电影叙事的重要性，并强调了它的正式起源。续集《300勇士：帝国崛起》（诺姆·穆罗，2014）表明了这种超暴力漫画手法的受欢迎程度。《300斯巴达勇士》非常受欢迎，在世界各地都打破了销售记录，此外还有《角斗士》（雷德利·斯科特，2000）、《亚历山大》（奥利弗·斯通，2004）和《庞贝末日》（保罗·W. S. 安德森，2014），它们标志着对英雄主义史诗叙事的主流历史想象的回归。类似的真人动画技术被用于同样高票房的《贝奥武夫》（罗伯特·泽米吉斯，2007）中，这表明对古代故事的复述与虚幻和虚假的真实联系在一起。

　　非虚构的连环画一般对报告文学、自传或当代政治感兴趣，譬如，哈维·佩卡尔（Harvey Pekar）仍在进行中的自传体系列《美国荣耀》（*American Splendor*），乔·萨科（Joe Sacco）2001年的《巴勒斯坦》（*Palestine*），以及马赞·莎塔碧（Marjane Satrapi）2003年的伊朗回忆录《我在伊朗长大》（*Persepolis*），在2007年拍摄成了电影。胡·切·安德森（Ho Che Anderson）的《金》（*King*）是一部讲述马丁·路德·金的作品，它既是一部试图将这种形式融入主流的插图艺术作品，也是一部具有教育意义的传记。[35] 类似地，塔约·法通拉（Tayo Fatunla）的《我们的根》（*Our Roots*）是一个激进主义的教育项目，讲述了世界各地黑人的成就和斗争。[36] 罗伯特·西科里亚科（Robert Sikoryak）在《绝世漫画》（*Masterpiece Comics*）中的滑稽模仿结合了经典人物和经典小说（卡夫卡的查理·布朗；加缪的超人）；在正在进行的莎士比亚系列漫画作品中，也有类似的粗俗风格。[37]

杰克·杰克逊（Jack Jackson）在他的《月满荒原》（*Comanche Moon*, 1979）和《洛斯·特哈诺斯》（*Los Tejanos*, 1981）中，利用创作地下漫画（作为连环画的替代品）的自由来探索权威史学之外的问题，尤其是那些遭受暴力和创伤的土著印第安人。[38] 杰克逊的媒介是游击队员，而不被认为是主流，这个事实让杰克逊在他的早期作品中自由地呈现可怕的画面——非传统的体裁允许对官方历史进行审视。他后来的作品——2005年之前出版了很多本书，有些是与得州历史协会或得州农工大学出版社合作出版的——表现出对地方历史和经验的图画再现的兴趣，并希望根据档案记录和图像，呈现山姆·休斯顿（Sam Houston）和约翰·韦斯利·哈丁（John Wesley Hardin）等关键人物的有争议的修正主义传记。杰克逊认为，他的作品让"广大读者感受到了时代的情绪和节奏，并理解它是什么样子……我想做的是把人们带回到时光机里，让他们通过这些人的眼睛看到发生的事情"。[39] 这种认为视觉在历史移情中的重要性的观念，是其他纪录片风格实践的关键，但在这种情况下不同寻常。

其他漫画艺术家也利用这一媒介的复杂的一般潜力来反思"人们

所熟悉的"历史事件。在《鼠族》中，阿特·斯皮格曼讲述了他的父亲弗拉德克（Vladek）作为波兰犹太人从 20 世纪 30 年代到第二次世界大战，以及他最终被关进奥斯维辛集中营的经历。[40]这个故事交替展示了斯皮格曼和他的父亲在纽约和佛罗里达的当代生活。斯皮格曼所做的关键选择，是首先以漫画小说的形式来讲述故事，然后以动物的形式（犹太人是老鼠，德国人是猫，瑞典人是鹿，美国人是狗）来呈现小说中的每一个不同的种族。[41]后者这个主题使这部小说在表达极度恐怖的同时，又显得天真烂漫。与动物有关的漫画也被这本书削弱了，它表明，这种分类方法阻止你看到共同的人性。利用他父亲的传记，斯皮格曼可以探索一个"正常"的犹太人的经历，而不是泛泛而谈（他的父亲是一个可爱又烦人的人类，他自己也发现很难接受种族差异；第一本书的结尾是斯皮格曼离开他的父亲，发现他烧了他母亲的笔记本后，他在思考"凶手"这个词）。[42]多米尼克·拉卡普拉形容《鼠族》的取向是"冒险的，甚至是鲁莽的……在漫画中对待奥斯维辛的想法似乎是非常不恰当的"，但又认为："《鼠族》所面临的艺术挑战之一是如何以一种不符合其作为纯粹的惯例或令人兴奋的背景元素的方式来描绘大屠杀，尤其是在大众文化中。"[43]

这部小说借鉴了中泽启治（Keiji Nakazawa）在 20 世纪 70 年代创作的《赤足小子》(*Barefoot Gen*，是关于广岛的）和杰伊·坎特（Jay Cantor）在 1987 年创作的《疯狂的猫》(*Krazy Kat*，是关于核武器的）等前辈作品，以及《猫和老鼠》等更为明显的连环漫画形象。《鼠族》的叙事和主题的复杂性表明，漫画小说的形式具有情感上的和概念上的深度；1992 年，它获得了普利策奖特别奖，突出表明了这种形式进入了西方主流。[44]《鼠族》对历史的使用是模棱两可的——

尽管渴望清晰地表达战争的恐怖，但这位艺术家发现这是有问题的。它是目击者的证词——因此有主观性——并以一种使人生厌的泛泛的比喻呈现出来，而这种泛泛的比喻一般不与这种类型的叙述联系在一起。然而，它也非常真实，准确地使用了地图和图像，譬如，比克瑙（Birkenau）的地图，或通往奥斯维辛集中营的行军图。[45] 证词需要尊重。他的父亲阐明了这一点："你听说过毒气的事，但我说的不是谣言，而是我亲眼所见。因为我是目击证人。"[46] 同样，这是一个人的叙述，并没有试图说明整体。

玛丽安·赫希（Marianne Hirsch）认为，《鼠族》是关于"后记忆"（postmemory）的一个例子，其体验者是没有直接经历过大屠杀的后人。[47]《鼠族》表明了"儿子无法想象自己父亲的过去，除了通过反复传播和已经具有标志性的文化形象"；然而，赫希也承认小说中形象的倍增——既是想象的，也是利用迄今未充分利用的资料——"是一种必要的纠正，抵消了对少数形象的推崇"。[48] 这种漫画小说的混合形式，既带有个人色彩，又带有文化上的转喻，让斯皮格曼可以用新的共鸣来记录一个熟悉的故事。评论者认为，尽管《鼠族》的形式看似非主流和混合，但它的严肃性让斯皮格曼能够将"历史上的心理和道德主题"与后现代讽刺进行对比。[49] 斯皮格曼找到了一种方法来解决他的形式和风格的表征问题。在《鼠族》中，作者意识到自己与历史的距离，但却被迫去回顾和接触他（小时候）从未想过要听的东西。漫画小说不是仿作，它是没有讽刺意味的超小说，关注的是表征和罪恶。《鼠族》挑战了看似（或公认的）琐碎的格式，并表明视觉艺术或连环画，或漫画，或任何人们可能使用的术语，都表明它们能够以同情、热情和准确的态度来对待最为复杂和可怕的故事。因此，在这个不太可能的地方，历史并没有被抹去，而是在令人不安的恐怖中重新出现和得到呈现。读者被要求回顾自己与过去的关系，摆脱自己的胆怯，重新审视实际发生的事情。

注释：

1 历史通俗小说总是很畅销，参见 H. Hughes, *The Historical Romance*, London and New York: Routledge, 1993 and D. Wallace, *The Women's Historical Novel*, Basingstoke: Palgrave Macmillan, 2004。另见 K. Cooper and E. Short (eds), *The Female Figure in Contemporary Historical Fiction*, Basingstoke: Palgrave Macmillan, 2012。

2 见 R. Maxwell, *The Historical Novel in Europe 1650-1950*, Cambridge: Cambridge University Press, 2009, A. H. Stevens, *British Historical Fiction before Scott*, Basingstoke: Palgrave Macmillan, 2010 and A. Davis, *Renaissance Historical Fiction: Sidney, Deloney, Nashe*, Cambridge: D. S. Brewer, 2011。

3 见 de Groot, *The Historical Novel*, pp. 11-45, and K. Mitchell and N. Parsons (eds), *Reading Historical Fiction*, Basingstoke: Palgrave Macmillan, 2012。

4 Hsu-Ming Teo, "Historical fiction and fictions of history", *Rethinking History*, 15:2, 2011, 297-313 (312).

5 P. Gregory, "Born a writer: forged as a historian", *History Workshop Journal*, 59, 2005, 237-242 (242).

6 见 F. Moretti, *Distant Reading*, London: Verso, 2013。

7 见 D. Kiberd, *Ulysses and Us: The Art of Everyday Living*, London: Faber & Faber, 2009。

8 D. Peace, *GB84*, London: Faber & Faber, 2004, p. 464.

9 P. Kerr, *Hitler's Peace*, London: Penguin, 2006, p. 445.

10 P. Duncker, *Sophie and the Sibyl*, London: Bloomsbury, 2015, p. 287.

11 J. Ellroy, *Perfidia*, London: Windmill, 2014, p. 796.

12 G. Eliot, *Middlemarch*, London: Blackwood & Sons, 1871, Vol. 4, 371.

13 H. White, "Introduction: historical fiction, fictional history, and historical reality", *Rethinking History*, 9:2/3, 2005, 147-157 (149).
14 引自 H. Bloom (ed.), *Thomas Pynchon*, Philadelphia: Chelsea House, 2003, p. 124。
15 T. Pynchon, *Mason & Dixon*, London: Vintage, 1998, p. 444.
16 Leonard Pierce, "Harold Bloom on *Blood Meridian*", *A.V. Club*, 15 June 2009, http://www.avclub.com/article/harold-bloom-on-iblood-meridiani-29214 [accessed 25 May 2015].
17 L. Doan and S. Waters, "Making up lost time: contemporary lesbian writing and the invention of history", in D. Alderson and L. Anderson (eds), *Territories of Desire in Queer Culture: Refiguring the Contemporary Boundaries*, Manchester: Manchester University Press, 2000, pp. 12-29. 另见 Kaye Mitchell (ed.), *Sarah Waters*, London: Continuum, 2013。
18 Email to author, 31 October 2006.
19 Peace, *GB84*, p. 148. 关于这部分内容的讨论，我要感谢克里斯·瓦尔迪（Chris Vardy）。另见 K. Shaw, *David Peace*, Brighton: Sussex Academic Press, 2010。
20 A. Smith, *How to be Both*, London: Hamish Hamilton, 2014, p. 372.
21 P. Modiano, *Suspended Sentences*, trans. M. Polizzotti, New Haven, CT: Yale University Press, p. 3.
22 见 J. Zilcosky, "Lost and found: disorientation, nostalgia, and Holocaust melodrama in Sebald's *Austerlitz*", *MLN*, 121:3, 2006, 679-698 and J. J. Long and A. Whitehead (eds), *W. G. Sebald: A Critical Companion*, Edinburgh: Edinburgh University Press, 2004。
23 K. O. Knausgaard, *A Man in Love*, trans. D. Bartlett, London: Vintage, 2013, p. 492.
24 同前注，p. 515。
25 见 K. Mitchell, *History and Cultural Memory in Neo-Victorian Fiction*, Basingstoke: Palgrave Macmillan, 2010。
26 C. Brayfield and D. Sprott, *Writing Historical Fiction*, London: Bloomsbury, 2013, p. iv.

27 Southgate, *History Meets Fiction*, p. 149.
28 H. Frey and B. Noys, "Editorial: history in the graphic novel", *Rethinking History*, 6:3, 2002, 255-260 (255).
29 见 R. Duncan and M. J. Smith, *The Power of Comics*, London: Bloomsbury/ A&C Black, 2009。
30 见 K. T. Bucher and M. Lee Manning, "Bringing graphic novels into a school's curriculum", *The Clearing House: A Journal of Educational Strategies, Issues and Ideas*, 78.2, 2004, 67-72 and G. Yang, "Graphic novels in the classroom", *Language Arts*, 85:3, 2008, 185。
31 尽管也有连载很久的漫画《恐怖的哈加尔》(*Hägar the Horrible*, 1973—)和伪历史奇幻小说《野蛮人柯南》(*Conan the Barbarian*, 由 R. E. 霍华德在 1932 年创作；1970 年之后改编成了连环画)。
32 J. A. Hughes, "'Who watches the watchmen?': ideology and 'real world' superheroes", *Journal of Popular Culture*, 39:4, 2006, 546-557.
33 A. Moore and K. O'Neill, *The League of Extraordinary Gentlemen*, Vol. 1, LaJolla, CA: America's Best Comics, 2000. E. 拉瓦勒和 G. 邦德的 *Revere*(San Diego, CA: Alias Comics, 2006)也采用了类似的反事实虚构手法，讲述了独立英雄对抗英国士兵和狼人的战争。
34 A. Moore and E. Campbell, *From Hell*, London: Knockabout Comics, 1999, p. 33.
35 Ho Che Anderson, *King: A Comics Biography of Martin Luther King, Jr.*, Seattle, WA: Fantagraphics Books, 2005.
36 http://www.komikwerks.com/comic_title.php?ti=86 [accessed 23 November 2007].
37 *Masterpiece Comics*, Montreal, QB: Drawn and Quarterly, 2009; http://www.mangashake-speare.com.
38 见 J. Witek, *Comic Books as History*, Jackson, TN and London: University Press of Mississippi, 1989, pp. 75-96。
39 G. Groth, "Critique revisited: an interview with Jack Jackson", *The Comics Journal*, 213, http://www.tcj.com/237/i_jackson.html [accessed 19 September 2007].

40 A. Spiegelman, *Maus I : A Survivor's Tale: My Father Bleeds History*, London: Penguin, 1987; *Maus II : A Survivor's Tale: And Here My Troubles Began*, London: Penguin, 1992.
41 由第一本书的题记进行了解释:"'犹太人无疑是一个种族,但他们不是人类。'——阿道夫·希特勒", *Maus I*, p. 4.
42 *Maus II*, pp. 98-99, *Maus I*, p. 159.
43 LaCapra, *History and Memory after Auschwitz*, pp. 140, 141 and chapter 5.
44 Witek, *Comic Books*, p. 117.
45 Maus *II*, pp. 70, 84. M. Hirsch, "Surviving images: Holocaust photographs and the work of postmemory", *Yale Journal of Criticism*, 14:1, 2001, 5-37 and "Family pictures: Maus, mourning and post-memory", *Discourse*, 15:2, 1992-1993, 3-29 对图像和照片的再利用进行了深入的探讨。
46 *Maus II*, p. 69.
47 Hirsch, "Surviving images" p. 9, 另见她的 *Family Frames: Photography, Narrative and Postmemory*, Cambridge, MA: Harvard University Press, 1997。
48 Hirsch, "Surviving images", pp. 9, 31.
49 M. Orvell, "Writing posthistorically: Krazy Kat, Maus, and the contemporary fiction cartoon", *American Literary History*, 4:1, 1992, 110-128 (110).

第六部分 物质历史

本书的最后两章考察的是人们可能会以何种方式亲身接触过去。这两章特别关注文物和档案的收藏、整理、呈现和获取的方式。实体形式的过去（尽管通常是以数字化的方式呈现出来的）使一种特殊的相遇成为可能。在考察收藏、策展和研究等"业余"的历史模式（从金属检测到古董购买）时，本部分继续探讨了整本书的任务，即重点关注普通人、非主流人士和非职业人士。在将这种考察与博物馆学、旅游业和博物馆营销的发展工作放在一起进行考察的同时，本部分提出了一个关于如何收集、描绘和表征过去的讨论，最为重要的是讨论为什么以及为谁这么做。

休闲化的历史，或"作为爱好的历史"，将历史—文化性的参与视为一套特殊追求的一部分，可以更为广泛地加以分析。最近，社会学家开始注意到"休闲在塑造社会认同方面的重要性"。[1] 爱好和休闲追求，有助于一个公共的社会自我的形成。下文讨论的活动，属于"严肃的"休闲活动范畴,即"训练有素地、系统地获取的知识和技能",以及"将组织这种活动,作为一种在生命的历程中涉及具有规划基准的成就的'职业'"。² 地方史、社区档案以及基于个人爱好的研究,构成了一系列休闲追求的一部分,这些追求可以带来"持久的好处,譬如自我实现、自我充实、提升自我形象和加强团结等"。³ 此外,这些类型的大众历史研究,证明了协作研究和联络的价值,从虚拟的和实体的两个方面实现高水平的社交密度。严肃的休闲追求可以巩固社会资本。虽然地方史运动有着悠久的历史渊源,但在过去的几十年里,人们可以更快地获取历史记录,从而相对直接地接触到过去。⁴

公民身份和历届英国政府的利益相关者修辞,都试图确保其国民与过去保持联系。此外,博物馆的数字化实践,正在开拓新的全球市场。虚拟资源允许人们进行离线学习和远程参与。然而,它们究竟是为谁服务的呢?如果说博物馆在某种程度上是国族构建的制度性机器,那么这个想象的国家共同体,现在就是在一个虚拟的空间里缔造出来的。这种虚拟的博物馆,在与一个国家进行结合的同时,也在保持中立。博物馆的用途和物理形态正在发生变化,人们消费、体验和思考博物馆的方式也在发生变化。这对消费过去的方式产生了影响,也对想象过去——对过去进行概念化、重新配置和从物质上进行研究——的方式产生了影响。

因此,这最后一部分内容,综合考察了两种类型的历史"实践",即"业余的"历史"实践"和"专业的"历史"实践"。本部分认为,"消费历史"的模式可能会发展到包括与过去的事物的物质性接触,通过古董现象将过去的遗迹进行事实上的商品化,以及在当代社会，从博物馆到地方档案馆，拥有各种各样的"收藏"模式。它比较了与物质性的过去进行接触的方式，以便进一步更为深入地理解"业余"和"专业"的二元关系，而这本书一直处于这种二元关系的压力之下。它还试图表明，非专业性的策展和收藏，与博物馆学理论一样值得研究。此外，本部分还认为，现在，对于许多历史参与而言，"进入"是关键问题。本部分内容也标志着政府开始进入历史表征，因为它涵盖了开始对经济和界定国家共同体有价值的材料、地点和文物。

注释：

1 D. L. Gillespie, A. Leffler and E. Lerner, " 'If it weren't for my hobby, I'd have a life': dog sports, serious leisure, and boundary negotiations", *Leisure Studies*, 21:3/4, 2002, 285–304 (286).
2 C. Rojek, *Leisure Theory*, Basingstoke: Palgrave Macmillan, 2005, p. 178. 另见 R. Stebbins, *Amateurs, Professionals and Serious Leisure*, Montreal and London: McGill-Queens University Press, 1992。
3 Rojek, *Leisure Theory*, p. 205.
4 见 W. D. Rubinstein, "History and 'amateur' history", in Lambert and Schofield (eds), *Making History*, pp. 269–280。另见 J. de Groot, "On genealogy", *The Public Historian*, 37:3, 2015, 102–127。

第十五章　日常的历史：
地方史、古董、金属探测

地方史

279　　地方史的实践跨越了专业和"业余"的界限，而且的确对这些定义中的每一个都提出了质疑。这一现象表明，人们对历史文化的参与和消费是复杂的、可塑的。地方史可以追溯到早期现代的古物研究（antiquarianism），随着 1947 年在莱斯特大学成立英国地方史学系，以及 W. G. 霍斯金斯的《英格兰景观的形成》（1955）和《英格兰地方史》（1959）的出版，地方史正式成为一门学科。[1] 它与战后几十年的成人教育和官方之外的大学教育的扩展密切相关，因此，从一开始就与学习的民主化意识和学术边界的扩展联系在一起。霍斯金斯认为，人们对地方史兴趣的高涨与世界的分裂感有关，这一观点被反复用于解释这一学科。[2] 根据霍斯金斯的说法，有一些特定的主题是地方史学家应该去探究的，或者在不知不觉中去揭示的："他所在的地方社区或社会的起源和发展"；"关于土地所有权和占有权的记录"；"很长一段时间内的人口变化"；以及地方社区"在过去一百年左右的时间里分崩离析"的方式等。[3] 他的同事 H. P. R. 芬伯格（H. P. R. Finberg）同意他的观点，在 1952 年的一篇文章中，芬伯格写道,"在我看来,地方史学家的任务,就是在他自己的脑海中重构历史,并向他的读者描绘地方社区的起源、成长、衰退和衰落"。[4] 对霍斯金斯来说,这种衰落感是所有地方史研究压倒一切的主题,因为地方(local)已经成为"心灵和精神被现代化的酸腐所侵蚀殆尽的空壳"。[5] 这种地方整体性(local wholeness)缺失的忧郁而保守的意识将地方描绘成某种珍贵的东西,在某种程度上是一套实践和行动,(一个社区)受到了整体历史更为广泛的冲击的威胁。地方史研究补充了"自下而上"的社会史研究模式,同时在关键时刻提供了一种模式,在这种模式下,地方与国家和国际是分离的。地方史与过去几年向全球史和范围更为广泛的历史的转变形成了鲜明对比。然而,它确实与史学研究走向世界主义、后殖民主义研究和对写作的关注相呼应。特别是它对地方(place)、地点和空间的关注,反映了学者、作家、博物馆和文化机构对这些问题的广泛参与。[6] 地方史鼓励历史文化在博物馆或档案实践的"主流"之外得以蓬勃发展。[7]

地方史研究也强调具体地点的田野考察:"任何地方史学家都不应该害怕弄湿自己的脚。"[8] 霍斯金斯在这里强调的是地图上的文字可能会说谎,而地理位置的物理性(physicality)是寻找真相的关键:"一些最好的地方史文献,丝毫没有显露出作者已经越过他所选择的地方的障碍查看过的迹象。"[9] 霍斯金斯的研究取向在准确性方面很高,而且非常民主:

我把研究地方史和地形学当作一种爱好,它给很多人带来了极大的乐趣。而且我认为,由于他们可能没有受过职业历史学家的训练而警告他们离开，把这种研究变得令人望而生畏是不对的。它是一种享受的方式，也是扩大一个人对外部世界甚至（我确信）对内部世界的意识的方式。[10]

历史知识教育个人和引导他们走向某种启蒙的意识的人文潜能仍然支撑着这门学科。芬伯格称这门学科是"人文性的"（humane），并强调它对个体的兴趣："它让我们看到，他们是有血有肉的，而不仅仅是国家棋盘上的棋子。"[11] 在学术研究领域，地方史研究与区域研究、历史人口统计学和微观历史相互关联，这些都是社会史的分支，着眼于研究个别事件的物质性和重要性。[12] 然而，同样地，对地方性的小规模家族史的关注本身，也影响了社会史学。家族史、历史人口统计学和新社会史都是相互关联的，共同致力于"重构普通人的生活模式，将他们视为变革进程中的行动者和主体"。[13] 正是这种让地方史和家族史可能会反馈到更为广泛的历史动态意义上的观念，让人感到很有趣——地方史学家和家族史学家是否认为自己是社会史连续体的一部分呢？人们往往不了解地方与更为广阔的国家或国际背景之间的关系，也不了解地方事件如何影响更为广泛的事件或被更为广泛的事件所影响。

家族重构研究领域在 20 世纪 80 年代末变得越来越重要，特别是在 1988 年出版了约翰·克诺德尔（John Knodel）的《历史上的人口统计现象》（*Demographic Behaviour in the Past*）之后。这个领域与下文将要讨论的谱系学和家族史有一定的渊源。家族重构研究和历史人口统计学与地方史有着相同的史学运动根源。[14] 1964 年，E. A. 瑞格利（E. A. Wrigley）和彼得·拉斯莱特（Peter Laslett）成立了剑桥人口和社会结构历史研究小组（Cambridge Group for the History of Population and Social Structure），以研究地方和微观社会结构、家庭组织和人口统计学；他们还创办了《地方人口研究》（Local Population Studies）杂志。通过集中研究家族结构和人口数据，地方（local）成了探究社会变迁的场所。

业余或非学术定位的地方史研究，允许非专业人员参与历史研究。已有大量的书籍旨在向普通用户介绍在地方层次进行历史研究所需的工具。这些书籍的范围包括，从词汇表到更为详尽的档案使用指南、口述历史方法、查找文献和解读地图等。[15] 它们的目的是支持实践性研究，因此，它们的史学研究是目标驱动或目的驱动的，从地理上来说，通常都是特定的或特殊的地区。在1972年的《地方史研究资料》（Sources for Local History）一书中，W. B. 斯蒂芬斯（W. B. Stephens）宣告了"地方重要性"（local significance）的史学意义，强调档案对于研究地方性（locality）的重要性。[16] 地方史研究的关键是一种地方意识，以及理解那个地方的叙事的愿望："每一幢房子都有故事可讲。"[17] 这种发现、揭示真相和地方特殊性的意识，正是地方史研究的重点所在。J. R. 雷文斯代尔（J. R. Ravensdale）在1982年的英国广播公司系列节目《家门口的历史》（History on Your Doorstep）中，强调了这种多重交错的历史建筑物的意义，通过考察地方区域的考古学来解释它们的意义。[18] 这是一种极具物质性的历史探究，而且，正如霍斯金斯的两本书所表明的那样，它经常与考古学重叠。[19] 地方史研究也得到了英国地方历史协会（成立于1982年，但其历史可追溯至1948年）和美国州与地方历史协会（1940年成立）等组织的大力支持。

地方史研究现象的关键，是意识到个人兴趣和成就感的重要性。历史研究的行动是具有解放意义的、有价值的，它促进了人们对自我和社区更为清晰的定义。有一种感觉是提出正确的问题，然后寻找恰当的档案和资料，这将使参与者理解过去。地方史与作为业余消遣和爱好的谱系学和家族史具有很深的渊源，因为两者都同样赋予了参与者权利，而且相对简单易行。这两种研究取向都将地方上的东西——人们接近和熟悉的东西——带入生活，并使用类似的工具：档案、图书馆、口述历史、机构、地图、地形等。它们还都使参与者能够对现场或其家族获得所有权。譬如，地方史研究团体积极地调查、保护和展示他们所在地区的土地。由遗产彩票基金（Heritage Lottery Fund）资助的地方遗产计划（Local Heritage Initiative）资助了数百个研究项目。某些县设有社区或教区考古管理人员，负责监测和保护乡村和当地的景观。这种推动地方社区参与的立法行动，反映了当代人对扩大参与的政治兴趣，但同样也表明了草根阶层对地方上的过去的参与。

随着米切尔和凯尼恩（Mitchell and Kenyon）拍摄的关于爱德华七世时期的纪录片被重新发现，大众想象中的社会史和地方史被赋予了视觉方面的内容。这个为地方展览而制作的纪录片档案是1994年由英国电影协会发现并修复的。它们随后在英国广播公司第二台播出，发行DVD，并在电影院巡回演出。这种对日常生活的大量记录，表明了人们对社会和地方的巨大兴趣。英国电影协会的另一个项目"影像英国"（Britain on Film，2015—2017），将数以千计的"日常生活"纪录片放到网上供公众观看。[20]地方上的过去也在大众对过去的浪漫想象中起着至关重要的作用，尤其体现在凯瑟琳·库克森（Catherine Cookson，盖茨黑德和纽卡斯尔）、弗雷达·莱特福特（Freda Lightfoot，曼彻斯特）或凯蒂·弗林（Katie Flynn，利物浦）等小说家的作品中。这些作家将他们的小说清晰地置于城市环境之中，并创造了一种工人阶级的地方历史浪漫小说体裁。

在过去的十年里，对地方史书籍和指南的需求激增。2007年，专业出版公司萨顿（Sutton）出版社和坦帕斯（Tempus）成了规模庞大的历史出版社（History Press）的一部分，它们拥有巨大的全球品牌影响力和成就。历史出版社每年出版大约500本书；它们的地方史书籍对当代世界有着明显的影响："我们的地方史书籍帮助你重新发现你生活的地方，过去的样子，失去了什么，以及你的祖先的日常生活是如何度过的。"[21] 英国地方史协会（The British Association for Local History）的季刊《地方史学家》（*The Local Historian*）每期都列出大约25本到30本新出版的书籍，以及许多期刊和地方社团。彼得·克里斯蒂（Peter Christie）声称，"地方史研究中最好的一切"应该是"容易让人们接近的，有趣的，有助于将今天的人口与其根源联系起来"。[22] 克里斯蒂的评论表明了"根源"在当代地方史研究中的重要性。与霍斯金斯提出的即将消亡的社区的描述不同，这表明了一种个人与地方联系起来的意识（这也得益于地方史研究与家族史研究的交织）。地方史的普及表明了业余爱好者投入时间和精力研究过去的强烈愿望，这可以从出版业的扩张、对地方档案的不断增加的需求以及各种遗产计划项目中看出。它还说明了与历史研究的工具的直接接触，并强调个体的研究的价值和对场所、地理和文物的直接理解，而不是由文化和各种机构的某种或另一种守门人强迫人们接受的历史意义。下文的分析考察了地方史研究的各种方式——在这些例子中，围绕着物品和文物的积累——能够复杂地阐明历史的主观性。

社区和地方史网站

那些对开发地方史研究模型感兴趣的人把互联网工具以创新性和提问的方式用于创建社区档案和在线博物馆。立足于社区的媒体通常是非营利性的，它使特定群体的成员能够参与到创建内容的过程。[23] 它鼓励参与和开发地方访问，赋予非专业人士以能力。立足于社区的项目赋予参与者以能动性，并鼓励文化性参与。网络上的社区档案是这种集体主义的延伸，是地方性的、小型的、个体的项目，对创建特定群体的记录感兴趣。社区创建存档、管理存档、编辑存档并拥有存档。这些档案包括文件（扫描的或拍照的）、图像、音频和视频等。它们通常是私人性的，或者聚焦的问题非常特别。档案不仅与特定的社会身份有关，而且还与地区、机构和爱好有关。

这些收藏中的大多数都是在线的，创建了一个虚拟的、脱离实体的社区（用户或参与者的地理位置并不重要）。就主要部分而言，这些项目有潜力使社区能够直接参与自己的历史，开发与信息管理有关的技能，并可以拥有更为广泛的受众。社区档案还可以保存非官方的历史，并为社区提供反思、思考、自我定义和身份形成的空间。它们让人们有机会从官方版本的事件中追述自己的过去，保存日渐衰落的生活方式，并对主流历史叙事提出异议。其范围是多样而复杂的，从社会史到物质文化，应有尽有。

社区档案馆从保存档案的全国性中央机构获取下放权力，一旦建立，就拥有自己独立的收藏政策和保存原则。它们证实了互联网的平衡功能，它可以让社区创造空间，在其中质疑和发展认同。[24] 开源软件和开放内容网站（被设计用于复制和重复使用）的流行，意味着知识和信息变得更加灵活；认识论可以被质疑；在这种情况下，用户和社区成了调查研究的负责人。它指向一个开放的社会，或者一种新的管理方式，创造新的交流、存档和纪念方式。开源强调的是信息和思想的共享和流通。实际上，它允许软件和内容由在线社区拥有。网页的网络功能加强了既有的社区，同时也为新的社区创造了可能性。但是，参与和访问仍然是最重要的问题：譬如，存档的创建仍然涉及资金（用于软件、硬件和存储）、信息技术知识和特定类型信息的保存（不过通常比标准存档更具活力）。[25] 它们还模仿网页开发中的宏观开发，譬如，通过使用销售规划和图书销售来支持它们的工作。

2004年，英国国家档案馆成立了"社区档案访问项目"（CAAP），以促进地方馆藏的建设。该项目"旨在使潜在的档案用户和档案专业人员能够一起工作，以确定用户所需要的资源，无论是为了家庭、社区和地方史、终身学习、教育项目，还是为了其他用途"。[26] 该组织认识到，通过提供资料收藏手段，档案可能会变得和通常与档案无关的社区更加相关。它为查阅档案建立了一种最佳实践模式和一套一般性准则。在这里，档案被理解为"封装了特定社区对其历史和身份的认识"的材料。[27] 这些档案挑战了收藏的标准模式，关注群体的需求，而不是更为广泛地想要讲述一个故事或从外部呈现一段历史。"社区档案访问项目"的动机也是推动社会包容性，即一种创造交流网络的愿望。为大多数数据库提供软件的慈善组织"突击队"（Commanet）为社区档案的目的提出了宏大的要求：

> 社区档案促进各代人之间以及不同社会、族裔和文化社区之间的理解、容忍和尊重。通过授权社区记录和分享它们的遗产，它们在多元文化的民主中培养积极的公民身份。[28]

这些社区不考虑实际或物理问题，使得创建想象中的社区成为可能。对于"突击队"来说，它们所具有的一个人文主义的、启蒙的目的就是促进团体之间的交流；它们还会引发政治接触。"积极的公民身份"这个词和社区的"授权"（enabling）表明，信息、访问和软件的自由可能会促进人文主义价值观、基层政治变革以及建立更加美好的社会。当然，这类档案表明，少数民族社区会更为广泛地介入公共论坛，创造和公开表达文化认同和遗产意识。它们提出了在网络世界中发展地方史模式的方法，特别是为社区参与和发展它们自己的历史认同开辟了新的途径。

金属探测、大众考古学、寻宝

这种对过去的地方性研究具有概念性和实质性的表现和结果。公众获取文物和接触文物的一种传统方式是金属探测和发现所谓的"便携式文物"。[29]金属探测活动作为一种业余爱好，有时被考古学家们嘲笑为目光短浅的寻宝活动，但这种收集、搜索和发现的动力需要引起人们的注意。它是相对孤立的，公开宣称是业余的，并且是在许多其他历史和考古调查部署的学术或专业框架之外进行的。使用的设备相对便宜，而且实践起来很容易。[30]在英国大约有50个探测俱乐部，在美国有数百个。作为一种处理历史文物和在当下考察过去遗迹的手段，它是一种非常受欢迎的和多样的追求。随着地理标签、全球定位系统、谷歌地球和探测技术的改进，它变得更加复杂。它还受到有关发现、土地所有权、非法侵入和王权（在英国）的法律框架的约束。关于谁"拥有"这些被发现的物品的讨论，引发了许多关于与物质历史的过去的关系的问题，以及通过收集和搜寻获得的与过去的体验的关系的问题。[31]

英国考古委员会（The Council for British Archaeology）现在开设了金属探测工作坊，在过去的十年中，专业考古学家和业余搜寻者之间的对立已经减弱。[32] 自1981年成立全国金属探测者委员会（National Council of Metal Detectors）以来，一直有一项使用专门设备探查和发现便携式文物的实践守则。1996年的《宝藏法案》取代了普通法中的"埋藏物"（treasure trove）原则[*]，为发现300多年前的黄金、白银和硬币制定了法律；该法案通过之后，政府设立了便携式文物计划，让人们自愿登记考古发现。[33]《宝藏法案》为金属探测和便携式文物搜寻活动规定了一个立法框架，规定个体必须在特定的法典范围内工作，并在国家遗产的更为广泛的关切和要求范围内研究他们的发现。[34] 便携式文物计划进一步将具有金属探测能力的个体纳入遗产发现的行列，不过这是自愿的；此外，他们中近50%的人来自很少进入博物馆的人口群体（49%的发现者来自C2、D和E等社会阶层的群体，占博物馆游客的29%）。[35] 出土的东西是国家遗产的一部分，因此这种探索过程是合法的；那些使用金属探测技术的人得到了便携式文物计划的认可，他们的发现

---

[*] 此为英格兰的一条法律，指的是埋在地下的无主财宝，若被发现应归政府所有；1996年该法律被废除。——译者注

成了更为广泛的国家认识和国家历史话语的一部分。2009 年发现的这批现在被称为斯塔福德郡窖藏（Staffordshire Hoard）的藏品，是主流接受金属探测作为历史研究模式的关键时刻。业余爱好者特里·赫伯特（Terry Herbert）于当年 7 月探索了这一发现，该地区随后被挖掘。总共发现了 3500 多件物品，是世界上最大的盎格鲁-撒克逊金银金属制品收藏。[36] 这些材料已经巡回展出了一段时间，并带来了学术研究和方法论方面的新进展；还有与它相关的教育外联项目、出版物以及一个专门为它举办的戏剧节。特里·赫伯特在发现这些材料的过程中所发挥的作用得到了强调，不过公众对于他和他发现这些材料的土地上的农场主可能有机会私下出售这些材料感到震惊（这些材料最终被政府以 330 万英镑的价格买走）。

在美国，还没有一个包罗万象的立法（不过有更多的土地使用权问题），在那里，金属探测活动更多的是一种以文物为导向的竞争性消遣〔全国性杂志《东西方宝藏》（Western & Eastern Treasures）列出了一年中的十大"最佳发现"〕，其中还包括将淘金作为其职责之一。[37] 相比之下，英国的金属探测活动相对低调，只是一系列边缘性的寻宝休闲活动的一部分，譬如沉船潜水和收集瓶子。它们都是具有教育意义的"严肃的"休闲活动，需要掌握大量的技能。金属探测活动表明，人们渴望独立地寻找文物，并在任何正式的机构设置之外与它们进行接触。为了取得成功，搜索者需要特殊的技能，包括从技术方面的技能到历史方面的技能。

总之，大众考古学表明，公众对关于过去的一线调查抱有广泛的兴趣，并且确实想要亲身染指历史学的事业。大众考古学在全国范围内通过各种机构和电视节目开展工作。该运动也是地方性的,在英国有大约 150 个协会和 50 个县级组织。这些协会是由志愿者捐款、遗产彩票基金和地方遗产计划的资金进行资助的。和地方史一样,地方考古学对特定地区的心理地理学表现出了浓厚的兴趣,表明了人们想在日常生活中看到历史的愿望。同样,这也是一种从微观层面上与历史进行互动的方式,它承认个体的体验,而不是简单地将地方上的历史排除在更受叙事驱动的全国性历史之外。《考古小队》(Time Team)从 1994 年到 2013 年连续在英国电视四台播出,与《巡回鉴宝》一起,是在电视上播出时间最长的大众历史节目之一。这个小队对公众提出的关于可能感兴趣但未被挖掘的遗址的建议做出了回应(他们进行了大约 140 次挖掘)。这种关于地方的考古潜力的意识,与地方史研究的论断相呼应,即每件事都有故事可讲。这是一种平民化的推动力,将历史置于世俗的地方(local),而不是置于被制度化了的文化中心和全国中心。当代纪录片的一般灵活性也适用于此,因为这个小队只花了三天的时间就完成了他们的工作;这种人为的戏剧削弱了职业精神。该节目也使用了重演历史和计算机生成图像技术,以直观地揭示过去。这种呈现形式的多样性与其他历史纪录片的制作手法相辅相成,以一种消遣性的风格使用教育材料和历史材料。这是在衍生系列节目《极端考古学》(Extreme Archaeology)中开发的,该系列节目利用前沿的地理和卫星技术,解决了偏远和危险地区的考古之谜。这种将科学引入调查研究的做法,让人想起了在谱系学中使用 DNA 检测的做法,这是一种进一步混合的纪录片风格,运用领先的技术调查,作为阐释过去和解决谜团的一种手段。

《考古小队》在 2003 年组织了一次全国性的大挖掘(Big Dig)

活动，鼓励公众参与挖掘探井。这次大挖掘活动概括了平民主义的研究取向："这是公众参与一些真正的考古学的绝佳机会，通过使用合适的方法，来了解他们自己所在地区的一些重要信息，并为考古学知识做出贡献。"[38] 这种吸引力的广度——地方史、"真正的"调查、方法论和教育（既包括学习，也包括参与创建一个知识库）——说明了平民主义考古节目的复杂吸引力。它将考古调查呈现为一场特定时间的冒险，一次探索未知世界的旅行，以及对迄今为止并不引人注目的遗址的历史意义的收获。在某种意义上，现场成为谱系研究的主题，为了理解从过去到现在的旅程，而对过去进行挖掘。《考古小队》的活动表明，考古学完全是田野调查，历史调查可以带来真相的揭示和理解；文物可以是一种连接过去的方式。

　　DVD 和流媒体视频课程的第二个生命，得益于其在学校里的使用。[39] 该节目在允许参与的同时，也将"团队"的专业技能与业余人员的专业技能区分开来。就像谱系学节目一样，它表明，只要在特定的认识论框架内进行，普通个体可能会发现，他们自己在历史调查中得到了认可。这与英国广播公司关于废墟屋的热门节目《修复》正好相反，它不是提倡重构历史，而是通过解构一个遗址来理解它的意义和价值。另一个大受欢迎的考古学节目《遇见祖先》（*Meet the Ancestors*）研究挖掘出来的人类遗骸，从骨头和其他证据中重构生活和社会环境。它们通常是对考古学家已经完成的工作做出回应，譬如，2002 年 3 月，考古学家在伊普尔（Ypres）调查了被称为"遗忘的战场"的遗址，该遗址吸引了当地业余爱好者的大量注意力。[40]《考古小队》和《遇见祖先》都证明了公众对利用历史调查和科学技术重构过去的兴趣。它们表明了一段被人遗忘的、未被发现的、可以被重新利用的历史——一段不仅是地方性的，而且是普遍的，更为广泛的全国性故事的一部分的历史，而不是非常个人化的谱系学节目。

作为爱好的历史：收藏和仿古

个体可以与过去进行互动，从而打破"业余与专业"界限的一种方式，是通过最常见的在跳蚤市场、古董交易会和拍卖会上发现的文物和物品。在这些场所，过去简直就是商品，实物从它们的年代和地位中获得价值。拍卖创造了一种"浮动价值"的感觉，而缺乏具体的（但经过公开协商的）价值。[41]像易趣网这样的拍卖网站，让人们很容易买到关于过去的东西。出售文物引发了人们对过去收藏实践的种种质疑（譬如关于埃尔金石雕的争论）。此外，赃物黑市现象也蓬勃发展。[42]

古董表明了人们对过去所赋予的一种复杂的商品化——主要是由于物品的时代和历史背景、内在的价值或工艺所产生的对物品的迷恋。[43]从高端角度来说，古董是艺术品和重要的作品，但人们接触的大多数古董或旧物件，只是微不足道的二手商品、书籍、纪念品和家具（不过复古服装也会出现在这里）。它们是文化资本的衡量标准，是提升物品所有者的价值感、让他们进入特定品位话语的物件。拉斐尔·塞缪尔关于真实性如何与他所说的"复古"相交叉的论述，表明了人们对服装等历史文物的商业性迷恋。[44]收藏是人们自我认同的关键，也是一个庞大的现象；据统计，在西方，大约有25%到30%的成年人认为自己是"收藏家"，而在英国，这一比例约为总人口的三分之一。[45] 重要的是，实践中的收藏活动通常忽略了阶级界限。[46] 大部分被收藏的东西都具有一定的年代价值。我们可以用有关收藏的粗略数字来说明，当代文化痴迷于秩序、完整性和商品的排列，而这些商品只有在相互关联的情况下才具有价值。

收藏往往不同于寻找、竞拍和购买古董，收藏品可以是来自当代世界的物件。古董和纪念品既与更为广泛的收藏文化相互作用，也与它相分离；作为收藏文化的重要组成部分，它们并不是占主导地位的元素。当然，古董符合"作为爱好的历史"的模式，是"严肃的"休闲追求，需要韧性、各种教育和自我完善的承诺。业余爱好者可以很容易地理解古董，它们具有广泛的大众吸引力，这在它们在电视上的表现中得到了证明。从经济角度来看，古董和纪念品是一个封闭的系统，它们的价值是相对的，而不是固有的。由于物品的稀缺性、新奇性、任意价值（它们的原始所有权）或做工，它们具有货币价值。从古董的意义上说，年代变成了一种被赋予了价值的东西；物品经过特殊的劳动而成为商品，因此"历史"本身，就时间流逝的意义而言，在这里就变成了某种可以在实体上（physically）被消费的东西。稀缺性和年代赋予了一件原本毫无生气的物品以价值，这与博物馆里保存的文物形成了某种对比，这些文物因其历史意义、文化意义或社会意义而获得了价值。

注释：

1 P. Riden, *Local History: A Handbook for Beginners*, Cardiff: Morton Priory Press, 1998, pp. 7–16. 另见 H. P. R. Finberg, *The Local Historian and His Theme*, Welwyn: University College Leicester, 1952, 以及下述文章关于地方史的史学发展的讨

论: S. J. Davies, "The development of local history writing", in Dewe (ed.), *Local Studies Collections*, pp. 28–55。
2 W. G. Hoskins, *Local History in England*, London: Longman, 1972, p. 8.
3 同前注, p. 14。
4 Finberg, *The Local Historian and His Theme*, p. 9.
5 Hoskins, *Local History in England*, p. 15.
6 关于这一点, 一个重要的例子是罗伯特·麦克法伦的著作, 参见 *The Wild Places* (London and New York: Granta, 2007) and *The Old Ways* (London: Hamish Hamilton, 2012)。
7 T. S. Gordon, *Private History in Public: Exhibition and the Settings of Everyday Life*, Lanham, New York, Toronto, Plymouth: AltaMira Press, 2010.
8 Hoskins, *Local History in England*, p. 4.
9 同前注。
10 同前注, p. 5。
11 Finberg, *The Local Historian and His Theme*, p. 11.
12 见 J. Sharpe, "History from below" and G. Levi, "On microhistory", in P. Burke (ed.), *New Perspectives on Historical Writing*, Cambridge: Polity, 2001, pp. 25–43 and 97–120。
13 T. K. Hareven, "The impact of family history and the life course on social history", in R. Wall, T. K. Hareven and J. Ehmer (eds), *Family History Revisited*, London: Associated University Presses, 2001, pp. 21–40 (p. 21).
14 E. A. Wrigley, "Population history", in P. Burke (ed.), *History and Historians in the Twentieth Century*, Oxford: Oxford University Press, 2002, pp. 141–164; B. Reay, *Microhistories*, Cambridge: Cambridge University Press, 1996.
15 S. Friar, *The Sutton Companion to Local History*, Stroud: Sutton, 2004; J. Griffin and T. Lawes, *Exploring Local History*, Reading: Hodder and Stoughton, 1997; D. Iredale and J. Barrett, *Discovering Local History*, Buckinghamshire: Shire, 1999.
16 W. B. Stephens, *Sources for Local History*, Cambridge: Cambridge University Press, 1981, p. 1.
17 D. Iredale and J. Barrett, *Discovering Your Old House*, Buckinghamshire:

Shire, 1994, p. 3.
18 J. R. Ravensdale, *History on your Doorstep*, ed. B. Brooks, London: BBC, 1982.
19 另见 M. Aston, *Interpreting the Landscape: Landscape Archaeology in Local Studies*, London: B. T. Batsford, 1985。
20 http://player.bfi.org.uk/britain-on-film/ [accessed 22 October 2015].
21 http://www.thehistorypress.co.uk/index.php/local-history-books.html [accessed 13 July 2015].
22 P. Christie, "Publications of 2004", *The Local Historian*, 35:1, 2004, 55–58 (57).
23 E. Rennie, *Community Media*, Oxford: Rowman and Littlefield, 2006, p. 3.
24 L. J. Servon, *Bridging the Digital Divide*, Oxford: Blackwell, 2002 and a case study outlined by S. Jung, "Ambivalent cosmopolitan desires: newly arrived Koreans in Australia and community websites", *Continuum*, 27:2, 2013, 193–213.
25 Comma 是最常用的软件，是由"突击队"出售的一个简单的数据库程序；大约有 200 个或更多的地方档案馆使用它。
26 http://www.nationalarchives.gov.uk/documents/finalreport.pdf [accessed 22 February 2007].
27 同前注。
28 http://www.commanet.org/English/Default.htm [accessed 22 February 2007].
29 C. Dobinson and S. Denison, with contributions by H. Cool and K. Sussams, *Metal Detection and Archaeology in England*, London: English Heritage and Council for British Archaeology, 1995.
30 J. Clark, *Metal Detecting: An Essential Guide*, Marlborough: Crowood, 2009.
31 譬如，参见伦敦的泰晤士和菲尔德泥浆爱好者协会（Thames and Field society of mudlarkers）：http://www.thamesandfield.com。
32 R. Bland, "A pragmatic approach to the problem of portable antiquities: the experience of England and Wales", *Antiquity*, 79:304, 2005, 440–447.
33 http://www.finds.org.uk/index.php [accessed 30 May 2015].
34 http://www.opsi.gov.uk/ACTS/acts1996/1996024.htm [accessed 30 May 2007].
35 数据来自英国考古委员会教育官员唐·汉森。
36 关于这次发现的文章都收集在这里：https://finds.org.uk/staffshoardsymposium。
37 http://www.treasurenet.com/westeast/ [accessed 30 May 2007].

38 http://www.channel4.com/history/microsites/B/bigdig/behind/behind.html [accessed 30 May 2007].
39 http://www.channel4.com/history/microsites/T/timeteam/schools_intro.html [accessed 30 May 2007].
40 http://www.bbc.co.uk/history/familyhistory/get_started/boesinghe_01.shtml [accessed 30 July 2007].
41 Palmer and Forsyth, "Antiques, auctions, and action", p. 239.
42 F. Deblauwe, "Iraq: looting of national treasures", *Washington Post*, 21 April 2003, http://www.washingtonpost.com/wp-srv/liveonline/03/special/iraq/sp_iraq-deblauwe042103.htm [accessed 1 March 2007] and N. Brodie, J. Doole and P. Watson, "Stealing history", http://www.savingantiquities.org/pdf/Stealinghistory.pdf [accessed 3 March 2007].
43 O. Ashenfelter and K. Graddy, "Auctions and the price of art", *Journal of Economic Literature*, 41:3, 2003, 763–787.
44 Samuel, *Theatres of Memory*, pp. 83–118.
45 S. M. Pearce, *Collecting in Contemporary Practice*, London: Sage, 1998, pp. 1, 46.
46 同前注, p. 48。

第十六章　博物馆、旅游、礼品店与历史体验

参观博物馆与历史体验

这些数字令人印象深刻。正如"英国文化、传媒和体育部"（DCMS）所指出的那样，世界上最受欢迎的五家博物馆中，有三家都在英国。每年约有4000万人参观英国的博物馆和美术馆。[1] 根据英格兰遗产委员会的数据，遗产旅游每年创造的价值达124亿英镑，其"效应"为英国国内生产总值增加了210亿英镑。[2] 旅游业的增长速度，超过了英国其他大多数行业，而且在世界各地，这种旅游业仍在迅速扩张。大英博物馆2014年的参观人数为670万人次（从2004年的470万人次逐年增加）；2014年，维多利亚和阿尔伯特博物馆（Victoria and Albert Museum）的参观人数为310万人次（从2004年的240万人次逐年增加）。伦敦以外的需求依然强劲：伯明翰图书馆在2014年接待了240万人次，苏格兰国家博物馆接待了160万人次。[3] 对于英国历史的消费来说，无论是国内游客还是国际游客，在遗址和文物的层面上与国家的过去进行接触是非常重要的。[4] 在过去的二十年中，由于经济负担、方法论和理论的转变以及消费者的期望，这种合作的条款和条件发生了微妙的变化。[5] 资金削减意味着博物馆必须从根本上改变其筹资方式；新的博物馆学和后殖民理论意味着展览的

政治和机制受到了激烈的争论；日益将游客定义为顾客的做法改变了权力关系，强调的是游客的体验而不是教育动力。除了这些新的范式，还有政府在准入和公民身份问题上的言辞，日益全球化的旅游市场带来的担忧，以及新技术带来的可能性和问题，可以说博物馆是历史体验发生改变最为显著的地方。博物馆和文化遗址往往是最能反映公共历史实践发生变化的地方，因为它们代表着公共资金、教育、纪念活动、博物馆理论和游客体验的连接点。[6]

在过去的十年里，博物馆在英国和世界各地被用作推动经济变革和复兴的动力，从欧洲城市如毕尔巴鄂（古根海姆博物馆，1997）和巴黎（路易·威登基金会博物馆，2014），到扩张性的国族构建项目如上海（自然历史博物馆，2014）和迪拜（未来博物馆，将于2017年开放）等都是如此。它们已经成为经济的重要组成部分，与博物馆和文物保护有关的政策，与其对财政重要性的理解交织在一起。博物馆被视为文化经济的一部分，并用于推动旅游业的发展，最令人印象深刻的是泰特现代艺术博物馆对伦敦的影响，以及卢浮宫对巴黎的持续影响。它们也反映了一个国家的文化地位，这可以从阿姆斯特丹国立博物馆（2013年重新开放）等既有博物馆的大量重建中看出。此外，正如重新开放的伊拉克国家博物馆（2015）所表明的那样，博物馆可能也代表了在创伤环境下国族构建的胜利。这个博物馆遭到轰炸、洗劫和关闭。它在一个宗教团体掌握了部分权力并正在破坏文物的国家得以重新开放。因此，该博物馆的重新开放，被视为一种文明的、理性的愿望的胜利，这种愿望就是记录一些非国族性的东西；也就是世界遗产。

因此，本章将集中讨论关于博物馆的体验在过去十年左右发生的变化。本章认为，博物馆体验是我们在社会中体验"历史"的基本方式，但它是一种以特别受控的方式来呈现对过去的"参观"的。它旨在考察博物馆的新理论，以及它们对这些重要机构的组织、感知和发展所产生的影响。它旨在讨论商店在博物馆体验中日益重要的方式。它旨在讨论互动性和观众在解读文物方面的权力的转变。

博物馆理论

在过去的几十年里，无论是在学术上还是在实践层面，关于博物馆的性质和作用的争论一直是一个丰富而具有活力的领域。这场被称为"新博物馆学"（New Museology）的运动强调的是博物馆的意识形态功能，并认为博物馆这样的机构是"意识形态竞争的战场，但在很大程度上由占据主导地位的精英所控制"。[7]这种对博物馆实践的批判，试图使博物馆民主化，并挑战表征、收藏和展览等修辞。新博物馆学反而认为，博物馆应该是开放的、可以被人理解的、有可塑性的，并且要关注游客。[8]它应该意识到自己具有作为主导文化话语权的一部分的地位。正如彼得·维戈（Peter Vergo）所说，这是一次重新审视将博物馆视为社会实体和文化实体的举动，是一次将博物馆学定义为"一门理论或人文学科"的尝试，考虑的是博物馆空间的效用而不是方法。[9]与这一新的运动有关的各种辩论，激起了学术界关于这个话题的辩论，特别是涉及以下几个关键问题：博物馆代表什么？是给谁的？它为什么要做一些特别的事情？博物馆的价值是什么？博物馆是必不可少的吗？这些问题引发了关于过去的概念和我们访问过去的方式的广泛讨论。

新博物馆学尤其注重强调博物馆的政治方面的意义。在认识和理解博物馆的基本意识形态的过程中,我们可以看到,它们是如何试图构建和描绘观看对象的。国际博物馆协会(ICOM)的章程将博物馆定义为:

> 一种为社会和社会发展服务并向公众开放的非营利的永久性机构,它获取、保存、传播和展示人类及其环境的物质证据,以供人们研究、教育和娱乐之用。[10]

新博物馆学关注的是"社会和社会发展",考察的是博物馆对文化的意识形态影响。博物馆造就了我们,而不是反过来;它们是一个纪律严明的国家的一部分,这个国家试图通过组织知识来控制其民众。它们对人们有着重要的影响,并承载着意识形态和权力模式。对博物馆的学术理论分析试图解构这一组织,揭示其压制性功能,以指向一种新的自我意识的博物馆实践。此外,这些理论性的争论,往往集中在博物馆和参观者之间的关系上。博物馆被视为政府的机构,以一种人道主义的方式对人们进行"教育",以便对其进行约束和管理。与博物馆的互动将深刻地改变或指导民众;它是一种关于参与的空间。因此,博物馆不是被动的场所,而是(资产阶级的)参观者工作、接受教育和构建的场所。它们是阶级教育的舞台,是社会物化(reification)的舞台,是知识分类的舞台。它们也是发展艺术理念的有影响力的地方,越来越多的艺术家正在探索关于策展、收藏和归档的理念。[11]它们是学习、参与、旅游和多类型消费的场所。博物馆空间的"活跃"模式表明,在参观体验中,有比我们最初设想的多得多的东西，这当然也就意味着，我们应该对在公共遗产机构中发挥作用的各种话语进行分析。正如查尔斯·索马里兹·史密斯（Charles Saumarez Smith）所说，

> 博物馆被假定在文物所有权和认识论意义发生变化的区域之外运作（然而……）认为在博物馆里，文物以某种方式是静止的、安全的，并且超出了它们的意义和用途可以被改变的领域，这种假设显然是错误的。[12]

作为对这些争论的回应，博物馆开始在许多方面改变它们的做法，摆脱它们作为古板的神秘信息存储库的形象，并开始回应特定的政治批评。[13] 因此，在英国和美国，这主要与对殖民地和奴隶制的呈现有关，但也与对妇女、人类遗骸和少数族裔群体的呈现有关。[14] 博物馆在其拓展、教育、策展实践、规划和展览风格方面都变得充满活力。这些变化通常是对新兴起的"遗产产业"的回应，但与此同时，它们也是吸引新游客和修订惯例的一种尝试。[15] 艾琳·胡珀-格林希尔（Eilean Hooper-Greenhill）说，"博物馆（终于！）意识到，自己有能力诠释和表征各种各样的'现实'"，这种新的意识，带来了多种新的实践，这些实践包括从咨询、互动展览到拓展项目等。[16] 与此同时，博物馆的运营变得越来越专业化。[17] 国际博物馆协会的职业道德准则是在 1986 年的一次会议上通过的，正式确立了包括博物馆管理、收藏和处置等在内的职业原则。从 20 世纪 60 年代末开始，培训专业的博物馆策展人员已是普遍做法，但直到 80 年代末和 90 年代，更为普遍的职业资格才出现爆炸式增长。

托尼·班尼特（Tony Bennett）认为，"新的博物馆计划"致力于"收集、保存和展示与非精英社会阶层的日常生活、习俗、仪式和传统有关的文物"，这些与19世纪中期的立法改革一样重要，当时的立法改革将博物馆转变为国家机构，"致力于指导和教化公众"。[18] 班尼特谨慎地欢迎这些新的博物馆计划，认为它们可能是"属于人民的"，同时也告诫人们，将这些"人民"变得多愁善感具有内在的风险。[19] 当考虑到许多博物馆目前使用的具有包容性的、人道主义的修辞时，班尼特对博物馆赋权的神话的批评似乎是恰当的。它们富有雄心抱负的词汇表明博物馆是重要的社会实体，但有人拒绝承认，博物馆的具象性战略并非不受意识形态的影响。班尼特批评博物馆只是展示"资产阶级的历史神话"的场所，从他使用的自由主义式的语言来看，这一批评仍然成立。[20] 然而，在班尼特之后，人们可能会谨慎地欢迎新的博物馆实践。消费文化和市场模式的影响可能是有问题的，但对参观者的赋权，可能是博物馆机构权力消失的另一个例子。我们或许可以把博物馆想象成一个信息存储库，它可以赋予人们力量，而不是控制他们。

约翰·科纳和西尔维娅·哈维（Sylvia Harvey）对博物馆和遗产文化的另一种颇有新意的批评表明，政府思维的方向已经发生了改变，尽管其中一些结论和目的并没有改变："在欧洲和全球金融不断变化的背景下，对遗产愈演愈烈的修辞化是对被削弱的群体认同的一种感知到的威胁的回应。"[21] 对科纳和哈维来说，关于遗产的辩论，就是关于创造一个部落认同的辩论，是一种主要通过利用过去而构建的民族主义。现代博物馆的目标似乎比这更具有包容性和活力，因为它们拥抱全球经济，并试图利用遗产来勾勒英国在其中的地位。"创新"和"教育"才是关键词,而不是一成不变的历史感和"英国人特性"的僵化观念。然而,访问和包容等这些自由主义的概念反馈到班尼特的"资产阶级神话"中,将博物馆打造为传递某种特定意识形态的完美空间:复兴、教育和宽容都是重要的原则,但在这背后则是商业伙伴关系、国家认同和经济多样性。

博物馆、图书馆和档案馆委员会(MLA,它在2000年4月取代了博物馆和美术馆委员会)的高级政策顾问特雷西·麦格(Tracey McGeagh)提出了明确的议程转变,她说:"我们将做的所有工作,现在都明确聚焦于博物馆参观者的利益。"[22] 博物馆、图书馆和档案馆委员会将自己呈现为一个知识网络,一个可以通过访问它而使自己变得更好的信息存储库。博物馆、图书馆和档案馆委员会认为,该计划"强调了博物馆、图书馆和档案馆所蕴含的丰富知识在支撑社区凝聚力、学习和技能、经济发展和创造力等方面的重要性"。[23] 博物馆很有用,也很重要,因为它赋予了人们权利。博物馆的理想愿景是包容性和解放,而不是告知和约束:"博物馆、图书馆和档案馆委员会坚信,获取知识是赋予人们学习和获得灵感的力量。它使我们能够了解我们自己和我们周围的世界,并为未来开发更好的社区。"[24] 这反映出博物馆应该如何与社区互动,成为持续的文化对话的一部分,而不是生硬的和单一的东西:"可以说,博物馆的主题应该是物质文化及其在人们生活中最为丰富多样的意义,而不仅仅是那些策展人认为的真实的片段。"[25]

在过去的二十年里,博物馆改变了它们的策略和实践,以回应新的理论,以及来自政府、社区和经济学的特殊需求。重要的是要理解这些变化带来的影响,尤其是关于博物馆让参观者思考过去的方式上的影响。彼得·威尔士（Peter Welsh）认为，这些机构已经从"保存信息的仓库""具有教育性的"和"用于庆祝的"机构，转变为"管家""学习中心"和"协作性的"机构。他的分析表明，博物馆的实践，已经随着社会变化和理论争论而改变——从博物馆作为一个关于收藏的概念，转变为博物馆作为具有传递性、自我反身性和自我意识的形象。毫无疑问，现在大多数博物馆都意识到，它们有责任进行交流，也意识到它们呈现和表征藏品的方式。这导致了随之而来的对游客体验、互动教育和沉浸式参与的兴趣。这是博物馆作为一个机构的教学目的的转变，因此，对于博物馆作为历史修辞的存储库、过去的舞台、古代材料的汇集地或者作为历史遗址的可能被想象、被消费和与之互动的方式有着深远的影响。

博物馆与政府

2001年，英国政府向公众免费开放公共博物馆，以彰显博物馆的道德和教育价值。这导致参观博物馆的人数激增——与取消入场费前一年相比，2004年参观原收费国家博物馆的人数增加了近600万；全国游客人数每年增长大约75%。英国文化、传媒和体育部报告称，2011年至2012年，参观原收费博物馆的人数增加了158%。免费开放政策对统计游客数据产生了前所未有的影响，不过这也促使博物馆探索为其活动筹集资金的其他途径。自2008年全球金融危机以来，随着中央和地方政府补贴的削减，筹资环境一直非常艰难。在英国，政府的资助一直在稳步减少，博物馆被迫寻找新的养活自己的方式。[26]自2010年以来，由于直接筹资和地方政府资助的削减，导致博物馆进一步精简业务。博物馆在促进公民身份的意识方面的新作用和维护昂贵的藏品和建筑的经济现实之间受到挤压。[27]

2005年,时任英国文化大臣的戴维·拉米(David Lammy)在博物馆协会会议(Museums Association Conference)上发表了主题演讲。这次会议证实了博物馆目前拥有的、预计将要解决的更为广泛的议程:"这里的每个人都明白,博物馆有能力帮助人们享受生活、激发灵感、学习知识、进行学术研究、增进理解、重现过去、反思、交流,以及在个人、社区和国家之间建立对话和促进宽容。"[28]博物馆和文化遗产项目对终身学习、多元化、访问和教育的政治议程越来越重要。拉米将博物馆的空间视为一种远离了现代世界的忧虑的、超然的人文主义庇护所:"在一个支离破碎的、不那么恭敬、流动性更强、更加多样化的社会里,全球化影响着我们所有人,博物馆作为反思和理解的场所的作用,比以往任何时候都更加重要。"[29]对拉米来说,博物馆是供人们反思的场所,在那里,人们可以更好地理解自己和世界,也可以进行公共对话:"任何形式的极端主义,都更有可能在缺乏知情辩论的情况下滋生蔓延。当公众辩论的质量得到提高时……我们整个社会都会受益。"[30]这是一种博物馆学实践的反映,因为它认识到博物馆在影响公众的历史想象方面的力量和重要性。它还呼应了有关改进和进步的人文主义修辞,自19世纪以来,这一直是博物馆作为机构的特征之一。

在过去的几年中,博物馆得到资助的一个关键原因是旅游业。[31]泰莎·乔韦尔(Tessa Jowell)和斯蒂芬·拜尔斯(Stephen Byers)宣称:"在国际上,历史在我们的环境中留下的印记,是我们国家形象的重要组成部分。这种丰富的遗产,对游客有着巨大的吸引力,从经济角度来看,其价值是巨大的。"[32] 历史湮没在一连串的经济术语中:我们必须妥善"管理"遗产,确保"坚定的领导,有效的伙伴关系,以及构建健全的知识基础,以此制定政策,以配得上公众对历史环境的兴趣"。[33] 最为重要的是"要充分发挥历史环境作为一种学习资源的潜力"。[34] 为了经济发展而对历史遗址和文物进行操纵,为我们这本书的中心主题,即"消费"历史,提供了另一种表现形式。英格兰艺术委员会(Arts Council England)曾在 2014 年表示,博物馆对旅游业的影响是巨大的:

> 旅游业是英国经济的重要组成部分,是英国的第五大产业。博物馆对它做出了重大贡献。它们对旅游业的中心地位,表现在吸引创纪录的游客数量、鼓励二次消费、直接和间接地创造就业机会和使地区更适合投资、推动经济增长和地方投资等方面。它们也为英国在海外的品牌建设做出了贡献。[35]

这种对文化机构的经济影响和重要性的阐述,以及对其财务影响的审计,在过去十年里很常见,因为这些机构必须证明,它们自己的资金和公共使命是合理的。英格兰艺术委员会认为,博物馆除了成为一种教育场所,还将成为变革、就业和社会流动性的载体,因此,博物馆还有许多附带的好处。它对英国"品牌"的建设也很重要,这再次证明了遗产产业的商品化及其与国家认同的投射之间的关系。到英国旅游的游客中,约有 30% 的人表示,他们来英国旅游的原因是参观遗产,约有 80% 的人在英国旅游时会去一些遗产景点。[36]

英国入境旅游由三个独立的实体管理:不列颠旅游局(Visit

Britain)、苏格兰旅游局（VisitScotland）和威尔士旅游局（Wales Tourist Board）。这表明了英国机构的权力下放，而这种分裂性也遭到了抨击，因为它使英国相对于全球竞争对手处于不利地位。每个旅游局都庆祝其国民的多样化历史，强调历史在每个国家的日常生活中的共鸣。譬如，威尔士旅游局称："威尔士各地仍能感受到过去的气息：从一座多风的山顶，到一座已被摧毁一半的城堡，再到几英里深的地下安静黑暗的矿井。"[37] 同样，苏格兰旅游局也追溯了过去和现在之间的清晰联系："这样一段历史，已经在这个国家的心灵和风景上留下了印记，并在很大程度上为苏格兰人今天看待自己和国家的强烈自豪感做出了贡献。"[38] 然而，这两个组织都发现，在全国性历史的特殊化中存在着强大的部落独立的材料，因此，它们对过去的描述，为自豪的差异话语提供了素材。考虑到英国关于权力下放的持续争论和后果，这一点尤其正确。在威尔士，这种语言很受欢迎，"国民议会中高瞻远瞩的人"也很受欢迎；由苏格兰历史创造的"强烈的自豪感"，在很大程度上是因为这个国家"不仅在英国，而且在欧洲和世界上都占据着举足轻重的地位"。"苏格兰旅游局"网站上有一段"独特的苏格兰"内容，其内容包括从威士忌到盖尔语，而威尔士旅游局则强调其多样性："你说得出来的，都有可能在威尔士做得到。"因此，在欧盟的保护伞下（两个旅游局都是英国旅游局的微型站点，不过没有专门针对英格兰的旅游局），有明确的异议声音，或者至少有各种不同的叙事。类似地，这些入境旅游局强调当代英国生活的活力和多样性，描述了主要城市的活力，并指出了景观或宗教遗产等更为传统的旅游胜地。因此，英国各个地区的呈现，以及它们独特的历史，似乎都在强调多样性。这些旅游局把遗产作为一个标志，但绝不是推销英国的唯一途径;的确,这里有一种传统与新事物的明显混合,有一种重要的感觉,即过去是鲜活的、至关重要的,而不是僵化的包袱。

政府再一次关注到物质性的过去对当代人想象力的影响:"关于过去的肌理,构成了知识和学习活动的巨大宝库"。[39]历史环境是"我们可以从中学习的东西,是我们的经济可以从中受益的东西,也是可以把社区凝聚在一起、形成一种共同归属感的东西。凭借敏感性和想象力,它可以成为具有创造性的新的建筑风格的激励因素,并为人们的生活质量做出巨大的贡献"。[40]这种包容性的言辞,掩盖了一种强烈的认识,即历史文物具有经济上的可能性。植根于过去、面向未来的民族主义概念同样重要。现代英国变成了一幅建筑拼贴画,用过去的肌理来建造未来。更为重要的是"历史环境不仅仅是一个物质性遗迹的问题。它是我们如何看待自己以及我们作为个人、社区和国家的身份的核心。它是我们的国家是什么、它是如何形成的、它的成功和失败的有形纪念碑。它是一种集体记忆"。[41]这种对历史的象征性意义的清晰认识,特别是在民族自我定义方面,表明政府希望将过去和现在结合起来。为了将一个国家团结在一起,历史上的东西可以与当代人进行互动;与历史有关的东西,包括历史环境、历史概念和历史文物,能够创造出一种"集体记忆",或者用本尼迪克特·安德森的概念来说,创造出一种想象的共同体。[42]公众对历史重要性的认识,是政府思考这一问题的关键,同样重要的还有投资这类旅游景点所带来的可观的经济意义。在当下的人们的生活中,过去的事情每天都在产生交互影响;它为自我和国族的定义提供了一个物质上的和概念上的框架。这种作为一种叙事拼贴画的互动的动态和环境的动态，在解释国家共同体的方式上是目的论的和实证性的（尽管有"失败"）。

博物馆经济学

鉴于博物馆内部所受到的财政限制，它们以各种方式实现收入的多样化也就不足为奇了。越来越多的博物馆品牌的商业价值正在被用来获取盈利。对博物馆进行财政资助的必要性，最初是由于资金的削减造成的，但更为成功的博物馆抓住机会，积极争取市场份额和品牌认可度，并越来越自信地进军商业领域。[43]博物馆发现，自己身处一个竞争激烈的休闲市场，因此，必须通过积极的品牌推广和市场营销来界定自己。这促使博物馆藏品本身的组织方式发生了转变，因为需求驱动模式赋予了客户权利，并强调客户的选择、价值和体验。博物馆被迫商业化。整个博物馆行业——现在被认为是服务"行业"——已经被迫采取一种对市场敏感的方式来处理教育和参观人数问题，"参观质量"的概念现在是一个迫切的问题，而不是副产品。[44]博物馆商店（主要是由于资金削减而发展起来的）已经把这些博物馆插入到竞争和品牌的营销话语之中。专门的网上商店是博物馆网站简介的核心部分。在线创收被推荐给博物馆，作为资助它们的活动的一种方式，也是持续的网络存在的好处之一。赞助和私人捐赠不断增加和扩大。艺术家班克西（Banksy）在他2010年的电影《画廊外的天赋》（*Exit Through the Gift Shop*）*中，对这种商业化过程进行了讽刺，还

---

* 又译《从礼品店出门》。——译者注

有许多激进组织对美术馆和博物馆里的企业慈善事业提出质疑。关于博物馆和遗产藏品的商业化问题一直存在各种争议,包括 2013 年和 2014 年在美国拍卖化石所引发的长期争论。[45]

博物馆场地和商业世界之间的关系对于创造收入来说非常重要,无论是企业活动、会议、招待、礼品还是赞助。博物馆已经成为举办商业互动和庆祝活动的场所,成为公司为其活动增光添彩的特许经营场所。它们已成为租赁场所,为企业的活动提供了复杂的文化许可。同样,商业组织也可以通过提供赞助建筑,或者通常承担博物馆的运营成本来购买文化资本;慈善事业从财政上帮助了博物馆,但也让它失去了一些独立性。公司甚至可以购买文化保险;也经常有人说,它们因此可以影响展览的组织方式和呈现。[46] 此外,市场营销等商业模式对博物馆文化的重组也变得重要得多。菲奥娜·麦克莱恩(Fiona MacLean)举了一个例子,博物馆的全职营销职位从 1988 年的 5 个增加到了 1992 年的 40 个。[47] 博物馆机构的专业化需要一个企业身份和结构。在市场主导的现代化进程中,这种经验与其他公共行业和机构(如大学或医院)的经验是一致的,但在博物馆的例子中,它被赋予了更多的经济含义。博物馆现在有了品牌认可、市场研究、用户调查、问责制、企业形象设计、审计和管理架构,可以轻松地在休闲市场上销售博物馆自身。所有这些新范例,都是为了用户的最终目的而建立的;它们的作用是增强博物馆的吸引力,向参观者推销博物馆的体验。因此,对文物或历史遗址的消费变得日益结构化。参观者得到介绍,博物馆机构寻求品牌认可和忠诚度,参观本身变得越来越精心安排。[48]

最能体现出哈维和科纳所说的"遗产文化的商品化"这一点的，莫过于非收藏性的特别活动的大规模增长：图库，出版项目，有时还有餐饮业，以及最为重要的是还有礼品店。[49] 遗产已经成为某种可以被人拥有的东西。过去变成了某种被实实在在地消费掉的东西，譬如巧克力、蛋糕、食谱和饼干。博物馆的商业展区通过名称、品牌、藏品和展览项目为博物馆带来收入。一般来说，博物馆的商业部门管理着商店以及图片和图像图书馆、出版活动、复制和许可以及大型活动管理。还有越来越重要的"朋友"组织，它们与博物馆有着共生关系，提供财政支持，以换取更多的参观机会和折扣。成为博物馆的"朋友"或"成员"，会创造一种社区感和认同感。这些组织给予保护的言论可以追溯到20世纪80年代中期的资金削减（不过有些"朋友"，譬如大英博物馆的一些"朋友"，是更为古老的组织）。要想成为博物馆的"朋友"，就要参与为后代提供保护遗产的过程，激励参观者以某种方式成为这种博物馆过程的一部分。[50] 商业博物馆的所有这些方面，都表明了一种令人难以置信的复杂方式，即人们与藏品打交道的层面，不局限于参观和亲身体验。

就原始数据而言，博物馆的商业展区在过去十年里一直在大幅增长。譬如，2013—2014年度维多利亚和阿尔伯特企业*的营业额为15,847,000英镑；2004年至2005年，这一数字为8,450,420英镑；1996年，这一数字是3,723,754英镑。[51] 该公司现有员工164人，而在2004年和1996年分别为123人和69人。这类公司的大部分利润都被返还给了博物馆或以税收的形式支付，但仅仅是这些业务的庞大

---

* 维多利亚和阿尔伯特博物馆旗下的商业部门。——译者注

规模,就表明了目前正在开展的业务规模,以及过去几十年这种情况发生了怎样的变化。维多利亚和阿尔伯特博物馆的商业网站上说:

> 我们经营着蓬勃发展的零售、出版和授权业务,为维多利亚和阿尔伯特国际公司创造了收入,从博物馆到商业街,从网上到百货公司,从日本到美国。由此产生的利润,直接用于博物馆的收藏、展览和研究,推动其作为世界领先的艺术和设计博物馆的工作。[52]

这些商业性企业保证了博物馆的财务独立,但也扭曲了博物馆的目的。在提供多种类型的遗产产品的同时,它们也提供了人们用来获取一定文化资本的商品。因此,就对历史的消费而言,它们在创造日常消费的东西方面是至关重要的,譬如茶巾、盘子、图像、书籍、钥匙扣、购物袋、马克杯、T恤,等等。

博物馆商店出售的商品种类繁多:DVD、书籍、教育资源、玩具、海报、印刷品、明信片、游戏、复制品和从收藏品中"获得灵感"的礼品,以及其他许多品牌商品。遗产文物变成了一种品牌。国际博物馆协会最早的道德规范明确规定:

> 博物馆商店和博物馆的任何其他商业活动……应与收藏品有关,不得损害这些收藏品的质量。就复制品的制造和销售而言,从博物馆藏品中复制或改造的其他商业物品、商业活动的所有方面,都必须以不损害博物馆的完整性或原始物品的内在价值的方式进行。[53]

在推动更加激烈的竞争和市场份额的过程中，这一宗旨正在受到博物馆的质疑。为了宣传和推广博物馆，"原始物品的内在价值"可能会被牺牲。博物馆商店本身已经成为旗舰企业。这种机制对美术馆本身也产生了影响；正如卡罗尔·邓肯（Carol Duncan）所言，"这些机构看上去更像是商业世界的一部分，而不是一个独立的领域"。[54]有些博物馆，如纽约归零地（Ground Zero）的博物馆，因出售被认为品位不佳的物品而受到批评。[55]在许多方面，这些收入机会代表着赞助网络的简单更新，并为它对由国家主导的人文主义传统教育进行了一种实证主义的自由论述感到惋惜。然而，它也标志着大众在参与遗产和民族文化方面的转变，标志着历史走向商品化，使参观者成了客户。

这种向竞争性的、以市场为导向的机构转变所产生的商业影响和文化影响是多方面的。购买、加入和浏览商品已经与博物馆的体验交织在一起。[56]似乎很明显，博物馆的体验不仅仅是与文物或遗址的互动，虽然它曾经是这样。在购买纪念品的过程中，有一种经济上的纪念作用。在某种程度上，这打破了静态博物馆和观众之间的障碍，允许以体验为基础的与遗产的互动，就像亲历历史一样。在这种遗产拥有权的神话中，客户似乎获得赋权，成为历史进程的一部分，而不是简单地看着历史进程的发生。

然而，被神化的遗产产品，也失去了任何一种"历史"价值，成为表征性消费经济的一部分。这种商店把遗产作为一种可以被复制、制作和消费的东西。游客可以"拥有"历史，购买其他国家的历史，或者把它包装成礼品送给他们的家人。显然，游客所购买的物品，实际上并不是历史文物，但在购买它们的过程中，消费者表现出一种拥有这些文物的幻想。许多博物馆商店出售的产品,都不是基于它们自己的收藏,这进一步混淆了文化性藏品和"真实的"藏品之间的区别。博物馆的这种修辞是个性和独特性,但博物馆空间商业化的现实,是遗产和历史体验的日益同质化。博物馆通过扩展它们的商业利益,来抹杀它们自己的独特性。

这种商店是一个独立的空间,抑或是博物馆的延伸?除了博物馆内部的商店,博物馆拥有外联商店或卫星商店的现象也日益普遍。譬如,大英博物馆就在其博物馆商店以及在布卢姆斯伯里街22号的一个门店和希思罗机场的一家商店出售基于博物馆藏品的复制品、明信片、书籍、珠宝和纺织品。[57] 纽约大都会博物馆在肯尼迪机场和纽瓦克机场也设有更多的购物门店。随着遗产"物品"与物质性的或实体机构的进一步分离,在线零售变得日益重要。有各种各样的网站出售来自各种博物馆的物品,也有出售古代文物复制品的网站,就好像它们本身就是一个博物馆一样。[58] 外联商店进一步模糊了原始遗址或文物与复制品之间的关系。这种物品的象似性(iconicity)和作为出售商品流通的多种版本之间存在着一种矛盾的动态关系。在不参观博物馆的情况下使用博物馆商店(无论是网上商店、在购物中心选购还是通过邮购),似乎进一步虚拟化了这种体验:顾客购买的是品牌,而不是特定的体验。

除了这种对文物价值和遗产体验的模糊认识,博物馆还卷入了夏皮罗和瓦里安(Shapiro and Varian)所称的"注意力经济学"。[59] 它们经常直接互相竞争。博物馆已经具有品牌意识,受到市场驱动,关注的是影响和受众。作为文物、娱乐和学习的宝库,它们的功能越来越复杂。此外,博物馆作为公共空间的一部分的角色也发生了变化。

正如范阿尔斯特（van Aalst）和博加茨（Boogaarts）所说："博物馆的有形集中（physical concentration），过去和现在通常都与公共空间的再开发有关，并且通常与其他设施相结合。从这个意义上说，在一个单一的空间内，不同功能（譬如咖啡馆和餐馆、举办活动、博物馆商店）的交织，是一个明确的目标。"[60] 博物馆已经成为更加广泛的品牌问题的一部分，譬如，那些与地方、城市层面（譬如欧洲的文化之都）、区域性或全国性旅游有关的问题。

博物馆的商业展区可以产生有益的品质。位于华盛顿特区的美国印第安人博物馆（用德拉瓦人和皮斯卡塔韦人的语言叫 Mitsitam，或"我们开吃"）的博物馆咖啡馆提供正宗的美国土著食物，其主题围绕博物馆的展览覆盖的五个地理区域。这种做法引入了教育元素，同时将经济需求与真实性和体验相结合。将市场模型引入博物馆结构，无疑使该行业得以复苏，给博物馆带来了资金，并对市场营销或观众体验等问题给予了有益的重视。在过去的十年里，这种做法对博物馆体验的转变产生了影响。此外，文物的民主化，即遗产和文化的大规模营销，可以被解读为一种走向包容的举措。对历史商品的"拥有权"赋予公民以权利，这表明，历史就是共同体。然而，文物的机械化和商品化也使其贬值，使其成为众多文化符号中的一种，而不是某个特定的民族文化或历史文化符号。这种拥有权的概念，与政治模式中的访问（access）和拥有权概念是一致的。

在过去的十年里，"访问"这个概念已经成为博物馆修辞的关键，从 20 世纪 80 年代末鼓励参观者体验的方法论和理论驱动，发展到成熟的政府关于公民身份和参与的政策。博物馆与消费者和审计文化的接触，意味着访问是至关重要的。现在，参观者（或者称之为"用户"）而不是教育或者保存才是博物馆的核心。访问观念的变化，直接影响着馆藏的安排、材料的呈现和陈列的策略。正如凯文·赫瑟林顿（Kevin Hetherington）所指出的，"进入艺术和遗产产业的途径，一直与消费主义密切相关。"[61] 博物馆的社交空间发生了巨大的变化，正如博物馆商店的例子所表明的那样。这些变化从根本上改变了博物馆的目的和意义。譬如，对无障碍通道的需求，改变了考察和展示文物的方式。[62] 博物馆的物理概念化发生了变化。如今，访问还与公民身份、国家认同、旅游和经济问题紧密相关；扩大对国家遗产和文化结构的参与，已经成为博物馆及其保存方案的工作内容。这同样改变了文物的概念化及其意义、它与其环境的关系，以及它在博物馆空间内的目的。

那么，对于博物馆的体验和呈现过去的表征性策略来说，"访问"这个概念意味着什么呢？总的来说，博物馆中以"访问"为基础的举措，似乎赋予了参观者权利，将一场远离精英文化机构的运动奉若神坛，这些机构关注的是学术研究和特殊的故事讲述。其关注的重点转向了日常生活中的体验，以及将宏大叙事折射成碎片。这似乎与本书所追溯的各种体裁和媒体对历史参与的普遍民主化趋势相呼应。2005年，英国东北部的博物馆开始将展品放在购物中心，以扩大其吸引力。策展人会借用一个空间，从零开始摆放展品，每次展出一个月左右，然后把整个项目转移到其他地方。这种名为"好奇心商店"（Curiosity Shop）的流动博物馆，在雷德卡、斯托克顿、达灵顿、哈特尔浦和米德尔斯堡等购物中心的空旷区域建立起来；超过10万名购物者观看了展出的各种物品。[63] 该项目已经被英国各地的各种开放收藏倡议所遵循，这是让文物被人看到和打破博物馆建筑所构建的感知障碍的普遍努力的一部分。好奇心商店项目声称沿袭了早期的好奇心橱柜（cabinets of curiosity）活动，从而为21世纪的受众更新了这种好奇心模式（inquisitive model）。将商店转变为博物馆的做法与上文讨论的趋势恰好相反，这种项目中的"好奇心"元素强调了文物的独特性。这种模式下的遗产是消费结构——商场——的一部分，但同时又非同寻常和奇怪。

这类外展项目有效地解决了访问和可用率等关键问题；这是一种尝试，旨在振兴地方的遗产文化，同时挑战博物馆体验是某种有序的和固定的东西的观念。该项目反映了政府关于访问和公民身份的修辞。然而，这些项目也表明，需要处理更为复杂的参观者体验和期望等问题。为了保持受众份额和开发教育方式，有必要进行创新。另一个相关项目是大英博物馆的"100件物品中的世界历史"（2010—2011）计划。这是一系列相互关联的广播节目、播客、网站、博物馆展览和书籍出版项目。每件物品都在网上得到了详细的描述和存档，因此，学习体验被从实体博物馆中移除。[64] 尽管该系列项目强调了材料对历史的重要性，但整个项目的体验可以是虚拟的，也是被去除了实体体验的。节目主持人、大英博物馆馆长尼尔·麦格雷戈认为，该项目讲述了世界的物质历史：

> 博物馆的作用，就是通过事物来讲述历史，无论是木乃伊的棺材还是信用卡，因为大英博物馆收集了来自世界各地的物品，所以，在这里讲述世界历史是个不错的选择。当然，它只能是这个世界的"一个"历史，而不是"那个唯一的"历史。当人们来到博物馆，他们选择自己的物品，进行自己的环球旅

行和时间穿越,但我认为,他们会发现,他们自己的历史,很快就会与其他所有人的历史交织在一起——当这种情况发生时,你就不再拥有某个特定国族或国家的历史,而是一个有着无尽联系的故事。[65]

这种历史相互联系性的观点是关键所在,麦格雷戈含蓄地表示,博物馆是关注这种现象的机构,充当着跨文化熔炉的作用。他对参观者穿越空间和时间的"旅程"的表述,表明了博物馆向个人体验理念的转变,以及博物馆希望这些藏品能够实现的向沉浸式的、互动性质的转变。这个节目被设计成一种教育资源。英国各地的博物馆也将文物上传到网站上,使这种叙事变得更加复杂和丰富。还有一个教育推广元素,包括来自全国各地博物馆的 100 件物品。[66]

最后,在这组例子中,英国广播公司的日间节目《人民的博物馆》(2006)鼓励公众投票,选出全国各地鲜为人知的藏品中隐藏的"宝藏"。这种协商性的、互动性的、地方或国家自我定义的模式,无疑意味着一种赋权,并改变了通常与一件博物馆藏品的形成有关的权力动态(power dynamics)。它是对迄今未被发现的宝藏的重新发掘,强调了这样一种认知,即关于过去的潜能就在那里等待发掘,并指出了人们对这个国家的历史白噪音的密度的认知——每天与历史生活在一起,会导致人们忽视历史,而且历史上有如此之多的材料,如此之多的文物,以至于人们几乎可以不去注意它们。帕特里克·赖特在《生活在一个古老的国度》(On Living in a Old Country)一书中谈到了这种历史意识,他将这种现象理论化为"日常的历史意识"。[67]即使在这个最初的创新框架中,也有奇怪的空白和不大可能的分形

(improbable fractals)。这档节目是在下午早些时候在英国广播公司第二台播出的,这意味着它属于日间"业余"历史节目的一个整体类型,它将光明与一般的活力和对传统的不敬结合在一起。这类节目的观众与主流黄金时段的纪录片观众截然不同。该节目的主持人保罗·马丁还主持了白天的古董秀节目《家中的宝贝》;电视制作公司Reef Television专注于生活方式节目和纪实节目。片头字幕是一个视角镜头,镜头穿过一座城市,来到一座公认的维多利亚式圆顶博物馆建筑前,它的门会打开,允许人们进入。因此,该节目认为,自己仍然受制于这样一个概念的束缚,即一个坚实的、有形的博物馆就是一个展览场所。

这些项目告诉我们,当代社会需要用新的方式来思考旧事物;为了让人们了解历史,模仿消费过程是呈现过去的一个必要部分。它们是非常不同的例子,这些例子指出了关于藏品的新的交流方式的重要性,特别是指出了与受众接触的新模式,这种模式不一定依赖实际的参观。它们表明了一种协商性的、参与性的呈现藏品的方式,并注意到了关于物质性、社会史、国家认同和后殖民主义的新理念。在这些项目中,追求独特性的驱动力与个体将历史物品作为商品进行出售的行为形成了强烈的对比。博物馆体验的独特性(通过品牌和文物来强调)与历史参与的同质性之间的张力,是理解当下博物馆现状的关键。一方面,有一种个性化的驱动力,另一方面,需要与市场打交道,需要成为另一个争夺受众份额的服务提供商。正是藏品的这种独特性,使这种特殊的博物馆脱颖而出,但是,人们与这种独特藏品的接触程度是多种多样的,为了获得参观者的认同,博物馆往往倾向于消除差异。

数字化与在线博物馆

当然，就参观博物馆而言，实体体验正日益被虚拟体验所超越，有时甚至被抹去。档案和文物的数字化，创造了一个在线博物馆，这深刻地改变了人们对藏品的体验方式。一方面，数字工具可以增强身临其境的互动体验。博物馆的软件和技术可以帮助确保参观博物馆的人的共同体。[68]另一方面，博物馆作为一个在线实体，为虚拟空间吸引了一个巨大的新的受众群体。

档案的数字化和在线博物馆的存在，极大地扩展了博物馆的影响范围和受众。受众的人口组成完全改变了，他们参观博物馆的目的也不相同。这带来了一系列全新的问题。重要的是参观者不在博物馆的空间内，而他们的位置（以及他们如何接触文物）对他们的参观来说是完全独特的。[69]这种做法显然也有利于拥有国际品牌知名度和权威藏品的博物馆。然而，在线搜索图像和文物意味着它们被从它们的博物馆场所中抽象出来。特别是图片在社交媒体上被分享、转发、使用、恶搞、用软件处理和播放。社交媒体既能扩大博物馆作为一个品牌的影响力，也能淡化其身份。[70]与其说博物馆本身是一个重要的地方，不如说藏品呈现的方式才是关键所在。这既有明显的教育方面的好处，也有挑战。[71]虚拟建筑会影响参观者的体验，它带来的好处包括：更好的图像分辨率、更容易的语言转换以及残疾人能够更好地访问等。博物馆的在线体验使其成为日常生活的一部分——从多个地点通过手机、平板电脑、笔记本电脑进行参观或参与活动。[72]

虚拟博物馆界面的发展是不断演进的。对它们的发展来说，重要的是"参观"的动力、背景和目的等概念:"毕竟,在线体验并不发生在某些形而上的虚拟世界中。相反,它们被嵌入到用户对位置的直接感知的现实性和有形性之中,就像电话(固定电话或移动电话)、报纸、广播或电视一样。"[73] 在一个非常真实的意义上,博物馆必须积极地与其他景点竞争,以吸引游客的注意力,而且必须在访问、路线和停留时间上服从他们的意愿。它们不再能够以有形的方式传递意义给一个物品,就像这个物品不再能够被以有形的方式体验到任何意义一样。作为有形仓库的"博物馆"被网络博物馆所取代,在所有的意义上来说,这是一个更有商量余地的空间。与特定的文物的接触,不再是"参观"博物馆最为重要的元素。[74]

从18世纪晚期开始,博物馆允许游客体验世界和过去,将其视作在他们自己舒适的城市里呈现出来的陌生的但可驯服的实体。最近的虚拟革命,是博物馆自那时以来发生的最大的概念变化,允许这样的参观发生在世界上的任何时间、任何地点。它摧毁了博物馆结构的欧洲中心性和博物馆的权威,在一定程度上把权力和所有权还给了这个世界的公民。博物馆比其他许多历史媒体更快地接受了这种虚拟转向,它们把历史越来越多地理解为一种以技术为媒介的体验。[75] 当然,博物馆藏品一直以来都是为公众消费服务的,而这在很多方面只是一种方向上的转变。还有与档案和藏品的数字化有关的策展问题。创建电子资源是重要而且有用的,但是存在着过时的问题以及与档案的实际体验有关的问题。正如贯穿本书的在有关业余爱好者、电视、电影和计算机历史等方面的内容所表明的那样,虚拟性对体验过去的影响是前所未有的。历史永远是一种中介性的体验,但从文本走向虚拟的、物质的或有形的历史的运动,为我们呈现了一种新的和发展中的史学。无论是从经济方面还是其他方面来说,历史的有形消费都已经发生了革命性的变化。

注释:

1 "Policy paper: museums and galleries", https://www.gov.uk/government/publications/2010-to-2015-government-policy-museums-and-galleries/2010-to-2015-government-policy-museums-and-galleries [accessed 1 July 2015].
2 "Heritage fact sheet 2: tourism", http://www.english-heritage.org.uk/content/imported-docs/f-j/heritage-fact-sheet-2.pdf [accessed 1 July 2015].
3 这些数据来自英国旅游景点协会(Association of Leading Visitor Attractions):http://alva.org.uk/details.cfm?p=423 [accessed 1 July 2015]。
4 显然,尽管博物馆试图解决关键的与访问有关的问题,但它们仍然只吸引了相对较少的、个人自己进行选择的人群。参见 E. Hooper-Greenhill, *Museums and their Visitors*, London and New York: Routledge, 1994。
5 见 K. Moore, *Museums and Popular Culture*, London: Leicester University Press, 1997。
6 D. D. Meringolo, *Museums, Monuments and National Parks: Towards a new Genealogy of Public History*. Amherst, MA: University of Massachusetts Press, 2012.
7 Moore, *Museums and Popular Culture*, p. 8. 见 P. Vergo (ed.), *The New Museology*, London: Reaktion Books, 1989, Bennett, *The Birth of the Museum*, Sharon MacDonald (ed.), *The Politics of Display: Museums, Science, Culture*, London and New York: Routledge, 1998, E. Hooper-Greenhill, *Museums and the Shaping of Knowledge*, London and New York: Routledge, 1992。
8 D. Grewcock, *Doing Museology Differently*, London and New York: Routledge, 2013.
9 P. Vergo, "Introduction", in Vergo, *The New Museology*, pp. 1-6 (p. 3).
10 "ICOM code of professional ethics", in G. Edson and D. Dean, *The Handbook for Museums*, London and New York: Routledge, 1994, pp. 238-255 (p. 239).
11 J. Putnam, *Art and Artifact: The Museum as Medium*, London: Thames &

Hudson, 2009.

12 C. Saumarez Smith, "Museums, artefacts, and meanings", in Vergo (ed.), *The New Museology*, pp. 6–22 (p. 9).

13 尽管它没有得到严密的执行,参见以下的讨论: V. McCall and C. Gray, "Museums and the 'new museology': theory, practice, and organisational change", *Museum Management and Curatorship*, 29:1, 2014, 19–35。另见 A. Dewdney, D. Dibosa and V. Walsh (eds), *Post-Critical Museology*, London and New York: Routledge, 2012。

14 T. Jenkins, *Contesting Human Remains in Museum Collections*, London and New York: Routledge, 2010.

15 譬如,参见 P. H. Welsh, "Re-configuring museums", *Museum Management and Curatorship*, 20, 2005, 103–130 关于理论与实践的复杂关系的讨论。

16 Hooper-Greenhill, *Museums and their Visitors*, p. 20. 另见 T. Roppola, *Designing for Museum Visitor Experience*, London and New York: Routledge, 2015。

17 从20世纪80年代末开始,培养博物馆专业人员的培训项目激增: K. Hudson, "The museum refuses to stand still", in B. Messias Carbonell (ed.), *Museum Studies*, Oxford: Blackwell, 2004, pp. 85–92。

18 T. Bennett, "Museums and the people", in Lumley (ed.), *The Museum Time Machine*, pp. 63–86 (p. 63).

19 同前注,p. 64。

20 同前注,p. 84。

21 J. Corner and S. Harvey, "Mediating tradition and modernity: the heritage/enterprise couplet", in J. Corner and S. Harvey (eds), *Enterprise and Heritage*, New York and London: Routledge, 1991, pp. 45–75 (p. 49).

22 D. Prudames, "Visitors at heart of new Renaissance chapter", *Renaissance News*, Autumn 2005, p. 11.

23 http://www.mla.gov.uk/webdav/harmonise?Page/@id=73&Document/@id=18357&Section(@stateId_eq_left_hand_root)/@id=4302 [accessed 18 January 2006].

24 同前注。

25 Moore, *Museums and Popular Culture*, p. 5.

26 K. Newman and P. Tourle, *The Impact of Cuts on UK Museums*, Museums Association Report, http://www.museumsassociation.org/download?id=363804 [accessed 30 June 2015].

27 K. Newman and P. Tourle, "Coalition cuts 2: museums", *History Workshop Journal*, 73:1, 2012, 296–301.

28 http://webarchive.nationalarchives.gov.uk/+/http:/www.culture.gov.uk/reference_library/minister_speeches/2036.aspx [accessed 22 October 2015].

29 同前注。

30 同前注。

31 参见博物馆协会2007年向"英国文化、传媒和体育部"(DCMS)所做的报告: http://www.museumsassociation.org/policy/01032007-dcms-tourism-inquiry [accessed 25 February 2015]。

32 *The Historic Environment: A Force for Our Future*, 2001, at http://www.culture.gov.uk/NR/rdonlyres/EB6ED76A-E1C6-4DB0-BFF7-7086D1CEFB9A/0/historic_environment_review_part1.pdf, p. 7 [accessed 22 October 2015].

33 同前注, p. 9。

34 同前注。

35 "The economic impact of museums in England", http://www.artscouncil.org.uk/media/uploads/The_Economic_Impact_of_Museums_in_England-LITERATURE_REVIEW.pdf, p. 1 [accessed 22 October 2015].

36 *Achieving the Full Potential of the Visitor Economy*, British Tourism Framework Review, accessible at https://www.visitengland.com/sites/default/files/downloads/btfr_full_final_tcm12-155094_tcm30-18136_0.pdf [accessed 25 October 2015].

37 http://www.visitwales.co.uk/57660/08.AA.AA.html/?profile=NDpMT05fV-1RCMjY2MzEzODk6TE9OX1dUQjE3OTg0NjExOkVOR0xJU0g6R0I6OjEx MzY4MjAyMTE6Ojo [accessed 9 January 2006].

38 http://www.visitscotland.com/aboutscotland/history/ [accessed 9 January 2006].

39 *The Historic Environment*, p. 17.

40 同前注, p. 4。

41 同前注，p. 7。
42 B. Anderson, *Imagined Communities: Reflections on the Origin and Spread of Nationalism*, London: Verso, 1991.
43 A. Leon Harney, "Money changers in the temple? Museums and the financial mission", in K. Moore (ed.), *Museum Management*, London and New York: Routledge, 1994, pp. 132-147.
44 E. Hooper-Greenhill, *Museum and Gallery Education*, Leicester, London and New York: Leicester University Press, 1994, p. 67.
45 H. Pringle, "Selling America's fossil record", *Science*, 343:6169, 2014, 364-367.
46 S. Kirby, "Policy and politics: charges, sponsorship, and bias", in Lumley (ed.), *The Museum Time Machine*, pp. 89-102.
47 F. MacLean, *Marketing the Museum*, London and New York: Routledge, 1997, p. 37. 另见 Hooper-Greenhill, *Museums and their Visitors*, M. A. Fopp, *Managing Museums and Galleries*, London and New York: Routledge, 1997, and P. Lewis, "Museums and marketing", in Moore, *Museum Management*, pp. 216-232。
48 这是一个巨大的文化转变，如果考虑到这个职业在二十年前的状态，正如 E. 胡珀-格林希尔所描述的那样："Counting visitors or visitors who count?", in Lumley (ed.), *The Museum Time Machine*, pp. 213-230。"体验的质量开始变得重要起来"，她指出，同时也提醒人们，对大多数博物馆工作人员来说，"游客是匿名密码"，"对博物馆工作的评价，是用身体的重量而不是经验的深度来衡量的"（pp. 215, 213）。这与 1999 年出版的 S. Runyard and Y. French, *The Marketing and Public Relations Handbook for Museums, Galleries and Heritage Foundations*, London: The Stationery Office, 1999 形成了鲜明对比。
49 Harvey and Corner, "Mediating tradition", p. 73.
50 譬如，"大英博物馆之友"（Friends of the British Museum）在为博物馆"保存"（因而也为"国家"保存物品）方面发挥了重要作用。它们的支持也对博物馆的收藏产生了影响，自 1968 年该组织成立以来，"大英博物馆之友"在财政和物质上对博物馆的捐赠已达 350 万英镑。

51 资料来自 FAME 金融信息数据库。
52 http://www.vam.ac.uk/content/articles/a/v-and-a-enterprises/ [accessed 1 July 2015].
53 引自 G. Edson, *Museum Ethics*, London and New York: Routledge, 1997, p. 242。这段话似乎已经从 2004 年国际博物馆协会批准的道德准则中删除，取而代之的是更为笼统的"创收活动不应损害机构或其公众的标准"。http://icom.museum/ethics.html [accessed 4 March 2008].
54 C. Duncan, "Museums and department stores: close encounters", in J. Collins (ed.), *High-Pop: Making Culture into Popular Entertainment*, Oxford: Blackwell, 2002, pp. 129-155 (p. 129).
55 见 M. Sturken, "The 9/11 Memorial Museum and the remaking of Ground Zero", *American Quarterly*, 67:2, 2015, 471-490。
56 见 N. McLaughlin, "Where art and commerce meet", *Marketing*, 24:1, Jan 9 1986, 20-23, M. Kennedy, "Shopping and looking", *Museums Journal*, 104:4, 2004, 28-29, B. Hodgdon, *The Shakespeare Trade*, Philadelphia: University of Pennsylvania Press, 1998, pp. 232-234, and A. Kraus, "Extending exhibits: integrating the museum store", *Museum News*, 82, 2003, 36-39。
57 甚至特定地点的机构也参与了这种虚拟化或远程商业化趋势。2002 年的《国家遗产法案》扩大了英格兰遗产委员会的权力，允许它们参与水下考古，但更为重要的是允许它们在海外国家进行贸易。
58 譬如，可以参见 http://www.themuseumstorecompany.com，它以"拥有一段历史，奉献一段历史"为商标出售复制品和真品。
59 引自 I. van Aalst and I. Boogaarts, "From museum to mass entertainment: the evolution of the role of museums in cities", *European Urban and Regional Studies*, 9:3, 2002, 195-209 (209)。
60 同前注，p. 196。
61 K. Hetherington, "Museums and the visually impaired: the spatial politics of access", *Sociological Review*, 48:3, 2000, 444-462 (450), and Foundation de France/ICOM, *Museums without Barriers: A New Deal for Disabled People*, London and New York: Routledge, 1991.

62 见 Hetherington, "Museums and the visually impaired"。
63 O. Richwald, "Museum shop is a real curiosity", *Northern Echo*, 3 October 2005, p. 7. 它还获得了多项国家级奖项。
64 http://www.britishmuseum.org/explore/a_history_of_the_world.aspx [accessed 22 October 2015].
65 http://www.bbc.co.uk/ahistoryoftheworld/about/transcripts/episode1/ [accessed 1 July 2015].
66 http://www.teachinghistory100.org [accessed 22 October 2015].
67 Wright, *On Living in an Old Country*, p. 14, 此处的概念出自他对阿格妮丝·赫勒的著作，尤其是 *A Theory of History* 的讨论。
68 R. Parry, "Including technology", in J. Dodd and R. Sandell (eds), *Including Museums: Perspectives on Museums, Galleries and Social Inclusion*, Leicester: RCMG, 2001, pp. 110–114, and his *Recoding the Museum: Digital Heritage and the Technologies of Change*, London and New York: Routledge, 2007.
69 参见 Parry, *Recoding the Museum* 和他编辑的论文集 *Museums in a Digital Age*, London and New York: Routledge, 2010。
70 R. Parry, "The trusted artifice: reconnecting with the museum's fictive tradition online", in K. Drotner and K. C. Schrøder (eds), *Museum Communication and Social Media: The Connected Museum*, London and New York: Routledge, 2013, pp. 17–32.
71 见 S. J. Knell, "The shape of things to come: museums in the technological landscape", *Museum and Society*, 1:3, 2003, 113–121, and S. Brown, "Do richer media mean better learning? A framework for evaluating learning experiences in museum web site design", *International Journal of Heritage Studies*, 12:5, 2006, 412–427。
72 K. Arvanitis, "Museums outside walls: mobile phones and the museum in the everyday", in Parry (ed.), *Museums in a Digital Age*, pp. 170–176.
73 R. Parry and N. Arbach, "The localized learner", in J. Trant and D. Bearman (eds), *Museums and the Web 2005*, Toronto: Archives & Museum Informatics, published 31 March 2005 at http://www.archimuse.com/mw2005/papers/

parry/parry.html, and Parry, *Recoding the Museum*.
74 J. de Groot, "Historiography and virtuality", in E. Waterton and S. Watson (eds), *Cultural Heritage and its Representations*, London: Ashgate, 2010, pp. 91-105.
75 譬如，参见使用特定的网络平台和技术来处理各种学习风格的研究：D. T. Schaller, S. Allison-Bunnell and M. Borun, "Learning styles and online interactives", in Trant and Bearman, *Museums and the Web*, available at http://www.archimuse.com/mw2005/papers/schaller/schaller.html [accessed 1 June 2006]。

结语

本书围绕以下术语提出了几个要点：体验，怀疑，赋权，访问，具身化，多样性，虚拟性。这些词表明，过去是多面的、包罗万象的，而且可能是自相矛盾的。历史在大众文化中的表现形式是多元的、多样的，是值得（甚至是需要）进一步研究的。这本书指出了大众文化与历史结合的重要性、想象力的复杂性和史学研究的范围。本书勾勒的历史理解的各种模式，呈现了一套与之相关的知识。在结语部分，有必要对动词"参与"做个反思。通过本书概述的媒介进入历史的个人或主体是参与性的、卷入其中的、积极的、部分的、受雇的和相互联系的。历史的使用者越来越多地通过复杂的和具有创新性的媒体来接触过去，这重新定义了他们的自我意识，他们所生活的世界，以及"历史"本身可能是什么。事实上，这些媒体和不同类型的"历史"不仅在教学法方面（教授过去发生了什么），而且在认识论方面（究竟如何了解过去）都有很大的影响。它们有助于形成一种大众史学观念，一种历史的想象，我们距离理解它仍然还很遥远，它还处于变化和变动之中。

历史学家作为一种人物形象在文化和小说中变得越来越引人注目，他们的权威经常受到质疑。无论是在信息的呈现者或是信息的指导者层面，还是作为庄严的象征和与研究过去有关的诸多特定文化修辞方面，他们是历史参与的意义的积极组成部分。当然，学院派历史学家往往会在大众文化中受到批评，而受众和用户通常会绕过专家和专业人士的指导，去寻找他们自己个人化的历史体验。学术界不再是历史知识的垄断者，学院派在历史知识方面的权威的丧失表明，一种全新的思考历史的方式和构建历史研究的路径——譬如塞缪尔所说的"社会形式的知识"——可能是必要的。然而，这并不完全是"公共历史"，因为它经常涉及想象力、虚构、美学，以及某些"历史"的意识。事实上，如今，"历史的"（historical）这个词是一个如此复杂的术语，将其作为一个描述符号（descriptor）几乎是多余的（尽管它在世界各地的地方和全球本土语境中发挥作用的方式不同，而且关于过去的主导版本方式可能会与国内的方式相结合）。

海登·怀特认为：

> 后现代主义在历史现实呈现方面的实验很可能让我们摆脱职业历史学家和浅尝辄止的业余历史爱好者或"讲究实用的"历史系学生之间的区别——这总是有点令人反感的。没有人拥有过去，也没有人能够垄断如何研究过去，或者就此而言，如何研究过去和现在之间的关系。正如伊丽莎白·迪兹·厄玛斯（Elizabeth Deeds Ermarth）所说，今天我们所有人都是历史学家。[1]

在这本书中，几乎每一种类型的过去性都表明了一种"历史现实的表征"的实验方式——不管是有意识的，还是无意识的——从而破坏权威性的、合法化的历史,来支持多重视角的历史。这本书阐述了"访问"的开放——无论是通过用户的物质解放,还是通过传统形式(从博物馆展览到纪录片风格)的阐述方式——和特定类型的权威人物的永久存在之间的动态关系。很明显的是历史已经成为一套遗产体验和参照的途径之一。这种对过去的包装和商品化被批评为"怀旧模式",在这个过度依赖中介的社会里,没有目的的怀旧变成了一种空洞的修辞。[2]然而,与此同时,历史的重要性——真实性、移情、现实性、历史真相的重要性等——也从未如此之高。

"历史"可能在一种或多种文本或媒介中起作用的竞争性的方式,以及由此与其他多种过去的体验和话语相结合,表明了当代历史体验的矛盾性和多样性。本书内容宏大,但没有深入考察很多历史问题和历史形式,如复古时装、历史绘画、反事实作品(what-if?)、小说、"被发现的"杂志和物品、出境旅游和历史假日等。历史渗透于当代文化这一事实表明,理解历史的表现方式以及历史被概念化的方式,对学者来说具有极其重要的意义。"历史的故事与实践"是一个多面的模式,这一事实证明了它对当代想象力的重要性,以及对我们现在生活的方式的重要性。历史想象是由多种相竞争的过去的类型组成的——而这些都以某种方式组合在一起。历史的使用者以许多不同的方式参与其中,譬如阅读、聆听、饮食、写作、制作、搜索、体验、观看、玩耍、嗅闻等,因此,它的流行不仅传达了与历史学有关的至关重要的问题,也传达了一般大众文化的构成和意义。[3]当代的历史想象是由多种多样的消费实践提供的,往往是同时发散和汇聚的——在关闭体验的同时,可以打开新的可能性和潜力。过去是幻想,是生活方式的选择,是文化经济的一部分,是某种赋予文化资本的东西,是某种赢得或渴望的东西，是一种体现差异的手段，是反思当代生活的一种方式。它涉及个人、团体和家庭层面；它可以在同一时间以多种方式体验。历史"体裁"的多样性，表明了历史研究路径的复杂性。过去可以是叙事性的、怀旧的、某种被穿在身上的东西、被体验的或被吃的东西；它可以是一个游戏，一种致命的严肃战斗或消遣。当代文化与过去互动的方式是混杂而复杂的，这种丰富的多样性，构成了历史学家面临的挑战和担忧。

迈克·皮克林（Mike Pickering）和艾玛·凯特利（Emma Keightley）认为，文化中的怀旧"只能被恰当地理解为是一种矛盾的现象……它不是一种单一的或固定的状态"。[4]这种复杂性和内在的不可判定性，使得怀旧成为一种阈限（liminal）术语或情感。他们认为，怀旧这个概念可能最终会允许对文化的批评，因为它的不确定性或普遍性，以及它有能力为反思和异议打开多重空间。同样地，在历史容纳复杂性、差异、意识形态、质疑、技巧、虚拟性、逃避和体验的能力中，也就是说，在大众文化成倍增长的多样性中，可以看到它作为一种话语的真正价值。历史学家似乎往往希望给历史划定界限，以控制和界定历史；但是，正是在历史的故事与实践的变革和超越中，我们可以看到文化的欲望、最深层的运作和基本的假设。

注释：

1　Munslow, Morgan and Jenkins, *Manifestos for History*, p. 231，后记。
2　Pickering and Keightley, "The modalities of nostalgia"，引用了保罗·格兰杰（Paul Grainge）的著作，p. 932。
3　Rojek, *Decentring Leisure*, p. 9. 见 M. L. Davies, *Historics: Why History*

Dominates Contemporary Society, Abingdon: Routledge, 2006。关于闻嗅历史的讨论，参见 Turkel, "Hacking history, from analogue to digital and back again", *Rethinking History*, 15:2, 2011, 287-296。

4　Pickering and Keightley, "The modalities of nostalgia", p. 937.

索引

（索引条目的页码为英文原书页码，即本书边码）

12 Years a Slave 《为奴十二载》xv, 249

'Allo' Allo 《法国小馆儿》238—239
A Cock and Bull Story 《一个荒诞的故事》109, 117—118
Ackroyd, Peter 彼得·阿克罗伊德 120
Agnew, Vanessa 凡妮莎·阿格纽 110—111, 112
Almodovar, Pedro 佩德罗·阿尔莫多瓦尔 251
Amazon 亚马逊 52, 89
Andrejevic, Mark 马克·安德列耶维奇 167, 186
Antiques Roadshow 《巡回鉴宝》203—205
Antiques 古董 203—206, 287—288
Appadurai, Arjun 阿尔让·阿帕杜莱 91
Ashes to Ashes 《灰飞烟灭》239, 242—243

Assassin's Creed 《刺客信条》xv, 8, 155—156
Atonement 《赎罪》257—258
Austen, Jane 简·奥斯汀 226—228
Baddiel, David 戴维·巴德尔 197, 198
Banksy 班克西 298
Bargain Hunt 《淘便宜货》206
BBC History 《BBC 历史》50—51
Bean, Sean 肖恩·宾 232, 233, 234
Beard, Mary 玛丽·比尔德 13, 19, 20, 120, 180
Bell, Erin 艾琳·贝尔 33n.6
Benn, Tony 托尼·本 39
Bennett, Alan 艾伦·贝内特 57
 The History Boys 《历史男孩》57
Bennett, Tony 托尼·班尼特 293
Bentham, Jeremy 杰里米·边沁 99—100
Berners-Lee, Tim 蒂姆·伯纳斯-李 87, 94
Blackadder 《黑爵士》171, 239

Blair, Tony 托尼·布莱尔 27, 39
Bleak House 《荒凉山庄》229—230
Blumenthal, Heston 赫斯顿·布卢门撒尔 129
Blunkett, David 戴维·布伦基特 39
Borman, Tracy 特雷西·博尔曼 43—44
Born-digital 原生数字 92—93
Bowie, David 戴维·鲍伊 246n.73
Boyhood 《少年时代》248
Brenton, Howard 霍华德·布伦顿 135
Brideshead Revisited 《故园风雨后》255
British Museum 大英博物馆 290, 299, 300—301, 302—303, 307n.50
British tourism 英国旅游业 296—297
Brown, Dan 丹·布朗 61—64
 The Da Vinci Code 《达·芬奇密码》61—64
Burns, Ken 肯·伯恩斯 216—217
Byatt, A. S. A. S. 拜厄特 60
 Possession 《占有》60

Call of Duty 《使命召唤》153—155
Cannadine, David 戴维·康纳丁 6
Cardwell, Sarah 莎拉·卡德威尔 225
Cash in the Attic 《阁楼里的现金》205—206
Caughie, John 约翰·考伊 224
Cauvin, Thomas 托马斯·考文 9n.9
Chapman brothers 查普曼兄弟 160—161
Church of Jesus Christ of Latter-day Saints (Mormons) 耶稣基督末世圣徒教会（摩门教教徒）75—76
Churchill, Caryl 卡里尔·丘吉尔 135
Civilization 《文明》156—159
Clark, Alan 艾伦·克拉克 39
Community history 社区历史 282—284
Corner, John 约翰·科纳 6, 183, 293, 298
Costume Drama 古装剧 219—261
Croft, Lara 劳拉·克罗夫特 58
 Tomb Raider 《古墓丽影》58
Currie, Edwina 埃德温娜·柯里 39

Data-mining 数据挖掘 93—94
Davies, Andrew 安德鲁·戴维斯 226—227
De Certeau, Michael 米歇尔·德·塞尔托 143
Deadwood 《朽木》235—236
Deller, Jeremy 杰里米·戴勒 105, 110, 144—145
Diana, Princess of Wales 威尔士王妃戴安娜 41—42
Dickens, Charles 查尔斯·狄更斯 227, 229—230
Digital history 数字历史 71—89, 304—305
Dillon, Steve 史蒂夫·狄龙 65n.21
 Preacher 《传教士》65n.21
Django Unchained 《被解救的姜戈》249, 252

DNA History　DNA 历史 80—86, 201—202
Downfall　《帝国的毁灭》249
Downing, Taylor　泰勒·唐宁 172—173
Downton Abbey　《唐顿庄园》235
Duncker, Patricia　帕特丽夏·邓克尔 264
Dutton, William　威廉·达顿 91

Eco, Umberto　翁贝托·艾柯 60
　The Name of the Rose　《玫瑰之名》60
Edwardian Country House　《爱德华七世时代的乡间别墅》191
Ellis, John　约翰·埃利斯 221
Ellroy, James　詹姆斯·埃尔罗伊 264—265
Elsaesser, Thomas　托马斯·埃尔萨塞尔 170
Ennis, Garth　加思·恩尼斯 65n.21
　Preacher　《传教士》65n.21
Evans, Richard J.　理查德·J. 埃文斯 24, 30—32, 171

Facebook　脸书 xv, 68, 89, 97, 98
Featherstone, Mike　迈克·费瑟斯通 87
Fickers, Andreas　安德烈亚斯·菲克斯 89
Finding Your Roots　《寻根》82
Firth, Colin　科林·费斯 228, 233

Fiske, John　约翰·菲斯克 10n.24
Fletcher, Catharine　凯瑟琳·弗莱彻 98
Flog It!　《家中的宝贝》204—205
Ford, Harrison　哈里森·福特 58—59
　Raiders of the Lost Ark　《夺宝奇兵》59
Foreman, Amanda　阿曼达·福尔曼 43
　Georgiana: Duchess of Devonshire　《乔治安娜：德文郡公爵夫人》43
Forsyth, Iain　伊恩·福赛斯 143—144

Game of Thrones　《权力的游戏》237
Gardiner, Juliet　朱丽叶·加德纳 190, 193
GB84　《GB84》267—268
Genealogy and family history　谱系学与家族史 71—86
Goodnight Sweetheart　《晚安甜心》240
Google　谷歌 89, 91, 94, 97, 100—102
Gove, Michael　迈克尔·戈夫 22, 23—24
Graphic novels　漫画小说 270—274
Gray, Ann　安·格雷 33n.6
Great Britons　《伟大的英国人》25—27
　on international television　在国际性的电视上 27—28
Gregory, Philippa　菲利帕·格雷戈里 263
Greif, Mark　马克·格雷夫 35n.55
Grierson, John　约翰·格里尔森 169

Habermas, Jurgen　于尔根·哈贝马斯 88

Haley, Alex　亚历克斯·海利 72—73, 84n.5
　Roots　《根》72—73
Haneke, Michael　迈克尔·哈内克 249, 251, 252
Harris, Robert　罗伯特·哈里斯 61
　Archangel　《大天使》61, 62
Heartbeat　《心跳》(又译《心伤疗者》) 234—235
Hewison, Robert　罗伯特·休伊森 118, 254
Higson, Andrew　安德鲁·希格森 254
Hill, Annette　安妮特·希尔 167
Hill, Christopher　克里斯托弗·希尔 14
Historical adverts　历史广告 207
Historical biography　历史传记 43—44
Historical documentary　历史纪录片 165—182
Historical Pornography　历史色情作品 148—149
Historiocopia　历史丰富性 8
Historioglossia　史学多语性 8
History Channel　历史频道 166
History games　历史游戏 152—162
History magazines　历史杂志 49—51
History Today　《今日历史》49—50
"History Today" sketch　《今日历史》短剧 57
Holdsworth, Amy　艾米·霍尔兹沃思 195, 213n.70
Hollinghurst, Alan　艾伦·霍林赫斯特 231

The Line of Beauty　《美丽曲线》231, 232
Holmes, Richard　理查德·霍尔姆斯 14, 40, 47—49, 121
　Dusty Warriors　《尘土飞扬的战士》49
Holocaust　《大屠杀》216
Hooper-Greenhill, Eilean　艾琳·胡珀-格林希尔 293, 306n.4, 307n.48
Horrible Histories　《恐怖的历史》24, 44—45, 47
Horwitz, Tony　托尼·霍维茨 110
Hoskins, W. G.　W. G. 霍斯金斯 279—280
How to be Both　《如何两者皆是》268
Hughes, Bettany　贝塔妮·休斯 13, 19, 120, 179—180
Hull History Centre　赫尔历史中心 71
Hunt, Tristram　特里斯特拉姆·亨特 14, 17, 20

Ip Man　《叶问》250—251
Irving, David　戴维·欧文 14, 30—32

Jameson, Frederic　弗雷德里克·詹姆逊 143, 146
Jay-Z　杰伊-Z 141
Jenkins, Keith　基思·詹金斯 1, 173
Jolie, Angelina　安吉丽娜·朱莉 58
Jordanova, Ludmilla　路德米拉·乔丹诺娃 2, 6, 9n.1, 13, 14, 90
Joseph, Keith　基思·约瑟夫 14

Joyce, James 詹姆斯·乔伊斯 262, 263
Joyce, Patrick 帕特里克·乔伊斯 6
Jukebox musical "点唱机"音乐剧 142

Kee, Robert 罗伯特·基 17
Keightley, Emma 艾玛·凯特利 312
Knausgaard, Karl Ove 卡尔·奥韦·克瑙斯加德 269
Kostova, Elizabeth 伊丽莎白·科斯托娃 60
 The Historian 《历史学家》60

Lammy, David 戴维·拉米 295
Landsberg, Alison 艾莉森·兰德斯伯格 2, 4—5
Life on Mars 《火星生活》239, 241—242, 243
Light, Alison 艾莉森·莱特 73
Lipstadt, Deborah 黛博拉·利普斯塔特 30—32
Loach, Ken 肯·洛奇 258—259
Local history 地方史 279—282
Lodge, David 戴维·洛奇 59
 Nice Work 《好工作》59
London Olympics 2012 2012年伦敦奥运会 29
Louis Gates Jr., Henry 小亨利·路易斯·盖茨 82—83, 202
Lowenthal, David 戴维·洛温塔尔 74, 242
Lukacs, Gyorgy 乔治·卢卡奇 220, 263, 264

MacCulloch, Diarmaid 迪尔梅德·麦卡洛克 179
Macfie, Alexander 亚历山大·麦克菲 219
Mad Men 《广告狂人》8, 207—208, 235
Mantel, Hilary 希拉里·曼特尔 xv, 8, 262
Marr, Andrew 安德鲁·玛尔 26, 27, 29
Mason & Dixon 《梅森和迪克逊》265—267
Maus 《鼠族》272—274
Medal of Honor 《荣誉勋章》153—155
Merchant-Ivory 莫昌特·伊沃里 255—256
Messer-Kruse, Timothy 蒂莫西·梅瑟-克鲁泽 96—97
Metal detecting 金属探测 284—287
Michael Frayn 迈克尔·弗莱恩 137—138
 Copenhagen 《哥本哈根》137—138
Middlemarch 《米德尔马契》226—227
Miller, Frank 弗兰克·米勒 271—272
Mitchell and Kenyon 米切尔和凯尼恩 281
Modiano, Patrick 帕特里克·莫迪亚诺 268—269
Moir, Jim 吉姆·莫伊尔 198, 199
Monk, Claire 克莱尔·蒙克 223
Moore, Alan 艾伦·摩尔 270—271
Moran, Joe 乔·莫兰 14

Munich 《慕尼黑》248
Murphy, James 詹姆斯·墨菲 140
Museum economics 博物馆经济学 297—302

National Curriculum 国民教育课程 23—24, 45—46
Neale, Greg 格雷格·尼尔 22
New Museology 新博物馆学 291—294
Nichols, Bill 比尔·尼科尔斯 169, 183, 184
Nobel Prize for Literature 诺贝尔文学奖 263
Noiret, Serge 塞尔日·努瓦雷 9n.9

Obama, Barack 巴拉克·奥巴马 73
Oddie, Bill 比尔·奥迪 197

Paget, Derek 德里克·佩吉特 221, 222n.13
Paxman, Jeremy 杰里米·帕克斯曼 25—26
Peace, David 戴维·皮斯 267—268
Pickering, Mike 迈克·皮克林 312
Pollard, Jane 简·波拉德 143—144
Popular historical writing 大众历史写作 47—49
Portillo, Michael 迈克尔·波蒂略 25, 29
Pride and Prejudice 《傲慢与偏见》 226—227, 230

Public historian 公共历史学家 17—30
Putin, Vladimir 弗拉基米尔·普京 23, 24—25
Pynchon, Thomas 托马斯·品钦 265—267

Ravenhill, Mark 马克·拉文希尔 136
Re-enactment 重演历史 105—148
Reality TV 真实电视 183—214
Redman, Amanda 阿曼达·瑞德曼 197
Rees, Laurence 劳伦斯·里斯 40
Rhys, Jean 简·里斯 229—230
Richard and Judy Book Club 理查德与朱迪读书俱乐部 51—52
Rojek, Chris 克里斯·罗杰克 76, 95
Rome 《罗马》235
Rosenstone, Robert 罗伯特·罗森斯通 4, 5, 6, 247
Rosenzweig, Roy 罗伊·罗森茨威格 7, 89
Royle, Nicholas 尼古拉斯·罗伊尔 148
Rubinstein, William D 威廉·D.鲁宾斯坦 10n.25

Sampling 采样 140—141
Samuel, Raphael 拉斐尔·塞缪尔 3, 4, 5, 67, 106, 123, 209, 255—256, 287
Schama, Simon 西蒙·沙玛 13, 17—19, 22, 23, 27, 38, 172, 174, 175—176, 181, 186—187
Schneider, Rebecca 丽贝卡·施耐德

111, 135
Sealed Knot Society　封结社社团 112, 113—114, 115
Shakespeare's Globe　莎士比亚环球剧院 139—140
Sharpe　《夏普》232—233, 234
Shaun of the Dead　《僵尸肖恩》57
Skansen　斯堪森博物馆 123—124
Skyfall　《007：大破天幕杀机》253
Smith, Ali　阿里·史密斯 268
Snow, Dan　丹·斯诺 13, 29, 121
Snowden, Edward　爱德华·斯诺登 89
Sobchack, Vivian　薇薇安·索布切克 3
Sobel, Dava　达瓦·索贝尔 37—38
Longitude　《经度》37—38
Society for Creative Anachronism　创意复古协会有限公司 125—126
Southgate, Beverley　贝弗利·索斯盖特 9n.3, 219, 270
Spiegelman, Art　阿特·斯皮格曼 272—274
Starkey, David　戴维·斯塔基 14, 17—20, 24, 177—179
Stella Artois　时代啤酒 208—209
Stoppard, Tom　汤姆·斯托帕德 136—137
Sutherland, John　约翰·萨瑟兰 52
Sykes, Bryan　布莱恩·赛克斯 81

Tales from the Green Valley　《绿谷传说》194
Tarantino, Quentin　昆汀·塔伦蒂诺 249, 252
Tartt, Donna　唐娜·塔特 60
Taylor, A. J. P.　A. J. P. 泰勒 14, 17, 36
Teo, Hsu-Ming　张思敏 263
The 1940s House　《1940 年代的房屋》192, 193
The Avengers　《复仇者联盟》252—253
The Colonial House　《殖民地时期的房屋》191
The Dark Knight Returns　《黑暗骑士归来》253
The Lives of Others　《窃听风暴》249—250
The National Archives　国家档案馆 71, 93, 196, 200, 283—284
The Night Watch　《守夜人》267
The People's Museum　《人民的博物馆》303—304
The Secret Plot to Kill Hitler　《刺杀希特勒的秘密计划》122
The Ship　《凶船》194
The Social Network　《社交网络》xv
The Trench　《战壕》188—189, 191, 192
The Tudors　《都铎王朝》(美国 Showtime 电视网) 236—237
The Tudors　《都铎王朝》(美国家庭影院频道) xv, 8
The Valour and the Horror　《勇猛与恐怖》217
The Village　《神秘村》247—248
The White Ribbon　《白丝带》249

The Wind that Shakes the Barley 《风吹麦浪》258—259
Thelen, David 戴维·特伦 7
Thompson, E. P. E. P. 汤普森 14, 17
Time Magazine 《时代》杂志 88
Time Team 《考古小队》286—287
Tipping the Velvet 《南茜的情史》230—231, 232, 237
Tom Jones 《汤姆·琼斯》228
Tosh, John 约翰·托什 13
Treasure hunting 寻宝 284—287
Treme 《忧愁河上桥》140
Trivial Pursuit 《常识问答》161
TV adaptations 电视改编剧 224—225
　TV adaptations for children 为儿童改编的电视节目 225
Twitter 推特 xv, 19—20, 68, 89, 97—99, 199

Uncharted 《神秘海域》58
Underwood, Frank 弗兰克·安德伍德 160
Urban exploration 城市探险 147—148

Vickery, Amanda 阿曼达·维克里 19
"Virtual" turn "虚拟"转向 68—69

Wainwright, Rufus 鲁弗斯·温赖特 142
Waters, Sarah 莎拉·沃特斯 8, 230—231, 265, 267
Welsh, Peter 彼得·威尔士 294
White, Hayden 海登·怀特 311
Who Do You Think You Are? 《你以为你是谁?》188, 194—202, 206
Wikipedia 维基百科 95—97
Williams, Robin 罗宾·威廉姆斯 58
Winfrey, Oprah 奥普拉·温弗瑞 51
Winterbottom, Michael 迈克尔·温特伯顿 109, 117
Wolf Hall 《狼厅》xv, 98—99, 231—232, 262
World War I in Colour 《彩色版第一次世界大战》122
Worsley, Lucy 露西·沃斯利 19—21, 180

YouTube 89, 91, 98, 116, 143, 166

图书在版编目(CIP)数据

消费历史:历史学家与当代大众文化中的遗产/(英)杰罗姆·德·格鲁特著;于留振译.—北京:商务印书馆,2024
(公众史学译丛)
ISBN 978-7-100-22776-6

Ⅰ.①消… Ⅱ.①杰…②于… Ⅲ.①史学史—研究—世界 Ⅳ.①K091

中国国家版本馆 CIP 数据核字(2023)第 147488 号

权利保留,侵权必究。

公众史学译丛
消费历史:历史学家与当代大众文化中的遗产
〔英〕杰罗姆·德·格鲁特(Jerome de Groot) 著
于留振 译

商务印书馆出版
(北京王府井大街36号 邮政编码100710)
商务印书馆发行
北京艺辉伊航图文有限公司印刷
ISBN 978-7-100-22776-6

2024 年 1 月第 1 版　　　开本 880×1230　1/32
2024 年 1 月北京第 1 次印刷　印张 17⅛
定价:98.00 元